经济教材译丛

（原书第 6 版）

国际商法

International Business Law: Text, Cases and Readings (6th Edition)

[美]
雷·奥古斯特（Ray August）
得克萨斯大学
唐·迈耶（Don Mayer）
丹佛大学
迈克尔·比克斯比（Michael Bixby）
博伊斯州立大学
著

高瑛玮 编译

机械工业出版社
CHINA MACHINE PRESS

图书在版编目（CIP）数据

国际商法（原书第6版）/（美）雷·奥古斯特（Ray August），（美）唐·迈耶（Don Mayer），（美）迈克尔·比克斯比（Michael Bixby）著；高瑛玮编译．—北京：机械工业出版社，2018.2（2023.5重印）

（经济教材译丛）

书名原文：International Business Law: Text, Cases and Readings

ISBN 978-7-111-59069-9

I. 国… II. ① 雷… ② 唐… ③ 迈… ④ 高… III. 国际商法 – 高等学校 – 教材 IV. D996.1

中国版本图书馆CIP数据核字（2018）第020983号

北京市版权局著作权合同登记　图字：01-2017-4832号。

Ray August, Don Mayer, Michael Bixby. International Business Law: Text, Cases, and Readings, 6th Edition.

ISBN 978-0-13-271897-4

Copyright © 2013, 2009, 2004 by Pearson Education, Inc.

Simplified Chinese Edition Copyright © 2018 by China Machine Press. Published by arrangement with the original publisher, Pearson Education, Inc. This edition is authorized for sale and distribution in the Chinese mainland (excluding Hong Kong SAR, Macao SAR and Taiwan).

All rights reserved.

本书中文简体字版由Pearson Education（培生教育出版集团）授权机械工业出版社在中国大陆地区（不包括香港、澳门特别行政区及台湾地区）独家出版发行。未经出版者书面许可，不得以任何方式抄袭、复制或节录本书中的任何部分。

本书封底贴有Pearson Education（培生教育出版集团）激光防伪标签，无标签者不得销售。

本书原著内容过多，且一些内容过于"美国化"，因而本书采用了编译的方式。

本书既强调理论学习，又注重实际运用，书后还附有案例和阅读材料。译者根据中国院校国际商法教学的具体实际，做了相应的本土化处理。为反映出近年来国际商法的新变化，中文版借编译之际，经版权者同意，加入了一些新的内容，更新了一些数据。主要是：增加了《国际贸易术语解释通则》2010版的内容（第11章），增加了《蒙特利尔公约》的有关内容（第11章），更新了《联合国国际货物销售合同公约》等公约缔约国的主要信息，更新了欧盟等国际组织成员国数量等信息。此外，原著删除了"税收"一章，中文版也不得不做出相应的变动，故本书共12章。

本书适合作为国际经济与贸易专业、经济学、管理学、商务英语、法学专业高年级本科生学习国际商法的教材，也可作为相关人士的阅读材料和参考书。

出版发行：机械工业出版社（北京市西城区百万庄大街22号　邮政编码：100037）

责任编辑：孟宪勐　　　　　　　　　　　　责任校对：殷　虹

印　　刷：固安县铭成印刷有限公司　　　　版　　次：2023年5月第1版第5次印刷

开　　本：185mm×260mm　1/16　　　　　印　　张：19.5

书　　号：ISBN 978-7-111-59069-9　　　　定　　价：69.00元

客服电话：(010) 88361066　68326294

版权所有·侵权必究

封底无防伪标均为盗版

译者序
The Translator's Words

本书英文版为美国教材。虽然名为《国际商法》，但是，该书突破了国内商法教材以合同法、公司法等私法内容为主体的模式，增加了从事国际商事交易，尤其是从事跨国经营所必须掌握的公法以及冲突法的知识，这大大拓展了学习视野，提高了课程的实用性。作者没有将笔墨浪费在国际商法与其他学科的划界等理论问题上，而是直截了当地打开了通往国际商事交易法律知识库的大门，用平易的语言展示了国际经营所需的相关国际商法内容。本教材涉及国家责任、争议解决、跨国企业、外国投资、货币银行、货物贸易、服务贸易、知识产权、运输、金融等广泛的内容，它虽然是为商学院准备的教材，但是，其巨量的信息、丰富的案例法规，对于任何一个有意学习国际商事法律的法学专业学生而言，具有重要的参考和阅读价值。

本书英文版第5版出版于2008年，当时，本人有幸承担了英文版的注译工作，并在原著基础上编译了中文版。2012年本书英文版第6版的出版，使得对已经出版的英文版和中文版进行修订变得十分必要。修订后的中文版发生了两个方面的变更。首先，对应本书英文版第6版，删除第5版第5章"外国投资"中"商事组织"一节以及第13章"税收"一整章。其次，每章之后增加了参考案例，本书最后增加了课后习题的解答思路，正文内增加了跨国公司社会责任、"巴塞尔协议（三）"的有关介绍。

中文版并不是英文版的翻版，译者根据中国院校国际商法教学的具体实际，做了相应的本土化处理。例如，英语版中每一章中不仅有课文，还包括数十页的案例节选和阅读材料，章末为案例分析题，每一页下还写满了脚注。虽然2010年双语版对案例和内容做了删减，但全书仍近600页。每次上课时，学生总是抱怨"要读的内容太多了""读不完"。于是，译者经出版社及版权者的同意，在双语版的基础上采取了进一步的瘦身行动：首先，中文版将案例原文节选变为案例举要，没有逐句翻译仲裁裁决或法院判决的原文，而是总结归纳了案件事实及主要理由，把数千字的判词缩减到百字以内；其次，中文版进一步删减了正文，砍掉了一些过于美国化的内容；最后，中文版重整了注释，减少了脚注的数量。

本书英文版图文并茂，第 6 版又增加了一些图片。但是，就国内教学需要而言，书中的一些图片与教学并无太大的关系，在新的中文版中，译者坚持精简原则，对英文版中的插图和表格做了整理，删除了所有的地图、图片，保留了主要的表格。需要强调的是，这些表格在国内同类教材中并不多见，它们全面、精炼、准确地归纳了有关知识要点，能够给我们的学习提供有力的帮助。

由于原中文版出版于 2013 年，此时国际商法的发展与英文版第 5 版出版之时相比，已经发生了诸多变化，当时，译者已经在取得了版权者同意的前提下，加入了一些新的内容，更新了一些数据，以反映国际商法当时的发展，例如，增加了《国际贸易术语解释通则》2010 版的内容（第 11 章），增加了《蒙特利尔公约》的有关内容（第 11 章），更新了《联合国国际货物销售合同公约》等公约缔约国的主要信息，更新了欧盟等国际组织成员国数量等信息。英文版第 6 版中对此也有涉及，本次修订对于已经增加的内容，不再做重复劳动。

由于不同的老师根据不同的教学目的在教学过程中各有侧重，本书不再冒昧地为大家提供教学建议，但是，在此我想向使用本书的同学提两点意见。首先，在学习国际商法时，一定要注意阅读。在阅读本书时，可以同时阅读双语版中的原文，这样，你将获得英语和法律的双重收获。其次，对于学习法律的同学，我建议大家一定要重视案例的学习，本书的案例是简编之后的摘要，不能反映案例全貌，你可以参考双语版的案例原文，或直接根据书中的案例索引号，找到原判决，认真阅读，反复思考，这样，你一定会大有收获。

言犹未尽，止笔于此。衷心希望本书中文版的出版为我国国际商法的教学提供些微帮助。作为本书的译者和使用者，感谢作者付出的努力和心血。本书英文版作者雷·奥古斯特教授已辞世经年，但他的事业由其生前好友迈耶教授和比克斯比教授继承，两位后来者完成了英文版第 6 版的修订。在此，译者感谢三位外国同仁的辛苦工作，更对他们认真严谨的治学态度感佩颇深。在本书修订即将付梓之际，我衷心感谢出版社与我一起辛苦工作的朋友们，感谢我的导师——对外经济贸易大学法学院的王军老师，感谢他的关心与培养。

最后，我愿将拙作献给我美丽的妻子，并以此纪念我们共同经历的风风雨雨。

高瑛玮

2018 年春

前言

本书适用于经济贸易专业教学，也适用于国际贸易相关业务有关人员的业务培训。本书的内容既适合商学院本科生和研究生的学习，也适合职业教育项目的教学。本书为不同文化传统背景的学生展示了当代国际贸易"法律环境"的完整结构，也可以有效地帮助商界人士和法律从业人员了解国际关系、跨国企业、跨国纠纷解决方式以及货物与服务的国际贸易规则。另外，本书重点介绍了知识产权，外国投资，货币银行，与货物买卖、运输、支付相关的国际法律问题。

本书全面介绍了国际法律环境中的主要问题，介绍了法律在国际经济贸易中的基本作用。现代贸易活动已经彻底国际化了，局限于国内（局限于一个法律的法律或政策）的贸易活动，是无法获得 21 世纪全球经济发生的巨大变化所产生的便利的。本书重点讲解了困扰那些从事国际贸易的个人、企业的主要法律问题。本书并不局限于一个法系，而是收集来自不同国家的资料和案例，以说明贸易和法律的多样性和相似性。本书增加了一些新的案例和阅读材料，还增加了更多的表格，以便学生就更加直观的感受。

本书内容的修改涉及当前的一些重要事件，第 1 章讨论了承认新的利比亚政府所带来的外交上的挑战、有关欧盟的新认识以及跨界水污染的问题。第 2 章更新了有关气候变化谈判的内容，还有针对恐怖行为的国际合作以及相关的国家责任。第 3 章介绍了国际刑事法庭的新发展以及国家豁免的新观点。第 4 章介绍了反腐败法的发展情况，如英国制定的《反贿赂法》，还介绍了国际标准化组织制定的有关企业社会责任的标准。第 5 章介绍了一些国家新的外资政策以及反证券欺诈政府间合作的新进展。第 6 章介绍了国际清算银行制定的新规范、国际货币基金组织表决机制的变化以及美元能否继续作为国际储备货币的相关问题。第 7 章增加了有关全球化法律问题的一些新资料，包括迟迟不能实施的世界贸易组织"多哈发展议程"，分析了实现多哈协议目标的困难。第 8 章讨论了欧盟成员国在遵守欧盟一般原则的同时如何实施本国的劳动法规，还讨论了美国法院对于"外国人侵权诉讼法"的最近的解释，介绍了联合国人权理事会2011年通过的"商业与人权指导原则",以及经济合作理事会新的"跨国企业指南"有关劳资关系的内容。第9章增加了一个有关在线拍卖网站责任的案例。第10章增加了区分货物买卖与增值服务、CISG下风险转移的新案例。第11章介绍了国际商会2010年"国际贸易术语解释通则"中的新术语。第12章补充了一个阅读材料,在这个材料中,一个迈阿密的企业主欺诈美国进出口银行被判处46个月的监禁;此外,本章还补充了案例,在该案中,一个蒙巴商人收到一份伪造的发运了30 000辆自行车的提单,并因此遭受了1 700 000美元的损失。

2004年秋,雷·奥古斯特教授逝世,这是所有国际商法学者、教师和法律执业者以及所有学习研究国际商法的学生的一大损失。雷·奥古斯特教授的生前好友迈耶教授和比克斯比教授,有幸继续雷·奥古斯特的未竟事业,在保持原著学术水准、完整性以及精细性的情况下,为了反映21世纪国际经济贸易法律重大进展,增加了新资料,并对某些内容进行了更新。第6版的作者感谢为本书提供帮助的所有的亲人、朋友和学生。比克斯比教授感谢他的妻子给予的支持和鼓励,感谢他的工商管理硕士研究生格兰特·班德等同学的帮助。迈耶教授感谢安迪·雷格的辛苦工作,感谢安娜·奥布赖恩·迈耶的友情和支持。作者尤其感谢凯思琳·阿代尔的鼓励,感谢培生编辑团队,特别是卡伦·克林斯基以及托尼 Z. 阿克力的指导和帮助。

目录

译者序
前言

第1章　国际法和比较法概述 …………1
概述 ………………………………………… 1
1.1　什么是国际法 ………………… 1
1.2　国际法的制定 ………………… 2
1.3　国际法的渊源 ………………… 3
1.4　实践中国际法的范围 ………… 6
1.5　国际法主体 …………………… 7
1.6　个人在国际法上的权利 …… 16
1.7　主要法系的比较 ……………… 17
参考案例　伊格纳西奥案 ……… 21
本章练习 ………………………………… 22

第2章　国家责任和环境法 ………… 23
概述 ……………………………………… 23
2.1　国家责任 ……………………… 23
2.2　注意义务 ……………………… 25
2.3　抗辩 …………………………… 29
2.4　救济措施 ……………………… 32
2.5　保险 …………………………… 33
2.6　环境保护 ……………………… 37
参考案例　山德兰国际公司案 … 43
本章练习 ………………………………… 45

第3章　争议解决 ……………………… 47
概述 ……………………………………… 47
3.1　通过外交方式解决争议 …… 47
3.2　通过国际法庭解决争议 …… 49
3.3　通过国内法院解决争议 …… 62
3.4　国家司法豁免权 ……………… 64
3.5　准据法的选择 ………………… 67
3.6　拒绝管辖 ……………………… 71
3.7　对外国法院管辖的反制 …… 72
3.8　外国法的证明 ………………… 72
3.9　外国判决的承认 ……………… 73
参考案例　日本酒税案 ………… 74
本章练习 ………………………………… 75

第4章　跨国企业 ……………………… 77
概述 ……………………………………… 77
4.1　全球经营战略 ………………… 77
4.2　跨国企业组织 ………………… 79
4.3　跨国企业的国际规制 ……… 82
4.4　母国对于跨国企业的规制 … 83
4.5　东道国对于跨国企业的规制 …… 95
参考案例 …………………………………… 96
本章练习 ………………………………… 98

第 5 章 外国投资 …………… 101

概述 ………………………………… 101
5.1 外国投资法和法典 ………… 101
5.2 对外国投资的监管 ………… 109
5.3 证券监管 …………………… 113
5.4 证券管理的国际效力 ……… 120
参考案例 博帕尔案 …………… 121
本章练习 ………………………… 122

第 6 章 货币与银行 ……………… 123

概述 ………………………………… 123
6.1 货币 ………………………… 123
6.2 国际货币基金 ……………… 125
6.3 外汇交易 …………………… 127
6.4 外汇援助 …………………… 130
6.5 开发银行 …………………… 132
6.6 国际清算银行 ……………… 133
6.7 地区货币系统 ……………… 135
6.8 国内货币系统 ……………… 135
参考案例 梅内德斯雪茄案 ……… 140
本章练习 ………………………… 142

第 7 章 货物贸易 ………………… 143

概述 ………………………………… 143
7.1 现代国际贸易法的历史 …… 143
7.2 世界贸易组织 ……………… 146
7.3 1994 年《关税与贸易总协定》…………………… 151
7.4 多边贸易协定 ……………… 157
参考案例 美国禁止进口虾及虾制品案 ………………… 165
本章练习 ………………………… 167

第 8 章 服务贸易与劳工保护 …… 169

概述 ………………………………… 169
8.1 《服务贸易总协定》………… 169
8.2 区域性政府间服务贸易规则 … 173
8.3 国际劳工法 ………………… 174
8.4 区域性政府间劳工规则 …… 178
8.5 跨国劳工组织 ……………… 180
8.6 劳动者的迁移 ……………… 180
参考案例 道尔诉尤尼科公司案 … 182
本章练习 ………………………… 184

第 9 章 知识产权 ………………… 186

概述 ………………………………… 186
9.1 知识产权的取得 …………… 186
9.2 国际知识产权组织 ………… 196
9.3 知识产权公约 ……………… 198
9.4 知识产权的国际转让 ……… 201
9.5 许可协议的规制 …………… 202
9.6 强制许可 …………………… 210
参考案例 赞比亚舞厅伴奏音乐案 … 210
本章练习 ………………………… 211

第 10 章 国际货物买卖法 ………… 213

概述 ………………………………… 213
10.1 《联合国国际货物销售合同公约》…………………… 213
10.2 公约适用的交易 …………… 213
10.3 CISG 排除的合同事项 …… 216
10.4 CISG 的解释 ……………… 219
10.5 买卖合同的解释 …………… 220
10.6 合同的达成 ………………… 223
10.7 履行的一般标准 …………… 227
10.8 卖方的义务 ………………… 228

10.9　买方的义务 ……………………… 231
10.10　风险转移 ……………………… 231
10.11　救济 …………………………… 233
10.12　不履行的抗辩 ………………… 238
参考案例　女鞋纠纷案 ……………… 239
本章练习 ……………………………… 240

第11章　运输 …………………… 242

概述 …………………………………… 242
11.1　贸易术语 ………………………… 242
11.2　运输 ……………………………… 246
11.3　内陆运输 ………………………… 247
11.4　海洋货物运输 …………………… 247
11.5　租船合同和提单 ………………… 258
11.6　海上留置权 ……………………… 258
11.7　海运保险 ………………………… 259
11.8　货物航空运输 …………………… 260

参考案例　哥罗得兹食糖纠纷案 …… 261
本章练习 ……………………………… 262

第12章　金融 …………………… 264

概述 …………………………………… 264
12.1　对外贸易融资 …………………… 264
12.2　提单 ……………………………… 264
12.3　汇票 ……………………………… 265
12.4　本票 ……………………………… 268
12.5　汇票与本票的可转让性 ………… 270
12.6　汇票与本票的转让 ……………… 272
12.7　信用证 …………………………… 278
12.8　国际融资 ………………………… 288
参考案例　英国卷板信用证纠纷 …… 290
本章练习 ……………………………… 291

本章练习解答思路提示 ……………… 293

第1章

国际法和比较法概述

■ 概述

　　国际法是一个充满矛盾和争议的领域，传统的国际法调整国家之间的关系，而现代国际法则将调整对象延展至企业和个人，国际法不仅仅局限于公法，私法正在成为国际法中的一项重要内容。本章讨论国际法的渊源、主体、实施过程，还从比较法的角度介绍了大陆法系、英美法系、伊斯兰法系三个主要法系的形成过程与特点。

1.1 什么是国际法

　　国际法调整三类国际关系：①国家与国家之间的关系；②国家与个人之间的关系；③个人与个人之间的关系。近年来国际法主体已经发生了巨大变化。传统国际法只调整国家之间的关系，解决国家之间的问题。这类调整国家之间关系的国际法被称为国际公法，随着私人主体之间交易往来的发展，调整不同国家的私人主体（包括自然人和法人）之间行为的国际法——国际私法逐渐发展起来。表1-1为国际公法和国际私法（调整对象）的部分内容。

　　国际法在诸多方面充满矛盾。在国际法体系中，不存在一个制定并执行法律的世界性政府，也不存在一个国际公认的、解决不同国家公民之间争端的法院。因此，对于那些视法律为"主权者的命令"㊀的人来说，以共同同意为效力来源的国际法是"软"法，甚至根本不是法律。国家公权力在私营部门㊁方面的减弱给当前国际法带来了新的挑战。今天所谓的国际法，调整国家边界以外的所有行为，而不论其行为、性质为公行为还是私行为。

　　关于国际法的性质至少有三种不同的观点。世界

表 1-1　国际公法和国际私法的内容

国际公法	国际私法
国际法的渊源	非商事行为
国际法的范围	侵权
国际法主体	继承
国家领土	国籍
国家继承	婚姻与继承
对于外国人的国家责任	商事行为
海洋法	合同和买卖
国际争端解决	运输
战争法	货币与银行
	金融
	证券管理
	知识产权
	反垄断
	反欺诈
	税收

㊀ J. Austin, The Province of Jurisprudence Determined (2nd ed, London 1861), pp.1-25.
㊁ Daniel Yergin and Joseph Stanlislaw, The commanding Heights: The Battle Between Government and Marketplace That is Remarking the Modern World (1998).

主义学派（自然法学派）认为国际法建立在普遍人权的基础之上，因此，国际法应当制止一个国家实施的违反了以普遍人权为基础的规则的行为，而不论该国家是否同意这些规则。实证主义法学派则关注国家主权以及国家对于限制其主权的规则所表示的同意，因此，实证主义法学派认为，国际法的基础包括：①国际社会之全体国家主权平等；②国家通过制定条约或形成国际习惯的方式表达对于国际法规则的同意。实证主义视角下的国际法是由一系列国家间的协议所组成的，而这些明示或默示的协议才是国际法效力的唯一来源。霍布斯学派的观点与世界主义学派和实证主义学派都不同，这一观点更为激进，它指出：国家只有在符合本国利益的情况下，才会达成协议并接受国际法的约束。当然，无论是法学家还是政治家，都极少一贯地采纳单独某一个学派的观点，这些学说可以在同一个国家作为主流观点同时存在。

然而，国际法不仅仅是主权国家间的礼貌行为或相互尊重的表现那么简单。例如，国际礼让也是国家间以诚相待的国际实践，但不具有法律拘束力，因为国家并不视国际礼让为一种必须遵守的惯例。又如，对外国外交人员为私人目的而进口的商品予以关税优惠待遇的做法，长久以来都被各国视为习惯上的礼让，但是这种特权并不是受到国际法保障的权利，因为一个国家仅仅是出于礼貌而非义务赋予他国外交人员此种特权，一国赋予此种特权的原因，更多是出于互惠的目的，即期待其他国家亦能对本国外交人员予以同等的礼让。这种情况一直持续到1961年，当年的《维也纳外交关系公约》第36条将该等做法作为一种法律义务明确了下来。

由此可见，国际礼让是国家在某些方面，特别是承认他国行政、立法、司法行为方面，给予他国礼让的一种非正式规则。这一规则常被一国法院所援引，以保证他国之管辖权、法律以及司法判决不会在本国法院中受到贬抑。

即使一个国家并不反对将其国内发生的行为导致的纠纷交由他国管辖，但是，当一个国家对其他国家的纠纷实施管辖的时候，也往往会采取自我克制的态度。例如，美国法院不对下列案件行使管辖权：案件的被告为另一主权国家㊀；该外国被告与美国之间不存在有效的合同；案件由另一法院管辖更为"便利"㊁；国会的立法在美国领土之外不能适用㊂；在裁判案件时要求法院做出判决，宣告另一主权国家在其领土之上做出的某一行为违反国际法。

1.2 国际法的制定

在国内体系中，法律是由立法机关、法院及其他政府机构制定的。但在国际体系中，正式的立法机关并不存在。尽管如此，世界各国仍然共同努力，扮演着说客和立法者的角色。

㊀ 这是基于外国主权豁免的传统理论做出的，美国1976年《外国主权豁免法》中对此做了规定，授予外国主权者总括性的豁免权，但法律也规定了一系列的例外。具体内容见第3章中有关小节。

㊁ 即所谓的不方便法院原则，参见第3章的有关内容。

㊂ 在美国联邦高等法院1991年的一项判决中，9名法官中有6名法官认为，1964年《民权法》第7章不具有域外适用效力，不能适用于美国公司在境外雇用的美国雇员。多数法官并不认同，该法已经明确地显示出议会制定法律是已经具有突破不承认制定法域外效力传统的意图。但是，此后不到一年，议会修订了这部法律，明确了法律的域外适用性，规定第7章适用于美国公司在境外雇用的美国人。

根据实证主义法学原理，国际法的效力来源于国家同意，国际社会的共同同意存在于国家实践，即国家在处理国际关系的做法和行为中找到。共同同意的声明或依据则存在于国际法院及其前身（常设国际法院）的判决、联合国大会的决议、造法性多边条约及国际会议的结果之中。有时，一个规则在一个又一个的双边公约中不断地被重申，法院以及法学家也会视该规则已经得到了国际社会的共同同意。法学家还常把尚未批准的条约以及国际组织的报告（如国际法委员会的报告）视为共同同意的一种表现。

一国接受国际法拘束的特别同意可见于该国的政府声明、国内立法、法院判决以及其参加或缔结的双边或多边条约中。

1.3 国际法的渊源

国际法的渊源是国际法庭在查明国际法具体内容时所不可缺少的依赖。《国际法院规约》第38条第1款列举了国际法院被准许援引的渊源。大多数学者将其视为国际法渊源的权威解释且其他国际裁判机构亦予以承认。该规约第38条第1款规定法院对于陈诉各项争端，应依国际法裁判之，裁判时应适用于：

（1）不论普通或特别国际协约，确立诉讼当事国明白承认之规条者；

（2）国际习惯，作为通例之证明而经接受为法律者；

（3）一般法律原则为文明各国所承认者；

（4）在第59条规定之下，司法判例及各国权威最高之公法学家学说，作为确定法律原则之补助资料者。

本款暗示了各类国际法渊源的效力等级（顺序），即条约或公约效力优先于国际习惯，国际习惯优先于一般法律原则，一般法律原则优先于司法判例或国际公法学家的学说。从严格意义上讲，规约第38条第1款并未就各类渊源设立效力等级，但在司法实践中，国际法院及其他国际裁判机构会优先地选择适用条约。这种做法是具有合理性的，因为条约（特别是那些案件争议双方都已经批准的条约）是双方明确的声明，因而应当为法院所援引。建立在通例之上的国际习惯法，从适用性上来看，比一般法律原则更好，因为后者通常由法学家在对长期存在的通例的总结归纳过程中被发现。最后，以上所有部分都比法院判例和国际公法学家的学说更为可靠，因为判例和学说通常只被用来释明或者解释前列各类国际法渊源。

1.3.1 条约与公约

国际法中，条约与公约相当于成文法。条约是两个或两个以上的国家之间具有法律拘束力的协议。公约是由如联合国之类的国际组织发起的、国家间具有法律拘束力的协议。无论公约还是条约都对国家产生拘束力，这种拘束力部分来自国家业已做出的共同承诺；部分来自国家的一种担忧：如果自己不遵守承诺，其他国家也不会遵守它们的承诺。

如今，大多数调整条约的习惯法规则都已经被写进1980年生效的《维也纳条约法公约》[○]。尽管根据一般法律原理，《维也纳条约法公约》只调整一国在批准该公约之后所订立的条约，但由于该公约被世界各国所广泛接受且本身为习惯法规则的法典化，因此其已经成为条约解释的一般标准。《维也纳公约》第2条第1款a项规定："称'条约'者，谓国家间所缔结而以国际法为准之国际书面协定，不论其载于一项单独文书或两项以上相互有关之文书内，亦不论其特定名称如何。"这一定义排除了某些协议形式，如口头承诺、单方允诺、关系到国际组织的协议、由国内法调整的协议以及那些无意创设法律关系的协议。

然而，根据常设国际法院1933年的丹麦诉挪威案，一国对另一国政府所做的口头声明可能对承诺国产生潜在拘束力。在"巴黎和会"之前的一次正式会议上，丹麦大使告诉挪威外长，如果挪威对丹麦在巴黎和会上对整个格陵兰提出主权要求不进行反对的话，丹麦也不会反对挪威对斯匹茨卑尔根群岛提出主权要求。在请示其本国政府之后，挪威外长回复丹麦大使："挪威政府不会为解决这个问题制造任何障碍。"在决定这一由挪威外长所做出的口头承诺是否对挪威政府产生拘束力这个问题上，常设国际法院认为挪威外长的声明（尽管该声明表现为在未来将做某事的一种承诺）属于他的职权范围，因而对挪威具有拘束力。一国外交部部长经授权对一国外交代表在关于其职权范围内之事项所做的答复，对于该外长所在的国家产生拘束力。换言之，挪威不得不放弃对格陵兰提出主权要求。[○]

1.3.2 习惯

一些规则已存在很长时间或者已被广泛接受，这类规则被称为习惯法。然而，国际习惯法并非一成不变。原因很简单，一些过去被国际社会所接受的通例并不意味着现今仍然有效。事实上，国际习惯法的发展与演进始终处于一个变化的状态。举个例子，过去那些调整战争"艺术"的规则在每一次主要冲突结束之时都会发生变化，以反映国际环境的变化。要求士兵只能与战斗人员作战的现行规则在恐怖主义和游击战盛行的当今世界显得那么不合时宜，很有可能在不远的将来发生变化。在国际商法领域，变动速度也非常快，这在很大程度反映了当今科技的发展。当下各国调整国际数据流动（如通过卫星或国际海底光缆传输的信息）的法律非常混乱，有的国家主张对这类信息的传输进行法律规制，有的国家主张自由且不受干扰的传输，还有国家主张保护隐私以使其免受侵犯。目前，这类规则多由各国政府制定实施，罕有相关国际规则存在。

一个通例成为国际习惯，必须满足两个条件：物质要素和心理要素。前者即拉丁文中的"通例"（usus）——一个国家始终如一地反复采纳某一行为（包括作为和不作为）。这种重复的类似行为存在的证据可以从政府的官方文件中找到，包括外交文书、政治声明、新闻稿、法律顾问的意见、行政命令、军事命令、起草条约的意见、法院判决甚至一国下级政府的立法。

上述所谓始终如一的、反复的行为并不意味着需要漫长的时间，也不意味着必须为全体

○ 该公约已经有108个缔约方，包括世界上最发达的国家。
○ Dean Rusk, the Role and Problems of Arbitration with Respect to Political Disputes, in Resolving Transnational Disputes Through International Arbitration (Thomas E. Carbonneau, ed., 1984), at pp. 15.18.

国家一致遵守。另外，法院认定一个行为是否已经形成通例，取决于该行为是否被大多数国家在足够长的时间里遵守。

心理要素是一个通例成为法律的必要条件，即国家遵守该通例是因为视其为具有拘束力。也就是说，它们必须视遵守通例为一种法律义务，从而与遵守国际礼让相对应。这就是拉丁语中的"法律确信"（opinio juris sive neccessitatis）。常设国际法院在1927年的"荷花号案"中讨论过这个要素。荷花号案涉及法国的一艘轮船和土耳其的一艘运煤船在公海上发生的碰撞事故。该事故造成几名土耳其船员的死亡。该法国轮船在土耳其一港口靠泊后，土耳其政府对碰撞发生时值守的法国轮船驾驶员提起刑事诉讼。法国以土耳其违反国际法为由向常设国际法院起诉。法国认为，只有船旗国才对在公海上发生的刑事案件具有管辖权。常设国际法院认为：法国援引以支持其诉讼请求的少数案件"仅仅表明了在实践中国家通常在提起刑事诉讼程序这一问题上保持克制，而并非出于认可其本身有义务去那样做；只有这种克制被各国认为是一种义务时，才可能被认为是一种国际习惯"。土耳其被国际法院允许继续其刑事诉讼程序。

即使国际社会接纳一种通例并确信其为国际习惯法，在某些情况下也可以不对某一特定国家产生拘束力。这发生在当一个国家在这个做法成为通例的形成过程中持续地表达反对该做法成为通例的意见，从而成为不受该通例拘束的一方。另一种情况是，在该通例已经被广泛接受的情形下，一个国家被国际社会允许不遵守该通例。在英挪渔业案中，英国向国际法院起诉挪威，原因是挪威不允许英国渔船进入挪威所声称的领海，而该片海域被英国认为是公海。挪威在领海基线的划定上采用了一种与大多数国家所采用的一般规则不同的方式——用连接特定岩石和海岛的直线作为领海基线。国际法院认可了挪威的做法，因为挪威自1812年起对争议水域一直声称主权，而世界绝大多数国家均从未予以反对。因此，以其他国家默认的方式，挪威不受一个已经被普遍接受为国际习惯法的规则的拘束。

1.3.3 一般原则和国际强行法

在法院审理国际纠纷时，常常需要依据各国法律普遍接受的一般原则（general principles）。世界上虽然有200多个国家，但实际意义上，可划分为大陆法系和英美法系，两大法系在基本的程序法和实体法上非常相似。正是这种相似性为法院提供了处理国际纠纷中产生的许多问题的一般原则。

作为国际社会的一种上位法的国际强行法（jus cogens），在20世纪后期具有一定的影响力。这一概念首次见于1969年《维也纳条约法公约》，1986年《维也纳条约法公约》第53条也对此予以确认，该条规定，条约在缔结时与一般国际法上的强行法抵触者无效。就适用本公约而言，一般国际强行法指国家之国际社会全体接受并公认为不许损抑且仅有以后具有同等性质之一般国际法规始得更改之规则。在国际法院裁决的尼加拉瓜案中，法院确认强行法是国际法中公认的原则，法院认为，禁止使用武力是具有强行法特征的国际法规则。

国际强行法原则的发展深受自然法理念影响。法律实证主义认为国际法是以合同自由为基础的，但是，自然法学理论与实证主义相反，自然法学者或者世界主义者相信，国家在合同关系中不是绝对自由的，必须遵守深深扎根在国际社会中的特定基本原则。在1969年维也纳条约法会议上，一些国家主张强行法源自于自然法的理念。

但是，《国际法院规约》第38条第1款清楚地表明了国际法的协议性。第38条第1款列举了公约、惯例和一般法律原则。关于公约，该条款要求缔约国明示地确认，而惯常做法则应当被承认为法律。另外，"一般法律原则"应被文明国家"接受"。丰富的国际实践和判例确认并发展了国际法的协议性。

1.4 实践中国际法的范围

1.4.1 国际法庭的实践

国际法庭一般认为国内法从属于（subservient）国际法。例如，在"格里科-巴尔干协会案"（Greco-Bulgarian Communities Case）中，常设法院认为，国际法上一般接受的原则认为，就订立条约的国家之间的关系而言，一国的国内法不得具有超越条约的效力。

国际裁判机构不仅认为国际法是高位阶法（the superior law），而且认为，国家有义务使其国内法符合国际规范。在"希腊和土耳其人口交换案"（Exchange of Greek and Turkish Populations Case）中，当事人请求常设法院解释1923年《洛桑条约》的一个条款，该条款要求缔约国修改本国法律，以确保条约的实施，法院指出，这强调了自证原则，一个缔结条约、承担有效的国际义务的国家，应当对自己的国内法进行必要修改，确定其义务的履行。

然而，我们必须承认，考虑到主权的性质和民族主义，国内法院对于存在比本国法律更高效力的法律的观点并不苟同。在美国，对于联邦最高法院在审理合众国与其国民之间的案件时适用国际法的问题，存在反对之声。在2005年法院审理的一个案件⊖中，安东尼法官在判决中指出，对于18岁以下的罪犯判处死刑过于严酷，而美国处决青少年罪犯这一令人不快的现实再次证明了这一结论。这一案件中所涉及的不仅仅是死刑问题，还涉及外国法和国际法在美国宪法解释中的作用。6个法官明确地同意，比较法和国际法在判断何为第八修正案中所禁止的残酷且不正常的惩罚措施时，与正义标准的演变具有相关性。但是，安托民以及首席大法官任奎斯特、法官托马斯均持异议，反对从外国法院和立法的角度寻找解决问题的方向。

1.4.2 国内法院的实践

国内法院一般认为国际法具有关联性（correlative）。当法院认为，在案件中应适用某一国际法规则时，国际法属于法律问题而非事实问题。法院面对的主要问题是，国际法规则是否被引入本地法律。法院对于这一问题的回答，取决于法律是以惯例为基础还是包含在条约之内。

在大多数国家，国际习惯法在本国可依"并入原则"（doctrine of incorporation）直接适用。也就是说，国际习惯法如果与一国现行国内立法以及终审判决不违背，则可以并入国

⊖ Roper . Simmons, 543 U.S. 551 (2005).

内法之中适用。在英国或英联邦国家等少数国家，国际习惯法在国内的适用依"转化原则"（doctrine of transformation）。根据这一原则，国际习惯法除非被明确通过立法程序、法院判决或已经确立的当地惯例所采纳，否则不应适用。

条约在国内的适用取决于两项因素：条约的性质和缔约国的宪法结构。根据条约的性质，条约可以分为两种：自动生效（self-executing）和非自动生效（non-self-executing）。自动生效条约规定，无须条约国通过任何国内法，条约即已生效。非自动生效条约中没有这样的规定。

缔约国可能授权一个或多个国家机关以缔结条约的权力。在大多数国家，缔约权由立法机关和行政机关分享，例如，在美国，总统有权谈判，但条约的批准权归议会（对于条约的谈判和通过给予建议和同意）。由于美国两党之争，国会与总统常常在对外关系上无法达成共识，这种纠结的状况，使美国的条约分成了两类：宪法条约（constitutional treaties）和政府协定（executive agreement）。前者是按照宪法规定程序，由总统谈判，国会通过而缔结；而后者则是由总统在未经国会建议和同意的情况下订立的。在对外关系方面，两类条约都具有法律效力，规定了美国应当承担的国际义务。但是，在美国内部，两类条约具有不同的效力。自动生效的宪法条约在国内是有效的，不需要采取其他措施。而政府协定以及非自动生效的条约本身是没有效力的，为了使这些协定和条约在国内产生效力，有关机关必须制定相关的法律。美国在"冷战"期间订立的许多海外驻军协定，都是政府协定。

虽然在大多数国家，缔结条约的权力由行政和立法机关分享，但是，这并不是唯一的模式。在少数国家，如英国和英联邦国家，只有行政机关拥有缔约权，只有立法机关通过立法后，条约才具有国内法的效力。自动生效的条约，仅仅对于行政机关自动生效。议会、法院以及该国公民都不会受到条约的直接影响，既不享有条约规定的权利，也不承担条约规定的义务，除非国内立法机关已经通过立法采纳了该条约。在英国，欧盟法属于例外，英国法院将欧盟法视为无须英国议会立法即可适用的具有直接效力的法律。

1.5 国际法主体

国际法主体包括国家及其机构、国际组织、企业和个人。

1.5.1 国家

国家（a state）是一政治实体，它拥有领土、人民和政府，其政府能够对外交往，对内统治其领土和人民。根据这一定义，国家包括独立国家、附属国和正在形成的国家。

独立国家（independent states）在政治上不受其他国家的控制，有权自由地与其他国际法主体订立协定。附属国家（dependent states）正式地将某些方面的政治权利和职能委托给其他国家。而正在形成的国家（inchoate states）缺乏独立国家的一些特征，通常没有领土或人口。

1. 承认

对于一个存在于国际社会中的国家，它必须为其他国家所承认。承认是一个单方的声明，承认既可以是明示的，也可以是默示。承认是由一个国家或政府对于新创设的国家或新产生的政府（特别是通过革命产生的）予以正式的认可或接受的行为。一旦被承认，被承认的国家或政府即拥有国际法上规定的权利和特权。

对于国家的承认和对于政府的承认是不相同的。当确定的政府、人民和领土首次产生之后，国家即被确认。如果政府发生了更替，即使国家继续被承认，政府也不能得到承认。

对于政府的承认，有两种学说：宣告说（declaratory doctrine）和构成说（constitutive doctrine）。宣告说认为，一旦政府有能力控制领土和人民，政府依法自动地获得承认。但构成说则认为，直到政府被其他国家或国际主体承认之时，政府才真正地存在。获得承认对于政府是非常重要的，因为承认即意味着承认国愿意与之建立正常的关系，被承认的政府有权获得外交保护和主权豁免等权利。依传统的观点，当一国政府对其领土行使有效的控制、得到其人民的一致认可并愿意承担国际事务时，另一国才对其表示承认。然而，一些国家发现，获得人民的同意是非常困难的，尤其是在与外国的交战区。

1931年，墨西哥外长艾斯特拉达提出了艾斯特拉达主义。墨西哥放弃通常的做法，即承认外国政府，但保持在外交事务中的中立。在历史上，美国和欧洲以承认为手段，干涉其他国家事务。墨西哥主张不对外国的国内势力提供支持。美国也没有支持传统的观点，未将人民的一致认可作为承认的要件，而是将一国政府是否有效地控制领土，作为承认的基础。

2. 领土主权

领土主权（territorial sovereignty）是一个国家生存的前提。领土主权是一国政府在特定领土内排他行使其权力的权利。这一权利不是绝对的，其他国家可以获得国际地役权（如通行权）限制一国对领土的利用。最常见的权利是通行权，如各国船只有通过苏伊士运河和巴拿马运河的权利。国际地役权也可以是限制性的，如禁止一国在其境内实施对其他国家造成损害的行为。

一国获得领土主权，首先要取得领土。领土的取得方法包括：①先占，占领其他国家未主张主权的土地；②转让，由一个国家主动转让领土给另一个国家；③征服，通过征服和持续占领另一国的领土来取得领土。

一旦取得了领土，一国主权可以通过他国正式的承认得到确认，也可以依禁止反言（estoppel）得到确认。禁止反言指一人不得主张或否认其先前的行为或陈述相矛盾的事实。在国际法中，当一国合理认为自己可以行使主权且已经开始对某一领土行动，另一国未予反对，即构成对现状的默认，另一国可依禁止反言的原则主张主权。关于禁止反言原则，一些权威的观点主张应当证明实质性依赖的存在，主张领土的一方应当证明其已经对领土做出了改变（如修建了道路），如果不予承认，将会遭受损失。

3. 领土主权的变更

领土主权发生变更时，对于条约中的权利和义务，承继者应遵守并履行国际法的一般原则，因为他们受到了处分条约（dispositive treaty）的约束。所谓处分条约，是指与领土的权利（如边界和国际地役权）有关的条约。承继者的义务与其取得领土的方式有关。如果两个国家合并成为一个新国家，依合并原则（merger rule），两国原来的条约在原来的领土内继续有效。如果领土由一国转移给另一国，应适用条约界域移动原则（moving boundaries rule），获得土地国家的条约在其新获得的领土内，取代转让土地国家的条约，发生效力。殖民地独立时，适用"白板规则"（clean slate rule），殖民者所签条约一律无效，但这并不妨碍一个国家继续履行已经存在条约的权利。当一个国家分裂为多个国家时，承继者应继承前国家所签订的条约。

领土主权变更后，国民保持原籍，除非条约或国内法另有规定。领土上的公众财产归承继者所有，而位于其他国家的公共财产则视财产所在国对于承继者是否承认而定。政府的更迭并不影响领土上私人财产所有权。但是，由于政府可能征用或没收私人财产，因此，政府更替可能会对私人财产带来严重的影响。

1.5.2 国际组织

根据《联合国宪章》，国际组织有两类：政府间组织（IGO）和非政府组织（NGO）。根据《联合国宪章》第71条的规定，政府间组织是由两个以上国家为开展具有共同利益的活动而设立的常设组织。现代政府间组织起源于欧洲国家在战争之后召开会议、划分新边界、签订和平条约的做法，在19世纪之后，这些会议制定多边条约，成立维护和平的组织，开展符合共同利益的各项活动。在第一次世界大战之后，国际联盟成立，这是第一个范围广泛、成员众多的国际组织。第二次世界大战之后，联合国接手了国际联盟的工作，并扩展了其工作内容。现在，政府间组织的数量大大增加，大约有400多个，其职能也从会议这一简单形式发展成为拥有人员和机构的实体，有的甚至具有了超国家的力量。

与国家不同，政府间组织是按社团形式设立的法律实体。组织的宪章（a constituent instrument, charter）是规定其原则、功能和组织结构的文件，由组织成员国草拟并通过。政府间组织必须被承认，才具有国际法人地位，以自己的名义与其他组织或国家开展外交关系，在国内或国际裁判机构起诉和应诉。政府间组织的成员国加入组织，实际上是一种默示的承认。但英国法院并不完全同意这种观点，在英国政府颁发正式执照之前，这一组织不能在英国法院独立诉讼。

1. 联合国

联合国是最重要的政府间组织。《联合国宪章》是一份多边条约，于1945年10月24日生效。宪章第1条规定，联合国的职能是维持国际和平及安全，促进国际经济和社会合作，保护人权。宪章的起草者为实现这些目标所秉承的信念是法治。这一信念的必然结果是写入宪章的若干原则。特别是，成员国主权平等，和平解决争端，善意履行国际义务。

联合国的主要机构包括大会、安全理事会、秘书处、国际法院、托管事会、经济与社会理事会。大会是由所有成员国代表组织的准立法机构，有权就宪章范围之内的所有问题进行讨论。安全理事会由15个成员国代表组成，其中5个是常任理事国。安全理事会的职责是维护国际和平和安全，是联合国唯一可以动用武力的机构。秘书处是联合国的行政管理机构，负责向大会以及安全理事会提交报告和建议。

国际法院是联合国的主要司法机构。托管理事会已经不再发挥作用，它是在第二次世界大战之后成立的管理非自治领土的机构。经济与社会理事会由大会选举的54个代表组成，负责促进经济、社会、健康、文化、教育和人权的发展。

联合国系统是指那些与联合国存在联系的独立的国际组织的总称。这些国际组织被称为联合国的专门机构（见表1-2），由经济与社会理事会负责协调。世界贸易组织和国际原子能组织不是专门机构，但与联合国具有合作关系。

表1-2 联合国的专门机构

非银行机构		世界银行集团	
FAO	粮食和农业组织	IBRD	国际复兴开发银行
ICAO	国际民用航空组织	IDA	国际开发协会
IFAD	国际农业发展基金	IFC	国际金融公司
ILO	国际劳工组织	MIGA	多边投资担保机构
IMF	国际货币基金组织	ICSID	国际投资争端解决中心
ITU	国际电信联盟		
UNESCO	联合国教育科学和文化组织		
UNIDO	联合国国际发展组织		
UPU	万国邮政联盟		
WHO	世界健康组织		
WIPO	世界知识产权组织		
WMO	世界气象组织		

2. 欧盟

欧盟（European Union，EU）是另一个重要的国际组织。欧盟在1951年由比利时、法国、德国、意大利、卢森堡、荷兰6个国家创立，成员国不断增加，至2007年，拥有27个成员国；2013年7月，克罗地亚将成为欧盟第28个成员国㊀。欧盟拥有欧洲大部分的领土，人口仅次于中国和印度，居世界第三位。欧盟的进程始于1951年的《欧洲煤钢共同体条约》（ECSC），该条约至2002年失效，之前也从来没有生效过，尽管如此，它建立了一个煤钢共同市场以及一个政府间组织。在此基础上，法、德等国在1957年订立了《欧洲原子能共同体条约》（EAEC），将负责三个共同体的机构加以整合，成立了一个统一组织。1992年《马斯特里赫特条约》签订，该条约又称为《欧盟条约》，创建了一个政治联盟，所有成员国的国民共同拥有公民资格、一份社会宪章、一个货币联盟、一个中央银行以及共同货币（欧元），社会宪章规定了个人享有的最低经济社会标准。但是，英国没有参加货币联盟，也没有加入社会宪章。1997年《阿姆斯特丹条约》签订，除了英国和爱尔兰之外，欧盟成员国取消了各自的边界，建立了欧洲议会，将《欧洲经济共同体条约》（以下简称《欧共体条约》）更名为《建立欧洲共同体条约》，对《欧盟条约》和《欧共体条约》的内容进行了整

㊀ 英国目前已经脱欧，欧盟目前共27个成员国。

合。然而，在2005年《欧洲宪法》表决时，法国和荷兰投了反对票，《欧洲宪法》没有通过，这增加了欧盟未来发展的不确定性。

（1）超国家权力。

与其他政府间组织不同，欧盟被赋予了超国家权力。所谓超国家权力，是指由政府间组织的成员让渡的，使国际组织具有优于成员国法律和规定的权力。通过行使这一权力，国际组织可以直接为成员国的国民设立权利和资格，这些权利和资格是个人可直接援引的。欧盟的超国家性原则产生了两个后果：①成员国必须使其国内法与欧盟法一致；②欧盟法在成员国内具有直接适用的效力。

委员会诉比利时案（Commission v. Belgium）是成员国有义务使其国内法与欧盟法律秩序保持一致的例子。比利时对于其他成员国生产的原木征收了歧视性关税，违反了《欧共体条约》第90条的规定。委员会根据条约第226条的规定向欧洲联盟法院（简称"欧洲法院"）起诉了比利时，在抗辩中，比利时政府指出，政府在两年前已经将立法草案提交给了议会，但议会没有采取任何行动，而比利时的分权原则使政府对此束手无策。但这一抗辩没有说服法院的法官，他们指出，条约第90条项下产生的义务以及第226条产生的责任，是成员国必须履行的，未履行条约义务的原因是来自成员国任何机构的作为或不作为，即使此原因来自宪法上独立的机构，也不能构成不履行条约义务的理由。

科斯塔诉国家电力委员会案（Costa v. ENEL）阐释了直接效力原则。该案涉及意大利在1962年对于私人电力公司的国有化行动。科斯塔先生是这些私人电力公司中一个公司的股东，他拒绝支付电费账单，被国家电力委员会（ENEL）起诉，在其抗辩中，科斯塔先生指出，国有化命令违反了《欧共体条约》。初审法院将此案移交给了欧洲法院，国家电力委员会认为，欧洲法院的判决没有约束力，因为初审法院是意大利法院，有义务根据意大利的法律做出判决。欧洲法院未予支持，法院指出，《欧共体条约》具有直接效力，赋予了个人以请求成员国机构遵守条约义务的权利。法院指出，与普通法的国际条约不同，《欧共体条约》在生效之后，已经创设了自己的法律体系，成为成员国法律系统不可分割的部分，成员国的法院有义务执行条约的规则。通过设立永久存续、有独立机构、独立人格、独立法律能力以及在国际社会独立存在的共同体，尤其是，共同体拥有了因限制成员国主权或成员国让渡的真实权力，成员国已经对自己的主权施加了限制，虽然这只是在一定的领域中，但是这已经创设了约束成员国以及其国民的法律体。因此，不仅科斯特先生，任何人都有权直接援引《欧共体条约》，在成员国法院诉讼。

在委员会诉德意志联邦共和国案中，德国制定了一部有关肉类制品销售的法律，限制了进口，被欧盟委员会起诉，当事人的争议点是，从健康、消费者保护的强制要求、公平贸易和共同农业政策的角度看，德国的做法是否公平。欧洲法院否认了德国的主张。《罗马条约》第30条规定，在不损及以下其他规定的情况下，对进口的数量限制以及其他具有同样效力的所有方式，在成员国之间应予禁止。在本案中，法院做了扩张解释，德国的做法实际上是对质量差别问题的规定。法院认为，德国法应与欧盟法保持一致，应符合第30条所体现的货物自由移动的基本原则。

（2）欧盟的机构。

欧盟的主要机构包括：欧盟委员会、欧盟理事会、欧洲议会、欧洲法院。欧盟委员会是欧盟的行政和执行机构[一]。

1）欧盟委员会。

欧盟委员会（European Commission）是欧盟的执行机构，同时也行使一定的立法职能。也就是说，委员会起草法律，提交给理事会或议会，一旦法律被通过，委员会负责法律的实施。委员会还负责实施建立欧盟的条约。另外，委员会是欧盟在国际社会中的代表机构。委员会由议会指定的27名委员构成，每名委员任期为5年。委员会主席由欧盟理事会[二]提名，由欧盟理事会通过。其他委员由成员国与委员会主席磋商之后提名。德国、法国、意大利以及英国这些大国，每个国家可以提名2名委员，而其他成员国只能提名1名委员。所有的委员必须为欧盟的利益行事，禁止从其本国政府获取指示。议会可以通过一致动议，强迫委员会辞职。但是，议会从来没有解散委员会，这需要获得绝大多数成员国的支持，以2/3表决权通过。

委员会应当共同做出决定，虽然每一个委员会被赋予单独行动的权利。委员会的职责是：①确保欧盟条约的实施，委员会拥有调查权，对于其认定的违反欧盟规定的个人或公司，委员可以课以罚款，对于违反欧盟条约规定的成员国，委员会可以向欧洲法院起诉；②向理事会就执行欧盟政策提出建议；③执行欧盟政策；④管理欧盟预算资金。

委员会拥有大约2.5万名行政管理人员，分属23个司（directorate-general），这些机构主要位于布鲁塞尔和卢森堡。这些人员的1/5是译员，因为欧盟在运行中需要使用11种语言。

2）欧盟理事会。

欧盟理事会（European Council）是欧盟的最高决策机构，与欧洲议会共享决策权，其职能是：①与议会一起通过立法；②与议会一起通过年度预算；③通过国际条约；④协调成员国经济政策。

理事会由成员国部长组成，每一个成员国可派出部长1名。每一名部长代表本国政府，并向本国政府负责。像欧盟委员会一样，理事会设主席1名，由成员国部长轮流担任，任期为6个月。理事会与会人员根据其议题而有不同，共有9大板块，每个板块可能一月召开一次会议，也可能每年召开24次会议。一般事务与对外关系部长会议每月召开一次，经济与金融事务部长会议以及农业和渔业会议也是如此。

成员国轮流担任理事会轮值主席，期限为6个月。担任轮值主席的成员国的部长主持、组织所有的立法及政治决策，在与非成员国发生关系时，轮值主席是欧盟理事会和成员国的代表；在欧洲议会中，轮值主席是欧盟理事会的代表。

[一] 欧盟还有一些重要的附属机构，如欧洲中央银行、审计院、区域委员会、欧洲经济与社会委员会、欧洲投资银行。《欧盟宪法》草案规定的基本机构为上述4个机构，审计院被列为其他机构或咨询机构。

[二] 欧盟理事会，也被称为欧盟首脑会议、欧盟高峰会或欧洲高峰会，是由欧盟27个成员国的国家元首或政府首脑与欧盟委员会主席共同参加的首脑会议。它是欧盟事实上的最高决策机构，但不列入欧盟机构序列当中。

每 6 个月，在新的轮值期开始之前，成员国政府或国家首脑及外交部部长与欧盟委员会主席召开欧洲峰会，该会议被称为欧洲首脑会议，也被称为欧洲理事会，在名称上，它和欧盟理事会非常容易混淆。欧盟理事会负责欧盟规则的制定，而欧洲理事会则不同，它主要负责确立欧盟的目标和政策。

3）欧洲议会。

欧洲议会（European Parliament）共有 786 个席位[⊖]，议员任期 5 年，通过大选选出。议会的全体议员大会大多数在法国斯特拉斯堡召开，其他会议在比利时的布鲁塞尔召开。欧洲议会是欧盟立法机构（与理事会共享立法权）和监督机构，议会设有秘书处，办公地点在卢森堡。

自 1979 年成立之后，议会的权利在不断地增加。最初它只是一个咨议机构，现在，议会拥有三大职能：①监督所有的欧盟机构；②与欧盟理事会分享立法权；③与欧盟理事会一起决定欧盟年度预算。

议会的监督权被扩展，议会对于欧盟委员会拥有质询权。更为重要的是，它对于欧盟理事会也拥有有限的监督权。议员可以要求理事会对于其书面或口头意见做出回答，也可请求理事会主席参加全体议员会议，或参加重要的辩论。

欧盟的立法机构由议会和理事会共同构成。在 1992 年欧盟条约通过之前，理事会可以在提请议会咨议之后，无视议会的建议而直接通过法律。现在，大多数的立法是通过共同决策的方式完成的。委员会提交的立法草案需要经过议会和理事会两次审议，如果两个立法机构无法达成一致意见，议会、理事会的代表组成协调委员会，在欧盟委员会的参与之下，努力就立法草案达成协议，协议达成之后，提交议会和理事会做第三次审议。共同决策程序被用于制定关于内部共同市场、劳动力自由流动、技术研发、环境保护、消费者保护、文化社会和健康方面的法律。对于吸纳新成员国、缔结国际条约以及有关欧洲中央银行的规则三个方面的事务，议会只享有否决权，对于理事会的建议没有修改权。这一项权力被称为同意权。如果议会没有同意，有关法律不可通过。而对于税收以及农业价格补贴立法，议会只能发表自己的观点。

欧盟年度预算程序与共同决策机制类似。欧盟委员会提交预算草案，经议会和理事会各进行两次审议，如果议会和理事会不能达成一致，理事会对于必要支出做出决定，必要支出主要用于农业方面的支出以及与第三国订立的国际协定的支出，而议会对于非必要支出做出决定，并最终总体上通过预算。

4）欧洲法院。

欧洲法院（European Court of Justice）是欧盟的最高裁判机构。法院由 27 名法官以及 8 名佐审官（advocates-general）构成。法官和佐审官由具有独立性，在其本国具有担任最高司法机关成员资格的律师组成。法官们选举出首席法官，首席法官任期 3 年，负责指导法院工作人员及法院的工作，主持大法庭（Grand Chamber）的庭审工作。

[⊖] 《里斯本条约》将议会席位减至 780 席。

8名佐审官⊖在法官履行职务时提供辅助工作。佐审官通常是大陆法国家法庭中,分析当事人争议,做出详细的案件分析并向法院建议如何判决的官员。在许多方面,佐审官的建议与普通法国家法官准备的判决意见相似。之所以会这样,是因为大陆法国家法院,包括欧洲法院的判决一般不会对案件的争议点做出大量的分析,相反,判决中只是写明结论以及简要的判决原因。法庭常常会采纳佐审官的分析意见。

欧洲法院通常由3～5名法官组成审判庭,有时也会由全体法官组成大法庭⊜。法院的职能包括审理争议性案件以及做出初步裁决。法院审理的争议性案件包括四种:①初审法院的上诉案件;②欧盟委员会或某一成员国关于一成员国未履行条约义务而提起的诉讼;③成员国针对欧盟机构或其工作人员的行为或损害而提起的诉讼;④由成员国、欧盟理事会、委员会或议会为废止某一欧盟法律文件而提起的诉讼。当成员国内法院审理涉及欧盟法律案件时,对于欧盟法的效力和解释存有疑问时,欧洲法院可作为初步裁决。国内法院应当(在某些情况下必须)请求欧洲法院做出初步裁决。

5)其他机构。

除了上述四大欧盟机构之外,其他一些机构也对欧盟法律和政策产生影响。这些机构包括欧洲经济与社会委员会、欧洲初审法院、欧洲中央银行以及欧洲审计院。

欧洲经济与社会委员会是特别利益群体组成的咨议机构。在欧盟理事会通过议案之前,理事会必须首先会听取议会的意见,在许多情况下,理事会也会征求经济与社会委员会的建议。这个机构实际上是一个组织化的院外活动群体,其222个成员代表了广泛的利益群体,包括雇主、工会、消费者、农场主等。

欧洲初审法院(European Court of First Instance)是下列案件的初审机构:①成员国起诉欧盟委员会案件;②请求欧盟机构及其工作人员赔偿损害案件;③与欧盟商标有关的案件;④个人因欧盟机构的立法、作为或不作为提起的诉讼;⑤欧盟机构及其雇员之间的纠纷案件。每一个成员国至少指定1名法官,组成初审法院,2007年,初审法院共有27名法官。法官任期6年,从所有法官中选出首席法官,首席法官任期3年。在大多数案件中,3～5名法官组成审判庭审理案件,在审理重要案件时,可以由全体法官组成审判庭。

欧洲中央银行(European Central Bank)成立于1999年1月1日,负责实施欧盟货币政策。欧洲中央银行的决策机构由理事会以及董事会组成,监督欧洲中央银行系统(ESCB)的运行。欧洲中央银行系统负责决定成员国的货物流通量,指导外汇运行,持有并管理成员国官方外汇储备,确保支付系统的稳定。

欧盟审计院(European Court of Auditors)负责监督预算的执行。欧盟预算资金来自对于进口货物征收的关税以及农业附加税,另外还包括由成员国缴纳的部分增值税。预算资金由欧盟审计院管理,审计院由欧盟理事会协商指定的任期为6年的15名成员组成,拥有广泛的权利,检查欧盟收支的合法性及正当性,确定预算财务管理的完善性。

⊖ 根据《欧盟条约》第166条的规定,与法官一样,每3年需要更换半数的佐审官。而条约第167条规定,初审法院不需要佐审官,在特定的案件中,初审法官中的一名可以充任佐审官。

⊜ 根据《欧盟条约》第165条的规定,每3年需要更换半数法官,即7～8名法官。

3. 其他政府间组织

政府间组织基本上可分为两类：一般性政府间组织和专门性政府间组织。一般性政府间组织（如联合国）在政治、安全、文化和经济等广泛领域发挥作用。而专门性政府间组织仅在特定的领域中发挥职能。

（1）一般性政府间组织。

最主要的三个区域性一般性政府间组织是欧洲理事会（Council of Europe）、非洲联盟（African Union）和美洲国家组织（Organization of American States）。成立时间最长的组织是美洲国家组织，它成立于1948年。欧洲理事会成立于1949年。非洲联盟的前身是1963年成立的非洲一体化组织，2002年非洲联盟成立。以上每个组织的成员都仅限于其区域性的国家。欧洲理事会将其成员国限制为法治和人权国家，西班牙和葡萄牙在20世纪70年代以前，因为其没有采取民主政体，而被排除在欧洲理事会之外。美洲国家组织的成员为美洲国家，但有领土争端的国家除外，因此，洪都拉斯和圭亚那直到1993年才成为该组织成员，其原因是两国存在领土争议。非洲同盟允许任何非洲国家加入，但是，由少数白人统治的国家除外。

这三个组织的机构设置非常相似。欧洲理事会非常独特，设立有议会大会，由其成员国国内议会选出的代表组成，其席位根据成员国总人口确定，其表决权不是按国家行使的，而是由代表个体或按大会内组成的政党集体行使。这意味着，在理事会内部，个人的影响要大于政府。三个组织的目的都是成员国在某一领域内的合作。例如，欧洲理事会强调社会、法律和文化，美洲国家组织强调和平和安全，而非洲联盟强调政治合作。人权是三个组织的关注重点。欧洲理事会成员国的个人可以直接向欧洲法院就人权案件起诉。而美洲国家组织中，个人可以向美洲国家间人权委员会起诉。非洲联盟设立了人权委员会，对人权问题拥有调查权。

除了上述三个主要的区域性一般性政府间组织外，还有三个著名的非区域性组织：英联邦、阿拉伯联盟和独联体。英联邦由英国前殖民地国家组成，阿拉伯联盟加入资格向所有的阿拉伯国家开放，独联体则由苏联原加盟共和国组成。

（2）专门性政府间组织。

专门性政府间组织处理与成员共同利益相关的特定事务。例如，欧洲空间局、国际咖啡组织、国际刑警组织、国际统一私法协会和国际旅游组织。

一类重要的专门性政府间组织，旨在促进经济合作和发展。其中最发达的是共同市场或关税同盟，如欧盟。关税同盟旨在消除成员之间的贸易壁垒，实行统一的对外关税。除了欧盟之外，其他关税同盟所取得的成绩甚微，主要原因是这些关税同盟的成员国全部是发展中国家，成员国之间的经济不是互补关系，而是竞争关系。另外，许多成员国是在近年来才取得独立的，不愿意将其独立权力移交给一个中央机构。再有，这些联盟获得的经济收益是不均衡的，未充分享受到经济收益的国家参加同盟的积极性不足，甚至要退出同盟。

另一类旨在促进经济合作的政府间组织是自由贸易区。自由贸易区消除了内部的贸易壁垒，并未对外实施统一关税政策。例如，东盟自由贸易区、南美洲南锥共同市场、北美自由贸易区。

第三类旨在促进经济合作的政府间组织是经济咨询协会，协会成员间相互交流统计数据和信息，协调经济政策。这类组织主要包括经济合作发展组织、石油输出国组织以及亚洲经济社会发展合作科伦坡计划。

4. 非政府组织

非政府组织包括非营利性非政府组织和营利性非政府组织。非营利性政府组织旨在调整私人国际事务。非营利性政府组织的典型例子如国际航空运输协会、国际律师协会、大赦国际以及国际红十字会。

营利性非政府组织，也称为跨国企业或多国企业（MNE），是在两个以上国家设立了分支、附属子公司或合营企业的商事组织。跨国企业的组织结构与国内企业一样，是多样化的。这些企业可以投资于其他国家的企业，也可以建立具有管理机构、劳动力的实体企业，也可以从事海外金融业务；这些企业可以只有一个中央总部，也可以由多个企业根据合作协议结成松散的联盟。

国家将跨国企业视为必需的同时，也将其视为威胁，各国努力协作，希望建立控制、促进跨国企业的规则。国际商会、经济合作发展组织、国际劳工组织以及联合国跨国公司委员会已经制定了若干跨国企业行为守则。然而，这些守则的影响力有限，因为它们只是建议性的。然而，跨国企业已经具备了与国家订立国际协议的权利，至少在一个国际裁决机构，跨国企业可以起诉国家。1965年《国家与其他国民之间国际投资争端解决公约》授予企业起诉国家的权利。该公约由世界银行管理，其目的是促进在发展中国家的投资。为此，公约允许跨国企业与发展中国家订立合同，要求跨国企业以及国家强制性使用公约设定的调解和仲裁机制，解决因其协议发生的任何纠纷。

1.6 个人在国际法上的权利

国际法对于个人有两种截然不同的看法：①无视其主体地位；②承认个人为国际法主体。传统的观点认为，国际法是国家间的法律，仅适用于国家，个人不是国际法主体。一些学者认为，这是国际法上处理个人地位的唯一正确的方法。即使根据传统的国际法，个人没有直接的权利，仍然有间接的权利。个人所在的国家可以代表个人要求任何造成个人损害的外国给予赔偿。允许个人国籍所在国采取如此行动的原因是，对一国国民的损害，构成了对国民所在国的损害。

传统国际法上，允许一国因本国国民遭受损害而向其他国家请求损害赔偿的做法，被称为国家责任。一个国家因其造成的外国人的损害而承担责任。表面上看，国家责任保护个人免受他国的任何不当行为的伤害，但是，它并没有赋予个人任何权利，尤其是直接提起自己主张的权利以及对本国行为提起对抗的权利。

最近半个世纪发展起来的观点认为，个人是国际法主体，拥有基本人权，尤其是代表自己向国家提出请求的权利。所谓人权，是指保护所有的人免受残酷的、非人道的待遇，免受生命威胁和迫害的基本权利。但是，相对于国家责任，个人可以提起的主张是有限的。

在美国法院审理的 1985 年的一个案件中，法院讨论了传统的国家责任与国际人权法之间的区别。在本案中，尼加拉瓜发生了革命，总统倒台了，前国防部长的妻子逃到了美国，手中持有总统倒台前尼加拉瓜中央银行签发的一张支票，金额为 150 000 美元，由于新政府的止付命令，无法兑付，原告在美国法院起诉尼加拉瓜中央银行。初审法院驳回了原告的起诉，原告上诉了，其争议点是，一个国家的公民是否有权在另一国法院以违反合同为由，起诉本国的政府机构。上诉法院支持了初审判决，并指出，如果一国损害本国公民的利益却没有涉及他国的利益，这一行为属于纯粹的国内事务。

1.7 主要法系的比较

世界上现在有 200 多个国家，每一个国家制定了不同的法律制度，以调整其国民之间以及其与其他国家之间的关系。国际法调整国家、组织与个人的跨国关系，而国内法调整相同主体（包括外国的商业活动）在一国境内的活动。虽然难以确切地描述每一个国家的具体法律制度，但是，我们仍然可以对基本的法系或称法律"家族"进行研究。对于不同国内法律体系的研究、比较和分析，被称为比较法（comparative law）。

比较法将世界各国法律分为不同的法系，分布最广的两大法律是大陆法系和英美法系，另一个是近来变得重要的伊斯兰法系。另外，一些国家是混合法系，如日本和南非，兼具大陆法系和英美法系的特点。

当然，每一个法系中都有许多亚法系，例如罗马－日耳曼法系包括罗马、日耳曼以及拉丁美洲三个亚法系。最后，一些国家的法律实践迥异于他国，特别是一些在不同程度上仍然采用部落习惯法的非洲国家。因此，如果画出一张法律谱系，那将是非常复杂的。

重要的是，我们应当明确，即使两个国家属于同一主要法系，一国的法律系统和另一国也会存在极大的差别，这是因为一个法律系统所依赖的价值观与另一个国家的可能存在相当大的差异，因为不同的国家具有不同的历史、语言、宗教、伦理及其他文化因素。

1.7.1 大陆法系

最古老也是最有影响力的是大陆法系，也称为民法法系、罗马－日耳曼法系。民法可追溯到公元前 450 年罗马通过其《十二铜表法》之时，《十二铜表法》是适用于罗马人的法律。然而，在民法发展历史上最重要的事件却是公元 534 年查士丁尼安命令对古代法进行筛选、整理和精简，将其编纂为罗马法典，这一法律被称为《民法大全》（Corpus Juris Civilis）。该法典之所以重要，是因为它以书面的形式保存了古代的法律系统。在日耳曼部落推翻西罗马帝国的统治之后，罗马法在一定程度被日耳曼部落规则替代。然而，日耳曼部落规则系属人法，因此，原罗马帝国的居民及其后裔仍然允许沿用罗马法。中世纪罗马天主教教堂在保存古代法方面也发挥了重要的作用。教会法是以罗马法为基础的，适用于教会法庭。

11世纪和12世纪，西欧古典文化复兴，久已失传的《民法大全》重现，人们研究古代罗马法的热情也高涨起来。起初的研究是注释学派对文本的整理、标注和解释，后来的研究是评论学派，他们结合当时的实际对法典进行系统的解释，学习者遍布欧洲。这种基于罗马法、教会法以及注释学派和评论学派的阐释，在文艺复兴开始时传遍了欧洲的法律，被称为"欧洲普通法"（jus commune），应当注意的是，该普通法与英国的普通法是两个完全不同的概念。

在这个时候，欧洲经济正走出长期停滞状态，新建立的城镇，新兴起的市场、集市以及银行，快速发展的海洋和陆上贸易，最终产生了大型的商业中心以及对于调整商事交易的规则的需要。适用于农业和乡村社会的日耳曼法，已经不能适应商业社会的需要。罗马法也不能满足这方面的需要，因为它是以强大的帝国政府的存在为前提的。行会以及商人协会开始根据自己的实践，建立自己的法院，这些法院被称为"泥腿子法院"。这些法院根据商人们实用且公正的惯例制定了规则和程序。这些规则和程序很快就被政府和教会法院所采纳，最终使商人法（lex mercatoria）成为适用于跨国商事交易的国际法规则。事实证明，商人法比民法更有影响力，它传播到了英格兰，而这个国家反对罗马法传统的法律系统。今天，商人法中包含的许多概念被引入到了当代商业法典中，例如联合国《国际货物销售合同公约》。

在16世纪和17世纪，欧洲法律学术中心转移到了法国和荷兰。法国的人文主义者和荷兰的自然法主义者开始了关于欧洲普通法的新的研究。通过历史分析的方法，即探寻法律用语的历史沿革，人文主义者开始相信，欧洲普通法只是历史的产物，而《民法大全》也只是古代法的文本，而不是"活的法律"的神圣代表。这一观点被荷兰自然法学者所沿袭，他们主张，法律是以普遍的自然法，而不是以古代的神圣法典为基础的。

在法理学得到发展的同时，导致欧洲普通法最终消失还有其他原因。民族国家的出现，以本民族的语言创作的文字作品（以前是用拉丁语），使人们产生了创立本民族法律体系的愿望。在许多欧洲大陆国家，法律民族主义者将本国法典视为其国家的象征。在17世纪的斯堪的纳维亚国家，出现了首部法典。在18世纪，法国、普鲁士以及奥地利也制定了自己的法典，这是这个世纪伟大的君主们的作品。通过法典，他们不仅努力在统一的王国内实现法律制度的统一，而且反映出那一时代的政治和哲学观念。

《法国民法典》和《德国民法典》是两部具有广泛持续影响力的法典，至今，它们仍被视为现代民法的基石，是其他现代民法典的榜样。荷兰、比利时、西班牙、葡萄牙、拉丁美洲国家、撒哈拉非洲国家、印度、印度尼西亚沿用了《法国民法典》，而捷克、希腊、匈牙利、瑞士、土耳其、日本以及韩国则沿用了《德国民法典》。

《法国民法典》又被称为《拿破仑法典》，因为拿破仑·波拿巴（1769—1821）在很大程度上参与了该法典的制定。许多学者确信，这是第一部现代法典。虽然这部法典在结构上与《民法大全》类似，但是，它不是对大全的再现，而是融入了法国大革命的基本观念，包括私人财产权神圣、契约自由以及父系家庭自治原则。关于私人财产，法典的起草者们有意努力打破旧有的封建财产制度，禁止限制土地买卖，禁止以遗嘱的方式限制土地的转让。尽管如此，《法国民法典》仍然保留了许多旧有的制度，因为拿破仑的坚持，法典的起草时间相当短，起草者们在很大程度上参阅了欧洲普通法、法国皇室训令、学术著作以及习惯法，尤其是巴黎习惯法。与其他 17、18 世纪的法典起草者一样，法国的法典起草者们也将其工作视为将所有以前的法国法置于"理性之筛"之上。然而，与《德国民法典》不同的是，《法国民法典》的形式非常简明、易读、易懂，在许多方面，这与美国宪法类似。另外，起草者们意识到，他们不能预见到法律未来的变化，因而只是规定了具有弹性的一般原则，而未做详细的规定。一位起草者写道："我们避免预见未来的规制一切的危险野心……法律的功能是宽泛地划定正义的一般规范，制定具有丰富内涵的原则，而不是陷入每一主题可能产生的问题的细节之中。"

《德国民法典》的颁布比法国晚了几乎一个世纪，一方面是因为德国首先要形成统一的国家，另一方面的原因是一批被称为潘克顿学派（Pandectists）的德国法学家的影响。这一学派的代表人物是卡尔·冯·萨维尼（1779—1861），他主张在对已经产生的德国法律学派进行广泛的研究之前，是不可以制定德国民法典的。然而，潘克顿学者们并没研究德国法律文献，相反，他们致力于研究《民法大全》，其目的是发现《民法大全》在结构和组织方面的根本原则。这些研究产生了结构严密、表述精确的法律体系，为德国民法典的制定做了准备。法典的起草工作也是相当繁重的，历经二十余年才完成。1896 年法典公布，其结构精确，具有相当的技术性。法典采用特别的术语，法律概念被明确界定，在法典全文中一致使用。从法条结构上即可看出举证责任的分配。交叉引用使用保持了法典适当的简明性，并使法典成为合乎逻辑的统一的体系。与试图成为公民手册的《法国民法典》不同，《德国民法典》是为受过训练的法学专家准备的。

虽然两部法典风格迥异，但是，两者的共性大于差别。两者均以欧洲普通法为基础，基本上依赖于相同的政治和哲学理论，如自由竞争的市场经济以及个人权利的自治。

在民法或私法（private law）法典化运动之外，公法（public law）处于独立的发展进程中。民法包含在民法典及相关成文法中，如人法、家庭法、财产法、继承法、债法、商法以及劳动法。而与私法相对的是公法，包括宪法和行政法，在大陆法国家各有不同。德国设立了行政法院，审查行政机构的行为。法国设立了国家法院，保护个人的权利，监督政府的行政过程。而奥地利设立了宪法法院，确保其立法符合宪法的原则。在其他国家也设立了类似的机构。然而，大陆法国家对于公法没有形成统一的认识，许多大陆法国家仍然将宪法视为政治学的一种形式。

在 20 世纪，尤其是第二次世界大战之后，法国与德国以及其他大陆法国家的发展变化，对民法具有深刻的影响。例如，单行立法和司法解释变得更加有影响力。另外，欧盟现在正在推动成员国内部法律的协调。

1.7.2 英美法系

英美法系的形成可追溯到 1066 年诺曼征服英格兰之时，以威廉开始在其新王国中推行集权统治为标志。普通法指国王的法院代表了王国的普遍习惯，以区别于郡与庄园的地方习惯法。普通法是指英国以及曾为英属殖民地的国家的法律体系，其基础主要是法官制定的规则或称判例。

普通法上历史悠久的规则大部分产生于亨利二世（1133—1189）设立的三个法院：理财法院、普通上诉法院以及王座法院。理财法院处理税务纠纷；普通上诉法院处理不涉及国王直接利益的事项，如土地所有权纠纷、允许的强制执行、债务的清偿；而王座法院审理与王室直接利益相关的事项，如签发制止官员任意行为的令状。后来，王座法院被用来控制国王权力的滥用，设立了普通法的基本原则：法律至上原则。现今，这一原则不仅指国王应当遵守法律，还指普通政府机构行为可以由法院进行司法审查。另外，当普通上诉法院开始收取大量的诉讼费，其管辖的许多案件被转到王座法院时，通过扩大对于侵扰令状的解释，法院事实上管辖了所有类型的侵权诉讼；通过扩大对于损害赔偿令状的解释，法院管辖了绝大多数的合同之诉。令状，是国王发布的一种书面命令，命令他人做或不做某事，在国王法院诉讼必须要有令状。侵害令状主要用于侵权诉讼，损害赔偿令状用于合同诉讼。

普通法的一个重要特点是以法院司法惯例为基础的理念，普通法本身也是指英国法上成文法之外的法律。狭义的普通法，是与衡平法、海商法或其他专门法律相对而言的，衡平法是国王的教士们为那些在国王的法院无法获得救济的人们提供救济时形成的法律规则，而海商法则是管辖审理一般海事案件时形成的法律。普通法的依据是法院的判决或称先例，这是英美法与大陆法最主要的区别之一，大陆法是以法典、成文法以及指定教科书为依据的。

早期普通法的局限性，在于其不灵活性。在1285年，《威斯敏斯特法》终止了新令状的创设，而这是法院扩大其管辖权的工具。因此，法院只能审理精确地符合传统令状要求的案件。另外，由于法院管辖范围的缩小，法院适用的先例规则更加的复杂。除了一些涉及返还不动产或动产的诉讼之外，法院可以提供的唯一救济是金钱损害赔偿。衡平法院的产生是为了突破这些限制，它可以提供禁令、返还以及实际履行救济。

直到19世纪，普通法与衡平法之间仍存在严格的界限。但是，英美国法院最终废除了这一区别。在1848年，美国纽约州颁布了民事诉讼规则，该规则由戴维·达利·费尔德起草，合并了普通法院与衡平法院的管辖权。费尔德规则规定，诉讼应当在统一的法院审理，使用统一的程序。这一规则很快被其他大多数州以及美国联邦政府所采纳。1873～1875年英国司法改革也采用了这一方式，其他英国殖民地国家也都采纳了美国的这一做法。

英美法与大陆法在世界上的传播方式不同。澳大利亚、加拿大、印度、爱尔兰、新西兰以及美国这些主要的英美法系国家，都和英国存在直接的政治联系。虽然欧洲大陆法国家与拉丁美洲的大陆法国家之间也存在此类联系，但是与其他大陆法国家的联系却要弱得多。另外，在两大法系中，大陆法是较容易被接受的，民法被法典化，且主要与私法有关，对于当地的政治体系几乎没有威胁。而普通法则由判例法以及制定法形成复杂的结构，采用陪审团制度，坚持限制政府权力的法律至上原则，术语系统复杂。

1.7.3 伊斯兰法系

在现代社会中，约1/4的人口信奉伊斯兰教。大多数穆斯林居住在中东、北非以及南亚。伊斯兰教是沙特、卡塔尔、阿联酋等国的主要宗教，伊斯兰法是沙特的主要法律渊源，其他伊斯兰国家在不同程度上也采用这一做法。伊斯兰法律（Shari'a）的法律原则以《古兰经》及其他相关著作为依据。伊斯兰法按其重要性，分为四项来源：①《古兰经》；②教规或穆罕默德的教诲；③学者们从《古兰经》以及教规中引申出的规则；④法律社会的共识。

在公元10世纪，在伊斯兰教创立三个世纪之后，法律社会认定，学者们进一步推动神圣法律的发展已经是不可能的了，在此时，应当关闭独立思考的大门，冻结伊斯兰教的发展。因此，伊斯兰法官和学者只能使用早期学者制定的法律，不能修改、扩展或改变。独立思考之门的关闭产生了与现代社会经常发生矛盾的法律体系，许多伊斯兰国家的主要人物都主张重开思考之门，但是这一主张被传统主义者坚持抵制。应当注意的是，伊斯兰法基本上是一部道德规范，更多地涉及伦理，而不是商业或国际关系。在这些方面，伊斯兰法的基本原则与大陆法和英美法并无太大差异。

表1-3 两大法系的主要特点

	大陆法	英美法
理论基础	实在法：自由竞争市场经济	自然法
法律的地位	独立于政府	高于政府
法律规则	以一般原则为基础	以具体情况为基础
内容	私法	私法和公法
主要渊源	法典	判例法
主要影响源	法学家	法官
推理	演绎	归纳
程序	纠问	对抗
事实的确定	法官	陪审团
以判决为先例	尊重	必须
宪法审查	特别机构或法院	一般法院（英国没有成文宪法）
对政府机构的审查	特别机构或法院	一般法院

◇ **参考案例**

伊格纳西奥案

1994年，美国联邦地方法院审理了伊格纳西奥诉德士古公司一案，主审该案的布莱克法官做出了如下判决：原告为厄瓜多尔居民，以被告的行为导致厄瓜多尔境内空气、土地和水体污染为由，在得克萨斯州法院起诉，请求法院判决被告赔偿损失，将受污染的土地恢复原状，并设立由法院管理的信托基金。后来，此案被移送至联邦地方法院，联邦地方法院认为，案件移送请求在程序上应当予以支持，被告关于驳回移送请求的理由不能成立。

根据国际礼让之原则，一国法院在某些情况下，基于法律差异以及他国利益的考量，应当做出拒绝行使管辖权的决定。美国《第三次外国关系法律重述》第403节第3款规定了国际礼让原则适用时应当考虑的因素。1984年，第九巡回法院审理的帝莫伯兰木材公司诉美国国民信托与储蓄机构一案，维持了一个地方法院做出的拒绝行使管辖权的判决。对于重述所涉因素的考虑使法院不可避免地做出拒绝行使管辖权的结论。本案所诉的行为以及损害均发生在厄瓜多尔境内，被告亦非得克萨斯州的居民，由本院做出的判决在厄瓜多尔的执行也是问题多多。本案所诉的行为应由厄瓜多尔共和国法律规制，本院若对本案行使管辖权，必将干涉厄瓜多尔对其环境和资源所拥有的主权，况且厄瓜多尔共和国明确、强烈地反对本院对该案行使管辖权。

总而言之，没有一项因素利于法院对该案行使管辖权。因此，该案应依国际礼让规则予以驳回。

本章练习

1. 丰收公司与 R 国订立了为期 20 年的采伐原木的合同。合同规定，如果因合同发生纠纷，当事人可以通过仲裁解决，仲裁员由国际商会指定，仲裁员可以适用国际法规则、法律的一般原则以及公平的理念。两年后，R 国告知丰收公司停止作业，离开 R 国，丰收公司提起了仲裁。R 国主张合同系国家与私人之间签订的，国家一方可以随时解除，否则，将有损国家主权。试析之。

2. 数年前，45 个国家参加的多边条约生效，其中包括世界上主要的发达国家。该公约名为《外太空公约》，禁止成员国主张任何行星、卫星、星体或其他天体为其领土之一部分。X 国不是公约的缔约国，向月球发射了航空器，派人登上月球，展开国旗，宣布月球表面 1 000 平方公里的土地为其领土。该国还在月球上建设了若干小型设施。Y 国以及其他公约缔约国向国际法院起诉了 X 国，要求法院宣布 X 国对于月球领土的主张是无效的，因为公约的禁止性规定构成了国际法上的惯例，条约本身也是国际社会法律意思的表示。X 国主张，即使存在法律意思，国际社会上没有一个成员对于月球领土主张采取过禁止措施，因此不存在连续且一致的行为。法院应当如何判决？

3. X 国的国内警察最高长官道尔命令查抄琼斯的房子，琼斯是反对派的主要领袖。琼斯被从其房子里拖出来，遭受殴打，然后被带到道尔的办公室，道尔没有任何法律理由便枪决了琼斯。琼斯的尸体被弃置在其房子的台阶上，其遗孀受到了惊吓。琼斯的遗孀逃到了 Y 国，获得了政治庇护。数月后，道尔因个人原因到 Y 国旅行，在道尔抵达 Y 国后，琼斯遗孀以不当致死为由，起诉了道尔。Y 国法院规定允许本国法院对于原告因违反国际法而提起的侵权诉讼行使管辖权。琼斯的遗孀可否胜诉？

4. A 国向海洋倾倒未经处理的污水，造成本国及邻国 B 国和 C 国沿海生物死亡。三国均承认国际法院管辖权，B 国和 C 国向国际法院起诉了 A 国，要求法院判决 A 国立即采取措施，停止向海洋排放污水，并赔偿其清理沿海的费用。法院应如何行动？

第2章

国家责任和环境法

■ 概述

当一个国家损害了一个外国国民时，这个国家应当向受害国民所在的国家而不是国民本人承担责任，长期以来，这已经成为国际法上的一项原则。这一责任是从一个国家损害了另一个国家时所应承担的一般责任中引申出来的。这一特别责任的原理是：一国国民所受到的损害是该国所受损害的组成部分。在1909年，美国国务卿伊莱休·鲁特（Elihu Root）指出：

每一个国家有义务给予其境内的另一国国民同样的法律权益、同样的行政管理、同样的保护以及其可给予本国国民的同样的法律救济，不能多也不能少，只要该国给予其本国国民的保护符合文明标准。

在这个世界上，有一个非常简单、非常基础的正义标准，它被所有的文明国家所接受，并成为国际法的一个组成部分。任何一个国家都有权将其应当给予外国人的正义与其赋予本国公民的正义相比较，但是，这有一个前提，即该国的法律系统以及行政管理应当符合国际法上的正义标准。如果一国的法律系统和行政管理不符合国际法上的正义标准，即使该国的国民同意或被迫同意在这一个正义标准之下生存，当衡量该国对于其他任何外国国民的行为是否符合正义时，其他国家绝不能被迫接受该国的正义标准。[一]

本章将讨论国家责任的概念。我们将讨论国家责任的前提、标准和抗辩，以及外国国民或外国企业减少个人损失的方法和步骤。我们还会讨论主权国家以及政府间国际组织已经建立起来的保护国际投资行为的保险制度。最后，我们还将讨论到国家保护环境的义务，国家在降低污染、保护自然资源以及惩罚污染者时应承担的责任。

2.1 国家责任

在确定一个国家对于外国国民或企业受到的损害是否应当承担责任时，必须明确两个条

[一] Proceedings of the American Society of International Law. 1910.pp. 20-21.

件：①造成损害的行为，包括作为或不作为，依国际法的规定，可归责于该国；②该国的行为违反了其应承担的国际法义务。[○]然而，应当注意的是，国家责任（state responsibility）是在国际法框架下确立的，其中，主权国家是一个基本的概念。实在主义者认为，一个国家或国际裁判机构判令某一国家承担的责任，只能是被判令承担责任的国家同意承担的责任。一个主权者不是判令其他主权者承担责任的唯一裁判者。

2.1.1 可归责原则

可归责原则是指一个国家只对可归责（imputable）于或归因于该国的行为承担责任。关于这一原则，最通常的解释是，一个国家应当对该国的官员在表面上看来有权从事的行为负责。这包括：①官员在职权范围内的行为；②虽不属于官员职权范围内的行为，但该国提供了实施这一行为的工具或设施。因此，一个国家应当对本国官员错误的行为，甚至那些违反了本国明示的命令或国内法律的行为承担责任。

在1998年山德兰国际公司诉巴布亚新几内亚（Sandline International Inc. v. Papua New Guinea）这一仲裁案件中，申请人是一家提供军事和保安服务的公司，被申请人为巴布亚新几内亚。被申请人为了平定本国叛乱，与申请人在1997年1月31日签订了一份合同，申请人为被申请人提供培训、情报等服务，被申请人向申请人分两次支付总计3 600万美元的费用。被申请人按合同支付了一半费用，申请人动员了人员和设备，进入指定区域，开始履行合同。但是，在1997年3月16日，被申请人国内再次爆发暴乱，申请人派驻的人员不得不撤出，合同无法履行。被申请人拒付剩余款项。申请人按合同中的仲裁条款提起了仲裁。被申请人主张，合同违反了被申请人宪法第200条，因而无效。仲裁庭认为，该合同是在一个私人和一个国家之间签订的，因此不属于国内交易，而是一份国际合同。广为接受的国际法原则是，即使合同的签订违反了一国国内法，因越权而无效，该国对于合同的履行行为也是合法的。

而在1920年发生在美国与英国之间的一场国际仲裁案件中，仲裁庭指出，当发生暴乱时，如果一国政府在镇压暴乱的过程中既不存在过失行为，也没有恶意的行为，则该国政府对于暴乱者所造成的人员或财产损失不承担责任。1898年，英国殖民政府在塞拉利昂试图向当地人收集一种名为"茅屋税"的税收，这一税收要求土著人按户缴纳一定的税收，这导致当地人发生了暴动，暴动者攻击了传教的教士并损坏了传教者的财产，一些美国传教士被杀害。提起仲裁申请的美国政府认为，正是因为英国政府征收税，所以才会有土著的暴动，才会有美国传教士的人员和财产损失，英国政府应当承担责任。仲裁庭认为，国际法上一个著名的原则是，当暴动者实施反抗一国政府权威的行为时，如果该国政府在镇压暴动的过程中没有过失或违反诚信的行为，则它不应当被苛责。英国政府有权征税，这是每一个政府的权利。虽然征收一种税收的难度是可能预见的，但没有任何一种理由可以认定，征收税收会导致一种全面的暴动。英国政府的诚信是不用质疑的，另外，没有证据证明，英国政府未能

○ Article 3, International Law Commission's (ILC) Draft Articles on State Responsibility, http://untreaty.un.org/ilc/texts/instruments/english/commentaries/9_6_2001.pdf.

尽其职责，为传教士的生命和财产提供足够的保障。

2.1.2 过错和因果关系

一个国家在承担国家责任时是应当以过错为前提吗？在判例法以及大多数法学家的作品中，一般的观点是，国家责任并不以过错为基础，一个国家无论过错与否，均应当向受害国承担责任，受害国无须证明过错（culpa），无论故意还是过失。这一原则反映出在证明一国未尽正当的注意义务时，举证方所面临的巨大困难。于是，裁判者转向了因果关系（causation），裁判者思考这样一个问题：是这个国家或它的官员的行为导致了损害吗？例如，在法国与希腊之间发生的灯塔仲裁案中，一个法国公司的经营地位于希腊中北部的萨洛尼卡（Salonika），而希腊政府将其驱逐出了这一城市，公司的货物只得堆放于一个临时场所，不幸的是，货物被大火烧毁了。关于驱逐行为与货物损失之关系，仲裁庭指出：即使人们倾向于判决希腊政府为其驱逐行为的后果承担责任，但是，人们不能否认，在驱逐行为与火灾损失之间不存在因果关系……损失既不是驱逐行为可预见的结果，也不是该行为通常必然发生的结果，更不能归因于希腊一方注意义务的缺失。

2.2 注意义务

在认定一个国家的行为与某一损害之间具有因果关系时，我们还需要判断一个国家是否尽到注意义务。在判例法中，判断国家注意义务的规则标准有两类：一个是国际标准，也被称为国际最低标准，另一个是国内标准。

2.2.1 注意义务的国内标准

第三世界国家（尤其是第二次世界大战之前的拉美国家及之后的亚非国家）提出了注意义务的国内标准，即一国应以其对本国国民完全一致的方式对待外国人。这一标准的反对者指出，如果某国国民依其国内标准所享受的待遇很糟糕，那么，以国内标准判断外国人在该国所享受的待遇时，外国人的利益是得不到保护的。严格执行这一标准，将会产生一个极端荒唐的结果，外国人依此标准可以主张国内国民可以享有的包括选举、健康医疗等特权。

国际社会对于国内标准或平等待遇原则（equality of treatment doctrine）的支持逐渐衰弱。1962年苏联促使联合国大会通过决议，确立"人民和国家所有享有的不可分割的、不受阻碍地行使国有化、征收的权利"，但是，苏联的努力没有成功，表决的结果是，34票支持、48票反对、21票弃权，投反对票的国家包括16个拉丁美洲国家、10个亚非国家，2个拉丁美洲国家和19个非洲国家投了弃权票。在表决前的辩论中，许多发展中国家的代表向西欧和北美的资本输出国保证，它们没有没收外国资本的意图。辩论中一些国家坦白地承认，外国资本在经济中的作用以及对可能得罪以经济和其他形式提供援助的国家的顾忌，是造成苏联的提议未能获得通过的主要因素。另一方面，欠发达国家一般已经不愿意放弃国民待遇原则，也不愿意签订条约，对它们征收的外国资本支付公平的赔偿。长期以来美国处于资本输出国的地位，但是，经过多年的努力，与美国签订条约，承担公平征收赔偿责任的国家，屈指可数。另外，这类条约对于投资者几乎没有任何保护力，因为任何一个缔约国都可以无须事先告知，即可终止条约。

秘鲁高等法院1927年审理了坎特罗·希瑞拉诉卡尼发罗公司（Cantero Herrera v. CANEVARO & CO.）案，坎特罗·希瑞拉是一个居住在秘鲁的古巴国民，为几家设立在古巴之外的国家的公司做代理人。1913年他向秘鲁法院起诉一名古巴国民分割一处地产，卡尼发罗公司因购买了这处地产而成为此案的共同被告，但秘鲁法院判决坎特罗败诉。高等法院和最高法院分别于1920年和1921年维持了原判。1927年，古巴公使写信给秘鲁外交部长，指责秘鲁法院的判决，要求秘鲁确认这些判决系拒绝司法的行为，并适当地修正。秘鲁政府询问最高法院，请最高法院给出建议。本案的问题是，古巴公民在秘鲁法院败诉后，能诉诸外交手段吗？秘鲁最高法院认为，一个国家有义务赋予外国公民享有与本国国民同样的、向当地法院起诉的权利。国际法也承认，任何一个自尊自重的国家，都不可能允许其他任何国家质疑本国法院按程序依法做出的判决的效力和合法性，因为判决书是主权的延伸。关于判决违反公平的请求，这一违反公平的行为必须是显著的，即这一行为有违该国应尽的责任。秘鲁宪法和民法典规定，外国人在涉及其财产时，处于与秘鲁国民同样的地位，不得……诉诸外交。换句话说，秘鲁适用的是国内标准，认为外国人并不享有优于本国国民的权利。坎特罗没有被剥夺起诉或其他法律规定的权利，也没有受到不公正的待遇。他所有的主张只有一句话：他败诉了。最高法院认为，古巴公使的要求不应被支持。

2.2.2 注意义务的国际标准

注意义务的国际标准是西方国家的主张。这一标准的理论依据是，虽然一国没有义务允许外国人进入本国领土，但是，一旦一国允许外国人进入，则该国应以文明的方式对待外国人。在1920年尼尔仲裁案中，仲裁员认为如果一国对于外国人的不当待遇系令人愤慨的、恶意的、故意无视其责任或未尽政府责任的，以至于违反国际标准，且任何一个通情达理的、公正的人都会承认其行为不当，这一不当待遇即构成了过失行为（delinquency），从而违反了注意义务的国际标准。○

这种过失行为既可能是犯罪行为，也可能是侵权行为。在1979年《国际责任条款草案》中，国际法委员会建议，如果国家行为严重地破坏了国际和平，妨碍人民行使自决权或未能保护人的生命和尊严（如奴隶、种族灭绝和种族隔离），则该行为构成了国际犯罪行为。其他行为则属于国际侵权行为。最典型的国际侵权行为是征收或国有化外国自然人和商业组织的财产。拒绝司法（denial of justice）也是一种常见的国际侵权行为。

○ United Nations Reports of International Arbitral Awards. Vol. 4. 1920.

2.2.3 征收

征收或国有化是一国政府对外国人财产的剥夺行为。政府对于外国财产的征收权，如同国内财产法上的征用权（eminent domain），是被广泛接受的。西方国家对于国际法上征收权的态度，与其对待国内法上征用权的态度是相同的，它们认为，这两种权利的行使应当具有两个条件：其一，此权利的行使是为了合法的公共利益；其二，国家应当给予及时、充分、有效的补偿。

关于公共利益要件，国际社会存在一些争议。一些国家表示支持，而另一些国家则认为，这一要件仅仅应当解释为不得对特定的外国人采用歧视性做法的要求。在 BP 开发公司（利比亚）诉利比亚阿拉伯共和国一案①中，利比亚国有化了英国石油在该国的一家子公司，但没有对属于其他外国石油公司的财产采用同样的国有化政策。利比亚采取这一行动的目的是报复英国。仲裁员指出，《BP 国有化法》以及此后由被申请人采取的行动，构成了根本违反"BP 特许协议"的行为，因为这一行为完全终止了协议以及被申请人根据协议应尽的义务，根据可适用的法律系统中的规则（这些规则是如此之多，如此之基本，因而无须引用），仲裁庭裁决，被申请人占有申请人财产、权力和利益的行为，明显违背国际公法，因为这一行为显然是为了纯粹的、极端的政治原因而采取的，其本质是武断的、歧视性的。国有化行为已经将近两年了，被申请人也没有支付任何赔偿，这一事实表明，该国有化行为实质上是没收了申请人的财产。

然而在利马科案（LIAMCO Case）②中，仲裁庭阐述了不同的主张。利比亚征收了一家美国石油公司，这家美国公司提起了仲裁。关于国有化措施是出于政治动机，而且不是出于合法的公共目的说法，仲裁庭认为，国际法上一般性的观点是，公共利用原则并不是国有化合法性的必备条件，格劳秀斯和其他后来的国际公法学家们都曾经提过这一主张。但是，现在还没有国际机构从司法或其他方面，支持将这一主张适用于在国有化问题之上。然而，政治方面的动机可能出于政治上的报复而采取歧视性措施，无可争议的是，非歧视应当是一项判断国有化措施合法有效的要件……因此，一项完全歧视性的国有化措施是非法且不当的。因为利比亚国有化的动力是保护其石油所有权，因此，仲裁庭认为征收不是歧视性的。

出于政治的考虑，即在确定何为公共目的时所面临的状况，利马科案中所确立的原则是最好的选择，也是最可能被仲裁庭采纳的。

西方工业化国家关于"立即、充足和有效补偿"（prompt, adequate, effective compensation）一语的含义，由在英伊石油公司案③中原告在其请求中做了充分的表述。在这个案件中，英国在伊朗开设的石油公司被伊朗征收了。英国起诉了伊朗，原告主张，显然地，国有化一个外国人的财产，即使基于任何其他的原因而不构成非法，除非国有化建立在立即、充分和有效的补偿之上，否则，这一国有化行为就是不法的没收行为。所谓"充足"是指财产

---

① BP Exploration Co. (Libya), Ltd v. Libyan Arab Republic, International Law Reports, vol. 53. P. 297(1974).

② Libyan American Oil Co. (LIAMCO) v. Government of Libyan Arab Republic, International Legal Materials, vol. 20, p.1 at p. 58 (1981).

③ International Court of Justice Pleadings, vol. 1952, p. 105 (1952).

所有人得到的赔偿等于财产被征收时的价值加上至判决之日的利息；所谓"立即"是指赔偿金应当立即以现汇的形式支付；而所谓"有效"则是指赔偿金的收取者必须有能力使用这笔款项，以不可兑换的货币支付的金钱赔偿，并不构成有效的赔偿。

对于西方国家提出将市场价值作为充分补偿标准的主张，许多发展中国家表示反对，并提出在计算财产价值时，应当考虑包括殖民统治等其他因素，并且联合国大会的两次决议均已经采纳了这一主张。然而，西方的评论者认为，这两次决议仅仅应当解释为确立了一项长期的目标，并没有反映国际习惯法的情况。1962年，国际法院审理的一起比利时诉西班牙案⊖中，涉案的巴塞罗那牵引光学与动力有限公司（Barcelona Traction, Light and Power Company, Limited）是按照加拿大法律在1911年设立于西班牙的一家公司，其经营目的是向西班牙提供电力，公司在西班牙境外发行了债券。在1936～1939年西班牙国内战争期间，公司因西班牙政府禁止兑换外汇而无法向国外债权人支付利息。1948年，一些债权人请求西班牙宣告该公司破产，西班牙法院做出了破产宣告；1952年公司在西班牙境内的财产被拍卖，多数分配给了债权人，而股东只获得了很少一部分。因为88%的公司股东是比利时人，股东们认为，西班牙法院的做法不合法。在1955年西班牙加入联合国后，1958年比利时向国际法院起诉了西班牙，要求判决西班牙承担赔偿责任。法院的审理程序因当事人谈判而被中止，1962年，国际法院恢复了案件的审理程序。国际法院的多数法官认为，当一个国家允许外国资本或外国国民进入后，该国有义务向外国资本或外国国民提供法律保护，并承担保护不力之后果。帕第拉·尼尔沃（Padilla Nervo）法官持有不同的立场。帕第拉法官指出，与国家责任相关的规则的历史，是对于弱国国内司法无理且蛮横干涉的历史。以往的裁决多数反映了处于弱势的一国无奈地接受了那些事实上或法律上其并不需要承担的责任。除盈利之外，我们还必须考虑其他更重要的因素，如一个政治上的、充满道德感的国家应有的其他合法利益。另外，需要保护的与其说是那些诉诸外交途径的巨型公司的股东，不如说是那些贫穷而弱势的国家。如同罗萨·格尔布兰克案（Rosa Gelbtrunk claim）中所主张，当一个外国人在其祖国之外的其他国家的领土之内，在其他国家的主权保护之下开展经营，他应当被认定为已经将其自身视同为该国的公民。总而言之，到国外逐利的投资者应当自担风险，其经营可能亏损也可能盈利，投资者不能只赚不赔。当他们选择了去一个国家投资时，理应尊重当地的政府，遵守当地的法律。

2.2.4 拒绝司法

拒绝司法是指拒绝或无根据地推迟、阻碍当事人诉诸法院，以及司法或救济程序上存在重大缺陷，未提供通常被认为与公正司法不可分割的保障措施或者做出了一项显失公正的判决。国内法院判决有误，但并未构成显失公正者，不属于拒绝司法⊜。

⊖ Case Concerning Barcelona Traction, Light and Power Company, Limited, (Preliminary Objection), International Court of Justice Reports, vol. 1964.

⊜ Harvard Draft Convention on the Responsibility of States for Damages in Their Territory to the Person or Property of Foreigners, 1929, Article 9.

在国有化和征收案件中，主张注意义务国内标准的国家认为，司法理念因不同的社会而不同，是否存在拒绝司法，应根据不同案件的具体情况，结合案件发生地的国家的具体社会情况而确定。

在查丁诉墨西哥共和国（Chattin v. United Mexican States）一案[⊖]中，查丁是一位美国公民，1911年被墨西哥判决2年监禁，入狱数月后，因墨西哥爆发革命而出狱回国。他诉称，其被捕、审判均属非法，且其在监狱中受到了非人的待遇，并主张5万美元的赔偿金。关于查丁是否可以提出拒绝司法的主张，法官们存在不同的观点。多数法官的意见是，应当按国际标准评判墨西哥对于查丁的待遇，在案件的审理过程中，墨西哥当局未让查丁有合理的时间提出质证意见，也没有告知其所受到的指控，审判时间很短（只有5分钟），总而言之，墨西哥当局的行为是一种令人发指的、恶意的、故意无视其职责的行为，并没有履行任何一个公正的人可以接受的政府行为。持反对意见的法官认为，要求墨西哥法院的审判程序与普通法完全一致，显然忘记了"通往罗马的路不止一条"，这一要求是不合理的。

2.3 抗辩

一个国家关于国家责任的抗辩包括无起诉资格、无国籍、无实际联系以及未用尽司法救济。

2.3.1 无起诉资格抗辩

在一个国家被起诉到国际法院或仲裁机构时，被诉方提出的最常见的抗辩是无起诉资格抗辩。当一个原告不具备向特定法院起诉的资格时，原告的诉请应予驳回。在国际法院等重要的国际裁决机构的诉讼中，只有国家可以作为申请人提起诉讼。如果一个自然人或公司作为一个原告提起了诉讼，则案件应以主体失格而被驳回，国家应当作为其国民的代表，向这些裁决机构提起诉讼。并不是所有的国际裁决机构的诉讼主体只限于国家，在国际投资争端解决中心、欧洲人权法院的程序中，私人也作为诉讼主体，提起仲裁或诉讼。

2.3.2 无国籍抗辩

与无起诉主体资格抗辩相关的是无国籍抗辩。虽然一个国家可以代表本国的一个或多个国民向一个国际裁决机构提起诉讼，但是，对于不具有本国国籍的那些自然人或公司，一个国家是没有资格代表他们向国际裁决机构起诉的。

在单一国籍和无国籍的情况下，无国籍抗辩是一个非常容易处理的问题。单一国籍的国民，只能由其国籍所在国代表其起诉，而无国籍的国民则没有任何一个国家可以代表其起诉。但是，在双重国籍的情况下，无国籍抗辩问题变得非常复杂。传统的规则是，如果一国

⊖ United Nations Reports of International Arbitral Awards. Vol. 4, p. 282 (1927).

国民具有双重国籍，当该国民与其国籍国之外的第三国发生纠纷时，该国民所具有的两个国籍的所在国均可以作为该国民的代表，向第三国提起诉讼；但是，如果该国民与其所具有两个国籍之间的任何一个国家发生了纠纷，另一个国家不得代表该国民起诉①。在卡尼法罗案（Carnievaro Case）中，一个自然人拥有意大利和秘鲁两个国籍，在其与秘鲁的一项纠纷中，他向意大利请求支持，请求意大利代表他起诉秘鲁，常设仲裁法院（Permanent Court of Arbitration）②裁决称，卡尼法罗在多个场合以秘鲁公民的身份行事，例如，竞选秘鲁的参议员，担任秘鲁公职，在这种情况下，虽然卡尼法罗具有意大利公民的身份，但是，秘鲁政府有权利将其视同一个秘鲁公民，且否认其意大利公民的身份。

在第二次世界大战之后，一个新的规则逐渐形成，这一新规则允许具备双重国籍国民的主国籍国向另一个国籍国提起诉讼，所谓主国籍国，是指具有双重国籍的国民的国籍国中，与该国民具有最主要关联的国籍国。在马加案（Mergé Case）中，受到伤害的自然人是一个具有意大利和美国双重国籍的人，意大利－美国协调委员会认为，美国有权作为支持者代表受伤害的自然人起诉意大利，委员会指出，在双重国籍的情况下，只要美国国籍是有效的，美国政府就有权为具有本国国籍的人提供保护，在具体的案件中，为了确定美国国籍的优先性，惯常居住地只是考量的标准之一，但并非唯一的标准，一个人在经济、政治、社会或家庭生活中的行为，以及与国籍国更加紧密、有效的联系，也是必须考虑的因素。

当向国际裁决机构提起诉讼的权利专属于一个国家时，国家对于诉讼进程拥有完全的控制权，它可以拒绝起诉，也可以放弃诉讼或接受调解，而调解的结果可能不利于其所代表的国民的利益。在这种情况下，一个国家是否可以在本国国民反对的情况下提起诉讼？这一问题产生的原因是卡尔沃条款。卡尔沃条款是在私人与外国政府的协议中的一项合同条款，这一条款通常规定："外国人无权享有其作为国民所享有的权利和特权，因而，其所受的损害只能要求当地国家机构给予救济。"根据卡尔沃条款，作为协议当事人的外国人，在当地国家机构不能提供救济时，放弃了向其本国或其他机构寻求救济的权利。由此可见，当一个投资者在外国设立企业，从事经营时，卡尔沃条款的存在，构成了投资者一项事前承诺，投资者承诺放弃请求其母国干预其与东道国任何纠纷的权利。在巴塞罗那牵引光学与动力有限公司（Barcelona Traction, Light and Power Company, Limited）案中，国际法院认为，卡尔沃条款是无效的："诉讼的权利属于国家而不是个人，个人任何放弃诉讼的做法都是无效的。"③然而，在具体的法律实践中，卡尔沃条款确实产生了一些影响，美国在确立其是否为本国国民提供支持时，曾根据这一条款放弃了起诉。

---

① 该规则可以见于1930年《与国籍法律冲突相关的若干问题的海牙公约》（1930 Hague Convention on Certain Question Relating to the Conflict of Nationality Laws），载于League of Nations Treaty Series, Vol. 179, p.189. 公约第4条规定，一个国家不能为本国国民提供外交保护，以此对抗辩该国民同时具有的另一国籍国。

② 也称为海牙国际仲裁法庭，是1899年根据条约成立的政府间组织，致力于为国际社会提供多种纠纷解决服务。

③ Case Concerning Barcelona Traction, Light and Power Company, Limited, (Preliminary Objection), International Court of Justice Reports, vol. 1964, p.6 (1964).

2.3.3 无实际联系抗辩

当一个国家支持某个私人主体在国际裁决机构提起诉讼时，该私人主体应当真正地具有此国家的国籍，也就是说，此私人主体的国籍应当是真实的，而不是以一种偶然的联系为基础。如果该私人主体与为其起诉的国家之间的联系是偶然的、非实质性的，则被诉的国家可以向起诉国主张无实际联系抗辩。在著名的诺特宝案（Nottebhm Case）①中，国际法院判决称，一个仅仅在列支敦士登居住了三周即取得列支敦士登国籍并随即离开并居于国外的人，并没有与列支敦士登建立起真实有效的联系，从而使列支敦士登具有正当的理由，起诉另一个侵犯了此人财产的国家。此案中，诺特宝拥有德国国籍，居住在危地马拉，1939年，他认为，如果危地马拉加入了同盟国，自己的德国国籍将是非常不利的，于是他和自己的兄弟在列支敦士登短暂居留后，取得了列支敦士登的国籍，并因此自动地放弃了德国国籍。然而，当危地马拉向德国宣战之后，诺特宝被逮捕，财产被没收。1951年列支敦士登起诉危地马拉，要求返还财产。然而，国际法院认为诺特宝与列支敦士登并没有实质的联系，因而判决驳回了起诉。

当一个国家支持某一个公司起诉另一个国家时，公司国籍的确定是一个非常重要的问题，各国关于公司国籍认定的规则大有不同。尽管如此，在确定某一国家是否有资格支持起诉时，仍然适用实质联系规则，即代替受损害的公司起诉的国家，应当与该公司具有实质性的联系，而不仅仅是因为该公司具有本国的国籍。

2.3.4 未用尽司法救济抗辩

当一个自然人或商事组织请求其母国为其在国外所受损害起诉加害国家时，这个自然人或商事组织应当用尽被诉的国家当地所能提供的所有救济手段。在1956年阿姆巴惕罗斯仲裁案（Ambatielos Arbitration）②中，一个希腊人，与英国政府订立了船舶买卖合同，从英国购买船舶。这个希腊人以英国违约为由，向英国高等法院起诉了英国，由于他没有让一个关键的证人到庭，法庭判决其败诉。因为同样的原因，他的上诉也失败了。希腊政府代表他起诉英国。仲裁员认为，阿姆巴惕罗斯没有用尽英国的司法救济手段，他没有要求关键证人出庭，也没有向上议院上诉。未用尽司法救济是被诉国家向裁决机构主张的抗辩之一，如同国内法的做法一样，对起诉者的要求是，起诉者必须用尽当地可以提供的解决其争议的各种救济措施，尽量不要浪费主权者的时间。

当然，对于这一规则也是存在例外的，例如，无充足的救济手段，用尽当地救济手段的要求以条约的形式被免除，受损害者是国家而非私人，被诉国给予救济时存在过度的迟延。在1923年罗伯特·布朗案（Robert E. Brown Case）③中，仲裁庭认为，在南非，布朗可免除用尽当地救济手段的要求，因为当地政府的全部机构相互勾结，共同谋划，毁灭布朗的企

---

① International Court of Justice Reports, vol. 1955, p. 4 (1955).
② International Law Reports, vol. 23, p. 306 (1956).
③ United Nations Reports of International Arbitration Awards, vol. 6, pp. 10, 129.

业，对于执政官采取的措施，司法机构最初表示反对，但最终还是给予了认可。仲裁机构引用了一个美国国务卿常常说的一句话："在没有司法救济可用的国家，要求一个外国的起诉者用尽当地救济，是没有必要的。"对于被诉国给予救济时存在过度的迟延的问题，我们应当认识到，在许多国家法院审理一个案件通常要经过数年才能结案，因而，这一例外可能得不到支持。例如，在 1959 年英特汉德尔案（Interhandel Case）○中，一家瑞士的公司向美国法院起诉，意图要求返还其被美国军方在第二次世界大战期间没收的财产，此案历时 9 年，这家公司在初审法院败诉之后上诉，但是，其上诉也失败了。当美国政府告知瑞士政府，此案不存在重审的可能性时，瑞士政府以美国政府为被告，向国际法院提起了诉讼。然而在这时，美国联邦高等法院发出了重审命令，国际法院随即驳回了瑞士政府的起诉。

2.3.5 其他抗辩

被诉方可以主张的其他抗辩如怠于主张权利（laches）或"不洁之手"（Dirty Hands），所谓"不洁之手"是指起诉方在起诉之前为获得赔偿采取了不正当的手段。例如，在"吾本孤独"案（I'm alone Case）○中，"吾本孤独"是一艘悬挂英国国旗的船舶，该船在向美国运送走私酒品时，被美国海岸警卫队的快艇击沉，船东要求英国政府向一仲裁机构以美国政府为被申请方提起仲裁。仲裁庭认为，美国海岸警卫队击沉"吾本孤独"的行为是非法的，但是，此船涉及走私行为，此诉属"不洁之手"诉讼，因此，仲裁庭拒绝了英国政府主张的有关"吾本孤独"的赔偿请求。但是，仲裁庭要求美国就此事向英国政府道歉，并因其损害了英国国旗，而要求美国政府支付 25 000 美元的赔偿。

2.4 救济措施

当一个外国人受到损害而由其母国向国际机构起诉时，国际机构可以提供的救济措施包括恢复原状、赔礼道歉以及赔偿损失。例如，在 1962 年国际法院审理的一个案件中，国际法院判决泰国返还其从柬埔寨一家寺院中非法取得的财产○。而 1937 年国际常设法院的一个判决中，比利时驻西班牙的外交官在马德里意外死亡，尸体被弃置路边，法院支持了比利时政府要求西班牙政府做出解释并表示遗憾的声明，以军人应有之荣誉形式将尸体送至指定港口，惩办凶手等请求○。

在李特里尔和默菲特案（Re Letelier And Moffitt）中，李特里尔曾任智利的外交部部长，1976 年在华盛顿因汽车爆炸身亡，此次爆炸还导致了默菲特等人的伤亡。随后，李特里尔等遇难者的遗嘱执行人向美国法院起诉，主张智利政府应向遇难者承担赔偿责任。美国初审法院认为智利政府在此案中不享有国家豁免权，因而通知智利政府到庭，但被智利政府

○ International Court of Justice Reports, vol. 1959, p. 6 (1959).
○ (Canada v. United States) (1935) 3 R.I.A.A. 1609.
○ International Court of Justice Reports, vol. 1962, p. 6 (1962).
○ PCIJ Reports, Series A/B, No. 72, p. 165 (1937).

拒绝，初审法院缺席判决智利政府赔偿原告 500 万美元。因为原告无法执行此案判决，美国政府代原告起诉了智利政府。智利政府否认其应对汽车爆炸案负责，但表示愿意向作为受害人代表的美国政府支付一笔善款，作为对受害人的补偿。1990 年智利和美国政府达成相互的谅解，决定建立一个委员会，由委员会决定智利政府应向美国政府支付的善款的数额。委员会认为，国际法上的一般原则是，赔偿应当尽可能地消除不法行为所造成的后果，使受害者恢复到若不法行为未发生时其可能处于的状态。基于此原则，委员会认为，智利政府应当承担受害人遗孀及子女因其死亡而导致的经济上的损失以及精神损失，还应承担受害人遗孀因此事生病住院的医疗费。按此原则，委员会计算出智利政府应向美国支付 2 611 892 美元的款项。但是，由于智利和美国之间建立了友好外交关系，惩罚性赔偿金是不能得到支持的，况且惩罚性赔偿金在国际法上通常不能得到支持。

2.5 保险

保险是在特定的意外事故或伤害发生后，由保险人承担的给予补偿的义务。对于跨国公司而言，在国外从事经营时面临的风险和紧急情况包括那些在国内经营时遭遇的财产损失、事故损失以及雇员受到的伤害等，还包括因政治性动乱以及政局不稳定而产生的特定损失。无论是在国内经营，还是从事跨国业务，保险都是一项重要的商业工具，可以作为诉讼的补充或替代。例如，当法院判决一个公司应当对消费者、供应商、竞争者、投资者或政府机构因任何原因而承担赔偿责任时，责任保险可以为公司提供一定的补偿。同样，如果一个外国政府国有化了某一跨国公司的财产却拒绝赔偿，或者拒绝执行国内或国际裁决机构的裁决，那么，政治风险保险也可以补偿公司的一定损失。

私人、政府以及国际公共机构设立的保险人可以为跨国公司提供不同的保险产品，如国际财产保险、国际事故保险、海外雇员保险以及特别险。表 2-1 具体列出了这些保险的险种。

表 2-1 国际保险产品

国际财产保险
• 外国商业财产险
承保海外建筑物及建筑物内财产所受损失，国外供应商或消费者的设施所受损害，销售商保管的财产的损失以及来自国外的许可费收入损失。
• 海上货物险
承保运输中货物的损失，无论其采用陆路、海路还是空运方式。
• 不忠、失踪和灭失综合险
关于信义义务以及商业犯罪的保险，承保因雇员不忠行为造成的损失，如因雇员的欺诈或不诚信行为造成的金钱、担保物或其他财产的损失；被保险的经营场所内发生的实际毁损、灭失或挪用造成的损失，发生于被保险的经营场所之外，但是由信使或武装押运车辆运送的财产所遭受的损失；因善意地接受伪造票据或钞票造成的损失，因支票、汇票、本票、信用卡或其他类似金融票据的伪造或变造发生的损失，因计算机诈骗造成的损失。
国际事故保险
• 外国商业一般责任险
承保被保险人从事海外经营时，因第三人起诉被保险人而使之受到的金钱损失。第三人是指因人身和财产损害、产品责任、违约、个人所受伤害以及广告纠纷提起诉讼的消费者、供应商、投资者、政府机构、竞争者。

(续)

	• 外国自愿劳工赔偿险 承保在国外工作的雇员因工伤或职业病受到损失时起诉被保险人而使之产生的损失。 • 雇主责任险 承保雇主因国外工作的雇员因人身伤害或死亡而起诉时产生的法律成本。 • 超额归国费用险 承付雇主为遣返受伤、疾患而归国的雇员支付的超出通常运输成本的费用。 • 外国商业机动车责任险 承保对象为投保的在国外的机动车，无论机动车是由被保险人拥有的、租赁的还是借用的。
海外员工保险	• 外国事故和健康险 承保对象为在海外工作的雇员及其家属。 • 事故和疾病（医疗）险 防止雇员在国外遭受事故、伤害或疾患。 • 事故死亡和事故肢残险 赔付雇员因事故肢残或在雇员死亡时，赔付给雇员的被抚养者。 • 紧急医疗撤离险 支付雇员为治疗所发生的转运至具有适当的医疗设备地点而产生的费用。 • 遗体归乡险 支付将雇员遗体运回祖国的费用。
特别险	• 绑架、勒索和敲诈险 支付因绑架、不法拘禁以及采用人身伤害、损坏财产、污损产品、泄露商业秘密等手段实施的敲诈产生的费用，支付因劫机和恐吓产生的损失。 • 怠工和恐怖主义险 承保因怠工和恐怖主义活动造成的被保险的国外设施和业务的损失。 • 政治风险保险 承保因外国政府实施的不可预料的、歧视性的或独裁的行为造成的损失，这类行为包括没收、征用或国有化财产，货币的不可兑换，战争以及政治动乱，解除合同，见索即付保函的不当撤销。

注：本表是根据美国国际保险人的世界风险手册而改编的。

2.5.1 私人保险

提供国际保险的欧洲公司主要是百慕大出口保险公司、英国贸易承保集团、英荷尼德信用担保公司等公司，美国公司主要是外国信用保险协会、美国全球和政治风险保险国际集团公司、CAN信用保险公司等。大多数私人公司提供表2-1中所列的各类保险产品，然而，特别险，尤其是政治风险保险的费率往往是比较高的，并且，对于某些特定的高风险国家，保险公司不提供政治风险保险。

2.5.2 国家投资担保机制

由于私人保险公司不对高风险国的业务提供保险，大多数政治支持的保险机构集中提供承担此类风险的保险。这并不表明，政府支持的保险机构提供了能够覆盖全部高风险国家的投资保险，相反，政府投资担保机制的目的是促进本国的投资者向特定的受惠国投资。提供政府投资担保机制的国家主要有美国、加拿大以及大多数西欧国家，许多拉丁美洲国家也建立了政府投资担保机制⊖。最典型的例子是美国海外私人投资担保公司。

美国的政治风险投资保险业务可以回溯至1948年的"马歇尔计划",通过这一计划,美国为私人投资者提供有限制支持,促进其向饱受战火蹂躏的欧洲投资。在20世纪50年代,美国海外投资的重点从欧洲转向了非洲和拉丁美洲的欠发达国家。同时,投资担保机制也得到了加强,承保征收风险、支付风险以及与政治动乱有关的风险。直到1969年,这一项目一直由国际发展局(AID)以独立的政治机构的形式主持经营。1969年,海外私人投资担保公司⊜(OPIC)成立,1971年正式开始运营。海外私人投资担保公司以公司的形式主持海外投资担保机制。

美国海外私人投资公司的宗旨是"支持私人资本和技术在欠发达的友好国家和地区的社会与经济参与,从而履行美国发展援助的目标……"⊜公司有两项基本业务:政治风险保险项目和资金支持项目。需要强调的是,美国海外私人投资公司兼具保险和银行两项功能。在一些小型项目中,公司可以直接向投资者提供借款,而在大型项目中,公司可以作为担保人,为投资者提供担保,从而向商业银行获得借款。政治风险保险项目包括征收风险、货汇不可兑换风险以及与政治动乱有关的各类风险。

(1)征收。

在美国海外私人投资公司早期的业务中,征收保险(外国政府国有化或无补偿征用保险)是从事海外投资的美国公司投保的主要保险业务。但是,在20世纪70年代伊朗革命引发的一系列征收索赔浪潮之后,此类保险业务显著地下降了。近年来,完全地没收或国有化引起的征收索赔非常少见。大多数案件是关于"爬行式征收"(creeping expropriation)的。所谓"爬行式征收",是指由东道国采取的一系列行为完成的征收,这些行为若单独地分析,每一个行为均属于行政行为或保护公共健康、国家安全或福利的措施。这种趋势是由三种原因造成的。首先,大多数欠发达国家需要吸引外国投资,因而反对在本国采用任何不利于外资引进的措施;其次,欠发达国家政府变得越来越有经验,为达到同样的政治经济目的,他们往往采用变通的手段,而不再采用赤裸裸的国有化或征收措施;再次,国际投资不再以自然资源或矿产开发协议为主,而是主要采用合资企业或其他合作形式,这里面不仅涉及外国投资者的利益,还涉及东道国政府以及东道国本地私人投资者的利益。

相对于公然的国有化,爬行式征收给美国海外私人投资公司带来了一个难题:如何界定爬行式征收或事实上的征收(de facto expropriation)。美国海外私人投资公司给爬行式征收下了一个定义:"政府应当承担责任的任何行为或系列行为,这些行为违反了国内或国际法,对于所涉企业或投资者在所涉企业中的权利具有充分严重的不利的影响。"在这个定义中,何为"充分严重"是一个首要的问题。通常,美国海外私人投资公司会通过对于整个投资项

⊖ 由联合国国际贸易发展委员会和世界贸易组织共同管理的一个名为国际贸易中心的联合国机构在其网站 (http://www.intracen.org)上列举了提供政府投资担保机制的国家,包括阿根廷、澳大利亚、德国、法国、美国、墨西哥、俄罗斯、美国等数十个国家。
⊜ 海外私人投资担保公司的网站:http://www.opic.gov。
⊜ 美国《外国援助法》,美国法典第22篇第2191节(1982)。

目的影响分析征收行为的严重程度。公司不会赔偿部分征收或投资价值的减损。于是，除非投资者愿意放弃对于其整个投资项目的全部索赔请求，否则，美国海外私人投资公司不会认为征收构成了"充分严重"的情形。

（2）货币不可兑换风险。

美国海外私人投资公司提供保险业务，承保货币不可兑换风险，当一个投资者需要将东道国本地货币兑换为美元时，这种保险是非常重要的一项业务。大多数美国投资者需要美元以偿还其包括贷款本息在内的债务。然而，投资公司承保条件是东道国已经确立了合法兑换权。如果不存在这样的权利，则投资公司是不会承保的。如果东道国确立了合法兑换权，投资公司将保证，拒绝兑换或导致兑换实际上不可能执行的兑换条件严重恶化（如银行程序的变化）不会影响到合法的兑换权的行使。

（3）政治动乱。

美国海外私人投资公司为因政治动乱造成的损失提供保险。政治动乱（political violence）是与战争、革命、民变及恐怖活动相关联的各种风险的委婉表达。这类风险具有特别的性质，是东道国政府完全不能控制的，因此，这一保险业务与征收风险保险业务和货币不可兑换风险保险业务是不同的。如果发生了政治动乱风险而导致的索赔事件，海外私人投资公司的避险能力将被大大地削弱。在发生了征收之后，投资公司可以取得代位权，向东道国政府索偿。然而，对于一个不能控制动乱发生的政府而言，代位权没有任何实际的价值。

美国海外私人投资公司为了保护自己的利益，对于在那些易于发生政治动乱的国家进行的投资，公司会收取较高的保险费，并要求投资采取适当的措施，对可预见的风险进行管控。若公司认为某一投资项目将遭遇恶性风险，它会拒绝为这一项目提供保险。另外，公司将其在任何一个国家的风险暴露限制在其总风险的 10% 以下。

美国海外私人投资公司对于征收保险和货币不可兑换保险征收的保险费率的国别差异并不明显，这与公司承保的政治风险的情形是完全不同的。究其原因，主要有两个方面：其一，美国海外私人投资公司的运营目的是激励美国投资者到外国进行投资；其二，保险单所承保的期限长达 20 年，这使得公司无法评估东道国政府行为风险。

2.5.3 多边投资担保机制

长期以来，许多学者都认为，"为防止没收或征用而签订的一般性的多边投资担保公约所提供的机制极少可能获得欠发达国家广泛的支持。"[⊖]而投资者不得不单一性地依赖于本国的投资保险机制，如美国海外私人投资公司。而在许多情况下，新近独立的国家对于限制取得其在殖民地时期的财产的行动自由，是极其不情愿的。

尽管存在各种不祥的预言，世界银行仍然在 20 世纪 80 年代中期创立了一个多边投资担保机制。1987 年多边投资担保机构（Multilateral Investment Guaranty Agency，MIGA）开

⊖ Oliver J. Lissitzyn, "International Law in a Divided World", International Conciliation, No. 543 (March 1963).

始运营。该机构功能与美国海外私人投资公司等母国提供的担保机制大体相似，但其最重要的特点是，该机制运营是在资本输出国和资本输入国的共同政治监督之下进行的。

2.6 环境保护

现代国际社会对于环境的综合性保护的努力可以回溯至1968年，联合国通过了关于召开人类环境斯德哥尔摩会议的第2398号决议。1972年，斯德哥尔摩会议发布了《斯德哥尔摩宣言》，通过了新的人权和国家责任定义的一系列规则。这两个新的定义都是可圈可点的。原则1正式宣告：人类应在适于其自尊、幸福生活的环境下享有其基本权利：自由权、平等权、获取充足生活条件权。

原则21则声明：国家按照联合国宪章及国际法原则享有依其本国环境政策开发自有资源的主权，并承担确保其管辖或控制范围内的开发行为不得对其国家管辖范围之外的其他国家或地区造成损害的责任。

斯德哥尔摩会议做出了一项提议，要求联合国大会设立联合国环境规划署（United Nations Environment Program，UNEP）。1972年，联合国大会成立了联合国环境规划署㊀。规划署自成立之后，即积极地开展地球环境监测、国际性和地区条约的草拟、建议性原则和指南的制定等工作㊁。

在《斯德哥尔摩公约》通过20年之时，即1992年，联合国环境与发展会议（United Nations Conference on the Environment and Development，UNCED）在里约热内卢召开，会议通过了《里约宣言》。《里约宣言》重申了《斯德哥尔摩宣言》确立的原则，还将环境保护与发展联系了起来，作为一对相互关联的目标，而这二者之间的关系在1972年曾存有激烈的争议。《里约宣言》的第4项原则指出：为了可持续发展，环境保护应当成为发展进程不可分割的部分，且不得将其与发展割裂开来而予以单独考虑。

《里约宣言》还确立了其他的新原则，例如：第3项原则承认了"发展权"；第10项原则确认"每个人都有权以适当的方式获取由公共机构掌握的与环境有关的信息"；第12项原则指出推进建设"有力的、开放的国际经济体系……以更好地解决环境恶化问题"；第15项原则要求采用预防性措施（precautionary approach）保护环境（一旦存在严重的或不可逆转的损害威胁，不得仅仅因为缺少即将造成的损害的科学上的确定性，而迟延采取矫正措

㊀ 联合国大会第2997号决议，General Assembly Official Record, 27th Session, Supp. No. 30. P. 43（Dec. 15, 1972）.

㊁ 1972年12月15日，联合国大会做出建立环境规划署的决议。1973年1月，作为联合国统筹全世界环保工作的组织，联合国环境规划署正式成立。环境规划署的临时总部设在瑞士日内瓦，后于同年10月迁至肯尼亚首都内罗毕。环境规划署是一个业务性的辅助机构，它每年通过联合国经济和社会理事会向大会报告自己的活动。联合国环境规划署的主要职责是：贯彻执行环境规划理事会的各项决定；根据理事会的政策指导提出联合国环境活动的中、远期规划；制订、执行和协调各项环境方案的活动计划；向理事会提出审议的事项以及有关环境的报告；管理环境基金；就环境规划向联合国系统内的各政府机构提供咨询意见等。

施);第 17 项原则要求任何国家在其政府机构的行为可能对环境带来显著的负面影响时,均有义务进行"环境影响评估"。

联合国环境与发展会议还通过了《21 世纪议程》(Agenda 21),为 2000 年前后国际社会指出了目标和优先措施。这一议程同时包括发展和环境保护两个目标,发展目标是促进可持续的、有利于环境的发展,而环境保护的目标实质上是防止污染,保护自然资源。

环境目标不是什么新话题。自斯德哥尔摩会议之后,环境保护目标已经成了国际社会努力的主要方向。为了实现这些目标,各国已经签订了大量的多边条约、地区性条约或双边条约。下面,我们将述及当今较为重要的一些多边条约的主要内容。

2.6.1 环境污染的管制

降低污染的措施包括两类:规范特定环境类型的部门性管制措施以及规范特定污染的产品性管制措施。

1. 部门性管制措施

规范部门性污染的国际规则主要是针对海洋环境污染和大气污染的。

(1) 海洋污染。

1982 年联合国《国际海洋法公约》要求所有国家承担"保护和保持海洋环境"的责任。公约第 194 条第(1)款规定:

各国应在适当情形下个别或联合地采取一切符合本公约的必要措施,防止、减少和控制任何来源的海洋环境污染,为此目的,按照其能力使用其所掌握的最切实可行的方法,并应在这方面尽力协调它们的政策。

具体而言,各国应采取措施,尽最大可能将如下污染水平降到最低水平:①陆地来源物质释放出的有毒、有害或损害健康的物质;②船舶产生的污染;③来自用于勘探或开发海床和底土的自然资源的设施和装置的污染;④来自在海洋环境内操作的其他设施和装置的污染。

各国应当承担的其他责任还包括:①不得污染相邻国家的环境;②不得将污染损害或有害物质从一个地区转移至另一个地区或将其转化为其他类型的污染形式;③不得向海洋环境中故意或偶然地引进外来的或新的物种;④当一国获知海洋环境有即将遭受污染损害的迫切危险或已经遭受污染损害的情况时,立即通知其认为可能受这种损害影响的其他国家;⑤观察、测算海洋环境污染的危险和后果并发布其研究成果。

各国为了履行这些义务,必须"通过法律法规"并"采取其他措施",以"防止、降低、控制污染"。一旦通过了这些规则,各船籍国应要求那些悬挂旗籍国旗帜的船只履行这些规则,港口国应要求其港口内的船舶自愿地执行这些规则,而各沿海国应要求那些在其领海或专属经济区内航行的船舶、在其大陆架上倾倒废物的船舶执行这些规则。

联合国《国际海洋法公约》规定,各国的纠纷应当通过协商或调解的方式解决。如果通过协商或调解无法达成一致,任何一国均可将其纠纷提交按公约建立的国际海洋法法庭(International Tribunal for the Law of the Sea)解决,也可以提交国际法院或其他双方同意的

仲裁庭解决。○

除了 1982 年联合国《国际海洋法公约》之外，国际社会还通过了若干解决海洋污染具体问题的公约和法律文件，如 1954 年《国际防止海洋油污染公约》（Convention for the Prevention of Pollution of the Sea by Oil）、1969 年《国际干预公海油污事故公约》（Convention Relating to Intervention on the High Sea in Case of Oil Pollution Casualties）、1972 年《防止倾倒废物及其他物质污染海洋的公约》（Convention on the Prevention of Marine Pollution by Dumping of Wastes and Other Matter）、1973 年《国际防止船舶造成污染公约》（Convention for the Prevention of Pollution from Ships）、1974 年《防止陆源污染海洋公约》（Convention on the Prevention of Marine Pollution from Land-based Sources）、1989 年《国际救助公约》（Convention on Salvage）、1990 年《油污准备、反应和合作的国际公约》（Convention on Oil Pollution Preparedness, Response, and Cooperation）。

由于大西洋的蓝鳍金枪鱼（Bluefin Tuna）处于过度捕捞的危险之中，国际野生动物基金对大西洋和地中海的捕捞情况进行了监测并于 2006 年向欧盟发出了预警报告。2006 年 5 月欧盟发布的报告表明，欧盟做了禁止在欧盟水域捕捞蓝鳍金枪鱼的准备。"法国、意大利以及西班牙不遵守欧盟关于蓝鳍金枪鱼捕捞限制，不制止非法捕捞的做法，最终使欧洲各国的官员失去耐心"○。欧盟委员会得出结论，蓝鳍金枪鱼捕捞机会已经不复存在了，而欧盟成员国（尤其是法国、意大利以及西班牙）已经不能采取适当的保护蓝鳍金枪鱼的措施了。建议的禁捕措施只对欧盟成员国有效，而其中的一些成员国极有可能阻止这一禁捕措施的通过。

然而，欧盟确实采取了一些限制性措施。2007 年欧盟的渔业部长们制定了一个旨在拯救金枪鱼的 15 年规划。为了有助于金枪鱼的繁殖，欧洲各国捕捞配额每年减少 10%，而每年的海上捕捞期限不超过 6 个月，可捕捞的金枪鱼的最小重量从 10 公斤升至 30 公斤。这些措施对于法国、意大利以及西班牙的冲击最大，这些国家拥有欧洲最大规模的金枪鱼产业。人们认为欧盟的措施是 2007 年 1 月在日本达成的拯救金枪鱼的全球计划的一部分。过度捕捞的主要动因是寿司（sushi）在全球的扩大和普及，使得金枪鱼捕捞成为获利丰厚的产业，这种情况对于向日本出口金枪鱼的发展中国家尤其明显，而日本消费了全球蓝鳍金枪鱼的 80%○。

然而，环境保护主义者以及一些欧盟成员国并不满意这个计划，英国和爱尔兰均发起了抗议这一决定的抗议性表决（a protest vote）。这些国家注意到欧盟的规定要求任何过度捕捞的数量应在未来的配额里扣除，然而，这些规则不能用于限制法国和意大利的捕捞，因为据估计，在 2005 年和 2006 年这两个国家已经超出了其捕捞配额的 30%。然而，扣除规则可能使那些过度捕捞马鲛鱼的英国和爱尔兰的渔民受到影响，而马鲛鱼并不属于那些因过度捕

○ 1997 年 11 月 11 日，圣文森和格瑞纳丁群岛 (Saint Vincent and Grenadines) 与几内亚（Guinea）之间的纠纷被提交给国际海洋法法庭，这是国际海洋法法庭受理的第一起案件。
○ Bruno Waterfield and Charles Clover, "EU to Ban Bluefin Fishing", Daily Telegraph, May 31, 2007.
○ Chris Hogg, "Farming Endangered Blue-fin Tuna", BBC News, http://news.bbc.co.uk/2/asia-pacific/6189975.

捞而受到威胁的鱼类品种。另外，国际野生动物基金主张，欧盟计划中所允许的蓝鳍金枪鱼的数量两倍于国际研究者所主张的防止物种崩溃所需要的限制水平[○]。

蓝鳍金枪鱼所产生的诸多问题反映了国际法在解决鱼类、大气和太空等公共领域环境保护问题时所面临的困境。从宏观的角度观察这种"群体性悲剧"，主权国家的国际秩序通常不会形成一个有效的约束性框架，这意味着，一些国家倾向于最大化地开发公共领域而无视其开发行为对其他国家或公共资源造成的恶果。处于这一困境的调整公共领域的国际法的最典型的例子，可能是那些调整大气、气候以及人类产生的温室气体的规则。

（2）气候变化与空气污染。

调整全球变暖问题主要的国际条约是《联合国气候变化框架公约》(United Nations Framework Convention on Climate Change, UNFCCC)。该公约是在1992年里约热内卢联合国气候与发展会议上通过的，生效于1994年。公约为不同的国家集团设定了相应的目标、原则和任务，并设立了若干机构，敦促其成员国履行公约义务，继续就如何更好地解决相关问题进行讨论和磋商。

《联合国气候变化框架公约》的最终目标是"将温室气体的浓度稳定在使气候系统免遭危险性人类行为干扰的水平上……"虽然公约没有对"危险"做出定义，但公约指出，应当允许生态系统的自然变化，保证食物供应不受威胁，经济发展应当以一种可持续的方式进行。

公约设定的原则意在调整两项主要的政治问题：①如何在不同的国家之间分配减排负担；②如何解决科学上的不确定性。公约所设立的公平原则、普遍但有差别的责任原则意在解决第一个问题。换句话说，公约认识到工业化国家是造成环境问题的主要责任者，也更多地拥有解决问题的资源，而发展中国家更容易受到气候恶化的影响，拥有的解决此类问题的资源也较少。因此，公约要求工业化国家在修改长期排放走向方面发挥领导作用，号召最富裕的国家提供财政和技术援助，帮助发展中国家稳定其温室气体排放。

为了解决第二项政治问题，即科学上的不确定性，公约设定了预先警示原则。这一原则也包含在《里约宣言》中，以应对当前的困局，一方面关于气候变化存在许多的不确定性，另一方面，若等到所有的问题都获得了科学上的确定性才采取行动，则从避免最坏结果的角度看，这样显然已经为时过晚了。因而公约的第3条第（3）款号召成员方采取"预先警示措施"以对抗气候变化，公约规定："一旦存在严重的或不可逆转的损害威胁，缺少足够的科学上的确定性不应当成为推迟此类措施的理由。"

公约将其成员划分为两大组。第一组是发达国家，目前共有43个成员，这一组也被称为附件一国家，因为这些国家被列在公约的附件一中。第二组为其他成员国，该组也被称为非附件一国家。

○ Chris Hogg, "Farming Endangered Blue-fin Tuna", BBC News, http://news.bbc.co.uk/2/asia-pacific/6189975.《大西洋金枪鱼国际保护公约》拥有43个成员国，公约在2007年1月达成一致，地中海地区每年的金枪鱼捕捞配额为29 000吨/年。研究者认为，每年最高限额应为15 000吨。而公约分配给欧盟的2007年度的配额为7 000吨，但根据欧盟的计划，捕捞的总配额为16 000吨。

公约第 4 条指出，所有两组成员方都应承担一般性义务。这些义务包括：①失去解决温室气体排放的项目；②保护碳的沉积和储蓄（森林以及其他可以从大气中去除碳的生态系统）；③对其社会和经济政策的环境影响进行评估；④开发和分享利于气候的技术和工艺；⑤推进气候变化方面的教育、培训和公共意识；⑥应就本国为执行公约所采取的行动提交报告（国别通报）。另外，附件一国家还有义务实施旨在将其温室气体排放水平还原到 1990 年水平的气候改变政策和措施。这一目标计划于 2000 年实现，但事实证明这一设想是不合实际的，尤其是当这一承诺是一项没有约束力的承诺时。

公约设立的机构包括缔约方会议、两个分支机构（科学与技术咨询附属机构和执行附属机构）以及秘书处。缔约方会议每年召开一次会议，评估国别报告，讨论新的计划和任务，而两个附属机构则为缔约方会议做好准备性工作，秘书处负责事务协调。

在 1997 年日本京都召开的缔约方会议上，成员国起草了《联合国气候变化框架公约》的《京都议定书》。京都议定书要求在 2008～2012 年的 5 年间，附件一国家在 1990 年水平的基础上降低其温室气体排放水平 5.2%。其目标是将温室气体的浓度稳定在使气候系统免遭危险性人类行为的干扰水平上。

《京都议定书》生效的前提是：①全部成员国的 55% 已经承认或接受议定书；②达到附件一国家 1990 年总的二氧化碳排放量的 55% 的国家承认或接受了议定书。2006 年 12 月，共有 169 个国家及其他政府间组织已经接受了议定书，这些成员代表了附件一国家 61.6% 的排放量。值得说明的例外是美国，美国是明确表明其不属于《京都议定书》成员的发达的附件一国家。在 2007 年 12 月，印度尼西亚政府在巴厘岛主持召开了联合国气候变化会议，180 多个国家的代表参加了会议，还有许多政府间和非政府间组织的代表。会议上代表们对于美国布什政府在前期的立场提出了批评，提出了在 2009 年之前完成新一轮谈判路线图，显示了在 2012 年之后达成新的气候变化协议的意向。

其他调整气候与空气污染的国际条约还有：1979 年《日内瓦长距离跨界空气污染公约》（Geneva Convention on Long-Range Transboundary Air Pollution）、1985 年《保护臭氧层维也纳公约》（Vienna Convention for the Protection of the Ozone Layer）以及其 1987 年《关于消耗臭氧层物质的蒙特利尔议定书》（Montreal Protocol on Substances that Deplete the Ozone Layer）、1944 年《1944 年芝加哥国际民用航空公约关于环境保护的附件 16》（Annex 16 on Environmental Protection to the 1944 Chicago Convention on International Civil Aviation）。

2. 产品性管制措施

受到国际环境规范调整的主要产品是有毒废弃物和放射性物质。

（1）有毒废弃物。

1989 年《巴塞尔控制有害废弃物的跨境移动及其处置公约》（Basel Convention on the Control of Transboundary Movements of Hazardous Wastes and their Disposal）对于有毒废弃物及其他废弃物做出了规范，公约生效于 1992 年。公约禁止出口 "有害废弃物和其他废弃物" 到非成员国以及拒绝接收或没有安全接收能力的成员国，禁止成员国进口废弃物，除非进口的成员国有安全管控废弃物的能力。公约还要求成员国采取适当的措施，将其生产有害废弃物的数量最小化。

（2）放射性物质。

国际原子能机构（International Atomic Energy Agency，IAEA）是负责控制放射性物质利用的政府间国际组织。《国际原子能机构章程》⊖生效于1957年，是一个多边公约，章程规定国际原子能机构有责任设定保护人类健康、使原子能的利用中生命与财产所受损害最小化的安全标准。章程还要求国际原子能机构承担促进原子能和平利用的责任，以确保放射性物质以及机构提供的援助未被滥用，并监视特定"无核武器"国家的核设施和核材料，确保避免这些设施和材料用于军事目的。国际原子能机构的一项主要职能是监视1968年《核武器不扩散条约》（Treaty on the Non-Proliferation of Nuclear Weapons）的执行情况。为了履行这一职能，原子能机构对60余个无核武器国家的核设施进行了视察。

2.6.2 保护自然资源

1982年10月，联合国大会通过了《世界自然宪章》（World Charter for Nature）。宪章明文宣布："自然应当受到尊重，其基本进程不得受到干涉。"为此，宪章规定，生活资源的利用开发不得超过大自然的再生能力，人们利用所有的生态系统和机能，包括土地、海洋和大气资源时，应力争保持优化的持续生产能力……不得对与其共生的其他生态系统造成危害。

《世界自然宪章》的第11项原则还宣布，国家需要制定程序，控制可能对自然造成影响的行为。具体而言，宪章号召各国：①避免实施可能对自然造成不可逆转的影响的行为；②在开始实施可能对自然造成损害风险的过程之前，进行全面的检测，权衡预期利益与其对自然的潜在损害的关系；③开展环境影响研究，如在实施可能影响自然环境的行为之前制定最小化潜在负面影响的计划。

近年来，为了落实《世界自然宪章》提出的目标，为了保护陆地生态资源和海洋生态资源，一系列的公约被通过了⊜。在1992年里约会议上签订了一个内容广泛的自然保护公约：《生态多样化公约》⊜（Convention on Biological Diversity）。公约号召所有国家确认和监控生态的多样化，制定保护生态多样化的战略、计划和措施，对有损生态多样化的行为进行环境评估。

里约会议发布的《环境与发展宣言》力图协调环境保护和发展促进之间不同的甚至有时

⊖ 截至2007年1月，《国际原子能机构章程》共有143个签字国。国际原子能机构是联合国系统内的一个机构。所有成员国每年召开大会，为履行机构职能，原子能机构设立了理事会，每半年召开一次会议。理事会共有35个成员，22个由成员国大会选举，其余由理事会自己指定。理事会设总干事一人。

⊜ 例如：1950年《国际鸟类保护公约》、1971年《国际重要湿地（特别是作为水禽栖息地）公约》、1972年《南极海豹保护公约》、1972年《世界文化与自然遗产保护公约》、1973年《濒危野生动植物种国际贸易公约》、1976年《北极熊类保护公约》、1979年《保护迁徙野生动物物种公约》、1980年《南极海洋生态资源保护公约》、1983年《国际热带木材协定》。

⊜ 在2000年1月《生物多样化公约》成员大会通过了一项补充性协定——《卡塔基纳生物安全议定书》。议定书旨在避免生物多样性受到转基因物种的干扰危险，议定书创设了预先通告协议程序，当一国同意进口此类物种时，可以获得与决策相关的信息。

相互冲突的需要。宣言号召所有成员国以及整个国际社会将环境保护作为发展进程的一个不可分割的部分看待，而不要将二者视为互不联系的两个部分。

2.6.3 环境损害的责任

一些公约规定了损害环境的人应当承担的责任。总的说来，这些公约对于责任的性质、责任人及责任范围做出了界定。在利用核物质造成损害时，核设施的经营者应对其造成的损害承担"绝对且排他的"责任。当核物质被船舶从一个设施转运至另一个设施的过程中发生了损害，核设施的运营者也应承担连带的责任[一]。成员国可以对责任限额做出规定，但赔偿总额不得低于500万美元[二]。

同样的规定也适用于海洋石油污染。造成海洋石油污染的油轮或其他船舶的经营者无论有无过错或过失，均应按船舶吨位承担赔偿责任，责任最高限额为597万特别提款权（折合7 650万美元）。受害人可以向国际油污损害赔偿基金主张超出责任限额部分的损失。基金可以为受害人提供赔偿，赔偿最高限额为单起事故9.5亿法郎[三]。

◇ 参考案例

山德兰国际公司案

布干维尔岛位于巴布亚新几内亚东部，岛上有一座铜矿，在这座矿山正常运行的时候，它可以雇用4 000人，为国家贡献大笔的税收。1998年年底，布干维尔岛上的土地所有者与巴布亚新几内亚政府产生了矛盾，这些土地所有者炸毁了向矿山供电的多座供电塔，切断了矿山的电源供应，并最终迫使这座矿山被关闭了。矛盾的扩大随后导致了在这座海岛上爆发了以独立为目的的革命，海岛上的居民成立了革命军，与政府军展开了武装斗争。政府军丧失了对矿山的控制。由于政府军缺少直升机以及电子装备，巴布亚新几内亚政府不得不寻求外部帮助。

山德兰国际公司是一家私人军事承包商，注册于巴哈马国，在英国开展业务经营。1997年1月31日，山德兰国际公司与巴布亚新几内亚政府签订了一份合同，合同规定，山德兰国际公司为巴布亚新几内亚提供培训、情报等服务，巴布亚新几内亚政府向山德兰国际公司分两次支付总计3 600万美元的费用。该合同经由由巴布亚新几内亚总理及国防部长批准，由该国副总理代表政府签字，巴布亚新几内亚全国执行委员会专门通过了一项决议，批准了巴布亚新几内亚特种部队与山德兰国际公司联合在布干维尔岛开展军事行动，还批准了合同规定的支付条件。巴布亚新几内亚国家安全委员会也做出了相同的批准决定。

巴布亚新几内亚政府按合同规定支付了一半费用，即1 800万美元之后，山德兰国际公

[一] 参见1971年《核材料海洋运输中民事责任公约》。
[二] 参见《核损害民事责任公约》第5条。公约还规定，成员国可以为受害人请求赔偿设定诉讼时效，但时效期限不得少于10年。
[三] 参见1971年《关于建立国际油污损害赔偿基金的公约》第5条。

司动员了人员和设备，派出了16名指挥官，进入指定区域，开始履行合同。但是，1997年3月16日夜，巴布亚新几内亚政府军发生了叛乱，叛军扣押了山德兰国际公司的人员。随后，大批平民与叛军一起发动了暴乱，包围了巴布亚新几内亚议会大楼。1997年3月21日，被扣押的山德兰国际公司的人员被遣送出境，公司其他人员也被限期尽快离开。巴布亚新几内亚总理中止了合同的履行，并宣布启动司法调查程序，调查合同的签订过程。1997年5月29日，调查组公布了调查报告，报告并没有对于合同的效力提出质疑。然而，时至6月3日，巴布亚新几内亚政府宣布合同因履行不能而终止，并拒付剩余款项。于是，山德兰国际公司根据合同约定的仲裁条款，提起了仲裁，请求巴布亚新几内亚支付合同约定的剩余款项。

作为被申请人，巴布亚新几内亚政府提出了以下答辩：第一，根据巴布亚新几内亚国家法律，代表被申请人与山德兰国际公司签订合同的人不具备缔约资格，合同无效；第二，合同违反了被申请人《宪法》第200条，无论合同的订立还是履行程序，均属违法，因而合同无效。

对于被申请人巴布亚新几内亚的答辩，申请人反驳称：如果基于对巴布亚新几内亚《宪法》第200条的正确解释，合同的订立与履行并不违反宪法之规定，另外，合同约定适用的法律为英国法，而国际法为英国法之内容，根据国际法的规定，被申请人不能以本国宪法为依据，主张合同无效。

关于巴布亚新几内亚《宪法》的解释，仲裁庭认为，这应当是巴布亚新几内亚本国法院的权力，因为它们更具备相关的知识，更了解当地的情况，更能准确地判断《宪法》的影响；仲裁庭无意也无必要对《宪法》第200条做出解释，此等解释也无关乎本案之裁决。

关于本案是否适用国际法的问题，仲裁庭的意见是肯定的。被申请人主张本案所涉合同为其与一家私人公司，即申请人签订的，并非国与国之合同，不能适用国际法。仲裁庭不同意被申请人的意见，指出，巴布亚新几内亚是一个独立的国家，具备与任何私人主体订立合同的资格，申请人并不是被申请人国内的公司，合同显然不属于国内交易，而是一份国际合同。由于仲裁庭本身是国际仲裁庭，而非国内仲裁庭，仲裁庭应当适用国际法。国际法的规则是英国法的一部分，并未被排除至英国法之外，而英国法正是合同当事人选择适用的法律。

仲裁庭进一步指出，广为接受的国际法原则是，若合同一方当事人为一个国家，且合同在该境内履行，则该国不能以本国法为依据，以合同非法为由，主张合同无效。即使一国之行为依其本国法律当属非法或越权而应归为无效，该行为在国际法上仍然应视为国家行为，该国应当承担国际法上的责任。国家作为一个国际法上的法人，应当通过其机关，即政府机构、官员或雇员实施其行为，若一之政府机构、官员或雇员的行为违反了该国之国内法，但依其行为依国际法应当被认为是该等政府机构、官员或雇员之权限内的作为或不作为，则该等政府机构、官员或雇员的作为或不作为在国际法上仍应认定为该国之国家行为。

仲裁庭引述了1975年《联合国国际法委员会年报》上所载之《国际法委员会报告》中的一段话："为确定国家之国际责任，一国国家机构特定行为之性质完全不同于同一行为依国内法判断其国家责任时所认定之性质。"仲裁庭认为，国际法规则足以驳回被申请人的有关主张，但为了进一步反驳被申请人的主张，仲裁庭依据国际法的另一原则——禁反言原则做了进一步的论述。一方当事人以其履行行为认可了合同之效力，其后又主张合同无效，这显然不能成立，违反了诚信原则，也违反了构成国际法一般原则的基本前提——协议必须遵守（pacta sunt servanda）。

仲裁庭分析了本案所涉合同的订立和履行过程，最终裁决被申请人败诉。

本章练习

1. C公司是一个大型跨国公司，其注册地和总部均在Q国。C公司在M国投资经营一家香蕉种植园，M国是一欠发达的小国。由于M国内乱，香蕉种植园的财产被损坏，公司雇用的一个Q国国籍的经理被杀害。Q国和M国是一个仲裁条约的北约国，而且两国均同意将争议提交仲裁。M国是否应承担C公司种植园的损失？

2. M是FRQ国情报机关的一个官员叛逃到了A国，并向A国披露了FRQ国在过去的10年内曾经计划并资助了在A国境内的若干起恐怖袭击。M披露的证据包括文件原件、录音、录像等资料，其中一起恐怖事件中，A国一家大公司的总裁被谋杀了。于是，该总裁的女儿要求A国向国际法院起诉FRQ国。在A国起诉之后，FRQ国与A国均承认了国际法院对于其纠纷的管辖权。问题是：FRQ国对于这些恐怖事件是否应当承担责任？国际法院应当如何判决？

3. A先生是U国的国民，在X国工作。X国的政府是军事独裁政府，A先生在工作过程中被X国的反政府游击队劫持。X国并没有采取任何营救措施，反而派出军机轰炸了被劫持的火车，包括A先生在内的所有被劫者全部遇难。应A先生继承人的请求，U国代表A先生的继承人向X国提出了赔偿请求，X国同意将此纠纷提交仲裁。仲裁庭应当如何裁决？

4. B公司的注册地和总部所在地均在K国，但拥有公司大多数股份的股东为M国国民。1980年，B公司在R国获得了50年期的石油开采特许权。特许合同规定除经双方达成一致协议，合同不得被变更。为了实施这一特许合同，B公司在R国设立了一家全资子公司——L公司。随后，R国发生了政变，新政府终止了除日本公司之外的全部外资特许协议，石油部长根据新政府的指令确定应付给外国公司的赔偿金额。当地的法院系统被废除，由一个革命委员会取代。L公司的总裁是K国国民，他在电视采访中对于R新政府的措施公开发表了批评意见，第二天，一伙大学生冲击并占领了L公司的办公场所，焚毁了公司文件及其他财产，打伤了L公司的总裁。两周后，R国政府才驱逐了这些大学生。K国和R国是一份仲裁条约的缔约国，同意将争议提交仲裁。K国的请求包括重新确认特许权、赔偿包括预期利润在内的全部损失、赔偿L公司损失及L公司总裁的损失。仲裁庭应如何裁决？

5. 上例中，假设K国不愿意代表B公司向R国追偿，M国是否有权追偿？

6. 一家C国公司租用了C国拥有的一架飞机向U国运送货物，货物为鳄鱼皮。货物在C国是合法可售的，但在U国却是违法禁售的。这家公司为了规避U国法律，将货物标签更换为"牛皮"。运送货物的飞机在U国降落后，U国扣押了飞机和货物。货物被销毁，而飞机则被按U国的反诈骗法规售出。C 国被激怒了，向 U 国发出了抗议。C 国和 U 国签订了仲裁条约，两国同意将纠纷提交仲裁。C 国请求 U 国赔偿其飞机损失以及本国公司因货物销毁而遭受的损失，仲裁庭应如何裁决？

7. V 国的一艘油轮在 W 国附近的公司发生了故障，2 万桶原油泄漏，V 国是一个贫穷弱小的欠发达国家。油污严重地破坏了一处高产渔场。W 国的军舰扣押了这艘油轮。油轮的船主在 W 国法院起诉，要求 W 国赔偿其船舶在公海被非法扣押而使其遭受的包括可得利润在内的全部损失，船主向法院证明，自己已经按 V 国有关污染控制的法规采取了应当采取的全部措施。船主能够胜诉吗？

第3章
Chapter 3

争议解决

■ 概述

在国际交往中，争议与纠纷的发生是难以避免的事情。争议发生后，争议各方既可以自己通过谈判协商解决纠纷，也可以要求第三方力量介入，由第三方调解或裁决。法院的诉讼是解决纠纷的最终方式，而国际法院与国内法院的诉讼则具有明显的不同。作为诉讼的补充，仲裁成为当事人解决纠纷的一项重要替代，尤其是1958年《关于承认与执行外国仲裁裁决公约》被广泛接受之后。本章介绍了解决国际纠纷时涉及的主要法律问题。

3.1 通过外交方式解决争议

外交手段是指通过谈判、调解或调查的方式使争议双方达成和解的过程。虽然正式的外交途径仅适用于国家之间争端的解决，但是，在非正式的场合，个人或企业或其他机构之间的争议也可以通过外交途径解决，通过谈判、调解或质询的外交方式解决个人或企业之间纠纷的过程，被称为替代性纠纷解决方式。

3.1.1 谈判

谈判是通过会商达成协议的过程。虽然谈判方式非常简单，但是，它是解决争议的一个重要工具，毫无疑问，它也是成为人们最常使用的一种工具。谈判不仅仅用于解决争议，也可以起到预防争议发生的作用，它可以将争议消除在萌芽状态，也可以为其他争议解决工具的使用奠定基础。

谈判是通过针对特定事件展开的，但在有些情况下，谈判的程序是相当正式的。例如，有的谈判采用正式的外交方式，有的谈判则由具有相应授权的官员承担，有的谈判将建立联合委员会，而有的谈判甚至是通过峰会形式完成的。峰会在最近几年逐渐流行起来，因为它可以有效地避免某些国家的官僚主义，另外，它还可以从已经结束的日常谈判的成果中获得更多的政治利益。

谈判应当和国际组织中的辩论区别开来。例如，在西南非洲案（South-West Africa Case）⊖中，南非争辩说，它和埃塞俄比亚、利比亚等申请人之间的任何争端交于国际法院

⊖ International Court of Justice Reports, vol. 1962, p. 319 (1962).

裁决的时机尚不成熟，因为申请人不能表明案件无法通过谈判来解决，而这是《西南非洲指令》(South-West Africa Mandate)第7条规定的管辖条件。国际法院驳回了南非的主张，理由是当事人在联合国的激烈谈判已经陷入了僵局。斯本特法官和福茨毛利斯法官不同意大多数法官的意见，他们认为，大多数法官的意见中所谓的谈判，是联合国大会上发生的辩论，包括联合国成员的主张、大会的决议、对成员主张的反对意见、拒绝履行决策的表示以及随后采取的行动，这不足以使法庭做出公正的判断，从而认定争端不能够通过谈判解决，因为在当事人之间从来没有发生过直接的外交层面的交流，也从来没有进行过通过外交解决争端的努力。

3.1.2 调解

调解（mediation）是通过一个公正的第三方的善意干预，使争议各方达成和解或折中的过程。调解人传递、解释争议各方当事人的建议，在适当的情况下，调解人还要提出自己独立的建议。如果调解人只是旨在向争议双方提供相互沟通的渠道，这种争议解决方式被称为调停（good offices）。当一个公正的第三方通过独立正式的调查，提出争议解决方案时，这种方式被称为正式调解（conciliation）。

调解程序的启动源于一个或多个当事人的请求，在偶尔的情况下，一个局外人也可能主动提出担任争议各方的调解人。例如，在1982年英国和阿根廷两国之间发生的"马岛战争"中，美国的国务卿和当时的联合国安理会主席主动要求提供调停。而在1965年印度和巴基斯坦两国发生的克什米尔之战中，苏联也曾为这两个亚洲国家提供调解，试图使之停战。

调解只有在所有争议各方当事人都同意的前提下才能进行。因此，南非的种族隔离政策被其视为内政，而不能成为调解的对象。在尼日利亚与持分裂主义态度的比亚法拉（Biafra）之间的战争也是不可调解的，因为尼日利亚视之为内部事务。

调解人应能够被争议各方当事人所接受。在英阿"马岛战争"中，阿根廷拒绝美国国务卿担任调解人，因为美国和英国同属北大西洋公约组织，美国还为英国的战争行为提供了后勤支持，事实上，美国国务卿的调解提议在一定程度上激怒了阿根廷。而联合国安理会主席处于中立地位，他是能够被争端双方所接受的调解人。

3.1.3 调查

调查是指一个公正的第三方仅就某一争端的事实进行调查的过程，调查者并不提供解决争端的方案。与调解不同的是，调解致力于解决全部争议，而调查只针对某一特定的事件。1899年《海牙和平解决国际争端公约》(Hague Convention for the Pacific Settlement of International Disputes)倡议通过调查委员会的调查以查明具有国际性质的事实性问题。然而，由于担心调查委员会可能威胁到国家的主权，公约将争端调查的使用范围限制为既不涉及争端国的尊严也不涉及争端国的根本利益的纠纷。然而，这一限制被证明不是必然的，1904年的道奇河岸调查事件（Dogger Bank Inquiry）清楚地证明了这一点。由来自沙俄、英国、法国、奥匈帝国以及美国的代表组成该事件的调查委员会。在日俄战争中，沙俄的舰队在开赴战场的过程中，曾向一群在道奇河岸附近从事捕鱼作业的英国拖船开火，沙俄的舰队指挥官罗杰斯特文斯基称，他担心受到日本鱼雷艇的攻击，所以才会开火。而调查委员会发现，在这个区域根本没有鱼雷艇，沙俄舰队司令开火的理由并不成立。然而，调查委员会以外交辞令的语气加上了这么一句话：委员会查明的事实"没有任何质疑指挥官罗杰斯特文斯基或其舰队成员的军事才能或人格的意思"[⊖]。

在 1907 年关于和平解决国际争端的第二次海牙会议上，为调查委员会设立了更有利的、限制更少的规则。例如，有规则指出，当事人可以事先约定将受到委员会决策的约束。在 1916 年图班其亚事件（Tubantia Incident）中，德国被认定应当对在第一次世界大战中中立国荷兰的一艘船舶的沉没承担责任。

在 20 世纪 20 年代，一些国家签订了若干设立调查委员会的条约，其中最著名的是由美国、英国、法国签订的《塔夫特条约》（Taft Treaties）以及由美国和若干拉丁美洲国家签订的《布赖恩条约》（Bryant Treaties）。虽然签订了这些条约，但是自 1922 年之后，只发生了一起应用调查手段的事件[⊜]。过去应由调查解决的纠纷，已经被由独立的国际组织实施的谈判、调解和视察所取代了。例如，在 1983 年苏联击落韩国客机事件中，事件经过的查证工作是由国际民用航空组织的人员担任的。

3.2 通过国际法庭解决争议

国际争议的解决方式与国内的方式相同。通常，争议各方首先通过外交方式解决纠纷，如果不成功，便将纠纷提交给法院。国家之间、国家与政府间组织（Intergovernmental Organizations, IGO）之间的纠纷，将提交给国际法院、世界贸易组织争议解决机构等机构处理，如果不能提交给这些机构，可以提交给仲裁。私人之间的纠纷、私人与国家或政府间组织之间的纠纷，一般会提交给仲裁庭或国内法院处理。私人和国家之间、私人与私人之间的纠纷，通常提交给国际投资纠纷解决中心（International Center for the Settlement of Investment Disputes, ICSID）等国际常设仲裁机构裁决[⊜]。

3.2.1 国际法院

国际法院（International Court of Justice，ICJ）是联合国的主要司法机关，位于荷兰海牙的和平宫。国际法院于 1946 取代了设立于 1922 年的国际常设法院（Permanent Court of International Justice）。《国际法院规约》是《联合国宪章》的组成部分，其内容与国际常设法院的规约内容大致相同。

⊖ The Hague Court Reports, p. 410 (James B. Scott, ed., 1916).
⊜ Red Crusader Incident (1962), International Law Reports, vol. 35, p. 485 (1963).
⊜ 《联合国宪章》第 33 条第（1）款规定："任何争端之当事国，于争端之继续存在足以危及国际和平与安全之维持时，应尽先以谈判、调查、调停、和解、公断、司法解决、区域机关或区域办法之利用，或各国自行选择之其他和平方法，求得解决。"

1. 功能

国际法院有两项功能：第一，就各国行使主权自愿对其提交的争端做出裁决；第二，针对合法授权的国际机构和专门机构提出的法律问题提供咨询意见。

2. 组成

海牙国际法庭由 15 名法官组成。法官候选人需要在联合国安理会和联合国大会分别获得绝对多数赞成票才能当选，每届任期 9 年，每 3 年改选 1/3，以保持工作的连续性；全体法官以无记名投票方式推举院长，院长每届任期 3 年。按照《国际法院规约》规定，当选国际法院法官，必须是品格高尚并在本国具有最高司法职位的任命资格或公认的国际法专家。在程序上，国际法院法官由联合国大会和安理会选举产生，而且都要获得绝对多数赞成票。

《联合国宪章》规定，联合国所有成员国都自动地成为《国际法院规约》的缔约国，规约是宪章的附件。非成员国也可以遵守规约，但是非成员国必须同意遵守国际法院的裁决并承担法院的费用○。

国际法院对两类案件有管辖权：①诉讼管辖权○（contentious jurisdiction），即对于国家与国家之间的案件的管辖权；②咨议管辖权○（advisory jurisdiction），联合国机构或专门机构要求提供咨询的案件。法院不能审理除前述纠纷之外其他涉及自然人或组织的案件○。

3. 诉讼管辖权

国际法院依诉讼管辖审理案件之前，所有参与诉讼的当事国必须已经承认了国际法院的管辖权。这最通常是在各方事先没有准备的情况下完成的，即当事国就国际法院的管辖权达成一项专门的协定，允许国际法院审理其争端。在有的情况下，即使已经存在由国际法院管辖的理由，当事人也可以通过谈判另行达成由国际法院管辖的协定，如在洪都拉斯诉尼加拉瓜仲裁裁决案中○，根据选择性条款，当事国的纠纷已经可以由国际法院管辖，但是，他们仍然达成了一个特别的协定，将涉及由西班牙国王做出的仲裁裁决的有效性问题交由国际法院审理。这在一些情况下将会纳入双边协定中，从而使其成为永久性安排。由一个当事国做出单方声明，从而使法院获得管辖权的做法，比较少见且存有争议。

4. 选择性条款

《国际法院规约》第 36 条第（2）款允许法院依单方声明的方式获得管辖权，该条款被

○ 1945 年 10 月 15 日的安理会第 9 号决议规定："国际法院应当对于非国际常设法院的成员国开放，其条件是：该国已经向国际法院的书记官递交了声明，表示愿意按照《联合国宪章》、国际法院的规约和程序规则接受法院的管辖，并愿意善意地履行法院的裁决，承担《联合国宪章》第 94 条规定的联合国成员国的义务。"唯一的非联合国成员国是梵蒂冈。
○ 《国际法院规约》第 34 条和第 36 条。
○ 《国际法院规约》第 96 条。
○ 在原西德成为联合国成员国之前，其成员国地位尚在讨论之中，而原西德仍然被允许参加北海大陆架案件，原西德也做出了接受法院管辖的声明。案件的当事国并没有对原西德的诉讼资格提出异议，法院也未考虑此一问题。
○ International Court of Justice Reports, vol. 1960, p. 160 (1960).

称为选择性条款，法院依此条款取得的管辖权被称为选择性条款管辖。这种单方声明称，"一切法律争端，对于接受同样义务之任何其他国家，承认法院之管辖为当然而具有强制性，不须另订特别协定"。许多国家依选择性条款做出了声明，多数声明是有条件的，不附条件的声明是非常少见的。许多国家对于未订立特别协定而交由国际法院审理的纠纷的类型设立了诸多的限制。最著名的例子是美国 1946 年的选择性条款声明，虽然这一声明现在已经不再有效力了。声明排除了国际法院对如下案件的管辖权：第一，当事国已经达成协定或在将来达成协定，将案件交由其他机构裁决的纠纷；第二，根本上属于由美国法院管辖或应当由美国法院裁判的事项引起的纠纷；第三，因多边条约引起的争端，除非所有受到裁决影响的条约缔约国均亦属于国际法院审理的案件的当事国或美国以特别的方式同意由国际法院管辖。

一个国家仅在起诉国也接受法院管辖时，才有义务对向它提起诉讼做出答辩，这被称为互惠原则（rule of reciprocity）。如果当事国对于国际法院的管辖权都做了限制，则法院只能对各国均同意交由其管辖的案件具有管辖权。例如，在挪威贷款案（Norwegian Loans Case, France v. Norway）㊀中，挪威对于国际法院的管辖权提出了若干异议，其中一项为两个当事国的声明缺少互惠性。法院指出："……由于涉及两个单方的声明，授予法院的管辖权应当是两个声明中均同意法院管辖的事项。比较两份声明可以发现法国的声明中所接受的管辖权范围小于挪威声明中的管辖范围，因此，两份声明中共同承认的法院的管辖范围，即法国声明所显示的限制较为严格的管辖授权，将构成法院管辖的基础。"由于提交给国际法院的纠纷不在法国声明中授予国际法院的管辖范围之内，所以国际法院拒绝审理此案。

5. 自我审判保留

自我审判保留（self-judging reservation）是一种令人质疑的机制。一个国家根据选择性条款认可了国际法院的管辖权，但仍然通过拒绝做出对某一案件做出答辩的决定的方式排除法院的管辖权。这种做法被称为自我审判保留，又名康纳利保留（Connally Reservation）㊁。这一条款允许一个国家从其已经接受的选择性条款管辖中排除任何事后确定属于其国内司法管辖的纠纷。然而，这是一柄"双刃剑"，因为根据互惠原则，可能的被告也可以援引原告的自我审判保留。事实上，在 1957 年美国诉保加利亚的一个案件中，当保加利亚击落了一架误入其领空的美国飞机后，美国向国际法院起诉了保加利亚，但保加利亚宣称，它将援引美国选择性条款声明中的自我审判保留规定。为了避免尴尬，美国立即撤回了起诉㊂。

一些国际法学者对自我审判保留的有效性提出了质疑。他们认为，自我审判保留原则违反了《国际法院规约》第 36 条，法院的管辖应由法院裁定，但是国际法院本身，却从未对这一问题做出明确的答复。在 1957 年瑞士诉美国（Switzerland v. United States）的一个案件㊃中，美国在临时措施听证以及管辖权听证中重申了自我审判保留，法庭没有直接面对这

㊀ International Court of Justice Reports, vol. 1957, p. 9 (1957).
㊁ 是以一名美国议员的名字命名的，这名议员在美国参议院就选择性条款声明进行辩论时，提议将自我审判保留加入声明中。其实这是美国国务卿约翰·弗斯特·杜勒斯（John Foster Dulles）的点子。
㊂ Aerial Incident of July 25, 1955 (United States v. Bulgaria), International Court of Justice Reports, vol. 1960, p. 146 (1959).
㊃ International Court of Justice Reports, vol. 1957, p. 77 (1957).

一问题，而是判决瑞士未用尽当地司法救济措施。但是，劳特帕特、斯本特和克拉斯达特三位法官对自我审判保留做出了评论，他们认为自我审判保留违反了规约的第36条第（6）款。而在葡萄牙诉印度的一个案件㊀中，印度主张葡萄牙的自我审判保留违反了互惠原则，法院在判决中指出，印度认为葡萄牙的保留导致葡萄牙获得了一项权利，而这项权利是其他做出选择性条款声明但没有要求自我审判保留的国家所不具备的，国际法院不能接受印度的主张，显然，葡萄牙提出的任何保留……在涉及其他选择性条款的签字国时，自动产生了使其他国家对抗葡萄牙保留的效力。

国际法院极少审理直接具有商业意义的案件，虽然法院时常需要解决边界纠纷、投资纠纷和渔场纠纷。然而，在有的案件中，法院的判决仍然会影响到当事人的商业利益。

6. 咨议管辖权

国际法院咨议管辖权的设定，可使法院具备应联合国或其专门机构的请求，对国际法问题提出建议。然而，如果法院的建议具有未经一国同意而使其成为一项争端的当事国的后果时，法院会拒绝为这一项咨询提供建议的请求。

7. 判决

提交到国际法院的案件有三种结案方式：①如果当事国告知国际法院其已经达成了和解，法院会发布一项将该案从案件目录中删除的命令；②如果申请国撤回了自己的起诉，法院会发布一项将该案从案件目录中删除的命令㊁；③法院做出一项判决。

（1）判决的效力。

《国际法院规约》第59条规定："法院之裁判除对于当事国及本案外，无约束力。"因此，国际法院的判决没有程序上的价值，不应适用先例约束原则㊂（the doctrine of stare decisis）。法院可以自由地偏离先前判决，但是法院很少这样做，相反，它经常引用先前的判决作为支持其后来裁决的依据。诉讼当事国应当受法院判决的约束。《国际法院规约》第60条规定："法院之判决系属确定，不得上诉。判词之意义或范围发生争端时，经任何当事国之请求后，法院应予解释。"

（2）判决的执行。

大多数国家自愿地履行了国际法院做出的判决，当然，例外也是存在的。国际法院判决阿尔巴尼亚对1946年英国船只在科孚海峡（Corfu Channel）所受损失做出赔偿，但阿尔巴尼亚拒绝了。伊朗也拒绝履行国际法院对德黑兰美国外交人员案（United States Diplomatic and Consular Staff in Tehran Case）所做的判决。而美国也无视了国际法院对尼加拉瓜案㊃（Nicaragua Case）的判决。关于美国的这一做法，一位学者评论道，尽管国际法院认定美国实施了一系列违反国际法基本准则的行为，必须向尼加拉瓜支付赔偿，另外，美国还有义

㊀ International Court of Justice Reports, vol. 1957, p. 125 (1957).
㊁ 如果法院没有办公，国际法院的院长有权发布此命令。
㊂ stare decisis 系拉丁文，其意为"让判决有效"。这是英美普通法上的一项基本原则，根据这一原则，先前的判决除非违反了普遍公正原则，即应被遵循。
㊃ Nicaragua v. U.S., 1986 I.C.J. 14.

务立即停止全部违反法律准则的行为，停止向尼加拉瓜的反动武装提供支持，然而，在1986年7月，总统提交给国会的关于支付给尼反动武装额外的100万美元的请求被参议院和众议院通过，而这也表明，美国实际上将不会履行国际法院1986年6月27日的判决，至少不会立即履行这一判决，这一行为已经违反了《联合国宪章》第94条第（1）款的规定㊀。

从实践的角度看，强制一个国家履行国际法院判决的方法是不存在的。《联合国宪章》规定，如果一个当事国拒绝履行判决，判决的其他当事国可以向安全理事会求助，安全理事会在认为必要的情况下可以就执行判决提出建议或采取措施㊁。但是，从来没有一个国家提出过这样的请求。

3.2.2 国际刑事法院

1998年，在意大利的罗马召开了联合国设立国际刑事法院外交全权代表大会，通过了联合国1998年《国际刑事法院规约》（又称《罗马规约》）。规约于2002年7月1日起正式生效，国际刑事法院也于当天正式成立。法院主要负责对那些犯有种族灭绝罪、战争罪和反人类罪等严重的国际犯罪的个人进行审判。国际刑事法院是一个独立的、终审性的常设法院。作为终审法院，在案件仍由国内司法系统调理或起诉时，国际刑事法院是不会采取行动的。《罗马规约》规范了国际刑事法院的管辖权和职能。规约只对于明确接受其约束的国家有效，在规约于2002年生效时，共有60个缔约国，至今，批准规约的国家已经达到了104个㊂。成员国大会是国际刑事法院的管理和立法机构。在规约通过之后，联合国又召开了国际刑事法院准备会议，通过了有关程序、证据和犯罪构成的规则等文件，这些文件与规约以及法院条例一起，成为国际刑事法院的基础性文件，规定了国际刑事法院的框架结构和基本职能。

国际法院可以对犯有灭绝种族罪、危害人类罪、战争罪、侵略罪的个人以及这些犯罪的支持者进行起诉和审判，这包括军事指挥官以及其他负责的官长，他们的责任在规约中已被明确地做了规定。但是，国际刑事法院的管辖权是有条件的：①被诉者必须是缔约国或以其他方式承认法院管辖的国家的国民；②犯罪行为是在缔约国或以其他方式承认法院管辖的国家的国境之内；③受到联合国安全理事会的指定，无论被诉者或犯罪行为地所在国是否接受规约。国际刑事法院受理的案件被限制在发生于2002年7月1日之后的案件，如果一个国家此日期之后加入了规约，则法院对于该国加入规约之前的案件亦无管辖权。需要指出的是，如果一个案件已经被有管辖权的国家调查或起诉，则国际刑事法院无权管辖，然而，调查或起诉国不愿意或没有能力调查或起诉，则国际刑事法院可以获得管辖权。

3.2.3 世界贸易组织争端解决程序

世界贸易组织负责执行调整国际贸易协定，这些协定的总称是"世界贸易组织协

㊀ James P. Rowles, "Nicaragua verus the United States: Issue of law and Policy", International Lawyer, Fall 1986, p. 1254.
㊁ 《联合国宪章》第94条第（2）款。
㊂ 作为联合国安全理事会常任理事国的中国、俄罗斯和美国，以及以色列均未加入该规约。

定",其中包括《关税与贸易总协定》(General Agreement on Tariffs and Trade)、《服务贸易总协定》(General Agreement on Trade in Services)以及《与贸易有关的知识产权协定》(Agreement on Trade-related Aspects of Intellectual Property Rights)。这些协定有三个主要的目标:尽最大可能促进贸易自由化,通过谈判逐渐地促进进一步的自由化以及建立一个公平的纠纷解决机制。WTO争端解决机制是由《关于争端解决规则与程序的谅解》(the Understanding on Rules and Procedures Governing the Settlement of Disputes, the Dispute Settlement Understanding, DSU)规定的。这是一个适于所有因世界贸易组织协定产生的纠纷的统一机制。WTO贸易政策审议机制负责促进世界贸易组织成员方贸易措施自由化工作,政策审议是政治性机制,不是法律性机制,因此,纠纷解决机制不适用于贸易评审过程中的争议。

1. 磋商和第三方参与

DSU鼓励WTO成员通过磋商解决争端。当一个成员在接到磋商请求之后,应当在30日之内与请求方进行磋商。如果被请求者未能在10日对磋商请求做出回应,或者未在30日之内或双方约定的期限内进行磋商,请求方可以请求世界贸易组织建立争端解决机构。另外,如果自一方提出磋商请求后60日之内,相关成员未能达成解决方案,磋商请求者也可以要求建立争端解决机构。

除磋商解决争端之外,争议各方也可以寻求第三方帮助解决争端。第三方协助的形式包括调停、协调或调解,寻求第三方帮助的请求可以在争端解决过程的任何时间提出。如果当事成员同意,调停、协调或调解可以在争端解决机构审理案件时继续进行。

2. 争端解决机制

DSU的管理和执行机构包括:①争端解决机构;②专家组;③上诉机构。

(1)争端解决机构。

争端解决机构(dispute settlement body, DSB)实际上是世界贸易组织的总理事会(General Council),它在适当时间召开会议,以行使争端解决谅解所规定的争端解决机构的职责。争端解决机构有自己的主席,并建立它认为必要的程序规则以行使其职责。㊀争端解决机构负责设立专家组。通过专家组和上诉机构报告、监督裁决和建议的执行以及在适当的情形下,授权中止减让和其他义务。

(2)专家组。

一旦需要成立一个争端解决专家组(一个临时性裁决机构),专家组应由3名成员组成,除非当事人在专家组成立之后10日内,一致认为专家组应当由5名成员组成。世界贸易组织秘书处应向争端各方建议专家组成员的提名,争端各方不得反对提名,除非由于无法控制的原因。如在专家组设立之日起20天内,未就专家组的成员达成协议,则总干事应在双方中任何一方请求下,经与DSB主席和有关委员会或理事会主席磋商,在与争端各方磋商后,

---

㊀ 《马拉喀什建立世界贸易组织协定》第4条第3款。

决定专家组的组成。如一个以上成员就同一事项请求设立专家组，则可设立单一专家组审查这些起诉，同时考虑所有有关成员的权利。只要可行，即应设立单一专家组审查此类起诉。然而，如设立一个以上专家组以审查与同一事项有关的起诉，则应在最大限度内由相同人员在每一单独专家组中任职，此类争端中的专家组程序的时间表应进行协调。

专家组成员以个人的名义做出裁决，不代表任何政府或组织。争端所涉成员国的公民不得在与该争端有关的专家组中任职，除非争端各方另有议定。然而，当争端发生在发展中国家成员与发达国家成员之间时，如发展中国家成员提出请求，专家组应至少有 1 名成员来自发展中国家成员。

专家组的职能是协助争端解决机构履行其职责，专家组应对其审议的事项做出客观评估，包括对该案件事实及有关适用协定的适用性和与有关适用世界贸易组织协定的一致性的客观评估，然后得出调查结论，以协助争端解决机构提出解决争端的建议或裁决。专家组应定期与争端各方磋商，并给予它们充分的机会以形成双方满意的解决办法。为便于专家组正确地履行职责，请求建立专家组的成员必须确定其争议的具体事项。

在专家组报告散发各成员之日起 60 日内，争端解决机构将不审议通过专家组报告，即使为此目的须召开一个特别会议，除非：①争端的一方已经通过争端解决机构其决定上诉；②争端解决机构经协商一致决定不通过该报告。如一方已经决定上诉，则在上诉完成之前，争端解决机构将不审议通过该专家组报告。

（3）上诉机构。

上诉机构由 7 名成员组成，其中 3 人可以在任何一个案件中任职。上诉机构应由具有公认权威并在法律、国际贸易和各适用协定所涉主题方面具有公认专门知识的人员组成。上诉机构任职的人员，任期 4 年，每人可连任一次。

只有争端的直接当事人才可以就专家组的报告向上诉机构提起上诉。上诉应限于专家组报告涉及的法律问题和专家组所做的法律解释。

上诉机构的审理过程保密，成员在报告中匿名发表个人意见。上诉机构可维持、修改或撤销专家组的调查结果和结论。争端解决机构应当自动地通过上诉机构的报告，除非争端解决机构一致决定不通过上诉机构的报告。

3. 执行

争端解决机构负责执行由其通过的专家组报告和上诉机构裁决。争端解决机构负责监督当事成员的执行情况，如果一个成员不履行专家组或上诉机构的建议，争端解决机构可以要求不履行建议的国家支付赔偿或授权受到损害的成员采取报复。

4. 专家组与上诉机构裁决在程序上的效力

《关于争端解决规则与程序的谅解》第 3 条第（2）款规定："WTO 争端解决体制在为多边贸易体制提供可靠性和可预测性方面是一个重要因素。各成员认识到该体制适于保护各成员在适用协定项下的权利和义务，及依照解释国际公法的惯例澄清这些协定的现有规定。争端解决机构的建议和裁决不能增加或减少适用协定所规定的权利和义务。"换句话说，先例约束原则在世界贸易组织所创设的全新的争端解决系统中是适用的，但是，这不是英美法中那个刚性的先例约束规则体系，而是一个在国际裁决机构中使用的柔性系统。专家组和上诉机构可以利用以前的裁决，也可以在其认为必要的情况下，偏离以前裁决。早在1947年《关税与贸易总协定》下，各缔约国就已经对于争端解决专家组的裁决是不是具有先例约束力的问题产生过争论。一方面，专家组为支持其裁决常常会引用先前专家组的裁决。同样的，在总协定理事会的全文上，一些国家，尤其是美国的代表主张，专家组的裁决构成了总协定的判例法。另外，一些代表则主张专家组的报告不具有先例的价值，在1982年部长会议的决议中指出，争端解决专家组的裁决不能构成对于总协定规定的权利义务的增减，这意味着，在总协定中不存在判例法或先例或其他类似的规则⊖。

在WTO"日本酒税案"上诉⊖中，美国的一项上诉请求是，专家组将GATT缔约方和WTO争端解决机构通过的专家组报告在特定的案件中，作为可以采纳的嗣后的惯例，这一做法是错误的吗？上诉机构认为，专家组的认定是错误的，已经通过的专家组报告是GATT可用解释的重要组成，在处理相关问题时应当予以考虑，但是，它们除了对于争端各方具有约束力外，对其他成员并没有约束力。

3.2.4 国际投资争端解决中心

国际投资争端解决中心（The International Center for the Settlement of Investment Disputes, ICSID），创设于1965年。由国际复兴开发银行（The International Bank for Reconstruction and Development, IBRD），通常也被称为世界银行（World Bank）在美国华盛顿召开的一次会议上发起成立。国际投资争端解决中心成立的目的是为了促进私人在欠发达国家的投资活动。许多个人或商事组织因为担心被征收而不愿意在这些国家投资。为了平息这些担心，世界银行起草了《关于解决国家和其他国家国民投资争端公约》（The Convention on the Settlement of Investment Disputes between States and Nationals of other States），即《华盛顿公约》（The Washington Convention）。据此公约，国际投资争端中心被成立，从而为投资者与东道国之间纠纷的公正解决提供一个可靠的机制。截至2012年年底，公约的签字国达到158个，其中缔约国147个⊜。中国于1993年正式成为公约的缔约国。

1. 国际投资争端解决中心的组织

国际投资争端解决中心的总部在华盛顿，由理事会、秘书处和两个专家组组成。理事会由《华盛顿公约》的缔约国派出的代表组成，由世界银行总裁任主席。理事会负责通过ICSID的仲裁规则、调解规则，并负责争端解决中心的预算工作。秘书处由一名秘书长（a secretary-general）及相关工作人员组成，秘书长由理事会选举产生，任期6年，执行书记官（registrar）的任务。理事会从缔约国提名的候选人中挑选仲裁员和调解员。

⊖ GATT, Analytical Index: Guide to GATT Law and Practice, pp. 702-706 (6th ed., 1994).
⊖ WTO, Appellate Body Report AB-1996-2.
⊜ ICSID's member states, https://icsid.worldbank.org/ICSID/FrontServlet?requestType=CasesRH&actionVal=ShowHome&pageName=MemberStates_Home.

2. 国际投资争端解决中心的规则

国际投资争端解决中心理事会通过了《机构规则》《调解规则》和《仲裁规则》。《机构规则》对仲裁和调解如何启动做出了规定，而后两个规则分别对调解和仲裁的程序做了规定。

当事人（私人当事人或称投资者，国家当事人或称东道国）可以选择一个具体的仲裁案件中应适用的法律，如果当事人未达成协议，应适用国际法和包括法律冲突规则在内的东道国的法律。

《华盛顿公约》最基本的规则是，包括投资者的母国在内的任何第三方不得干涉仲裁。公约第 27 条第（1）款规定："缔约国对于它本国的一个国民和另一缔约国根据本公约已同意交付或已交付仲裁的争端，不得给予外交保护或提出国际要求，除非另一缔约国未能遵守和履行对此项争端所做出的裁决。"

这与传统的国际法规则有明显的不同。传统的国际法规则要求一个国家与外国国民之间的纠纷只能由两个国家处理。《华盛顿公约》的缔约国不允许代表本国国民处理纠纷，除非国际投资争端解决中心的程序不能解决此纠纷。

3. 组成仲裁庭

在国际投资争端解决中心组织仲裁庭处理纠纷之前，必须具备两个基本条件：第一，投资所在地的东道国（the host state）以及投资者的母国（the home state）必须是《华盛顿公约》的缔约国；第二，投资者和东道国同意国际投资争端解决中心的管辖。《华盛顿公约》第 25 条第（1）款规定："中心的管辖适用于缔约国（或缔约国指派到中心的该国的任何组成部分或机构）和另一缔约国国民之间直接因投资而产生的任何法律争端，而该项争端经双方书面同意提交给中心。当双方表示同意后，不得单方面撤销其同意。"该条是解决中心管辖权的基础性条款。

对于国际投资争端解决中心的管辖权而言，这两项条件都是必需的，任何一个条件都不能缺少。一个国家在正确地签订和承认了《华盛顿公约》之后，除了同意接受投资争端解决中心的管辖的表示应采取书面形式之外，再无其他具体要求了。根据《华盛顿公约》第 25 条第（1）款的规定，公约的缔约国必须以书面形式告知国际投资争端解决中心其愿意或不愿意提交中心仲裁的纠纷或纠纷类型。这种通知可以采用多种形式，如在东道国与投资者的合同中加以约定，在与另一个缔约国的双边投资条约中规定，或在其承认加入公约时或其后的任何时候以单方的书面声明做出。自 1965 年之后，约 160 个国家在其双边投资条约中做出了此类规定，约 30 个国家做出了此类单方面的声明[1]。

在假日酒店诉摩洛哥案（Holiday Inn v. Morocco Case）[2]中，摩洛哥政府与美国的企业——假日酒店以及奥森屯石油公司之间订立了一个协定，应摩洛哥的要求，公司同意在该

---

[1] Antonio R. Parra, "the Role of ICSID in the Settlement of Investment Disputes", ICSID News, Vol. 16, No. 1, PP. 5-8 (Winter 1999).

[2] Described in P. Lalive, "the First World Bank Arbitration (Holiday Inn v. Morocco)——Some Legal Problems", British Year Book of International Law, Vol. 51, p. 123 (1980).

国建立4座酒店。在当事人签订的基础协议中包含有国际投资争端解决中心的仲裁条款。然而，这并不是当事人签订的唯一一份合同。为了方便摩洛哥政府安排付款，美国公司在该国又设立了一家名为摩洛坎的子公司。摩洛哥政府与摩洛坎公司之间的关系在另外一份合同中做出了规定，而这份合同中并不包含国际投资争端解决中心的仲裁条款。后来，摩洛哥未能支付款项，美国公司及其子公司意图提起诉讼。由于后一份合同中没有相关仲裁条款，于是摩洛坎公司未能获得准许参加仲裁程序。幸运的是，仲裁庭认为子公司与摩洛哥政府之间的第二份合同是为了履行基础合同而订立的补充性附属性文件，因而美国公司作为母公司有权要求强制执行这些合同。

在《华盛顿条约》中，在提及"投资者"及"投资"时，未对两术语做出定义。

4. 投资的定义

在《华盛顿公约》第25条中，没有对"投资"这一术语做出定义，该条第（1）款规定，中心的管辖直接因投资而产生的任何法律争端。因为公约的草拟者不能就"投资"的定义达成一致，于是选择了回避。大多数评论者认为公约的草拟者认为，这一术语应做广义的解释。由于投资一般可以做出广义的解释，投资定义的解释问题，确实没有构成任何案件的争议点。至于跨境贷款（国际本票），公约的草案规定，它也应当被认定为投资。第25条第（1）款中的"直接"一语，指的是与争端的关系而非与投资的关系，因此，投资无须是"直接投资"。

5. 无效的单方撤回

《华盛顿公约》第25条规定，如果当事人已经以正确的形式表示同意建立国际投资争端解决中心仲裁庭解决其争端，那么，中心即可以成立仲裁庭，即使东道国或投资者拒绝参加仲裁。另外，一旦同意，任何一方不得单方撤回。根据公约第72条的规定，即使东道国在签订了争端项下的合同后提出了保留甚至退出公约，其表示同意争端解决中心管辖的意思表示也不得撤回。

在牙买加阿尔科矿业公司（美国）诉牙买加案（Alcoa Minerals of Jamaica (United States) v. Jamaica）[⊖]中，美国的阿尔科公司与牙买加政府订立了一份铝厂建设合同，根据合同，阿尔科公司获得了为期25年的牙买加铝矾土开采特许权以及在25年内不增加税收的承诺，合同中包含国际投资争端解决中心仲裁条款。美国和牙买加均属《华盛顿公约》缔约国，而且牙买加在加入公约时未做出任何关于国际投资争端解决中心仲裁管辖权的保留。阿尔科公司建造了铝厂并开始开采铝矾土。1974年，牙买加政府决定对铝矾土开采活动征收税收。当年，阿尔科公司应缴纳2 000万美元税款。为了规避阿尔科公司可能提起的仲裁，牙买加政府向国际投资争端解决中心就管辖事项提出了保留，排除了争端解决中心对于与矿产或自然资源有关的纠纷。尽管如此，阿尔科公司仍然向国际投资争端解决中心提交了仲裁申请，启动了仲裁程序。牙买加政府以其提出管辖权保留为由，拒绝参加庭审。仲裁庭认定其对本案拥有

⊖ Yearbook of Commercial Arbitration, vol.4, p. 206 (1979).

管辖权，并在牙买加缺席的情况下审理了本案[注]。仲裁庭判决称：第一，以书面形式提交的关于争端解决中心管辖权的意思一致是存在的；第二，在案件提交给国际投资争端解决中心时，关于管辖权的意思一致是存在的；第三，牙买加关于管辖权保留的通知不影响其先前做出的同意管辖的意思表示的效力。仲裁庭指出，对于公约的保留仅适用于在向国际投资争端解决中心提出保留之后达成的合同。

6. 选择仲裁员

在仲裁员选择方面，《华盛顿公约》提供了广泛的选择。仲裁当事人可以就仲裁员数量做出约定，即仲裁庭可以由任意数量的仲裁员组成，但如果当事人所商定的仲裁庭成员超过一名，则仲裁庭成员的数量必须是奇数。仲裁员可以由当事人一致同意的任何人担任，但是，仲裁庭的多数成员应当由来自争端所涉国家当事人以外的人充任。根据公约第38条以及第40条第（1）款的规定，如果一方当事人拒绝在指定仲裁员方面合作，国际投资争端解决中心的仲裁理事会主席应当事人的请求或与当事人尽可能地磋商之后，可从争端解决中心仲裁员名录（the Panel of Arbitrators）中指定一名或数名仲裁员，仲裁员不得为国家当事人的国民。

7. 仲裁地

仲裁地通常是国际投资争端解决中心总部所在地——华盛顿。当事人也可以一致同意在与争端解决中心有约定的其他机构的所在地进行仲裁。至今，与争端解决中心有约定的仲裁机构包括海牙常设仲裁庭、亚非法律咨询委员会设在吉隆坡的地区代表处、设在墨尔本的澳大利亚商事仲裁中心、设在悉尼的澳大利亚商事仲裁中心、新加坡国际仲裁中心、设在巴林的海湾合作理事会商事仲裁中心。另外，根据《华盛顿公约》第62条和第63条的规定，在征询了国际投资争端解决中心秘书长意见并得到仲裁庭同意后，当事人可以一致选在世界其他任何地点进行仲裁。总的看来，仲裁地点通常是华盛顿以及欧洲主要地市。

8. 排他性的救济

当事人同意将争端提交 ICSID 仲裁的表示，排除其他所有的救济措施。无论是国内法院还是其他国际裁决机构，都无权审理当事人已经同意提交争端解决中心的案件，投资者也不能转而请求母国提供外交保护。《华盛顿公约》第26条规定："除非另有规定，双方同意根据本公约交付仲裁，应视为同意排除任何其他补救办法而交付上述仲裁。缔约国可以要求用尽当地各种行政或司法补救办法，作为其同意根据本公约交付仲裁的一个条件。"

根据公约第41条的规定，仲裁庭应是其本身权限的决定人。当对国际投资争端解中心设立的仲裁庭是否对案件拥有管辖权这一问题存在疑问时，应当由仲裁庭对这一问题做出最终的裁决。公约的第36条第（3）款规定，希望采取仲裁程序的任何缔约国或缔约国的任何国民，应就此向秘书长提出书面请求，秘书长应登记此项请求，除非他根据请求的内容，认为此项争端显然在中心的管辖范围之外，他应立即将登记或拒绝登记通知双方。公约没有明

[注] 仲裁庭的根据是《华盛顿公约》的第38条和第42条的规定。

确规定哪一方应对争端解决中心无管辖的事实承担举证责任。在争端解决中心做出的两个裁决中，主张争端解决中心有管辖权的一方当事人应当承担举证责任[1]。

9. 管辖

仲裁庭必须同时对当事人和争议事项拥有管辖权。

（1）对当事人的管辖。

只有在争端涉及的国家当事人为公约缔约国，而争端涉及的国民为公约另一缔约国时，争端解决中心才拥有对当事人的管辖权（personal jurisdiction）。国家当事人（a state party）包括国家、国家机构或国家的组成部分，国家的组成部分包括联邦制国家的州或省以及半独立的附属国以及自治区。当一项争端涉及国家的机构或其组成部分时，在国际投资争端解决中心设立仲裁庭审理案件之前，无论国家还是该国的国家机构或组成部分均应同意接受争端解决中心的管辖。

另一缔约国的国民既可以是自然人也可以是法人。自然人是指具有母国国籍的人，母国应当是公约的缔约国，但其自身不属于争端的当事人。另外，自然人在下列时间应当具备母国国籍：①在当事人同意仲裁之日；②在向争端解决中心递交仲裁登记申请之日。

法人是一个法律实体，在法律上具有充足的依法行事的实在性，可以起诉或应诉，可以通过代理人做出决策（例如，一个商业公司）。只有作为当事人的法人在同意仲裁之日具有母国的国籍，它才能成为争端解决中心的当事人。然而，如果缔约国同意一个由外国人控制的公司也可以成为投资争端解决中心的当事人，那么，这个公司也可被视为其他缔约国的国民，参加争端解决中心的仲裁。这一点非常重要，因为东道国经常要求公司在当地注册，并将此作为公司经营、取得土地和从政府获得支付的条件。

公司并没有对"外国控制"做出定义，在不同的案件的裁决中有不同的标准。在一个案件中，认定外国控制的标准是外国股东占有51%的股份。在另外一个案件中，认定外国控制的标准是外国股东控制了公司的管理。

（2）对争议事项的管辖。

ICSID仅能对投资引起的争端做出仲裁。这表明，ICSID不审理当事人串通一气提起的虚假诉讼，也不提供咨询意见。在 AGIP Co. SpA（Italy）v. Congo 一案中，AGIP违反了其与刚果人民共和国所签订的协议，刚果国有化了AGIP的子公司。AGIP提起了仲裁，刚果抗辩称，其在国有化AGIP子公司时已经对AGIP做出了赔偿，因此在它们之间不存在争端。AGIP主张，争端产生于国有化命令之前，并且补偿是不充分的。仲裁庭发现，在《华盛顿公约》中没有对"法律争端"（legal disputes）做出定义，然而，在公约开放签字的时候，世界银行的执行总裁发布了一个声明，声明中指出法律争端是关于权利而非利益的争端，仲裁庭采纳了这一观点。仲裁庭指出，这个争端与法定权利义务的存在与否问题或者与违反这一法定权利义务而产生的赔偿的范围和性质问题有关。于是，仲裁庭做出结论认定在

---

[1] Alcoa Minerals of Jamaica (United States) v. Jamaica, Yearbook of Commercial Arbitration, vol.4, p. 206 (1979). The Klockner Industrie-Anlagen GmbH v. Cameron (Award), Yearbook of Commercial Arbitration, vol.10, p. 71 (1985).

国有化命令发出之前不存在争端。仲裁庭把它的调查范围做出了限制，局限于审查国有化之后的赔偿是否充分这一问题。

公约也没有对投资（investment）做出定义。世界银行执行总裁曾指出这一疏漏是有意的，公约的草拟者认为首要考虑的问题应当是当事人的意图。在前述牙买加阿尔科矿业公司案（Alcoa Minerals of Jamaica Case）中，仲裁庭即考虑当事人的意图。仲裁庭指出，仲裁庭应当更加重视当事人关于一项投资是什么的一致的意思表示，虽然这不是决定性因素。而当时不存在这样的一致意思表示时，应当按照"投资"一词的通常意思解释，即投资是指为获得一定的利润而将资本投入一项风险性事业的行为。在阿尔科矿业公司案中，当事人看来是按"投资"一词的通常意思使用这个词语的，因此仲裁庭裁决，牙买加政府对阿尔科矿业公司的铝厂采取的国有化行为，是一项直接产生于投资的争端。

当事人也可以在企业仲裁协议中对争端事项做出限制。另外，仲裁庭只能审理启动仲裁程序的当事人在其请求（第25条）中或反请求方在反请求中所提出的事项（第46条）。

10. ICSID与《北美自由贸易协定》的关系

《北美自由贸易协定》（North America Free Trade Agreement，NAFTA）第11章为保护跨境投资者，方便投资争端的解决提供了相应的规则。例如，每一个NAFTA成员国都应给予来自另一成员国的投资者以国民（非歧视）待遇，除了依照国际法规定之外，不得对这些投资者的投资采取征收行为。第11章规定，一个NAFTA成员国的投资者可以因其他成员国实施了违犯了本条或第11章的其他规定的措施而主张金钱损害赔偿。投资者可以按照联合国国际贸易法委员会（United Nations Commission on International Trade Law，UNCITRAL）《仲裁规则》对另一NAFTA成员国提起仲裁，也可以按照国际投资争端解决中心《仲裁（附加机构）规则》（ICSID Additional Facility Rules）提起仲裁。

按ICSID仲裁规则提起的关于《北美自由贸易协定》第11章的仲裁案件已经有若干起。例如，在洛文集团等诉美国一案（Lowen Group INC. et al v. United States）中，洛文集团是一家加拿大公司，其业务涉及美国和加拿大两个市场。在美国法院审理的一起以洛文为被告的反垄断案件中，洛文与原告和解，支付了巨额的赔偿。1998年，洛文根据NAFTA第11条的规定，以美国政府为被申请人，向ICSID提起仲裁，要求赔偿其损失。仲裁庭认为，依据NAFTA第11条的仲裁，不仅可以审理有关立法机关制定的法律，也可以对司法机关的判决进行审查。

11. 临时性措施和裁决

除双方另有协议外，国际投资争端解决中心仲裁庭如果认为情况需要，可建议采取任何临时措施，以维护任何一方的权利（第47条）或做出一项有约束力的裁决（第53条）。

国际投资争端解决中心仲裁庭的仲裁裁决虽然对当事人具有约束力，但却不是终局的。仲裁庭自己可以复查一个案件，以对裁决做出解释（第50条）或修改（第51条）。当事人也可以向一个专门组成的委员会上诉，委员会可以撤销已经做出的裁决。在阿莫科亚洲公司案（AMCO Asia Case）中，仲裁裁决中认定阿莫科公司的损失为 2 472 490 美元，在上诉程序中，专门委员会认定证据所证明的阿莫科公司的损失只有 983 992 美元，于是，委员会撤销了整个仲裁裁决。在洛文集团等诉美国一案中可以看到国际投资争端解决中心裁决的一个主要优势，即这些裁决可以在华盛顿公约的任何一个成员国得到执行。但是，也应当充分地意识到，强制执行一个主权国家非用于商业目的的财产是非常困难的。

12. 执行

国际投资争端解决中心仲裁庭的裁决对于当事国具有约束力，《华盛顿公约》缔约国同意执行争端解决中心的裁决。成员国的法院（包括仲裁当事人母国的法院）禁止对裁决进行审查（第 53 条）。成员国有义务强制执行争端解决中心仲裁庭裁决的金钱义务，就像裁决是由其本国法院做出的终审判决一样（第 54 条）。如果一个成员国到法院企图审查争端解决中心仲裁庭做出的裁决，投资者可以从其母国寻求外交保护，其他成员国也可以提出外交抗议。

3.2.5 其他仲裁机构

私人当事人之间的仲裁通常并不是完全以临时仲裁的形式，由当事人指定的仲裁员，按照企业自己设定的程序和规则进行的。更加常见的做法是，争议各方经常向国际知名的仲裁机构提起仲裁申请，按照若干国际仲裁机构中的一个制定的指导性规则解决纠纷。著名的国际仲裁机构有：中国贸易仲裁委员会、美国仲裁协会、伦敦国际仲裁院、国际商会以及国际贸易法委员会。这些机构都制定有完备的仲裁规则，设有合格仲裁员名录。尽管它们的规则之间存在一些差别，但是它们所使用的基本程序相似，与世界银行的国际投资争端解决中心的程序是基本一致的。

3.3 通过国内法院解决争议

不同国家的国内法院经常处理解决国际纠纷。这些纠纷包括不发生在法院地国境内的犯罪行为和侵权行为，或者被告不属于法院地国的国民的犯罪行为以及侵权行为。这些纠纷还包括合同纠纷，纠纷所涉及的合同有可能不是在法院地国境内签订的，也可能不是在法院地国境内履行的。

国内法院审理案件的能力和资格被称为管辖权（jurisdiction）。在国际法上，国内法院审理国际纠纷的管辖权受到了限制。调整有关管辖权的规则大部分是禁止性的，即这些规则限制了法院管辖案件的权力。当然，在极少数的情况下，国际法规则确实要求一个国内法院违背自己的意志审理一项国际纠纷。

当事人免于法院管辖的资格被称为豁免权（immunity）。自然人和法人极少可能也受到国内法院的管辖。外国传统上享有完全的豁免权，但是在过去的 50 年中这种情况发生了实质性的改变。从事商业行为的国家机构（如国有航空公司或者国有航运公司）现在通常被认为是没有豁免权的。

3.3.1 刑事案件的管辖权

国内法院刑事案件的管辖权与国际贸易法有一些联系，但是，本章主要讨论的是民事纠纷的争端解决。简而言之，刑事案件是按照这样的国际法规则提起指控的，这一规则要求犯罪行为和罪犯与管辖法院所在的国家存在一些联系或者联结。

使国内法院取得国际刑事案件管辖权的四项联结因素：①属地管辖，犯罪行为发生在法院地国；②属人管辖，犯罪行为人系法院地国的国民；③保护管辖，犯罪行为侵犯了法院地国的利益；④普遍管辖，国际社会公认的任何国家均有管辖权的犯罪行为。除存在联结因素的要求之外，联结关系应当具有合理性。

仅仅存在联结因素并不足以使管辖法院具备管辖权，犯罪所涉及的人或者行为与管辖法院所在国之间的联系应当是合理的。在确定联结因素合理性的时候，法院应当根据特定案件的具体情况考虑以下一个或多个因素：

- 在管辖法院所在国领土范围内罪犯和相关行为发生范围，或者是否存在直接的、实质的和可预见的后果；
- 管辖法院所在国与被告或者受害者具有真实联系（具有正在发生的真实的关系）的程度；
- 行为的性质（对管辖法院所在国的重要性，是否有其他国家管辖，各国普遍接受的管辖适合性的程度）；
- 因为管辖而使得受保护者和受害者合理期待的程度；
- 另一国具有管辖的利益以及管辖权冲突的可能性的程度；
- 管辖对于国际社会的重要性；
- 管辖行为与国际社会传统习惯的吻合程度。

应当注意的是，四个联结因素之间并不是相互排斥的。

3.3.2 民事案件的管辖权

在民事案件中，如果纠纷的当事人出现在法院所在地国家的境内，则该国法院可以对这些纠纷行使管辖权。国内法院的管辖权有两类：对人管辖权和对物管辖权。

1. 对人管辖权

当一个自然人和法人实体上属于法院所在的国家境内的时候，法院对于与该法人和自然人的案件所拥有的管辖权称为对人管辖权。受到对人管辖权约束的自然人主要是法院的所在国的国民、置身于法院的所在国的自然人、在法院的所在国有居所的自然人以及同意接受法院管辖的自然人。关于对人管辖的同意的意思表示可以以下任何一种方式做出：在一项诉讼被提起之后自然人到庭的行为，在一份合同中通过法院选择条款表示接受特定法院的对人管辖权，或者在法院所在地国家境内指定一个代理人接受法院送达的法院传票。

如前所述，法人是一个组织而不是一个自然人，在法律上具备了依法行使职能、起诉和应诉或者通过代理人做出决定的充分的实在性。协会、公司等商业组织以及政府、政府间国际组织都是法人。法人受到国内法院管辖的方式与自然人大致相同。因此，在一个国家境内设立的法人是该国的国民（国内法人），此类法人可以在该国起诉和应诉。然而，一个外国法人只有在下列情况下才能受到其他国家的国内法院的管辖：①按照法律的规定可以认定具有法人资格；②该法人做出了接受法院管辖的意思表示。政府和国际政府间组织必须被正式地承认才具有法人资格，而其他法人（包括商业公司）必须被承认的政府设定为法人，才具有法人的资格。

法人、自然人可以明示或默示地表示同意一个外国法院的管辖权。明示表达这一同意的例子之一是法院选择条款。法院选择条款是合同中规定的合同引起的纠纷应提交指定的法院管辖的条款。当一个法人与一个国家之间发生了充足的联系的时候，法院会认为一个法人默示地表示了接受该国法院管辖权。例如，美国联邦高等法院指出必须在法人与某一国家之间存在最低限度的联系，这一联系可使法院公正地将其管辖权扩展到一个外国公司之上[1]。在确定联系是否充分时，法院应当确定：①公司是否实施与法院所在地国家有关的行为；②起诉是否以前述行为作为根据提起的；③公司是否通过其行为愿意依赖于法院地所在国所发生的利益（如从事经营）。

在壳牌诉斯特格有限公司案（Shell v. R.W. Sturge. Ltd）[2]中，原告与被告的投资合同订有法院选择条款，规定由英国法院管辖。原告向美国法院起诉，被告依法院选择条款申请初审法院驳回原告起诉。法院驳回了原告的起诉。原告提起上诉，主张依公共政策不应强制执行法院选择条款。上诉法院维持了初审判决。法院认为，除非原告能够清楚地证明：①强制执行选择条款将是不合理、不公平的；②条款无效，例如选择条款达成存在欺诈，否则，法院选择条款的效力是不容置疑的。

2. 对物管辖权

对物管辖权（in rem jurisdiction）是法院为确定关于处在法院地国境内财产所有权而享有的管辖权。例如，不动产的所有权可通过对物程序（in rem proceeding）得以确认，而实体上处于法院地国境内动产（如被扣押在法院地国港口的船舶）的所有权也可以通过这一程序得以确认。

3.4 国家司法豁免权

国家在两种情况下享有豁免权：①在任何地方从事专属于国家的行为；②在本国领土内的官方行为。第一种情况将在"国家豁免权"这一部分讨论，而第二种情况将在"国家行为"这一部分讨论。

3.4.1 国家豁免权

依国家豁免原则，国家在行使其主权职能时有权拒绝外国国内法院的司法管辖，国内法

---

[1] International Shoe Co. v. State of Washington, 326 U.S. 310 (1945).
[2] United States Court of Appeals for the Sixth Circuit 55 F.3d 1227 (1995).

院必须拒绝审理对外国国家提起的，应该因行使其主权国家职能时所生争议而引起的诉讼。美国联邦高等法院首席大法官马歇尔曾评论道，一个主权国家"被认为仅在获得明示的许可或确信为保证其独立主权状态而拥有绝对豁免时，才进入其他国家，虽然这种豁免未明示地表述，但却被默示地保留且扩展到任何主权国家，因为它拥有最高义务，保证其国家尊严不受侵犯，其自身的主权不被置于其他主权者的管辖之下。"㊀根据这一原则，无论国家从事任何行为，均可享受豁免权。"这一原则在历史上可以追溯到大多数国家被其君主统治的时代，这些君主毫无疑问地将国家视为个人物品——'朕即国家'。在这个年代，受到封建主义原则的残留影响，一个主权者对其他主权者行使权力的行为，无疑表明对于君权的傲慢或对于一个国家的敌对。"㊁现在，主权即国家及其官员、机构㊂，但尊重外国主权的观念沿袭至今。

直到20世纪中期，绝对国家豁免原则（the rule of absolute sovereign immunity）仍被广泛地接受。该原则认为，无论一个主权国家从事什么样的行为，造成什么样的损害，都不能被起诉到一个外国法院，主权国家享有绝对的豁免权。在一个国家主要实施征收税负、执行法律以及国家防卫行为的年代里，该原则是合理的，但是，在每一个国家都事实上从事大量的社会和经济活动的现代社会，这个原则就不具有当然的合理性了。特别是社会主义国家从事各种类型的国营商事活动。根据绝对豁免原则，当一个国家的自然人或商事组织向外国出售或购买商品、服务时，如果该外国违约，该自然人或商事组织是不能起诉的。除了不公平性外，这也是一种恶劣的商业行为（尤其是对于国营商业行为而言），于是，一些国家的政府和法院最终认识到，必须改变绝对豁免原则了。英国上诉法院的著名主事官（master of rolls）邓宁勋爵曾经指出："一旦一国政府从事了普通的商业交易活动，它不能以其出于政府的经济政策、外交政策或其他什么政策为由，撤销交易或逃避责任。它不能像一个突然出现在舞台上的神仙，一个突然介入表演的人物（deus ex machina），好像它和发生过的情节没有任何关联一样。一经为商人，必须终身为商人，从事商事活动的政府必须像其他商人一样，在其违约或其过错致人损害时，被诉至法院，此时，他们没有豁免权。"㊃

1976年美国《外国主权豁免法》的前言指出："国会认为……根据国际法，国家一旦从事商业活动，则不能被豁免，其相关财产可被执行，以履行因其商业活动而产生的诉讼裁决。"㊄

国家因特定行为应接受外国法院管辖的观念，导致限制豁免理论（the rule of restrictive sovereign immunity）的产生。该理论认为，国家从事政府行为（jure imperii）时，可以享受国家豁免权，但是，当国家从事纯粹的商业行为或非政府行为（jure gestionis）时，则不能

㊀ The Schooner Exchange v. M'Faddon, 11 U.S. 116 (1812).
㊁ National American Corp. v. Federal Republic of Nigeria, 448 F.Supp. 622 (S.D.N.Y.1978).
㊂ 美国1976年《外国主权豁免法》第1603条规定，外国国家包括该国的政治机构，而第603条规定，外国国家机构是符合下列条件的组织：①独立的法人；②该国的国家机构或政治机构；③既不是美国公民也不是根据其他任何第三国法律设立的。
㊃ I Congreso del Partido [1981] 1 All ER 1092.
㊄ U.S Code, title 28, § 1602.

享受国家豁免权。现在，这一原则已经成为主流。

许多国家颁布法律，采纳了限制豁免原则。最典型的是 1976 年美国《外国主权豁免法》和英国的 1978 年《国家豁免法》，这两部法律采用了极为相似的方式，并成为其后通过的此类法律的代表。英国《国家豁免法》第 1 条第（1）款规定："除下列规定的情形之外……一个国家不受英国法院的管辖。"美国《外国主权豁免法》规定："除本章规定外……外国政府不受美利坚合众国法院或合众国各州法院的管辖。"

两部法规都规定了豁免的例外情形，最主要的例外当然是政府参与了商业活动，两部法规对此也做出了界定。美国《外国主权豁免法》将商业活动界定为"某一商业行为的通过过程或特定商事交易或行为"，而"某一行为的商业属性应当根据行为过程或特定交易或行为确定，而不能以目的确定"。这一交易性质检验法在被法律采纳之前，在美国国内曾受到广泛的批评。"这一检验规则虽然用起来相对容易，却常常会产生相当出人意料的结果，例如，某些欧洲国家为军队购买子弹或鞋子，建立防御工事或为使馆租房子，都被认定为私人行为……另外，这一检验规则只是将困难推后了，因为在某些情况下，一些合同只能由国家签订，例如，任何人都可以购买船舶，而只有国家才能购买军舰。"⊖

英国法采用了与美国法相似的方式，英国法规定，商业交易是指：①任何提供货物或服务的合同；②任何贷款或其他提供融资或为任何此类交易或债务提供担保的行为；③任何国家非为行使主权而从事的行为（不论其是否为商业性的、工业性的、融资性的或其他类似性质的），但不包含一个国家与一个自然人之间的雇用合同行为。

商业行为被宽泛地界定了。英国法将商业行为定义为国家从事的"除了行使主权以外的"任何其他行为和交易。美国法认为，商业行为包括"非出于自主裁断功能发生的行为或因诽谤、不当陈述或干涉合同权利而发生的行为"。

除商事行为之外，两国法律均否认了在以下诉讼中国家享有的豁免权，这些诉讼包括：人身伤害和致人死亡的索赔案件、有形财产的损害赔偿、与不动产有关的损害赔偿和关于知识产权的诉讼。英国还拒绝承认国家在涉及关税或其他税收方面的诉讼中享有豁免权。

然而，两部法规规定的豁免例外仅在某一行为与法院地国存在联系时，方能适用。换句话说，财产应当处于法院地国⊜，行为或过失应发生在法院地国境内或对法院地国产生了直接的影响⊜。在美国，这一原则的适用受到正当程序原则的约束。而在英国，它是该国履行 1972 年《欧洲国家豁免公约》的义务。

⊖ Victory Transport Inc. v. Comisaria. General de Abastecimientos y Transportes, 336 F.2d 354, 360 (2d Cir. 1964).

⊜ 英国《国家豁免法》第 5 条规定，与人身伤害、死亡或动产损害相关的行为或过失应发生在英国境内；第 6 条规定，关于不动产的诉讼，不动产应当处于英国境内；第 7 条规定，涉及知识产权的诉讼，知识产权应在英国申请。

⊜ 美国《外国主权豁免法》第 1605 节规定，外国不应被豁免……（2）当其行为系基于发生于美国境内的外国政府行为时，或在美国境内实施的与外国政府有关联的行为时，或因外国政府在美国境外实施的商业行为但该行为对美国有直接的影响时。英国《国家豁免法》第 3 条第 1 款规定，一个国家不被豁免，若诉讼系关于：①由该国实施的商业行为，或②一国未履行其本质上属于合同（无论是否是商业性的）性的义务，该义务应部分或全部地在英国境内履行。

虽然英国和美国给予外国的豁免权是具有例外规定的，但是，举证责任不是由起诉者承担，而是由被诉国承担的①。另外，当原告以一外国为被告起诉时，其救济措施基本上限制为损害赔偿金，法院不给予禁令②或实际履行的救济。

英美两国的法律都实质上增加了当事人执行一项关于外国政府的判决的能力。在这两部法律通过之前，一个国家必须特别地放弃其国家豁免权，只有这样，对该国家的判决才能被执行。两部法律通过之后，处于法院地国境内的外国政府财产除非属于特定类别，均可被用于强制执行，以履行对于该国做出的判决。根据英国法，一国中央银行的财产是属于豁免范围的。而在美国，国际组织的财产、中央银行财产以及在外国军方控制下的军事性质的财产均属于豁免范围。

除了前述例外情形，一国在其放弃了豁免权时，也不得援引国家豁免原则。这种放弃豁免权的表示既可以在诉讼提起时做出，也可以在事先以合同条款的形式表现出来，甚至从一国向法院起诉或应诉的行为中推定出来。但是，一国放弃豁免权的表示应当是有意做出的，并且在做出表示时该国知道其放弃其法律权利的后果，虽然到庭的行为可以被视为一种放弃豁免权的表示，但未及时答辩却不能被认为是此类表示③。

3.4.2 国家行为原则

国家行为原则（the act of state doctrine）限制某些国家法院对其他国家行使管辖权的一项规则。这一规则源自美国。美国宪法采用了分权制衡方式，按美国宪法规定，外交权属于政府行政权的一部分，司法机构应当拒绝审理可能对于行政权的行使带来负面影响的案件④。具体而言，美国法院拒绝审理涉及外国国家在其境内实施的政府行为的案件或者一项案件中的抗辩可能要求法院宣布某一外国的法令无效的案件。

3.5 准据法的选择

在审理涉及来自不同国家的当事人、行为或交易的民事诉讼时，国内法院会面临法律适用的困扰。他们应当适用法院的国家的法律，还是使用其他国家的法律呢？法院在所有的案件中都用法院的国家的法律，这当然是最简单的方法了。然而，法律评论者和法院早已认识到这种简单的方法是非常不公正的。当事人在特定的地方采取行动（例如签订合同、购置财产、操作设备、做出意思表示、雇用员工等）时作依据的是这一地方的法律。如果之后另外一个国家的法院适用了完全不同的法律，这可能妨碍各种形式的国际交易。

国内法院在这些类型的案件中适用外国法律的观念来自国际礼让原则（尊重一个外国主权者的利益），因为每个国家在保护权利客体时具有利益，只有尊重外国权利客体的利益，

---

① 英国《国家豁免法》第 1 条第 1 款以及美国《外国主权豁免法》第 1604 节。
② 但是，在一些案件中法院为防止一国从法院地国转移财产，可颁发马利华禁令（Mareva injunction）。
③ Castro v. Saudi Arabia, 510 F.Supp. 309, 312 (W.D.Tex.1980).
④ W.S. Kirkpatrick and Co. v. Environmental Tectonics Corp., International 493 U.S. 400 (1990).

一个国家才能期待其权利客体在其他国家能够得到相似的保护。美国联邦高等法院的斯托利（Joseph Story）法官曾经写道，美国法院有义务适用外国的法律，是因为这是一种维护公正所必需的道德上的义务，这样做是为了让其他国家也能够采用相同的做法○。这种解释现在已经被放弃了。正如美国联邦高等法院的首席大法官富勒所指出的那样："在美国当代通行的规则是，根据外国的法律所获得的私人权利，我们的法院应当予以尊重和执行，除非这违反了法院地国的公共政策和违背了法院地国的利益；虽然这一规则的源泉可能曾经是国家交往之间的礼让原则，但现在所通行的原则依靠自己的力量已占主导地位，对某一特定交易适用法律的权力应当是司法权。"○

虽然适用外国法的义务在当今已经作为一项不言自明的法治原则而存在，这一原则仍给各个国家带来了一系列的困难问题：如何确定应当适用的法律呢？在审理民事纠纷需要解决应适用自己国家的法律还是其他国家法律这一问题的时候，法院会采用所谓的法律选择规则（choice of law rules）以确定其应适用的法律。

事实上，所有的法律适用规则都遵从"两步走"程序。首先，如果争议当事人一经同意适用某一特定国家的法律，法院应当适用该国法律。其次，如果当事人没有就法律适用达成一致（无论是明示的还是默示的），法院按以下规则应当自己确定适用的法律：①遵从成文法的规定；②确定哪一个国家与纠纷存在最紧密的联系；③确定哪一个国家对于案件的结果拥有最大的利益。一个美国评论者写道："在绝大多数普通法国家，法律选择理论竞相采用了美国的做法（可能有微小的改变），普通法系以外的国家的法律选择通常是在法典或者区域性国际公约里面加以规定的……即使这样，在法典和公约里面仍然会折射出美国法律选择理论的创新（最密切联系理论和政府利益理论），虽然这些理论没有被全盘接受。"○

3.5.1 当事人的协议

当事人之间关于如何适用法律的协议通常是合同纠纷的要素之一。通过合同中的法律选择条款，合同当事人事先就应选择适用哪国法律做出约定。只要当事人是自愿达成的协议，即使他们选择的那个国家的法律与其没有任何事实上的联系，他们的选择也是有强制约束力的。例如，日本1898《法律适用一般法》第7条规定：①当事人之意图可确定法律行为的创设与后果得适用国家法律；②若当事人之意图并不明确，应当适用法律行为发生地的法律。

当事人向法院提交声明，指明其选择的法律，也被视为其所达成的关于法律选择的协议。在日本法院审理的一案件中，法官在判决中指出，原告向法院起诉，在开庭前程序以及言辞预审中表达了应当适用日本法律的意向……被告出庭并做出了相同的表示……因此，双方均应被认定为已经达成了一致，同意将日本法律适用于法院审理所涉的问题○。

○ Commentaries on the Conflict of Laws, § 35 (1834). 关于礼让与法律选择之间的关系，参阅 Arthur K. Kuhn, Comparative Commentaries on Private International Law of Conflict of Laws, pp. 28-30 (1997).
○ Hilton v. Guyot, 159 US 113-1895.
○ Joseph W. Dellapenna, Suing Foreign Govenments and Their Corporations, pp. 233-234 (1998).
○ Multi Product International v. Toa Kogyo Co. Ltd., Hanreijiho, No. 863, p. 100 (1977); Japanese Annual of International Law, no. 23, p. 187 (1980).

在合同纠纷或其他案件中，如果当事人未就法律适用达成一致，法院可从当事人的意图中推定出应适用的法律。这只是理论上的一种观点[1]，在实践中，法院极少推定当事人的意图。在澳大利亚法院审理的一个案件中，法官指出，一旦法院想从当事人的意图推定出应适用于合同的法律，其所推定出的当事人的意图常常与法院施加于当事人的观念发生偶合，这种情况并不少见（至少从律师提供的资料以及本人的观察是这样的）[2]。相反，法院会转向另一套法律选择规则，或根据成文法的规定确定应适用的法律，或适用与案件有最密切联系的国家法律，或适用在裁判结果具有最大利益的国家的法律。

3.5.2 成文法的规定

在大陆法国家，如果当事人没有就法律选择达成协议，法院依成文法或条约中的规定选择应适用的法律。这些法律规定的基础是一个传统的概念——既得权（vesting of rights），而以此为基础形成的法律选择规则也因此而被称之为既得权原则（the vested right of doctrine）。根据这一原则，一个法院应适用的法律，应当是诉讼当事人的权利可被承认和保护的国家的法律，即那些可使诉讼当事人的权利发生效力的国家的法律。过去，既得权原则以判例法制形式被美国许多州的法院适用。

为确定某一权利在哪一国家可被合法地赋予，法典只是提供了相当简明和直截了当的指引性规则。通常，这些规则适用于一般情形。例如，日本《法律适用一般法》规定若当事人关于法律适用的意图并不明确，法院应当适用法律行为发生地的法律。

除此之外，法院根据诉讼事由（如侵权诉讼、合同诉讼、不动产诉讼等）确定法律的适用。典型的例子是：如果诉讼涉及侵权行为，应适用的法律是侵权行为发生地的法律。如果诉讼涉及合同，应适用法律签订地的法律解决合同效力问题，适用履行地的法律解决履行中发生的问题。如果诉讼涉及不动产，应适用财产所在地的法律。还有其他在具体案例中形成的规则。例如，1958年波尔案（the Boll Case）[3]中产生了关于未成年人监护权的规则，即未成年监护权应当根据未成年人所在国法律确定。而在一个日本法院审理的案件[4]中，法院阐释了关于如何确定一个自然人的国籍的原则：①如果一个当事人具有两个以上的国籍，则若适用当事人之国籍法，法院应当适用最近取得国籍的那一国的法律，除非日本法另有规定；②若一个自然人没有国籍，则其住所地国家的法律应当被适用，若自然人没有住所地，应当适用其经常居住地国家的法律；③若一自然人的国家内包含不同的法域，而应适用自然人所属地区的法律。

法典中限制包含一项限制外国法律的一般原则，即外国法律的适用不得违反法院地国家的公共政策。例如，外国的程序法规则一般是不能适用的，因为适用外国的程序法将迫使法

---

[1] See Halsbury's law of England, vol. 8, para. 585 (4th ed.).
[2] John Kaldor v. Mitchell Cotts, Freight, Australian Law Reports, vol. 90, p. 224 at p. 256 (Supreme Ct. of New South Wales, 1989).
[3] The Netherlands v. Switzerland, International Court of Justice Reports, vol. 1958.
[4] Kiyomu Liu v. Public Prosecutor, vol. 13, No. 10, p. 2146 (1962).

院以一种陌生的方式开展其审判业务。但是，在涉及不动产所有权的案件中，被选择的国家的程序法和实体法都应被适用。而合同不应当在其被认定为无效的国家被强制执行，例如，赌博合同，外国的税收法规定，也因其涉及一国主权尊严，不能被适用，外国的处罚规则也不能被选用，因为这些规则的效力具有地域性。

既得权规则是法院确定法律适用的传统工具，但并不是唯一工具。近年来，许多大陆法国家修改了他们以既得权原则为基础的冲突法规则，理由是这些规则过于刚性，没有反映出那些法律可能被适用或不被适用的国家的利益。大部分国家采纳了最密切联系原则（the most significant relationship doctrine），其他国家转向了政府利益原则（the governmental interests doctrine）。

3.5.3 最密切联系原则

最密切联系原则是指法院应适用与纠纷当事人及其交易最具有关联性的国家的法律。大体上，在所有的案件中，法院通过会考虑以下常见因素：①哪一国的法律可促进国际社会的需要？②哪一国的法律在适用于手边的案件时可得到最大程度的促进？③哪一国的法律可更好地促进诉讼中的法律标的所涉及区域的基础性政策的发展？在1971年美国《第二次冲突法重述》中采用了最密切联系原则。重述指出，法院在适用该原则时，应考虑以下主要因素：①适用哪一国的法律可更好地促进国际法律系统的政治和谐和经济交往？②通过在特定案件中适用一国的法律，法院地国自己的法律意图的发挥是否将得到促进？③其他国家的法律意图在其法律被适用时能否得到增进？④如果案件涉及合同，哪一国的法律将更好地体现和促进合同当事人的合法目的？⑤适用哪一国的法律可更好地促进诉讼所涉法律事项（如侵权行为、合同等）背后潜在的社会政策的发展？⑥哪一国法律可促进规则的稳定性、可预见性以及裁判结果的一致性？⑦哪一国法律最易于确定和适用？

另外，法院在采用最密切联系原则时，还将考虑案件的具体因素。对于侵权案件，法院将考虑的具体因素包括损害地点、行为地以及行为人国籍、住所或当事人的注册地，还有相关当事人之关系集中指向的地点。对于涉及动产的案件，法院将考虑的具体因素包括财产所处地点、当事人的国籍、住所地或注册地。而对于不动产案件，法院将考虑的具体因素只有一个，即不动产所处的地点。在合同案件中，法院所考虑的具体因素包括合同签订地、谈判地、履行地、标的所在地当事人的国籍、住所、经常居住地或注册地。

在中国香港高等法院审理的一个案件中，总部在孟买的印度银行起诉被告夫妇。这对夫妇是中国香港居民，他们为印度银行大阪支行向S公司的贷款提供了担保。S公司的营业地在日本，由被告的居住于日本的弟弟经营。被告及其弟弟分别拥有S公司60%和40%的股份。在本案中，被告主张应适用日本法，而银行主张适用中国香港地区的法律。法院认为，日本法与本案具有最密切的联系，应适用日本法。

3.5.4 政府利益原则

适用政府利益原则的法院，若非当事人要求法院选择法律，将直接适用法院地所在国法律，而不选择其他任何国家的法律。如果当事人提出法律选择的请求，法院将确定哪一国对于裁判结果具有合法的利益。如果只有法院地国对于裁判结果有利益，法院当然地适用本国法律，这种情况被称为虚假冲突案件（a false conflict case）。相反，如果法院地国和其他国家对于裁判结果也拥有一定的利益，这种情况被称为真实冲突案件（a true conflict case），法院认为本国拥有更多的利益，因而适用本国的法律。如果除法院地国的其他国家对于裁判结果拥有利益（这也属于真实冲突案件），如果法院地国遵循不方便法院原则，法院将驳回起诉。在其他情况下，法院将适用其认为最适用的国家或与其本国最相似的任何国家的法律。

3.6 拒绝管辖

不方便法院（forum no conveniens）是指国内法院在一个案件最好由其他国家的法院审理时，拒绝审理该案件的做法。这是英美普通法上的做法。如前所述，国内法院极少被要求对于那些涉及国际争议的案件行使管辖权。普通法国家通常依不方便法院原则，拒绝管辖。该原则源自苏格兰普通法，20世纪初被引入美国法[1]。在苏格兰的判决[2]中，一个来自法国的原告在苏格兰起诉了一个来自法国的被告，请求被告赔偿其货物在从法国运至苏格兰的途中发生的在途损失。苏格兰法院认为，法国法院更有能力审理此案，且对裁判结果拥有利益，因而驳回了起诉，指示当事人到法国的法院寻求救济。当该案被上诉到上议院时，上议院认为这种做法是可取的、谨慎的。

美国法院在一个海事案件[3]中首次提及不方便法院问题。该案中，两艘船舶在美国水域发生了碰撞，加拿大货主因在事故中受损向美国联邦地区法院起诉了加拿大船东，他们之所以在美国起诉，是因为美国有关赔偿责任的规则比加拿大更加有利。法院以不方便法院原则驳回了起诉，联邦高等法院维持了该判决。该案中布兰蒂斯法院表达了这样的观点，普通法和衡平法法院某些情况下也会出于公平利益拒绝管辖某些案件，如果这些案件是发生在外国主体之间或非本国居民之间，或因其他原因而使这些案件更适于由外国法院审理。[4]另外，法院还驳回了原告关于美国法院应行使管辖权以保护原告对于法院的选择权和法律的选择权。这些加拿大货主们主张选择适用美国法律的原因是因为美国法比加拿大法更有利于他们，因而认为法院驳回其起诉是不适当的。但是，地区法院适用不方便法院原则驳回起诉判决最终被维持了。因此，实体法上的变化并不影响不方便法院原则的采纳。

在随后的案件中，美国法院在非海事案件中适用了不方便法院原则，确认了在管辖法院变更后，实体法上对于原告所带来的不利影响不应成为原告反驳不方便法院原则的抗辩。

---

[1] Paxton Blair, the Doctrine of Forum non Conveniens in Anglo-American law, Columbia law Review, vol. 29, p. 1, at 2-3 (1929).

[2] Societe Du Gaz de Paris v. Societe Anonyme de Navigation "Les Armateurs Francais." [1926] Sess. Cas. (H.L.,) 13.

[3] Canada Malting v. Paterson Steamships, Ltd., 285 U.S. 413 (1932).

[4] Canada Malting v. Paterson Steamships, Ltd., 285 U.S. 422-423 (1932).

不方便法院原则适用时，法院会采用四要素判定法则，即如果另一个法院①存在，②充分，③私人利益和④公共利益指向于另一法院而非美国法院，则被告应胜诉。美国法院基于不方便法院原则驳回原告起诉时，也存在一些问题，尤其是替代国家的司法系统腐败或严重低效时。

3.7 对外国法院管辖的反制

当一个诉讼当事人向外国法院提起诉讼时，其母国在某些情况下可能会反对该当事人起诉。一个外国法院可以依据不方便法院原则驳回当事人的起诉，但是，如果外国法院没有这样做，诉讼当事人的母国采取一定的措施，防止当事人继续其诉讼行为。为此，母国法院可采取的措施被称为禁诉令（anti-suit injunction）。禁诉令针对的是本国的诉讼当事人，命令该当事人不得向外国法院起诉。在法院发出禁诉令时，法院需要采纳两个不同的标准：第一个标准是，法院应考虑礼让问题，为保护其自己的管辖权，防止其公共政策受到损害而颁发禁诉令；第二个标准是，如果外国法院程序是强制性的或可能会造成不公平的不便，母国法院可以颁发禁诉令。

在大陆法国家，多个法院的管辖冲突问题是通过条约以及国内立法解决的。这些规则中最典型的例子是欧盟的《关于民商事判决的承认执行管辖条例》（EC No. 44/2001）㊀条例规定，法院对于下列案件有排他的管辖权：①不动产位于法院地所在国；②在法院地所在国设立的商事组织的有效性；③向法院地所在国公共注册机构所做登记的效力；④由法院地所在国政府授予的知识产权的效力；⑤法院地所在国境内所作判决的效力。在不能表明法院拥有排他性管辖的诉讼中，首先行使管辖权的法院拥有排他的管辖权，其他受理案件的法院应当驳回起诉。

3.8 外国法的证明

如果国内法院认定应当适用某一外国法律时，这一法院必须确定法律的内容。法院应当熟悉本国的法律，同样的推定也适用于国际法，法院被假定熟悉国际法的规则。然而，法院并不能被推定熟悉外国法。因此，在大多数国家里，如果当事人准备提起的诉讼涉及要求法院查明另一国法律的问题时，法律要求当事人事先发出通知。当然，对于当事人发出通知的时间，各国有不同的规定。法律确定的方式在各国也有不同。

在法国、其他以《法国民法典》为源的国家以及英联邦国家里，法律属于事实问题，当事人必须以证明其他事实相同的方式，承担举证责任。而在德国以及其他以《德国民法典》为源的国家中，还有斯堪的纳维亚国家中，外国法被认为属于法律问题，应当由法官确定，当事人以及司法部长在某些情况下可以提供协助。例如，在波兰《民事诉讼法》第331条第

㊀ 这一条例与海牙私法国际会议上草拟的"关于外国民商事判决与管辖的海牙公约"有紧密的关系。

（1）款规定，在适用外国法时，如有必要，法院可以请求司法部长提供专家意见，如果法院不知道该等法律，在诉讼程序中也无从查明该等法院。

美国联邦法院以及一些州的法院近年来放弃将外国法视为事实问题的法英模式，转而将外国法视为法律问题。也就是说，法官被允许采用任何手段确定外国法内容，无论一方当事人是否以证据形式提供特定的法律渊源。然而与德国法不同的是，在当事人无法证明外国法内容时，法官没有义务自行查明外国法。但并不是所有的州法院都放弃了法英模式，一些州仍采用这一方法。

在确定外国法时当事人可以提供的法律渊源包括制定法、判决、学者评论以及专家意见。在欧洲，《关于交换外国法信息的欧洲公约》为这一过程提供了帮助，现在，大多数欧洲理事会成员国均签署了这一公约。公约第1条第（1）款要求签字国建立专门的机构，应对来自其他签字国查询本国民商事法律以及有关司法机构的信息的请求。公约第6条第（2）款规定，收到请求的国家基于合理的原因，可以将请求转交私人机构或符合要求的律师，请他们做出回答。

3.9 外国判决的承认

一国法院做出的判决在法院地所在国的执行是没有困难的。当一国法院对于某一外国被告做出了判决，该被告在法院地所在国可能几乎没有什么财产可供执行，或者被告是另一个国家而其财产又享受执行豁免权，于是，原告常常不得不将判决拿到国外去执行。

在将一项外国裁决转化为可强制执行的国内裁决时，法院将对执行申请进行审查，如果申请是合理的，法院将发出相应的裁定。在大陆法国家，法院将在外国判决上背书，即加上执行许可（exequatur），允许该判决在本地执行。法院在承认外国裁决时考虑的因素各有不同。唯一共同的考虑是，法院在做出判决时应当具有管辖权。除此之外，法院对于外国法院裁决的态度大相径庭，有的国家几乎完全不承认外国的判决，而有的国家则将执行外国裁决视为法院的义务。例如，在荷兰，除非一国是荷兰签订的执行外国裁决条约的缔约国，否则，荷兰对于外国裁决不予承认。而美国法院相反，特别那些已经采纳了《承认外国财产裁决统一法》的那些州。

法院考虑的其他因素包括：①承认外国裁决是否违背法院地国的公共政策？②是否存在承诺的互惠性安排？也就是说，做出裁决的国家是否会承认法院地国家的判决呢？显然，对于第一个问题，各国的公共政策差别很大，一些国家会考虑外国法院的法律选择，其他国家甚至会考虑原判决是否具有实体性缺陷。许多法院不会执行缺席判决或临时裁决。

仲裁裁决（不包括国际投资争端解决中心的裁决）有特别的规定，联合国《关于承认与执行外国仲裁裁决公约》的缔约国以与本国仲裁裁决相同的方式承认与执行外国仲裁裁决。该公约已经有142个缔约国。在另一些国家，仲裁裁决只有在首先被转化为仲裁地国家的司法判决之时，才可以被执行。大陆法国家实行双重承认制度，仲裁裁决首先应在仲裁地取得执行许可，当这一许可在国外执行时，还需要再次取得执行法院地所在国的执行许可⊖。

◇**参考案例**

日本酒税案

日本修改了本国的《酒税法》（Japanese Liquor Tax Law），将在日本市场销售的酒品分成了 10 类，分别征收不同的国内税。美国、加拿大和欧盟等国向世界贸易组织争端解决机构提出了成立专家组的请求。对于专家组的报告，争端各方均上诉，上诉机构针对上诉各方提出的法律问题，做出了相应的裁决。美国的一项上诉请求（美国上诉请求的 (h) 项）是，专家组将 GATT 缔约方和 WTO 争端解决机构通过的专家组报告在特定的案中，作为可以采纳的嗣后的惯例，这一做法是错误的吗？

关于这个问题，审理本案的专家组的结论是：《关税与贸易总协定》各缔约方以及世界贸易组织争端解决机构通过的专家组报告构成了协定的嗣后惯例，1994 年《关税与贸易总协定》第 1 条（b）款第 4 项规定，协定缔约各方的其他决定亦当成为协定的内容，通过专家组报告的制度性确认构成了协定的嗣后惯例，应当成为协定不可分割的组成部分。《维也纳条约法公约》第 31 条第 3 款（b）规定，在解释条约条款时，嗣后在条约适用方面确定各当事国对条约解释之协定之任何惯例应与条约上下文一并考虑。在国际法上，适用于条约解释的嗣后惯例的本质应当是缔约各方当事人"一致的、共同的且持续的"行为或声明，且该行为或声明足以确立各方当事人就条约解释形成了可辨识的模式。一个孤立的行为通常不足以构成嗣后惯例。虽然专家组报告由《关税与贸易总协定》各缔约方以共同决定的方式通过，但是，通过专家组报告的决定并不构成协定项下各缔约方对于专家组报告中法律推理内容的一致意思表示。已经采纳的专家组报告对于特定案件争端各方具有法律约束力，但是，以后的专家组并不因此受制于以前专家组报告中的细节内容或法律推理，这是 1947 年《关税与贸易总协定》中形成的广泛接受的观点。

审理本案的上诉机构指出，1947 年协定之缔约各方在通过某一专家组报告时，并不存在就协定相关规定做出特定解释的意思，而这也不是 1994 年协定所期待的。《世界贸易组织协定》第 9 条第 2 款规定："部长级会议和总理事会拥有通过对本协定和多边贸易协定所做解释的专有权力。"该款还规定，此类决定"应由成员的 3/4 多数做出"。1947 年协定的实践表明，协定第 23 条规定的采纳专家组报告决定与协定 25 条规定的缔约各方的一致行为存在明显的差别。在 1994 年协定中，采纳专家组报告的决定仍然与协定的解释行为存在本质的区别。《关于争端解决规则与程序的谅解》第 3 条第 9 款规定："本谅解的各条规定不影响各成员按照建立 WTO 的协议或某个属于诸边贸易协议的有关协议，通过做出决议的方式，寻求对某个有关协议的条款做出权威性解释的权利。"尽管已经采纳的专家组报告是《关税与贸易总协定》法律体系的组成部分，并为世界贸易组织成员的合法预期，因而应当在相关纠

⊖ Andreas Lowenfeld, International Litigation and Arbitration, p. 334 n.3 (1993).

纷的处理中予以考虑，但是，这些报告并不是有法律约束力的先例，只对于争端各方具有约束力。总而言之，自1947年《关税与贸易总协定》至《世界贸易组织协定》生效，专家组报告的法律地位以及法律性质并没有发生过任何改变。

综上所述，上诉机构认为专家组报告的认定是错误的。

本章练习

1. X国按《国际法院规约》第36条第（2）款的规定，以单方声明的方式接受了国际法院的管辖，但在声明中包括以下条款："本项声明不适用于X国确定的本质上应由X国管辖的事项。"这一声明是否有效？如果X国与Y国产生诉讼，Y国是否可以援引这一规定，将其适用于本国管辖的事项？

2. A国向国际法院起诉了B国，法院判决不利于B国，B国拒绝执行这一判决，A国可采取哪些措施强制B国履行判决？

3. C国与D国都是《华盛顿公约》的缔约国，该公约创立了国际投资争端解决中心，两国均通知中心，将考虑把所有类型的投资争端提交仲裁。CEE公司是在C国设立的跨国公司，D国要求CEE公司在本国境内设立子公司，并给予公司20年的免税期。CEE公司接受了，但要求D国签订将纠纷提交国际投资争端解决中心仲裁的仲裁协议。D国政府变更，新政府取消了外国公司的免税期待遇，CEE公司向中心提起仲裁。D国通知争端解决中心，表示其不再同意将与税收有关的事项提交仲裁。CEE公司请求中心组成仲裁庭。仲裁庭有无管辖权？

4. 在上述问题中，假定CEE公司从国际投资争端解决中心获得了仲裁裁决，向C国法院申请执行，D国主张其不受C国法院的管辖。法院应当如何判决？

5. U国与P国总统N保持长期关系，N在P国以及其邻国向U国情报机构提供了政治经济情报，而U国则放纵N向U国走私毒品的行为。在U国政府更替后，U国中断与N的情报关系，不再允许其走私毒品。为了竞选，U国派军队入侵了P国，并拘捕了N。N被投入U国监狱，被以违反禁止毒品法的规定起诉。假定法院是公正的，该法院对于N有管辖权吗？N作为总统是否有豁免权？

6. EYE公司是总部设在I国的运输公司。EYE公司与总部设在K国的KAY公司签订了运输合同，为该公司从K国向L国运输货物。合同中没有对于纠纷解决方式做出规定。在EYE公司的船舶进入L国首都的港口时，船舶发生了爆炸，所有货物受损。KAY公司向L国法院起诉。EYE公司主张法院无管辖权，L国法律不应当适用。试问，L国法院有管辖权吗？法院应如何适用法律？

7. 伦敦仲裁院做出了有利于GEE公司的裁决，判决H国的国有铁路公司HRR赔偿GEE公司的损失，GEE公司的总部设在G国，按G国法律设立。GEE公司请求英国法院执行仲裁裁决。HRR公司主张豁免权。法院应当如何判决？

8. R对于其境内美国国民的财产实施国有化，美国主张这种做法违反了国际法，但R国不理。R国的国内银行R拥有了所有国有化的财产，并将ESS女士的财产出售给了TEE公司，TEE公司是在美国设立的公司。ESS向美国法院起诉了TEE公司，要求该公司向其支付从R银行取得的相关财产的价款。R银行加入诉讼，要求驳回起诉，认为法院如果做出有利于ESS的判决，将违反国家行为原则。美国国务院拒绝对于判决会对美国以及 R 国外交政策产生的影响做出表示。法院要驳回起诉吗？

9. A&B 烟草公司是美国的跨国公司，总部设在达拉斯，在美国从事烟草销售已经将近一个世纪了。在过去大约 25 年中，美国食品与药品局要求公司在其销售的卷烟包装上印上"吸烟有害"的标记。这样，公司在美国的销售量大大减少。但是，公司在国外，尤其是发展中国家 L 国的销售大增。由于 L 国没有相关立法，公司在 L 国卷烟没有印上吸烟有害的标记。2.8 万名 L 国消费者因吸用 A&B 公司的卷烟患上了肺癌。这些消费者在美国起诉了 A&B 公司，其主张是，因为公司在 L 国销售卷烟时没有印刷"吸烟有害"标记，其行为构成过失，并主张因为卷烟是有害的，因而公司应当对其损失承担严格责任。得州法院对于本案有管辖权吗？

第4章
Chapter 4

跨国企业

■ 概述

任何要从事国际化经营的企业都有多种选择,既可在外国市场上不设立商业存在而采取的知识产权许可、出口、进口、特许经营,又有为更多地介入当地市场而在外国设立的法律实体,如合营企业、一般合伙、有限合伙、公司和有限责任公司。本章讨论的跨国企业(multinational enterprise, MNE)所实施的是涉及外国法律实体的全球经营战略。

跨国企业可采用不同的经营模式,但所有模式都具有一个共同点——采用合同和许可之外的其他方式将两个法律经营实体联结起来。⊖例如,母国的母公司在一个或多个东道国设立附属机构,或某公司拥有一家全资子公司,而该子公司系东道国一家经营实体的合伙人。因此,东道国和母国经营实体之间的义务关系不再仅仅是合同性的,所有者权益成为其共同的纽带。

正如设立一家商业经营组织一样,跨国企业的管理基本上属于国内法的范畴(虽然近年来国际社会致力于制定相关国际标准)。作为一项基本原则,母国管理母公司而东道国则对附属企业进行规制。然而在某些情况下,东道国也能够通过具有域外效力的法律对设在外国的附属机构进行管理,而东道国也可以通过揭开公司面纱等方式对母公司施加影响,正是这层面纱将子公司与其母公司相互分离。

4.1 全球经营战略

4.1.1 进出口

企业从事国际经营的一种方式是向其他国家出口产品或服务。企业无须在外国拥有分支机构,也不必与外国的经营实体设立合资企业或合伙企业。企业也可以通过从其他国家进口商品或服务的方式从事国际化经营。

出口业务产生了与国内销售全然不同的一些问题,企业必须考虑运输、金融以及合同问

⊖ 许可,特别是涉及知识产权的许可,也是企业从事国际经营相当常见的形式。参见第6章。

题①，还必须考虑出口许可证问题。在政策层面还存在对于进口和出口业务的一些限制，国内法律可能禁止从某些特定国家进出口货物。一个现实的例子是欧盟禁止与朝鲜发生特定的出口交易。

一个经常从事出口业务的企业将会发现，企业需要一个专职的出口业务经理人，这个经理人可以与外国的买方进行沟通，熟悉各类复杂的进出口规范，也明白如何处理运输以及金融问题。那些不需要专职出口经理人的企业可以聘用外国销售代理人为其代办出口义务。另外，企业也可以通过外国分销商以及在出口目的地国的独立企业办理出口业务。一个外国分销商会承担购买货物、存储货物的风险，并为进口产品提供售后服务。

一个从事出口、进口或者许可业务的企业不属于跨国企业。在东道国拥有分支机构或者代办处的企业，具有从事跨国经营的可能，但是该企业也不是真正的跨国企业②。

4.1.2 分公司和子公司

在美国，公司可以向一个州的州政府，通常是州务卿的办公室，递交注册申请，设立分公司。一家分公司通常被视为母公司的扩展部分，母公司通常需要承担分公司的全部债务。在第 6 章中，我们将讨论银行及其分行这一特殊情况，在美国开展业务的大多数银行设立分行的时候，不仅需要向州政府提交注册申请，还需要向联邦储备银行递交申请。

如果没有设立分公司，企业可以直接聘请一个外国代理人作为它的业务代表。这个代理人可以开展市场调查，也可以从事产品营销，还可以作为进口业务代表。东道国的法律将确定代理人可以或者不可以从事的行为。例如，代理人可被授权寻找客户或者从事特定的市场营销活动，但不具有订立合同的授权。一个在外国拥有代理人或者设立了代办处的企业通常不被认定为在该外国从事了经营活动，因此，该企业不受该外国法律法规的约束，仅仅承担因从该国获得收入而必须缴纳税收的义务。

4.1.3 知识产权许可和特许经营

知识产权（包括专利权、商标权和版权）许可正逐渐成为企业在外国市场上拓展经营机会的常见方式。许可是关于一项法律确认的权利通过合同形式进行的授权；通过许可交易，一国企业的许可被授予另一国的当事人，许可交易成了国际营销工具。除了专利权、商标权和版权以外，商业秘密、外观设计③、实用新型以及受到保护的商业计划和过程（如特许经营中的交易对象）也可以作为一国企业许可交易的标的。从一个国家向另外一个国家提供的特许经营的标的是知识产权中具有财产价值的权能，商业秘密和商标的特许经营是最常见的

---

① 参见本书第 10 章至第 12 章。
② 在第 6 章中，在外国设立的分行在某些情况下被视为与母行没有关联，完全受东道国法律约束的企业。但在其他情况下，分行被视为母行的延伸部分。
③ 美国的《兰赫姆法》（Lanham Act）保护外观设计，该保护包括形状、包装、色彩及其组合。但是，只有外观设计构成了制造者或产品来源的通过识别方式时，才会受到法律保护。因此，可口可乐的瓶子以及圆形的哈尼维尔的温控计都是可保护的外观设计。然而，在印度，根据 1999 年《商标法》，形状、色彩和包装被视为商标而得到保护。

交易。

第 9 章将讨论国际经营交易中与知识产权以及知识产权许可有关的大部分内容。一国企业将知识产权以许可方式转移给一个外国的企业，而不直接在东道国生产产品或提供服务的原因是复杂的。远距离运输也许将使成本增加，货物的性质也许不适合海洋运输（如易碎品或因受潮而易降低品质的商品）。母国的文化与东道国可能存在巨大的差别，以至于需要聘请东道国的专家解决特许品牌本土化问题。另外，在母国进行品牌管理可能不是最佳的市场战略选择。除此之外，一个国家在某些情况下，可能限制制成品进口，而与一个外国企业达成许可交易，允许其生产产品，将使权利拥有者通过与外国企业订立的合同获得使用费收入，也会使外国企业有机会通过产品拥有者的品牌和商誉获得资本收益。

在许多国内法律中可以发现限制特许经营的规定。美国的一些州禁止许可人无理由地终止其与被许可人的交易。欧盟则颁布了调整特许合同关系，限制许可人与被许可人行为的重要指南[⊖]。

4.2 跨国企业组织

4.2.1 母公司

为了从事国际化经营，大型企业改变了自己的组织结构，以便充分利用规模经营的优势，分散规模经营的风险。最简单的国际化经营结构是非跨国型企业（nonmultinational enterprise），设在一国的企业与设在国外的与其相互独立的企业订立合同，从事境外的采购或销售。较为复杂的是以一国为基础的跨国企业，设在一国的母公司在其他国家设立全资分公司或子公司。最复杂的是国际型跨国企业，来自两个或两个以上不同国家的母公司互相持股，在两个或两个以上国家共同从事经营活动。

1. 非跨国型企业

许多国内企业通过外国代理人开拓国际市场。该代理人可以是自然人也可以是一个独立的商业组织，它代表国内企业（本人），作为本人的销售代表（sales representative）在外国销售本人的产品或服务，或者作为本人的代理商（factor），为本人采购商品或服务。无论是本人还是代理人都不是真正的跨国企业，因为它们的经营活动都没有超出其母国范围。本人与代理人之间的法律关系由代理合同、母国或东道国的代理法进行调整。

2. 以一国为基础的跨国企业

以一国为基础的跨国企业（the national multinational enterprise）围绕建立于一国的母公司，是通过在其他国家设立分公司和子公司开展跨国经营的企业。分公司是母公司的单元，例如，设在海外的采购处、组装厂、制造厂或销售处，而子公司则是由母公司拥有的具有独立法人资格的公司。

⊖ Martin Mendelsohn, Franching in Europe, vol. 36, no. 2 pp. 72-73 (March 2004).

以一国为基础的跨国企业的母公司多数设在美国、欧洲和日本，福特汽车公司、戴勒姆－克莱斯勒公司和三菱公司是其中的典型代表。福特于1903年在美国设立，在其经营的早期，公司在许多国家聘请了销售代理人。随着销售量的增加，公司在境外设立了销售分公司和组装分厂。因为税收之计且为了使母公司免于承担分公司在东道国的经营责任，分公司被转化成了设立在东道国的子公司。在短短的一段时间内（自20世纪20年代至40年代），一些外国子公司成为与东道国投资者合股拥有的公司，但是，在第二次世界大战之后，福特重新获得了其对全部海外业务的直接所有权。

戴勒姆－克莱斯勒公司是在1998年经由德国戴勒姆－奔驰公司与美国克莱斯勒公司合并而成的。戴勒姆－奔驰公司是1929年由戴勒姆公司和奔驰公司合并而成的企业。1920年瓦特·克莱斯勒接管了马克斯威尔汽车公司，将其命名为克莱斯勒公司，公司后来又收购了道奇汽车公司。戴勒姆－克莱斯勒公司采用了德国的股份公司形式，总部在德国的斯图加特。公司的北美业务作为母公司的一个部分运营。公司还在美国、加拿大拥有若干子公司，如底特律活塞公司。

三菱公司是一家日本跨国公司，由40多个独立的公司组成。不同于福特，该公司没有母公司，各部分相互持股，形成了集团。集团业务由三家最重要的子公司控制，它们分别是三菱银行、三菱公司和三菱重工，三个公司的高级管理人员组成了理事会，为整个集团的经营制订计划。

3. 国际型跨国企业

国际型跨国企业（the international multinational enterprise）通过子公司从事经营活动，就这点而言，与以一国为基础的跨国企业是类似的。二者的不同之处是，国际型跨国企业在不同的国家拥有两个或多个母公司。大多数国际型跨国企业是由那些在不同西欧国家从事经营的母公司合并而成的。联合利华、壳牌集团以及里德－埃尔塞维尔集团是典型的国际型跨国企业。

联合利华是一家消费品制造企业，由来自荷兰和英国的母公司合并而成，它们共同拥有和经营世界各地的子公司。这两个母公司共同遵守平等化协议（equalization agreement），该协议的条款被完全整合到两家公司的组织大纲之中，根据协议的安排，两个母公司的董事会拥有相同的人数，这保证了两家公司的股东能够受到平等的待遇，例如，两家公司的股东能够获得相同的分红，在企业清算的时候能够获得相同的权利。为了确保董事数量的一致性，那两家母公司设立了若干全资子公司，将持有的一半特定类别的股份转让给这些子公司，这一类别的股份享有提名公司董事的排他性的权利；普通股东只能对由这些全资子公司提名的公司董事进行选举表决。

壳牌集团是另外一家由英国和荷兰的母公司合并而成的油气跨国企业，它没有设立由两家母公司共同组成的董事会，而是采用了另外一种形式，由这两家母公司共同拥有两家控股公司，由这两家控股公司拥有集团的子公司。两家控股公司的董事会的部分董事是由相同的人员担任，这些共同董事作为整个集团的执行董事，管理集团业务。

里德－埃尔塞维尔集团是一家由英国和荷兰的母公司于1993年合并而成的跨国企业，

集团从事出版和金融业务。这两家母公司分别持有一家名为里德-埃尔塞维尔公司50%的股份,该公司是设立在英国的控股公司,该控股公司拥有里德-埃尔塞维尔集团公司和里德-埃尔塞维尔金融公司,前者从事信息和出版业,而后者从事金融业。

4.2.2 附属机构的结构

为从事国际经营,公司必须在国外设立商业机构。这要求公司设立附属性机构,如代表处、代理人、分公司、子公司、合营企业和控股企业(参见表4-1)。如前所述,代表处、代理人、分公司不是东道国的独立法人实体。

表4-1 公司附属机构

母公司	作为跨国企业的总部,拥有和控制企业附属机构的公司
分公司	跨国企业的内部单位或组成部分,不是独立的法人
代理人	一个经企业授权代表企业行事的独立的自然人或社团
代表处	企业设立的联络点,对公司业务有兴趣的其他企业可以从代表处获得信息
控股公司	一个或多个母公司共同拥有的管理协调附属公司运营的公司
子公司	一个母公司或母公司设立的控股公司拥有的公司,与分公司不同,它是一个独立的法人
合营企业	为较长期的合作而设立的自然人或公司的联合体,可以采用公司形式,也可以采用非公司形式

代表处(representative office)不从事实际的经营业务,仅作为企业的联络点,对公司业务有兴趣的其他企业可以从代表处获得信息。

代理人(agent)是企业聘请的独立代表公司业务的主体。代理人接受母公司和本人的管理,其权利仅限于母公司给予的授权。当代理人在东道国从事经营的时候,代理人应当遵守当地的法律。

分公司(branch)是母公司的内部单位,分公司的设立不但要在特定的地点安排人员,还要建立一定的设施,如组装厂、采矿场或者服务处。如同代理人一样,包括分公司经理人和雇员在内的分公司人员的权利,应当以母公司的授权为限。

设立代表处、分公司,聘请代理人的优点在于,母公司可以对其境外业务具有直接的控制权。但是,在实践中这种做法也具有不少缺点:①母公司需要对境外业务承担完全的风险;②一个境外企业(包括其代理人和分公司)通常需要承担较重的税负;③许多发展中国家为提高外国企业的本地参与程度,要求外国企业直接投资或扩大其在当地的投资规模。

因为上述种种不利之处,许多跨国企业通过设立子公司、合营企业或控股公司的方式,从事国际经营活动。

子公司(a subsidiary)是一家单独组织设立的公司。跨国企业设立子公司的好处在于,子公司的法人资格使母公司免于承担无限责任,而且,在东道国当地设立公司,通常可以获得一定的税收优惠,这是设立境外分公司无法得到的好处。

合营企业(a joint venture)是两个以上的个人或企业为了长期的商业合作而设立的组织。合营企业可以采用任何商业组织形式,包括联合体、合伙、有限合伙、隐名合伙以及有限责任公司。通过合营企业,跨国企业可以分散风险,顺利进入外国市场。虽然合营企业可以由来自同一个母国或不同母国的企业组成,但更常见的是由至少一个来自东道国的企业与外国的企业组成。的确,许多发展中国家坚持本地参与的原则,在这样的国家里,合营企业可能是唯一可行的组织形式。合营企业可以只是为了某一具体项目而设立的,也可以是为了一种长期持续的商业关系而设立的,如索尼－爱立信这类合营企业。合营企业可以是一个公司、有限责任公司、合伙或者其他法律形式,这将取决于设立合营企业时所考虑的一系列因素,如税收、侵权责任等。

控股公司(holding company)是为了控制其他子公司而设立的附属公司。设立控股公司的主要目的是:①为众多子公司或者由不同的母公司拥有的子公司建立统一的管理团队;②避税。通常,控股公司是由一个或多个母公司持股的有限责任公司。例如,伯克希尔－哈撒韦公司(Berkshire Hathaway Cooperation)[①]就是一家采用公众公司形式的大型控股公司。

4.3 跨国企业的国际规制

一些国际组织已经开始倡导跨国企业道德行为准则,这些组织包括经济合作与发展组织(OECD)、国际劳工组织(ILO)以及世界银行。这些规则至今仍然只是建议性的规则,跨国公司是否遵守完全出于自愿,而且大多数国际规则将继续是自愿性的规则。在1992年世界银行发布的关于如何对待直接投资的指南中,世界银行指出,这些规则不是为了构建跨国企业的行为准则,相反,它们是为了鼓励外国投资,尽管如此,各国应当采用适当的方式防止腐败的商业惯例,加强在这个领域中制定国际准则的合作[②]。

国际标准化组织(International Organization for Standardization,ISO)是世界最大的制定和发布国际标准的非政府组织,其发布的ISO 9001质量管理体系和ISO 14001环境管理体系曾部分地涉及企业的社会责任的履行,2010年11月1日,国际标准化组织发布了《社会责任指南》(ISO 26000)的最终文本,进一步推动了社会责任在全球的发展。在ISO 26000中,国际标准化组织明确提出了"社会责任"(social responsibility)这一概念。在此之前的研究和实践中,"企业社会责任"或称"公司社会责任"(corporate Social responsibility,CRS)一词被广泛地使用,社会责任的研究集中于商业企业,尤其是公司应当承担的社会责任。公司作为一种典型的营利性机构,其追求利润最大化的行为应当以对社会负责的方式行事。公司董事的决策,不仅应当考虑公司股东的利益,还应当关注与公司具有利益关联的其他社会主体的利益,与其利益相关者建立和谐的关系。指南除前言、概述、附件以外,共分为七人部分:范围、术语与定义、理解社会责任、社会责任的原则、社会责任的确认以及与利益相关者的参与、社会责任核心问题的指导性规则、在整个组织内部整合社会责任的指导性规则。它不具有法律上的约束力,也不是一个认证标准,指南的目的是促

[①] 伯克希尔－哈撒韦公司(Berkshire Hathaway Cooperation)由沃伦·巴菲特创建于1956年,是美国一家世界著名的保险和多元化投资集团,总部在美国。该公司从事财产/伤亡保险、再保险业务、珠宝经销、鞋业等。

[②] "World Bank Guidelines on the Treatment of Foreign Direct Investment," ICSID Review-Foreign Investment Law Journal, vol. 7, p. 297 (1992).

进跨国企业自愿地承担社会责任。

经济合作组织制定了《禁止在国际商业交易中贿赂外国公职人员公约》（the OECD Convention on Combating Bribery of Foreign Public Officials in International Business Transactions）。相对于国际上制定的其他自愿性道德行为准则，该公约是一个明显的例外。公约要求缔约国宣布主动贿赂外国官员为非法行为，即缔约国必须将个人或法人贿赂或者意图贿赂外国公职人员行为作为一项犯罪行为。但是，公约并未要求缔约国宣布接受贿赂的行为亦属非法。至今，34个经济合作组织的成员国以及6个非成员国已经加入该公约㊀。

美国是这一公约的主要倡导者，自1977以来，美国已经把贿赂外国公职人员的行为作为非法行为。美国推进该公约的目的是为了使自己的跨国企业能够与其他国家的企业在更加公平的情况下竞争。1997年7月31日，美国参议院批准了这个公约，美国成为第一个加入该公约的国家。为了实施这一公约，美国制定了《海外贿赂法》，该法是为实施公约而公布的法律的典型代表。

虽然国际经济合作组织的这个公约可以证明国际组织能够通过制定公约规范跨国企业的道德行为，但是，与此相关的大多数规范仍然属于国内法的范畴。作为一项基本的原则，母国调整母公司的行为，东道国调整子公司的行为，但是在某些情况下，母国也可以通过法律的域外效力对子公司的行为进行调整，而东道国也可以通过揭开公司面纱的方式直接要求母公司对子公司的行为承担责任。

4.4 母国对于跨国企业的规制

跨国公司在母国境内市场上的行为应当由母国进行规制，这和母国对其国内企业的管理没有什么区别。母国对于跨国企业在其国内的经营行为的规制主要包括以下几个方面：竞争行为、缺陷产品造成的损害、限制性商业惯例、证券、劳动和雇用关系、会计标准的建立以及税收。随着国际贸易的发展，与此有关的许多规则已经适用于在某一国家境外发生的行为，最主要的有三类规则：竞争法规则、缺陷产品损害赔偿规则、禁止欺诈性销售惯例规则。美国是最愿意将自己的法律在域外适用的国家，但这并不被国际社会接受的一种倾向。的确，大多数国家将这种行为视为对自己内政的干涉。尽管如此，美国仍一意为之。欧盟作为国际商业领域中的重要角色，也开始在域外适用其内部规范。

4.4.1 不正当竞争法

美国调整不正当竞争行为的主要法律是1890年《谢尔曼反垄断法》（Sherman Antitrust Act）。该法第1条禁止限制州际或者国际贸易的合同、协议以及共谋行为，该条规定，任何限制州际或与外国之间的贸易或商业的契约，以托拉斯（trust）形式或其他形式的联合

㊀ 公约文本及基本情况参见经济合作与发展组织网站，http://www.oecd.org/corruption/oecdantibribery-convention.htm。

或共谋，都是非法的⊖。美国法院对该条做了限制性解释，该条仅适用于两个以上当事人之间的行为，仅适用于不合理地限制贸易的合同。为确定某一行为是否违反《谢尔曼法》第 1 条的规定，法院通常会按照合理性原则（rule of reason）根据不同情况做出具体的判断。也就是说，"事实判断者权衡一个案件的所有情况，以认定一个限制贸易的行为是否属于对竞争的不合理限制，从而应当予以禁止。"⊖然而，经过若干年之后，涉及州际贸易（而不是国际贸易）的几类特定的合同或者联合行为已经被界定为无须证明的违反《谢尔曼法》第 1 条规定的行为。这些合同或行为包括：①横向价格固定（horizontal price fixing），同一水平的竞争者明示或者默示地同意对于竞争产品制定相同的价格。②纵向价格固定（vertical price fixing），同一水平的销售者出售产品给处于不同层次的购买者时，以后者不得以低于议定价转售为条件。③水平市场划分，竞争者互相达成一致不在对方的领域中销售产品。④共同拒绝交易（联合抵制）。一旦某一个行为被确定为不言自明的违法行为，法院将不再使用根据案件具体情况判断行为合理性的方法，而是直接考虑救济的适当性问题。

《谢尔曼法》第 2 条禁止在美国各州之间商业活动中或者涉及美国的国际贸易中的垄断商业或贸易行为或者企图垄断商业或贸易的行为。该条规定，任何人垄断或企图垄断，或与他人联合、共谋垄断州际或与外国间的商业和贸易，是严重犯罪⊜。与第 1 条不同的是，第 2 条适用于单个企业的行为，如果这个企业是一个具有主导性的企业，也就是说，这个企业"有实力控制其生产的商品的价格"，而且有能力"将其他竞争者从市场上排挤出去"。为证明某一行为违反了《谢尔曼法》第 2 条的规定，原告应当举证被告意图垄断市场。这通常需要根据每个案件的具体情况，证明被告实施了歧视性定价行为、倾销行为（以低于生产成本的价格销售产品）、搭售行为（要求某一产品的购买者同时购买无关的产品）或者其他类似行为。

1914 年《克莱顿法》（Clayton Act）的制定，扩展的《谢尔曼法》关于强制执行的规定，确定了构成不公平的商业竞争的特定的具体行为，它的出台是为了加强《谢尔曼法》的力量。这些行为包括排他性交易、搭售条款、垄断性合并以及互兼董事㊃。1936 年《罗宾

⊖ 《美国法典》（United States Code）第 15 编第 1 条。
⊜ Business Elecs. Corp. v. Sharp Elecs. Corp., 485 U.S. 717.
㊂ 《美国法典》（United States Code）第 15 编第 2 条。
㊃ 《美国法典》（United States Code）第 14 编第 12 条（3）规定，任何从事商业活动者，在此类经营过程中……为使用、消费或再销售而从事租赁、销售或承诺出售物品、商品、货物、机器、设备或其他物件时……限定价格，或以此价格给予折扣或回扣，并在条款、合同或协议中规定承租人或购买商不得使用或购买出租人或销售商竞争对手的物品、商品、货物、机器、设备或其他物件，以致于使此类租赁、销售、承诺或条款、合同、协议将严重地削弱竞争，或形成任何商业行业的垄断，都属于违法行为。该条（7）规定，任何商业公司都不得直接地或间接地收购另一商业公司的全部、部分股票或其他股份资本，任何受联邦贸易委员会管辖的公司都不得收购另一商业公司的全部或部分资产，以致任何部门、任何业行业因此类收购而严重削弱竞争或形成垄断。该条（8）规定，从本法通过之日起两年后，任何人都不能同时成为除了银行、银行联营、信托公司和受 1887 年 2 月 4 日通过的商业法调整的公共承运人之外的两家或两家以上公司的董事长（如果其中一家公司用于从事商业活动的全部或部分资本、盈余和未分利润之和超过 100 万美元，且从这些公司的业务和营业地点来看，这些公司现在是或将成为相互竞争者，而通过协议消除它们之间的竞争将构成违反反托拉斯法）。

逊-帕特曼法》(Robinson-Patman Act)加入到美国反托拉斯法的序列中,该法规定价格歧视是一种非法行为㊀。在这三部法律的基础上,美国还颁布了《联邦贸易委员会法》《哈特-斯科特-洛迪诺促进法》《国内合作研究与生产法》等法律㊁。

1. 美国反垄断法的执行

关于美国反垄断法执行方面的规定,有两个颇受争议的问题。美国司法部负责对严重违反反垄断法的行为提起刑事诉讼,而美国联邦贸易委员会负责提起民事诉讼(特别是禁令),保证反垄断法律的全面实施。更为重要的是,私人也有权因垄断行为使其受到损害时起诉,并请求获得三倍于实际损失的赔偿。这是一种与其他国家不同的救济方式,它吸引了许多外国原告到美国的法院提起诉讼。三倍赔偿金(treble damages)是一些成文法中使用的术语,其目的是惩罚败诉方的故意违法行为。法院在原告应得之实际性或补偿性赔偿金数额基础上乘以三倍,作为被告应承担的赔偿,美国法院会对那些故意违反反垄断法、故意侵害专利权以及违反 RICO 法㊂的行为,判决三倍赔偿金。三倍赔偿金是基于惩罚性赔偿金的理念创立的,惩罚性赔偿金可以鼓励公民对那些损害社会整体利益的违法行为提起诉讼。

一个著名的案例是在 20 世纪 80 年代早期一家英国航空公司——湖人航空,向美国地区法院起诉泛美航空公司、英国航空公司以及其他外国著名的航空公司,赔偿金额高达数百万美元,在这个诉讼中,原告利用了三倍赔偿金规定的便利,而这个规定在那些非美国国籍被告所在国是不存在的㊃。1994 年《反垄断执行协助法》(International Antitrust Enforcement Assistance Act)授权美国政府与外国政府就民事和刑事调查中文件和证据交换的便利与其他国家协商签订双边条约。美国和加拿大、欧盟就如何适用反垄断法和竞争法达成了相互谅解。

(1)美国反垄断法的域外使用。

美国法院主动将反垄断法在域外适用的做法,是美国反垄断法的另外一个颇受争议的特点。《谢尔曼反垄断法》的条文规定,这部法律适用于影响到"州之间的或者与外国发生的贸易与商业"的行为,因此,人们不能仅仅因为管辖权的宽泛而对法院的判决做出批评。事实上,法院已经制定了若干司法准则以限制法院的管辖。这些规则要求:首先,被指控的被告应受到法院的属人管辖;其次,法院应当对于争议标的具有属地管辖权。

㊀ 《美国法典》(United States Code)第 15 编第 13 条规定,从事商业的人在其商业过程中,直接或间接地对同一等级和质量商品的买者实行价格歧视,如果价格歧视的结果实质上减少竞争或旨在形成对商业的垄断,或妨害、破坏、阻止同那些准许或故意接受该歧视利益的人之间的竞争,或者是同他们的顾客间的竞争,是非法的。这里歧视所涉及的购买是在商业过程中,商品是为了在美国内、准州内、哥伦比亚区内,或美国司法管辖权下的属地及其他域内的使用、消费和销售。

㊁ Department of Justice and the Federal Trade Commission, "Antitrust Enforcement Guidelines for International Operations", http://www.justice.gov/atr/public/guidelines/internat.htm.

㊂ 《反有组织犯罪及腐化组织法》(Racketeer Influenced and Corrupt Organizations Act),《美国法典》(United States Code)第 18 编。

㊃ Laker Airways v. British Airways, PLC, 182 F.3d 843 (11th Cir. 1999), 1423 Laker Airways v. Pan Am. World Airways, 559 F. Supp.1124.

（2）美国反垄断法属人管辖权的要求。

美国反垄断法规定，如果被告建立了《克莱顿法》第 12 条或者"长臂法案"（The Long Arm Statute）的规定的联系，则美国法院对案件具有属人管辖权。根据《克莱顿法》第 12 条的规定，被告人如果在法院管辖地"从事经营"，法院就可以对案件行使属人管辖权。通常这一规定被给予宽泛的解释，在美国没有全日制雇员、办公室、银行账户甚至是相关商业财产的外国企业仍然可能受到美国法院的属人管辖。在一些判例中，由国籍不在美国的母公司拥有和管理的在美国设立的子公司，仍然受到美国法院的属人管辖。

州法中的长臂法案之所以可以适用于反垄断法案件，是因为美国《民事诉讼程序规则》规定，州法可作为在联邦案件中行使属人管辖权的独立依据○。在大多数情况下，和《克莱顿法》第 12 条相比较，美国各州的成文法在法院属人管辖权方面，给予法院更多的自由权。在一个案件中，被告人在法院所在地召开了若干次与所指控的共谋行为有关的会议，法院因此认定自己对案件拥有属人管辖权○。而在另外一个案件中，被告人在法院地就区区 1 万美元的贷款进行了谈判，法院以此认定了管辖权○。另外，在法院地发布广告的行为也成为法院认定管辖权的理由○。

对美国法院属人管辖权的主要限制是联邦宪法关于程序正义原则的要求。根据这一原则，除非被告人和法院所在地具有最低限度的接触，否则，法院不得行使管辖权。简而言之，只有被告人在法院所在地有意识地从事贸易并可以合理地预见到他将在法院所在地被起诉的情况下，法院才具有管辖权○。

（3）美国反垄断法标的管辖权的要求。

在美国反垄断法诉讼中有两项原则被用于确定法院是否对于案件的争议标的具有管辖权，一个是效果原则，另外一个是合理管辖原则。在与反垄断法有关的成文法规则中都无法找到这两项原则，它们是法官造法的产物。根据效果原则，如果外国企业的行为意图对美国商业造成影响，而且影响不是琐屑（de minimis）○的，美国法院将对该外国企业具有标的管辖权○。

源自美国诉美国铝业公司○一案的效果原则受到了多方面的批评。一些批判者指出，由于国际贸易涉及两个以上的国家，如果其他国家也是适用效果原则，这个原则将会使多个国家的法院同时对同一个案件适用不同甚至相互矛盾的反垄断法规则。一些批判者指出，这个原则干涉了一个国家控制国境之内行为的主权。另外有人注意到，这个规则看起来会产生分配举证责任的实际效果：被告应当承担证明他的行为对于美国市场没有影响的责任。

○ 《美国法典》（United States Code）第 28 编，规则四。
○ HUNT V. MOBIL OIL CoRP. 550 F.2d 68.
○ Wells Fargo & Co. v. Wells Fargo Exp. Co., 556 F.2d 406, 430 n.24 (9th Cir. 1977).
○ James W. King v. Hailey Chevrolet Company, 462 F.2d 63 (6th Cir. 1972).
○ World-Wide Volkswagen Corp v. Woodson, 444 U.S. 286 (1980).
○ 琐屑（de minimis）是指法律不关心琐碎的事情（De minimis non curat lex），法院不愿意受理无关紧要的案件。
○ National Bank of Can. v. Interbank Card Ass'n, 666 F.2d 6 (2d Cir. 1981).
○ Aluminum Co. of America, 148 F.2d 416 (2d Cir. 1945).

这些批评导致美国一些上诉法院采用了不同的规则。在两个被广泛引用的判例之中，美国第九巡回上诉法院采纳了所谓的合理管辖原则（jurisdictional rule of reason）。这个原则确定了美国法院确定涉及在美国之外发生的反垄断案件的管辖权的时候应当遵守的三要件规则：①被起诉的行为是否意图影响美国的对外贸易活动；②被起诉的行为的类型和性质是否违反了《谢尔曼反垄断法》；③从国际礼让和公平的角度看，法院是否应该对被起诉的行为行使域外管辖权。最后一个要件要求美国在行使管辖权的时候应当平衡美国与其他竞争方的利益，为此，法院应当考虑的因素包括：与外国法律和政策冲突的程度，当事人的国籍或者公司的营业地点，有关国家执行法院判决的可能性，对美国和其他有关国家被起诉的行为的后果的严重性，被指控的行为的明显意图是否损害了美国的商业，反竞争后果的可预见性，违法行为对外国商业以及美国商业影响程度的比较。尽管这个规则没有得到全部美国上诉法院的认可，但是这个规则已经成为美国的一个主流规则。这项规则和1965年《第二次美国对外关系法重述》第23条至第42条及1984年《第三次美国对外关系法重述》第402条和第403条规定的处理方法是相一致的，它也和美国司法部以及联邦贸易委员会在其有关反垄断法指南中所做的国际礼让的考虑是一致的[○]。

2. 欧盟对于反竞争行为的规定

《欧盟条约》之中有两个条款对商业竞争行为做出了规定，它们分别是第81条和第82条（2007年《欧盟运行条约》第101条和第102条）。第81条与美国《谢尔曼反垄断法》第1条相似，这一条款禁止正常的竞争者达成限制、阻碍或扭曲竞争的协议或从事与之相关的行为。在这一条中，列明了法律明确禁止的反竞争行为：固定任何商业条款的行为，如固定价格的行为，限制或控制产量、市场、技术开发或投资的行为，划分市场或供应来源的行为，对于同等的交易适用不同的平等的交易条件的行为以及搭售无关产品的行为。第81条第3段规定了例外情形：有利于提高产品的生产销售或有利于经济发展和技术进步，消费者可以分享效率提高带来的收益的协议或行为，且这些行为没有在相关市场上实质性地排除竞争。因为第81条第3段的规定，欧盟的法院认定，美国法院关于《谢尔曼反垄断法》第1条的合理性原则不能在欧盟得到相同的应用。

第82条与《谢尔曼反垄断法》第2条类似，禁止具有支配地位的企业在市场上滥用优势地位，损害消费者利益。具有支配地位的企业是指无须实质性地考虑竞争者、购买者和供应者的要求，有能力独立行事的企业。而市场是被消费者认为具有相似性的商品的分销系统，如果一个市场规模足够大，即使这个市场位于一个成员国境内，也可以被视为一个相关市场。滥用优势获取不正当利益是指对购买者的供给降低的情况。如第81条一样，第82条列明了明确禁止的行为：直接或间接附加不公平的价格或交易条件的行为，限制生产、市场或技术开发从而对消费者产生不利影响的行为，对于不同的交易伙伴适用不公平的交易条件的行为，以及搭售无关产品的行为。与第81条不同的是，第82条没有规定任何例外情形。

○ Department of Justice and the Federal Trade Commission, "Antitrust Enforcement Guidelines for International Operations", p. 20, http://www.justice.gov/atr/public/guidelines/internat.htm.

确定行为是否符合第 81 条和第 82 条规定的权利，属于欧盟理事会，理事会有权对违法行为处以罚金，罚金最高可达每天 5 000 欧元[1]。对于欧盟之外的国家，欧盟竞争法最值得关注的问题是它的域外效力问题。欧盟理事会以及欧洲法院曾将这两项条款应用于欧盟之外的企业，如果这些企业对于欧盟内的贸易或商业产生了影响，其实，理事会和欧洲法院适用的是类似于美国法院的效果原则。一个与欧盟内部企业合谋实施垄断行为的外国企业，违反了欧盟竞争法。同样的，如果母公司控制了子公司的行为，它也将为子公司的行为承担责任。另外，意图并购欧盟企业的外国企业，应向法院证明，其并购行为不会产生不适当的垄断市场的后果。

3. 对于反竞争法域外适用的反对

在 19 世纪初，一个英国法官曾经质疑道："托巴格岛制定的法律能够约束全世界所有人的权利吗？难道全世界都应当屈从于这样假设的管辖权吗？"[2]美国和欧盟主动地将自己的反垄断法在域外适用的做法引起了许多国家（尤其是第三世界国家）的广泛批评。对这种做法持批评意见的发达国家主要是英国，特别是在它加入欧盟之前。在 1953 年，英国上诉法院禁止一个参加了以美国反垄断法为根据的诉讼的当事人履行美国法院发出的裁定[3]。即使在英国加入欧盟之后，英国仍然在实践中采用了模糊的做法，尤其是对于美国法院的判决。1978 年英国上议院在一个案件中指出，一个受到其他国家攻击的政策应该是这个国家予以保护的。在这个案件中，迪尔赫尼（Viscount Dilhorne）对美国的政策做了如下的评论："多年来，美国法院对外国人实施的美国管辖范围之外的行为主张管辖权，这和国际法不符，从而导致包括英国在内的其他国家制定立法，保护自己的国民无须受到外国法院的刑事审判，因为这些法院的管辖权主张是过分的，而且构成了对主权的侵犯。"[4]

英国反对美国反垄断法的原因有两个方面。一方面，英国不喜欢由私人作为原告提起三倍惩罚性赔偿金的诉讼，英国的公众、企业和政府通常将这些原告比喻为恐吓者。另一方面，英国反对美国在实施反垄断法的过程中采用的歧视性做法。虽然美国《谢尔曼反垄断法》规定外国出口企业应当在国际市场上从事竞争性的行为，但是，美国的《韦伯－鲍默林法》[5]（Webb Pomerene Act）规定了一项例外情形，美国的出口协会可以在一定的情况下不受《谢尔曼反垄断法》约束。该法允许出口协会对协会成员的集体出口行为做出限制竞争的决议，但是，这些行为不得影响美国利益或国内市场的竞争，也不构成对于其他国家反垄断法的有效豁免。这一例外适用于"商品、零件或货物"的出口行为。因此，美国的做法实际上是一种令人吃惊的双重标准。

阻却性立法（blocking statutes）可能是其他国家对于美国反垄断法域外适用行为最有力

---

[1] 在调查中提供虚假或误导性信息，将被处以 5 000 欧元罚金，而违反第 81 条或第 82 条的行为，罚金可高达 100 万欧元。
[2] Buchanan v. Rucker, 9 East 192, 103 Eng. Rep. 546, 547 (KB 1808).
[3] British Nylon Spinners v ICI [1953] Ch. 19.
[4] Rio Tinto Zinc Corporation v Westinghouse Electric Corporation [1978] AC 547 (HL) 631.
[5] 除美国之外，英国、加拿大、德国、日本以及澳大利亚也做出了相似的例外规定。

的反击。这些立法通常有三个特征：①这些法律限制了美国的原告为用于在美国法院进行诉讼而在美国之外的其他国家调取商业文件和取证的范围；②加大了在美国上诉的原告在美国之外的其他国家执行判决的难度；③通过追回条款的规定，这些法律允许被告在自己的母国提起诉讼，追回在美国已经支付的惩罚性损害赔偿金。

为反对美国反垄断法域外适用，除立法者制定法律进行抵制之外，外国法院在某些情况下，还将发出禁令，禁止本国国民在美国对其他本国国民提起反垄断诉讼，这种禁令被称为禁诉令（anti-suit injunction）。

美国联邦高等法院近年来意图限制美国反垄断法在域外的适用。在2004年的一个判例[1]中，法院指出，美国境外的购买者不能仅仅因为他们受到了固定价格行为的损害，而这一行为同时也损害了美国消费者，就向美国法院提起诉讼。法院认为，议会对于损害了美国商业利益的外国行为确定法律，是有利益根据的，但是，议会将本国的法律强加于在外国商业中遭受的损害，是没有任何理由的。其实其他国家像美国一样承认固定价格行为是非法的，但是它们提供的救济方式与美国存在显著的差别。其他国家曾经向美国指出，允许外国人抛弃自己国家的一般救济制度，利用美国的反垄断救济方式，不利于实现这些国家制定本国反垄断立法的时候所做的平衡性考虑。

4.4.2 侵权法与产品责任法

国际经营中，跨国企业不可避免地会面对不同司法区域的法律。在跨国企业的作为或者不作为对其他国家的自然人或商业企业造成损害时，原告可提起侵权诉讼，侵权诉讼包括故意侵权以及过失侵权。

1. 故意侵权

故意侵权行为的被告人系出于故意而非过失造成了他人的损害。殴打、诽谤、侮辱、非法进入、滋扰以及其他非以过失以故意侵权为诉因提起的诉讼中，原告无须证明被告在主观上具有恶意，法院会根据被告的行为推定其主观上的故意。在古特尼克诉道琼斯公司的案件[2]中，被告在服务器位于美国新泽西州的一个网站上发布了一篇诋毁原告名誉的文章，原告居住在澳大利亚，原告向澳大利亚法院起诉了被告，被告认为，由于网站服务器在美国，文章是在美国发表的，澳大利亚法院对该案没有管辖权。初审法院和上诉法院都驳回了被告的主张，道琼斯公司向澳大利亚高等法院上诉。七位大法官一致同意，由于损害原告名誉的行为实际发生在澳大利亚，该损害行为不是在文章发表之时发生的，而是在第三人读到这篇文章并对原告的名誉表示怀疑之时发生的。另外，被告可以预见到其文章可能对于一个澳大利亚人的名誉造成不利影响。据此，澳大利亚高等法院认定，法院对于道琼斯公司具有管辖权。

---

[1] F. HOFFMANN-LA ROCHE LTD. V. EMPAGRAN S.A. 542 U.S. 155 (2004)。
[2] Dow Jones and Company Inc v Gutnick (2002) HCA 56.

2. 产品责任理论

产品责任法的作用是通过要求产品制造者对于产品造成的损害承担责任，防止制造商向市场投放缺陷产品。提起产品责任诉讼的理论依据主要是：违反合同、过失侵权和严格责任。大多数国家（包括日本和大多数发展中国家）的产品责任诉讼的理论依据是违反合同以及过失侵权。普通法国家（美国以及英联邦国家）的当事人提起产品责任诉讼的理论依据除了违反合同和过失侵权之外，还包括严格责任。而欧盟产品责任法的主要依据是严格责任理论。

（1）日本产品责任法。

《日本民法典》规定，当事人可以违反合同和过失侵权为理由，要求法院对于缺陷产品造成的损害给予法律救济（参见表4-2）。

表 4-2 日本产品责任法简表

	违反合同	过失侵权
涉及的产品	所有产品	所有产品
基本准则	产品符合出售时的用途吗	考虑案件所涉及的具体情况，被告人尽到了合理的注意义务吗
要素	1. 不得交付缺陷产品的合同义务 2. 违反了明示或者默示的合同义务 3. 违反合同的行为造成了损害	1. 注意义务 2. 违反了注意义务的行为 3. 违反注意义务的行为造成了损害
抗辩	1. 原告和被告不具有合同的相对性 2. 被告人可以免除责任 3. 第三方介入性因素造成了产品缺陷 4. 被告人为了防止产品缺陷的发生尽到了合理的注意义务 5. 如果起诉涉及默示义务，被告人可以主张原告在购买产品的时候已经知道缺陷的存在	1. 尽到了合理的注意义务 2. 第三方介入性因素造成了产品缺陷 3. 原告实施了不合理的行为，自己承担风险 4. 原告有过失 5. 在产品被投入市场时，在当时的科学和技术条件下，无法发现产品存在缺陷
可获得赔偿金	1. 人身损害赔偿 2. 财产损失 3. 经济损失	1. 人身损害赔偿 2. 财产损失 3. 经济损失

合同法提供的救济受制于严格的条件。这些条件主要有两项：①卖方没有履行合同义务；②卖方违反了其不交付缺陷产品的默示担保。

在每一个买卖合同中，卖方的一项义务是，交付的产品应当适合其出售时的通常用途。《日本民法典》第415条（债务不履行）规定，债务人不按债务本意履行时，债权人可以请求损害赔偿。交付缺陷产品，不按合同履行，卖方不但违反了自己的义务还违反了合同规定，因此，卖方应当承担由此造成的人身和财产损失，以及经济损失（这和普通法国家以及欧盟的规定是不同的）。

然而，这些法律救济受到两项原则的制约：合同相对性原则和谁主张谁举证原则。根据合同相对性原则，只有直接购买者才有权利起诉，虽然一些日本法院近年来已经允许合理的使用者像购买者一样可以提起诉讼。由于合同法是日本债法的一个部分，原告应当承担证明卖方有过错的举证责任。况且，即使买方能够证明卖方的过错，卖方也可以免除自己的责任，卖方可以证明缺陷是卖方无法控制的因素造成的，或者卖方为防止缺陷的发生已经采取了合理的措施。

违反不得交付缺陷产品的默示义务而要求承担民事责任所提供的救济也是非常有限的。首先,合同的相对性将可以提起诉讼的主体限制为直接购买者。其次,被告人可以主张原告在购买产品的时候已经知道缺陷的存在。最后,卖方的责任被限制为修理产品或者提供其他替代产品。

在违反合同担保义务的诉讼中,卖方可以援引免责条款,免除或限制自己应当承担的责任。虽然免责条款不得违反公共政策,且须符合内容上的法律要求,这些条款事实上有效地使卖方免除了责任。由于这些原因,合同法在对缺陷产品的出卖者民事责任方面能够发挥的作用是微小的。

过失侵权(negligence)是最有可能对缺陷产品提供者课以责任的法律工具。即使如此,举证责任也是相对较重的。原告必须证明:①产品缺陷的存在;②产品缺陷是被告行为造成的;③原告遭受了损害;④损害是由于产品缺陷造成的;⑤被告违反了对原告应尽的注意义务。

一些日本的一审法院近年来已经开始放宽举证要求。具体而言,即一些法院不再要求原告证明特定产品(主要是食物和药品)的缺陷性。另外,因果关系也可以通过统计数据推定出来。

在过失侵权中,为获得法律救济,原告应当证明其遭受了人身损害、财产损失或经济损失,这和以违反合同而主张救济的诉讼对原告的要求是相同的。

(2)普通法国家产品责任规则。

在普通法国家,缺陷产品责任的承担方式包括违反合同、过失侵权以及严格责任(见表4-3)。因为合同相对性的限制⊖,违反合同很少作为提起产品责任诉讼的依据。相反,普通法国家的原告最常适用的理论是过失侵权和严格责任(如果一项产品存在不合理的危险)。

表4-3 普通法国家产品责任法律简表

	严格责任	过失侵权
涉及的产品	在设计或制造时存在解除缺陷的产品	所有产品
基本准则	缺陷使产品具有了不合理的危险性吗	考虑案件所涉及的具体情况,被告人尽到了合理的注意义务吗
要素	1. 不合理的危险缺陷 2. 缺陷造成了损害	1. 注意义务 2. 违反了注意义务的行为 3. 违反注意义务的行为造成了损害
抗辩	1. 产品离开被告控制时不存在缺陷 2. 原告以不可预见方式错误地使用产品 3. 原告实施了不合理的行为,自己承担风险 4. 原告有过失 5. 在产品被投入市场时,在当时的科学和技术条件下,无法发现产品存在缺陷	1. 尽到了合理的注意义务 2. 第三方介入性因素造成了产品缺陷 3. 原告实施了不合理的行为,自己承担风险 4. 原告有过失 5. 在产品被投入市场时,在当时的科学和技术条件下,无法发现产品存在缺陷
可获得赔偿金	1. 人身损害赔偿 2. 财产损失	1. 人身损害赔偿 2. 财产损失

普通法国家的与产品责任有关的过失侵权理论,基本上与日本法律所依据的理论相同;

⊖ 在普通法国家,违反合同之诉的证明责任与日本法律规定相同。

然而，普通法上有两项规则，使这些国家的原告更容易满足举证方面的要求。一个原则是不言自明原则[1]，根据这一项原则，原告如果能够证明，产品在离开被告之手时存在缺陷，就无须再证明被告的行为是造成产品缺陷的原因。另一项原则是表面过失原则（negligence per se [2]），根据这一原则，在那些被告人违反了制定法上关于制造或披露要求的案件中，原告可以免于证明被告违反了注意义务。例如，一个被告出售的火炉不符合制定法上的安全标准，原告就可以起诉，其起诉的理由是，未遵守安全标准要求本身，自动地构成被告对于合理注意义务的违反。

根据严格责任的理解，被告应当对其实施的具有不合理危险的行为承担责任，无论其主观上是否存在过错，也不论其是否尽到合理的注意义务。在美国《侵权法重述》中，这个理论得到了充分的阐释：

（1）任何出售对于向使用者或消费者或其财产具有不合理危险的缺陷产品的人，应当对于最终用户或消费者或其财产因此遭受损害承担责任，如果①卖方从事这一产品的销售，且②产品被预期或实际上已经按其出售时的状态，在没有发生实质性变化的情况下到达用户或消费者。

（2）在（1）中所述的原则应当适用，虽然①卖方在准备或出售产品时已经尽到所有的可能的注意义务，并且②用户或消费者并不是从该卖方购买的商品或者未与该卖方订立任何合同[3]。

严格责任对于起诉者的主要好处是，原告不需要证明过失的存在。然而，这一原则存在明显的限制，缺陷产品必须存在不合理的危险。这意味着，原告不得不证明：①产品的危险性超出了普通消费者的预期；②制造商制造产品的时候存在在经济上可行的较低危险程度的替代方案，而制造商未采用这一方案。

（3）欧盟产品责任规则。

1985年欧共体（欧盟的前身）发布了第85/374号指令《促进成员国缺陷产品责任相关法律、条例和行政规定一致性的指令》，为所有欧盟成员国制定了通用的最低的产品责任标准（见表4-4）。这一标准采用了与普通法国家采用的严格责任类似的理论。然而，这一标准不要求原告证明缺陷的不合理危险性。指令规定：

（1）当一个产品没有提供人们可期待的安全性时，该产品具有缺陷性，为此，应当考虑到所有相关情形，包括：①产品的提供方式；②产品在投入流通时合理期待的用途；③产品投入流通的时间。

（2）一个产品，不能仅仅因为其后较之更好的产品被投入流通，而被认定为具有缺陷性。

欧盟指令与英联邦国家（不包括美国）的严格责任理论相似。欧盟允许成员为产品制造者可能承担赔偿金制定最高总额限制。条例规定，任何成员国均可为制造商因相同产品的相

---

[1] 拉丁文为 res ipsa loquitur。
[2] Per se 是拉丁文，其含义是通过自己或本身的，内在的。
[3] 美国《第二次侵权法重述》第402A条特别适用于任何从商为使用或消费之出售产品的人。这一条允许受到缺陷产品损害的人起诉产品的任何出卖方，如果出卖方从事出售该产品的行业。一些法院将402A适用于二手产品的出卖者，包括产品的制造者以及在分销过程中的任何批发商或零售商。

同缺陷造成的死亡或人身损害支付的赔偿金总额设定限额，该限额不得低于 7 000 万欧元。

表 4-4　欧盟产品责任法律简表

	严格责任
涉及的产品	农产品和游戏之外的产品
基本准则	考虑到所有相关因素，产品是不安全的吗
要素	1. 不安全缺陷 2. 缺陷造成的损害
抗辩	1. 被告没有将产品投入流通 2. 产品离开被告控制时不存在缺陷 3. 被告没有出售或分销产品或制造了用于出售或分销的产品 4. 缺陷的产生是因为履行公共机构发布的强制性标准而产生的 5. 在产品被投入市场时，在当时的科学和技术条件下，无法发现产品存在缺陷 6. 如果被告是产品组装者，产品的缺陷源自于设计者或制造商的指示
可获得赔偿金	1. 人身损害 2. 财产损失

3. 产品责任法的域外适用

与反垄断法一样，美国法院特别愿意将其国内产品责任法适用于域外。美国法院处理产品责任法的域外适用问题时，通常考虑两个因素：属人管辖和不方便法院原则。

（1）美国产品责任法的属人管辖。

在美国，产品责任法属于州法而不是联邦法的产物。因此，各个州应当根据自己的长臂法案确定对当事人的属人管辖权，这些法案与反垄断案件中适用的规则相同。这些法的规定相当宽泛，事实上在法院地实施的任何商业行为都足以构成长臂管辖的理由。然而，就像反垄断法案件一样，长臂管辖并不是本身自足的规则，原告还必须满足联邦宪法关于程序正当性原则要求，要证明被告与法院所在地具有最低限度的联系。简而言之，根据最低限度联系原则，一个法院只有在下列条件成立的情况下才有管辖权：①被告人有目的地在法院地从事交易，并且②被告人可以合理地预见到自己将在法院地被起诉。

在 1984 年的一种判例之中，联邦高等法院阐述了这一原则。一起发生于 1978 年的车祸引发了一场产品责任诉讼。产品责任诉讼的被告之一为 Cheng Shin（一家中国台湾企业）。Cheng Shin 起诉了 Asahi（一家日本企业），以追偿其损失。产品责任诉讼和解后，仅余 Cheng Shin 与 Asahi 的诉讼，Asahi 认为，依程序正义原则，美国法院不应对该行使管辖权。美国法院在比较了各方的利益之后，认为，程序正义原则要求美国法院只有在"被告有意地实施了与法院地的州的最低限度接触"时，才具有管辖权，仅仅因能够预见其产品能够进入一州的商业流中，并不能构成最低限度的接触，否则，将产生明显的不公平。

（2）不方便法院原则。

与反垄断案件不同的是，在产品责任诉讼中，美国法院没有针对此类案件的标的管辖权问题创设独立的规则。尽管如此，在某些情况下，法院在反垄断案件中有关标的管辖权的考量，会通过不方便法院原则体现出来。法院将根据这一原则，考查法院所在地州对于争议的裁判结果是否拥有足够的利益，从而决定是否管辖。法院需要考虑的因素包括：①当事人的私人利益,即取得相关文件,证人作证的难度和成本;②公共利益,即法院地所在州的利益,法院的负担以及司法礼让的问题。

4.4.3 不择手段的商业做法

不择手段的商业做法是以违反诚信的商业手段从他人或其他企业获得利益的做法,主要包括不正当陈述以及贿赂。一般而言,在过去只有东道国对投资者和跨国企业的此类行为进行规制,然而随着OECD《禁止在国际商事交易中贿赂外国公职人员公约》的实施,母国也开始对于跨国企业的此类行为进行调整。由于OECD成员国,如美国、英国、德国、日本和法国,都是世界上的富裕国家,因而几乎所有的世界主要跨国公司都将受到影响。

相对于只有东道国才能对跨国企业不择手段的商业做法进行调整的传统做法,美国的态度与众不同。在1977年,一些美国公司卷入了贿赂丑闻,它们为了获得有利的合同,向外国官员行贿,特别是洛克希德公司为了获得喷气发动机合同,而向日本首相行贿。作为对这些丑闻的反应,美国在当年颁布了《外国腐败行为法》(FCPA)。但是,由于该法中的一些规定过于模糊,许多美国企业因担心受到惩罚而撤回了自己在国外的交易,鉴于该法对于美国企业国际竞争能力的影响,美国国会对该法做了修改之后,将其写入了1988年《奥米巴斯贸易和竞争法》(Omnibus Trade and Competitiveness Act)。

根据现行法律,不择手段的商业做法受到了两方面的制约。首先,公司应当承担披露义务,这成了威慑公司贿赂行为的间接手段。跨国企业必须:①以合理的详细程度年公布公司全部交易,特别是资产转移方面的交易;②建议内部会计控制系统,以作为确保所有的交易均经过公司适当授权的合理保障。其次,现行法律规定,在美国证券和交易委员会注册的美国公司以及其管理人员、代理人或雇员故意贿赂外国政府官员、政党官员或候选人的行为,均属非法行为。如果这些企业或个人在履行支付义务时明知其用于贿赂或无视其是用于贿赂,例如,给予贿赂,承认给予贿赂或给予任何价值以影响外国官员,从而使企业或个人获得新的业务或继续存在的业务,这些企业或个人将承担刑事责任。

但是,FCPA不适用于所谓的日常政府行为,即一个人向一个官员支付款项,是为了获得许可或得到其在该官员所在国经营的允许,该支付行为不构成贿赂。另外,向制作文件的官员支付金钱,也不构成贿赂,例如,签证,获得工作许可、警方保护或为邮递、电话和公共服务履行支付,或为有计划的检查或其他具有相似性质的行为履行支付。另外,受到FCPA指控的个人也可以提出抗辩,辩称支付行为按外国的法律是合法的,或者支付系出于履行合同而做出的符合诚信原则的开支。

不是所有的贿赂参与者都会受到FCPA指控。在1990年美国得克萨斯州地方法院审理的一个案件中,两个美国人为一项商业交易贿赂了两个加拿大官员。四个被告被美国起诉,两个加拿大官员认为,他们作为加拿大官员,不应被起诉,要求法院驳回对他们的起诉。依FCPA的规定,美国公民向外国人行贿,构成犯罪,但该法未规定,外国官员接受贿赂,也构成违反了FCPA的犯罪行为。本案的争议点是,能否依一般共谋理论,对外国被告提出指控?法院认为,FCPA的立法目的是禁止本国公民不计后果的商业行为,未规定外国官员的受贿行为是可定罪的，因为这可能会影响到外交关系。因此，应驳回对加拿大两被告的起诉。

4.5 东道国对于跨国企业的规制

东道国对于跨国公司的规制，与母国的方法大致相同。东道国适用本国的反竞争法、产品责任法以及有关不择手段的商业做法的法律法规，对外国跨国企业在本国的行为进行调整。但东道国的管理重点是，如何让外国的母公司对其设在东道国的附属机构的行为承担责任，而不是如何让本国的母公司对其外国的附属机构的行为承担责任。因此，东道国法院将考虑三个方面的问题：①外国公司是否承认了东道国的管辖权；②本地企业是否与外国企业构成了一个共同体，从而两者都应对本地企业的行为承担连带责任；③子公司的独立人格是否可以被否定，从而对母公司课以责任。

4.5.1 承认东道国管辖权

如前所述，一个自然人或公司只有做出明示或默示的同意，才受到东道国的管辖。一个公司在东道国注册，或将其主要营业地设在东道国，即构成其接受东道国管辖的明示接受。同样的，一个外国公司在东道国申请经营执照时，只有接受东道国管辖，才能得到执照。我们必须区别申领执照和设立子公司两类行为的后果，子公司是东道国当地企业，当然地受到东道国的管辖，而母国只是子公司的股东，并没有做出接受东道国管辖的表示。

一个公司在东道国的经营活动，默示地表示了公司接受东道国的管辖。如前所述，法院将根据本地的长臂法案确定是否构成从事经营行为，并根据公平原则确定法院是否将对一个外国公司行使管辖权。一般而言，如果一家公司直接或通过代理人在从事开展营业、招揽客户或从事其他与盈利有关的持续性活动，法院将认定其管辖权。

4.5.2 企业共同责任

当一个自然人或公司（包括其跨国企业的子公司）以一个共同企业的一部分行事时，法院将让他们承担共同企业责任，即按照合营企业或合伙企业中的合伙人承担连带责任，共同企业责任人可共同被诉讼，也可因共同企业的责任单独被诉。在确定一个企业是否属于共同企业的一部分时，法院将考虑当事人的意图，如果当事人没有签订设立合伙或合营企业的合同，法院将考虑以下因素：对利润和损失的分担行为，管辖权的分享以及对业务的共有权。在 1986 年开曼群岛大法院审理的一个案件中，法院对于共同企业责任的重要性进行了讨论。在这个案件中，一个名为塔齐罗斯的会计事务所，在开曼、纽约、佛罗里达等世界各地开设分支，从事会计业务。事务所在为一家名为 Bank International, Limited，注册地在开曼的企业进行审计时，该企业认为事务所有过失侵权行为，于是，该企业在佛罗里达起诉了事务所。在纽约注册的塔齐罗斯向开曼法院起诉，要求制止 Bank International, Limited 继续在佛罗里达法院进行诉讼活动，它主张，与 Bank International, Limited 的业务是由在开曼注册的同名事务所进行的,该业务与佛罗里达州没有真实的联系,开曼法院是审理本案的最适当的法院。Bank International, Limited 认为,事务所以合伙形式在全球开展业务,它自然可以在佛罗里达起诉。法院认为,当一个企业构成了共同企业的一部分时,所有企业都应承担连带责任,可因共同企业的责任单独被诉。

4.5.3 揭开公司面纱

在一些特殊的情况下,公司被当作其所有者进行诈骗或规避法律,以某种方式从事非法行为的工具。在这些情况下,法院将否定公司的法人结构,揭开公司面纱(pierce the company veil),要求股东承担个人责任。法院揭开公司面纱有四种情况:公司被操控,一个公司成为股东的替身,出资不足以及股东自担责任。

当公司被股东操控时,公司的法人资格将被否定。这包括以下情况:子公司财务和管理与母公司联系过度紧密,以致子公司失去了独立决策能力,或者子公司被引诱达成了一项有利于母公司却有害于子公司和第三人的交易。

如果子公司不被股东视为一个独立的法人,而被视为股东的另一个替身,法院也将揭开公司面纱,否定公司人格。例如,将公司与股东个人资产混同,股东为个人利益使用公司财产或不召开董事会会议也不做会议记录。

一个公司在设立时没有充足的资本,以承担可能的责任、支付潜在债务时,法院有时候也会否定公司人格,特别是在公司后来不能购买足额的保险时,因为任何通情达理的企业为承担公共责任都会购买这些保险。

当然,股东可以主动地为公司债务承担个人责任。当一家公司是新成立的小公司时,或者公司即将获得成功时,这种情况特别普遍。如果股东不对公司提供个人担保,公司几乎不可能获得融资。

另外,共同企业责任的判例为揭开公司面纱提供了另一种道路。美国司法系统反对揭开公司面纱的假定不会在其他国家得到同样强烈的支持。

◇**参考案例**

塔齐罗斯会计师事务所在开曼、纽约、佛罗里达等世界各地设立分支机构,开展会计业务。开曼事务所为注册地在开曼的一家银行提供审计服务。银行以事务所存在执业过失为由,在佛罗里达起诉了在该州设立的另一家名为塔齐罗斯的会计师事务所,主张该事务所是一个在纽约、开曼等世界各地设立分支机构的跨国合伙企业,该事务所居住地处于佛罗里达州或世界其他各地的自然人合伙人,被列为本案的共同被告。在纽约注册的塔齐罗斯会计师事务所在开曼法院起诉,请求法院制止银行在佛罗里达法院的诉讼活动,它主张,该银行审计事务是由在开曼注册的同名事务所独立地按照该事务所与银行依据开曼法律达成的合同开展的,该业务与佛罗里达州没有真实的联系,该法院是审理本案的最适当的法院。银行辩称,塔齐罗斯会计师事务所是单一性的国际合伙企业,该企业的部分合伙人居于佛罗里达,其在佛罗里达州的诉讼是合法的。

开曼法院基于原告——纽约塔齐罗斯会计师事务所的请求，发出了单方禁令。原告的理由是，银行虚拟塔齐罗斯会计事务所跨国性企业形象，为其在佛罗里达州的诉讼提供借口。银行向法院提出了申请，要求法院解除禁令。开曼法院的郝尔法官审理了本案，并做出了裁决。

本案原告律师提供了三份书面的宣誓证词。其中一份证词是为了证明以下观点：第一，银行是一家在开曼注册的机构；第二，在佛罗里达的诉讼与开曼注册会计师实施的审计活动相关，该项活动被指控为执业过失。原告律师认为，此证据表明，审计服务合同是由在开曼设立的会计师事务所与在开曼设立的银行签订的，合同应当按照开曼的法律进行解释。此外，原告与开曼的塔齐罗斯会计事务所是两个相互独立的法律实体，原告与本案所涉审计服务合同没有任何关系，与本案所涉及的审计活动也没有任何关系。因此，开曼法院才拥有对本案的管辖权，本案与佛罗里达州不具有真实的联结性。银行之所以主张佛罗里达法院审理的案件中的被告是一个跨国企业，是为了方便地在佛罗里达法院提起诉讼，是一个恶意的诉讼。第一份证词还指出，纽约的塔齐罗斯会计事务所与开曼的塔齐罗斯会计事务所是两相互独立的法律实体，两个事务所有各自的合伙人，相互之间没有任何利益联系，各自独立地做出商业决策，开曼的塔齐罗斯会计事务所从未在美国设立办公室，也没有开展任何业务，其合伙人或雇员也从未被授权以会计师的身份在美国活动。第二份证词证明开曼与纽约两地的塔齐罗斯会计事务所之间唯一的关联性体现在二者均属于名为"塔齐罗斯国际"的瑞士企业联盟，联盟成员相互独立，但相互之间在业务上相互合作。联盟成员有各自独立的客户，独立为客户提供服务，单独向客户承担责任。联盟的义务至多是在其所在经营地域内应其他成员的要求提供相应的帮助。纽约的塔齐罗斯会计事务所与银行的审计业务没有任何关联，该业务是由开曼的塔齐罗斯会计事务所独立开展的。第三份证词证明纽约的塔齐罗斯会计事务所与开曼的塔齐罗斯会计事务所相互之间没有授权对方在自己的经营区域内执业，开曼的塔齐罗斯会计事务所在纽约没有设立经营场所，银行是开曼的企业，事务所已履行合同义务系在开曼实施，有关的文件以及证人也在开曼，所涉及的损害也发生于开曼，其涉及的也是开曼的法律争议。

银行提供了两份宣誓证词。第一份证词证明佛罗里达法院的诉讼已经开展了百次以上的答辩和审理，本案原告律师提供的第一份证词中涉及的所有问题均已经由佛罗里达法院审理认定。第二份证词称在佛罗里达诉讼中，被告声称自己是一家全球性的事务所，在世界各地开展业务，且设立于各地的事务所可作为一个独立的企业对外开展业务。另外，银行在佛罗里达的诉讼无须利用开曼塔齐罗斯会计事务所会计事务所的工作记录，而且银行所有的高级管理人员和董事均居住在美国。

郝尔法官指出，本案争议的焦点是，塔齐罗斯会计事务所是不是一个全球合伙企业？法官注意到，纽约塔齐罗斯会计事务所对于该问题做出了否定的回答，它在佛罗里达法院也提出了相同的抗辩，但并未被佛罗里达法院采信，这才转向开曼法院，提出了禁令申请。法官还注意到，在原告提供的第一份证词中，证人披露了一个重要的事实，银行对于塔齐罗斯会计事务所的公关资料给予了依赖；在指出没有任何资料表明塔齐罗斯会计事务所是一家全球合伙企业之后，证人接着陈述道："确实如银行常常援引的一份出版物上所写的——一家世界性执业服务机构……塔齐罗斯国际至今已经联合了54个国内事务所，将其整合为一个世界性的组织，它拥有令人尊敬的国内商业领袖和专业人士，其在每个国家的业务由本地事务所管理且直接拥有。"原告另一位证人的证言中也提到了类似的出版物，其标题为《一家世界级组织的现场服务》，正文写着以下内容，塔齐罗斯是最大的跨国会计税务管理咨询机构之一，在87个国家开展业务，拥有20 000名雇员，其中8 000名在美国执业，专业服务人员包括注册会计师、律师、工商管理硕士……在佛罗里达设立了7家经营机构。

郝尔法官分析道，这些宣传材料给人的第一印象不仅仅表明塔齐罗斯这个名号代表的是一家跨国企业，而且表明了构成这个跨国企业的各个单元之间存在专业服务上的关联，此外，如其发布的一份宣传页上所言，在该跨国企业中应当存在一个体系，对于以该名号实施的专业服务提供质量控制，并承担财产上的责任。另外，瑞士企业联盟的法律性质在该等公关材料中并未向公众解释并说明，本案原告纽约塔齐罗斯会计事务所也没有在公关材料中将自己与联盟的其他成员分离开来。人们很难得出结论说，本案原告不是一个承担集体执业责任的全球性单一企业的成员。另外，本案已经由佛罗里达法院审理多日，作为原告的银行已经向法院提供了大量的证据，纽约塔齐罗斯会计事务所之所以提出禁令申请，其目的实际上是阻止佛罗里达法院有能力做出且应当由其做出的裁决。法官表示，如果让禁令继续生效，其结果不能让人满意，于是，郝尔法官撤销了已经做出的禁令决定。

然而，开曼上诉法院推翻了郝尔法官的判决，维持了禁令效力。上诉法院认为，跨国企业塔齐罗斯是否应为开曼塔齐罗斯会计事务所承担责任这一问题，既可以在开曼法院审理，也可以在佛罗里达法院审理，仅仅认定企业的跨国性质不足以充分地证明支持继续在佛罗里达法院进行诉讼的合理性，郝尔法官应当审查阻止银行继续在佛罗里达诉讼是否产生了剥夺其合法人格或司法便利的后果，因为银行并未证明此项后果，且该诉讼的诉因发生于开曼，诉讼应由开曼法院审理，郝尔法官不应当解除禁令。

本章练习

1. 理格运输公司是在英国注册的一家股份公司，公司经营从欧洲到美国的航线。两年前公司将其运费调整为竞争对手价格的一半，这些来自欧洲、美国、加拿大的航运公司被理格公司的行为激怒了，它们一齐降价，决心将理格公司击垮。理格公司因此遭受了巨额损失，濒临破产。于是，理格公司在美国提起了反垄断诉讼，希望能够挽回损失。
   （1）为了在美国起诉，理格公司请求英国法院强迫参加合谋的一家名为普莱宾公司的英国公司交出证明其与其他公司实施合谋行为的文件，理格公司会胜诉吗？
   （2）普莱宾公司向英国法院提出请求，要求法院发出禁诉令，阻止理格公司在美国起诉。普莱宾公司可以胜诉吗？
   （3）来自英国之外的理格公司的竞争对手们在英国起诉，要求英国法院发出禁令，禁止理格公司继续其在美国的诉讼，它们会胜诉吗？
   （4）假设理格公司在美国胜诉了，美国法院判决了3倍损害赔偿。普莱宾公司可以采取什么样的措施,将其应付给理格公司的赔偿金额降至最低?

2. G公司是美国公司,它在开曼群岛设立了一家控股子公司J公司,控制了G公司在美国之外其他国家设立的全部的子公司。J公司与美国之外的那些国家的竞争对手达成了卡特尔协议,对美国之外的市场进行了分割并制定了价格。美国政府起诉了G公司和J公司,指控它们违反了《谢尔曼反垄断法》。G公司辩称,它不是卡特尔协议的当事人,协议也没有对美国市场造成影响。J公司辩称,它不应当受到美国法院的管辖。G公司和J公司的抗辩能否成立?

3. B公司是一家美国公司,在中美洲拥有数家子公司,从当地生产商那里购买香蕉后,贴上B公司的商标,批发给美国的批发商。P公司是一家阿根廷公司,在南美洲从事香蕉生产和销售,后来P公司在中美洲设立了若干子公司,与B公司产生了直接竞争。P公司向当地生产商发出要约,提出了一个非常优惠的条件,以比市场价格高10%的价格收购香蕉,合同期为20年。相比之下,B公司从来没有向当地生产商订立过长期合同,价格也是随行就市。P公司从来没有进入过美国市场,因此,它在迈阿密设立了一个分公司,试着向一家大型连锁商场推销产品。于是,B公司向位于迈阿密的联邦法院起诉了P公司,指控P公司企图垄断中美洲香蕉贸易(只有一家从事香蕉出口的公司与P公司和B公司竞争)。B公司主张,P公司的行为将迫使它提高香蕉价格,从而损害了美国的消费者。美国法院对此案有管辖权吗?

4. I公司是一家美国的大型计算机生产商,控制欧盟大约65%的市场份额。I公司拒绝在欧盟市场上分享其操作系统的专利和版权,不允许其他生产商开发与其公司系统软件兼容的软件。I公司的行为违反了《欧共体》条约第81条和第82条的规定吗?

5. 前一题中的I公司是否可以被指控违反了美国反垄断法?

6. M汽车公司和N汽车公司是J国的小汽车和卡车的主要生产商。两家公司最近达成了不竞争协议,协议被J国的贸易部批准。协议规定,M公司在美国销售产品,N公司在欧盟销售产品。美国的F公司是一家汽车进口公司,它经销N公司的汽车。前述协议签订后,F公司无法进口N公司的车辆。于是,F公司向美国法院起诉,主张M公司与N公司的协议违反了美国反垄断法。N公司请求法院驳回F公司的起诉,理由是法院没有管辖权。N公司的请求会得到支持吗?

7. 事实如题6,N公司与M公司的协议是否违反欧盟竞争法?欧盟理事会可否对M公司和N公司采取措施?如果可以,理事会可以采取什么样的措施?

8. 加拿大的X品牌的汽车分销商向Y先生销售在德国生产的X牌的汽车。一年后,Y先生及其家人决定搬到墨西哥。当他们开车经过美国俄克拉何马州时发生了车祸。Y先生及其孩子受了严重的伤害,他们认为自己受到的伤害是由于X牌汽车存在缺陷,于是向俄州法院提起了产品责任诉讼,被告为德国的生产商和加拿大的分销商,虽然X牌的汽车在俄州没有出售过也没有任何服务。两被告以美国法院对其没有属人管辖权为由,要求驳回原告起诉。此案应当被驳回吗?

9. X国的统治者放出风声,在他儿子7岁生日时,谁的礼物最贵重,谁就可以得到一份利润丰富的合同。来自美国、日本和欧洲的三家公司竞争这份合同,它们应当遵守什么样的法律上的和道德上的限制?

10. 多家位于欧美各国的商事咨询企业共用一个名称GBB,各个企业分别采用不同的组织形式,有的是合伙,有的是有限责任公司。这些企业的合伙人或公司经理定期开会,进行业务协调,统一经营政策。各企业之间相互交换信息,甚至分享人力资源。从事跨国经营的客户被承诺，无论他们在哪个国家经营，都可以得到当地GBB企业的服务。位于X国的GBB企业因过失而向L公司提供了错误的报告，L公司遭受了严重的投资损失。L公司查知位于X国的GBB企业没有多少资产，L公司可以将其他国家的GBB公司共同列为被告吗？L公司在起诉时是不是应当选择适当的法院，这个选择有重要意义吗？

11. B航运公司是在Z国设立的远洋运输公司。为了避免在公司油轮从波斯湾到欧洲的运输途中因为漏油而承担责任，它设立了包括S公司在内的14家公司，将其拥有船舶转让给这些公司，一家公司1艘。每一家公司都为船舶和货物购买了保险，但除了这些保险之外，再没有其他保险。S公司拥有的SS轮在地中海西部搁浅，泄漏了500万桶原油，污染了希腊等多国的海滩。受损害的国家在Z国起诉了B航运公司以及S公司，还有B公司的其他子公司。B公司以及S公司的兄弟公司要求驳回起诉，因为S公司是一家独立的法人，应当独立承担民赔偿责任。法院应当如何判决？

第5章

外国投资

■ 概述

外国投资通常分为外国直接投资与外国间接投资，证券投资是间接投资的主要形式。第二次世界大战之后，外国直接投资在全球经济中的地位与作用逐渐提高，与国际贸易一起成为世界经济的重要驱动器。为规范外国直接投资，东道国和母国均制定了相应的规范，国际社会也制定了若干指南。而证券投资的规制则主要由各国的国内法管辖。本章学习有关国际投资监管的有关规则。

5.1 外国投资法和法典

外国投资涉及在投资者以外的国家的企业中，拥有10%以上的控制性权益的投资者（如个人、合伙、商事组织、政府机构）的所有权。政府一般通过制定投资法（investment laws）或投资法典（investment codes），管理外国投资。在几十年前的社会主义国家，外国投资只允许采用合营企业的形式，管理外国投资的法律通常被称为合营企业法（joint venture laws）。例如，1987年之前的越南⊖。但是，外国投资是非常受欢迎的资源，每个国家都很需要外国投资，大多数国家都制定了鼓励外国投资的投资法典，这些规则不仅对投资者有利，也有利于东道国的利益。

一些国家没有制定专门的投资法，而是针对农业、技术、媒体（电视和电影）、旅游等特定的国民生产部门制定了限制性措施。一些国家制定了复杂的投资控制法律，制定了鼓励措施、政府技术转让以及外汇管制等相关规则，这些规则复合在一起发挥了类似投资法典的功能。

这些法律被写入双边投资条约（bilateral investment treaties，BIT）之中⊜。这些条约大部分是在发达国家以及与其具有友好关系的发展中国家之间签订的，还有一些条约是在发展中国家之间签订的。双边投资协定的大部分内容与国内法典和法律中的规定是相同的，只不

⊖ 在1987年之前，越南只允许外国投资以合营企业的形式进入本国，而1987年之后，越南法律发生了变化，它采取税收优惠的方式鼓励外国投资的进入，而且允许外国投资者在越南设立合资拥有的企业。1987年越南制定了《外国投资法典》，该法典于1990年和1992年两次修改，1996年越南对法典进行了全面的修改，而2000年该法典再次被修改。法典强调发展越南的出口行业，保证在合法纳税后利率可全额汇出，而且保证外国企业不受政府征用。

⊜ 近年来这类条约不断增加，许多条约被公布在联合国国际贸易与发展会议（UNCTAD）的网站上。

过国内法的规定更加详细。除此之外,许多双边投资协定写入了争端解决条款,如要求将纠纷提交国际投资争端解决中心㊀。

因为世界贸易组织多哈谈判中关于多边投资谈判被无限期推迟,美国和其他国家加快了签订双边投资协定的步伐。关于这种做法对于发展中国家或全球自由贸易是否有利,引发了大量的争论。

联合国贸易与发展会议(the United Nations Conference on Trade and Development, UNCTAD)的报告指出,双边投资协定构成当今国际上对外国投资最重要的保护。双边投资协定通常规定了外国投资以及投资者可以从一国向另一国投资的条件。这通常表明,双边投资协定的缔约国承认国民待遇和最惠国待遇,同意公平和公正待遇条款,也承诺征收补偿。协定还保证了资金转移以及资本收益的汇出,规定了争端解决的程序。

自20世纪80年代至2000年,双边投资协定的数量从385个增加到1 857个,其中,1 013个协定(占总数的55%)是在西方发达国家与发展中国家或中欧或东欧国家之间签订的。但是,由于发达国家签订了大多数双边协定,一些批判者认为,大多数协定中的仲裁和调解程序是对发达国家有利的。例如,美国前总统克林顿写信给国会称,美国与乌兹别克斯坦之间的双边投资协定,创设了有利于美国私人投资的条件,其目的是为了保护美国投资。从美国的角度看,这个双边投资协定是为了保护投资(主要是原材料开采)而不是为了促进乌兹别克的发展。

许多双边投资协定指定世界银行的国际投资争端解决中心(ICSID)作为其仲裁机构。在中心仲裁的大多数案件中,被申请人是发展中国家或中东欧国家,只有一小部分案件是西方发达国家之间发生的纠纷。在2007年7月提交中心的111起案件中,没有一起是针对八国集团(G8)㊁成员的。2007年5月,玻利维亚退出了《华盛顿公约》,据说委内瑞拉也将采取相同的措施。玻利维亚与德国、比利时、法国、英国等16个国家签订了明确表示将使用国际投资争端解决中心仲裁机构的双边投资协定。

中国已经签订了112个双边投资协定,协定中也经常写入涉及国际投资争端解决中心争端解决程序的条款。中国与美国之间还没有签订双边投资协定,但中国已经在2001年成为了世界贸易组织的成员。印度也是世界贸易组织的成员,但双边投资协定数量极少,不超过12个。

5.1.1 国别性外国投资政策

虽然各国对于外国投资管理的方式各有不同,但是,外国投资管理的根本目标基本上是相同的,主要包括:①促进当地生产力和技术的发展;②鼓励本地参与经营;③减少在本地

㊀ International legal Materials, vol. 21, p. 1208 (1982). 国际投资争端解决中心审理的一个案件中涉及了斯里兰卡与英国之间的双边投资协定。

㊁ 原为七国集团,由美国、英国、法国、德国、意大利、加拿大、日本组成,俄罗斯于1997年被接纳成为成员国,正式称为八国集团,它并非一个严密的国际组织,以往被称为"富国俱乐部"。随着20国集团架构的日趋成熟,20国集团成员国的领导人于2009年宣布该组织已取代G8成为全球经济合作的主要论坛。

已经成熟的经济领域中的外国竞争。1973～1974年加拿大《外国投资审查法》规定⊖，对于外国投资申请的审批，政府应考虑以下因素：第一，并购或设立企业对于加拿大经济水平和性质的影响，包括但不限于对于以下因素的影响，如就业、资源加工、对于本地零部件和服务的利用程度以及对于出口的影响；第二，加拿大人在设立的新企业或并购企业以及这些企业所在行业或相关行业中的参与度和重要性；第三，企业设立或并购对于加拿大生产力、工业效率、技术开发、产品革新的影响；第四，企业设立和并购对于加拿大国内产业的竞争状况的影响；第五，企业设立或并购与加拿大国内工业和经济政策的匹配性。

为实现这些目标，投资法为外国投资申请的审批和审查制定了基本的政策。这包括通过三个类型：第一类是通过投资激励以及最低限度的管制鼓励外国投资，实施这类政策的大多数是撒哈拉非洲国家以及远东国家。第二类是投资激励政策与加强本地参与度（local participation quotas）并存，采用这类政策的主要是中东以及北非国家。第三类是按当地标准对外国投资进行审批和管理，这类国家主要是拉丁美洲国家。其主要特点是，对于所有的投资个案审查，没有一致的标准，外国投资税收激励少，对技术转让进行单独的审查，对外国管理控制设定限制，对于许可费、利润设定上限，对于贷款和财务实行管理以及当地司法机构对于投资纠纷实施强制性管辖⊜。

5.1.2 地区性外国投资政策

特定地理区域的国家相互协会，对于本地区的投资制定共同标准。东盟（Association of Southeast Asian Nations，ASEAN）地区就是一个代表。东盟是发展中国家外国直接投资的（foreign direct investment, FDI）主要流入国，其中5个国家排在1997～1998年全球长期资本流动中发展中流入国的前20名。

东盟国家各国制定吸引外国投资政策的同时，还制定了共同的区域性政策。作为一个统一投资区域，区域性合作将促进更加节约成本的行业的发展，提高东盟企业在全球市场上的竞争力。东盟经济一体化的规划主要包括东盟投资区、自由贸易区以及工业合作项目。

美国、加拿大以及墨西哥不仅签订了投资条约，还签订了自由贸易协定，即《北美自由贸易协定》（The North American Free Trade Agreement, NAFTA），协定第11章规定，对于来自世界贸易组织成员的投资者给予更多的保护。该章还创设了一个投资争端解决机制，处理来自美国、加拿大和墨西哥的投资者以违反协定有关投资者保护的规定为由提起的不同诉讼。

5.1.3 外国投资申请的审查

大多数国家（不是所有国家）要求外国投资者必须：①向本国政府登记；②为拟进行的投资活动获得政府批准。

⊖ 加拿大法典，1973-1974卷，第46章，第2（2）条，第620页。
⊜ Center on Transnational Corporations, National Legislation and Regulations Relating to Transnational Corporations, p. 11(UN Doc. ST/CTC/6, 1978).

1. 审批机构

普遍的做法是,外国投资者向为方便外国投资而设立的统一的中央机构提交申请文件,办理注册登记。这个中央机构可以自己办理审批业务,也可以作为协调机构,只是对于审批程序进行协调。在菲律宾和韩国,这个机构是由多部门的人员组成,独立地处理大多数外国投资申请。在智利、印度、肯尼亚以及墨西哥,这个中央机构的主要功能是协调,外国申请的审批由其他专业部门或机构完成。

不是所有的国家都为外国投资审批设立了中央机构。在巴西和尼日利亚,投资申请的审查是直接交由相关的部门或机构完成的。如果需要协调,它们将直接联系其他政府机构,以获得建议和支持。

2. 审批事项

各国关于需要审查的投资项目确立的标准,差别较大。一些国家会要求采用某种形式的全部投资均需审查。其他一些国家将审查范围限制在意图取得特定鼓励措施的投资行为,或外国投资占一定比例的投资行为,或计划投资总额超出一定数额的投资行为。例如,巴西法律规定,除非外国投资者希望享受一定的行业优惠政策,外国投资不需要政府批准。

菲律宾投资委员会对于所有外国投资者占40%以上份额的新投资以及外国投资者占40%以上股权的现有企业的增资行为,都要求进行审批。在阿根廷,投资低于500万美元的项目不需要审批,除非外国投资者要购买当地人拥有的公司的大部分股份。

一些国家对于不同类型的投资设定了不同的审批程序。在阿根廷,外国投资超过2 000万美元的新项目以及外国投资者收购当地价值超过1 000万美元的企业的大部分股份的项目,需要总统预先批准。低于2 000万美元但超过500万美元的新项目,需要外部投资部副部长的批准。在阿尔及利亚,低于50万第纳尔且不申请投资优惠的项目,不需要审批,其他项目都需要国家投资委员会的批准。法国也有类似的制度,超过1 000万元法郎的项目需要中央部门批准,而其他项目则需要由地方政府审批。

3. 特别审批事项

在许多国家,特定类型的外国投资申请,需要特别机关的批准。一般而言,针对自然资源开发行业的投资需要满足针对这一行业制定的特别审批标准并得到有关部门的批准。在南非,某些具有战略意义的行业的投资,必须得到特别政府部门的批准。

4. 必须披露的信息

外国投资者需要向审批机构提交投资申请,申请内容涉及投资的详细信息。这些内容主要包括:拟设立的行业及将生产的产品的性质,列明外方投资金额与本地投资金额的财务计划,包括年产量和年产值的生产规划,服务方案,需要的机器设备以及其来源和价格,注明进口额和出口额的进口和出口计划,项目利用的本地投入的比例(包括原材料)以及可能增加的本地价值,包括生产者和管理者培训方案在内的雇用计划,国内市场和出口市场的调研报告,产品定价以及预估的利润水平和回报率,拟选定的地址。

5. 审查标准

外国投资审查一般是为了确定投资与东道国的发展目标的一致性。一些投资法规定了项目审查的一般标准或给予鼓励措施的特别标准。当然，这些标准在各国之间有很大的差别。但是，大多数国家的审查机构考虑以下主要标准：对收支平衡的影响，创造的就业岗位，带来的技术秘密和对本地员工的培训，对本地市场的影响，对于不发达地区发展的促进，外国投资者与本国投资者的投资比例，出口促进和进口替代，在产品制造中对本地原材料和零部件的使用，对于产品价格水平和质量的影响。

5.1.4 正式或非正式的申请程序

外国投资者提交的投资申请必须向当地管理机构表明两个方面的意思：一方面，申请的投资符合投资法的指导原则；另一方面，投资者认同东道国的投资理念，这一点尤其重要。虽然达到成文法规定的标准是简而易行的，但是，证明投资符合东道国投资理念则是较为困难的。其原因可能是因为管理机构对外国投资者保密或毫无同情之感，或者是因为投资者对于东道国投资环境懵然不知。

1. 外国投资申请的批准

在完成了审批程序之后，东道国将做出批准或不批准外国投资申请的决定。如果投资申请未请求东道国给予的优惠措施，东道国也未要求投资者做出任何承诺，批准文书经常采用审批机关签发的公函形式。如果东道国给予投资者以优惠措施或者投资者做出承诺，东道国和投资者需要签订正式的投资协议。这样的协议将受到东道国合同法的约束，任何有关协议的纠纷均需要在东道国法院解决，除非当事人另有约定。在1984年法国巴黎上诉法院审理的涉及埃及政府的一起案件中，法院认为，证明投资协议已经得到适当批准的举证责任应当由外国投资者承担。在本案中，SPP是一家法国公司，它与埃及的一家国有企业签订了两份合同，埃及旅游部长在合同上签了字表示批准和同意，其中一份含有仲裁条款。后因合同无法履行，SPP提起了仲裁，仲裁庭认为它拥有管辖权，并做出了裁决。埃及政府向法国法院提出撤销裁决申请。法院认为，埃及旅游部长签订表示批准和同意的行为，只是履行法律赋予的批准外国投资申请的权力，不是代表埃及政府同意作为协议一方当事人在协议上签字。埃及政府不是合同的当事人，裁决应予撤销。

2. 商业组织形式

开展外国经营业务的国际投资者采用的商业组织形式会受到法律的限制。大多数国家一般倾向于外国投资者采用有本地参与，或者向公众完全披露投资者行为的商业组织形式。本地参与指的是合营企业，外国投资者与本地投资者可以组成合伙、有限合伙或有限责任公司、股份公司。沙特阿拉伯允许外国投资者设立无须本地参与的分支机构，但是没有本地参与的公司，不得享受任何税收优惠及其他优惠措施，如果公司股份至少有25%由沙特本地资本持有，则公司可以享受税收优惠。根据沙特法律的规定，税收优惠和其他鼓励投资的措施只是针对有沙特本地参与且向沙特商务部注册的公司。另外，沙特的政府采购合同按以下顺序享受优先权：①完全由沙特人拥有的企业；②沙特人拥有 50% 以上所有权的企业；③沙特人拥有 50% 所有权的企业；④沙特人拥有少于 50% 所有权的企业；⑤完全由外国人拥有的企业。在沙特阿拉伯，这是非常重要的一个问题，因为政府是沙特最大的购买者。因此，外国投资者在沙特采用的最普遍的企业形式是有限责任公司[①]。

东道国关于大型企业或外国控股企业行为公共披露的要求，是投资者选择企业形式时考虑的第二个因素。在巴基斯坦，公司资产超过 2 000 万卢比的企业，不得采用有限责任公司形式，而必须采用股份公司形式，将股份向公众出售，并在交易所上市，因为有限责任公司无须准备财务报告，也不需要将其经营状况向公众公布。巴基斯坦鼓励外国投资企业组成股份公司[②]。

值得一提的是，并不是所有的国家都鼓励自己国家的公司披露自己的财务和经营行为。一些所谓的税收天堂国家，为了吸引外国跨国资本，通常没有规定披露要求。事实上，一些国家（如开曼、百慕大、巴拿马、瓦努阿图等）变相地鼓励合伙或有限责任公司的设立（这两种形式的企业都不需要披露其经营活动）[③]。

5.1.5 外国股权的限制

外国投资法禁止或限制外国投资者在当地企业中持有的股权数量。例如，印度将外国投资者的股权限制为 40% 以下，而墨西哥则将 49% 设为上限。尽管有这样的限制，为了吸引外国投资进入特定的行业，有时是为了发挥行政导向作用，仍然会存在一些例外。例如，墨西哥 1993 年《外国投资法》第 8 条规定，外国投资者在允许投资的领域拥有企业的股权超出了 49% 的时候，应经过国家外国投资委员会的批准。

1. 行业限制

外国投资会受到经济领域的限制。这方面的规定通常包括：①保留某些经济部门，只有允许本国国民进入或国家经营；②在某些行业中允许一定比例的外国投资进入；③规定特定行业允许甚至鼓励外国投资拥有全部或大部分所有权。

（1）禁止投资领域。

大多数国家不允许外国投资者进入特定经济部门，这些部门通常是公共服务、有关国家命脉或战略的行业、已经充分发展的行业以及可以由本国企业家开办的中小企业。法国保留了广播、电讯、铁路以及气、电行业，作为国营或国有产业。而古巴禁止外国投资进入教育以及健康保健业，爱尔兰禁止外国投资进入面粉加工行业，日本禁止外国投资进入皮革以及皮革产品制造业。墨西哥将石油和冶炼、石化、核能以及电力、电报作为国家专营行业，广

---

① Frederick W. Taylor Jr., "Alternative Structure for Doing Business in Saudi Arabia, Distributionship, Agency, Branch, Joint Venture, and Professional Office." Case Western Reserve Journal of International Law, vol. 12, p.77 at p. 90(1980).

② Center on Transnational Corporations, National Legislation and Regulations Relating to Transnational Corporations, p.58(UN Doc. ST/CTC/6, 1978).

③ 产生这样的结果是因为当地政府拒绝与外国税务机构就企业信息披露进行合作。

播电视、铁路、城市交通以及汽油零售设定为只能由本国国民经营的行业。近年来，俄罗斯不允许外国投资进入保险、证券交易及中介业，但是，在 2006 年俄罗斯加入世界贸易组织谈判过程中，俄罗斯逐渐放开了有关限制。

（2）限制投资领域。

许多国家限制外国投资在某些经济领域中的投资比例。这样做的目的是限制外国人对于本国政治、社会和经济事务的影响。例如，澳大利亚限制外国投资在广播和电视公司中拥有的股权，要求外国人拥有的股份不得超过 20%。加拿大限制外国投资者在电视、保险、信托、渔业、报纸、银行以及联邦石油、天然气和矿藏租赁等行为中的投资比例。

（3）外资优先领域。

对于本国资源有限而不能充分发展的行业，可能增加就业的行业以及促进出口的行业，东道国常常会鼓励外国投资的进入。特别是发展中国家，它们允许外国进入先进产业或资本密集型产业，鼓励外国投资利用先进技术，促进就业，增加出口，另外它们还鼓励外国投资进入可以增加本地附加价值的产业。坦桑尼亚鼓励外国投资进入农业、养殖业、资源开发、旅游业、制造业、石油开采和矿产开采、建筑、运输、转口贸易以及计算机和高技术产业。

2. 地理区域限制

一些国家限制外国投资进入可以从事经营的地域或拥有土地的地理区域。阿根廷限制外国投资者拥有接近其陆上或海上边界的土地。智利不允许外国投资者参与沿海贸易，除非使用特别小的船舶。印度尼西亚不允许外国投资者拥有土地所有权。而有的国家则还曾经根本不允许外国投资者进入其国家，如 20 世纪 80 年代之前的苏联和东欧国家。

一个国家在特定地理区域中限制外国投资者行为的权力，受到其他国家的尊重，这被视为主权范围内的权力。在美国第九巡回区上诉法院审理的案件中，布雷迪和卡德韦尔是两个加利福尼亚商人。布朗是美国公民，在墨西哥居住，拥有在墨西哥开业的律师执照。在本案中，布雷迪和卡德韦尔想在墨西哥购买一块土地，但是根据墨西哥法律，这块土地是禁止外国人拥有的。于是布朗设计了一个计划，成立一个由墨西哥人全资拥有的公司购买土地，由布雷迪和卡德韦尔进行合作开发。1972 年，墨西哥颁布法律，禁止为外国人利益而通过墨西哥人购买禁止外国人控制区的土地，要求外国投资者购买指定的信托产品。布朗没有向布雷迪和卡德韦尔披露有关信托的问题，提出墨西哥法律禁止外国人在墨西哥本地企业中拥有超过 49% 的股权，要求布雷迪和卡德韦尔重新订立合同。最后，布朗利用自己的权利将土地所有权转让给自己的家人和由自己家人控制的企业。1977 年，布雷迪和卡德韦尔开始在所购土地上建设酒店，布朗的妻子是大股东。酒店于 1980 年开业。布朗的妻子主张自己对酒店拥有控制权。1985 年布雷迪和卡德韦尔以向美国法院起诉布朗及其家人。初审法院认为，布朗的行为构成欺诈，并做了相应的判决。布朗上诉称，根据礼让原则，美国法院应适用墨西哥法律，认定合同无效，否定布雷迪和卡德韦尔对土地和酒店所拥有的权利。上诉法院认为，礼让是基于对于其他国家主权的尊重，在处理在其他国家发生的纠纷时，优先适用该国法律，违反该国法律订立的合同是无效的。但是，一个毫无过错的当事人，因受到欺诈订立了这样的合同，礼让原则不能阻止法院地国家的法庭向受害人提供适当的救济。

5.1.6 自由贸易区

事实上，所有国家都通过设立免税区（free zones），鼓励跨国企业在本国的投资。免税区是货物免关税进出口的地区，在该地区，还可以开展其他与贸易相关的活动。

免税区可以按面积大小划分为不同类型。最大的免税区被称为自由贸易区（FTA），由两个以上的国家组成。最古老的免税区是免税市（免税港）。进出口加工区是免税市（免税港）在美国的现代形式，除进出口加工区外，一些国家还设立了特别免税区，这类免税区服务于特定目的的贸易，与自由贸易区相联系，但在地理上并不相连。

自由贸易区可以开展的活动包括存储、分销、制造和零售，但是，并不是所有的贸易区允许开展全部上述活动。自由贸易按照其从事的活动，可以分为若干类型。出口加工区（export processing zones, EPZ）中，企业加工进口的原材料或组装进口的部件，将成品出口，进口的原材料和零部件免征关税。免税零售区（free retail zones, duty-free zones）建在国际空港、海港或边境地区，旅游者购买商品，可免征当地的销售税和营业税。

5.1.7 外国投资保护

东道国向外国投资者提供了一系列的保护措施，以吸引更多的投资。最重要的保护措施是关于如下问题的：外资企业国有化时的赔偿以及赔偿款的汇出，外资企业转让所得的汇出，利润和红利的汇出，其他收益（如许可费、使用费、提供管理或其他服务所得服务费）的汇出，贷款本金和利息的汇出，非歧视待遇，税收或其他监管措施的稳定性以及当地货币的可兑换性。外国投资申请受到东道国政府机构批准时，投资者即自动地受到东道国外国投资保护措施的保护，另外，投资者也可以基于事实上的原因，而受到投资保护措施的保护。

具体的保护措施体现在东道国的宪法、法律、政策以及司法和行政实践之中，有的国家与其他国家签订了双边投资协定，在协定中一般也会加入外国投资保护措施。宪法中的规定主要是关于外国投资者其财产被国有化或征收时可以获得的补偿问题的。这些规定规定了财产应当如何被征收，应当如何赔偿。印度宪法规定，任何人非经法律授权不得被剥夺财产。德国宪法规定，征收应当出于公共利益的需要且应依法进行。墨西哥宪法规定，私人财产不得被征收，除非为了公共用途且给予了赔偿。阿根廷、伊拉克、马来西亚以及菲律宾、苏丹的宪法均规定，征收应当是为了公共用途，遵守法律规定的程序，采用法律规定的方式并支付公平、及时和充足的赔偿。

法律中关于外国投资保护措施的规定比宪法要更加具体广泛，尤其是那些专门性的外商投资立法。例如，关于外国投资企业的征收问题，法律中的规定应更加细致。俄罗斯《联邦外国投资法》规定，外国投资者在其财产被国有化时，应当获得公平的补偿，如果存在争议，应当按照俄罗斯法律的规定或国际条约的规定解决。印度尼西亚《外国资本投资法》规定，补偿标准应当根据国际法相互协商确定，相关争议应当通过仲裁解决。加纳《资本投资指令》规定，征收补偿纠纷应当提交仲裁，如果当事人不能确定仲裁员，应当提交国际投资争端解决中心仲裁解决。苏丹《投资鼓励法》规定，补偿应当在5年内，按年度分期支付，支付的货币应当是投资者在投资时使用的货币或者其他当事人共同确定的货币。

外国投资法还对其他保护措施做了规定，这些措施在宪法中是不存在的。这些措施包括汇出保证、不歧视保证以及稳定条款。最常见的汇出保证（repatriation guarantees）保护外国投资者在企业经营变故或企业终止时向母国汇出利润及投资款时所具有的权利。汇出保证还涉及外国投资者汇出其他收入（使用费、许可费、管理或其他服务费用）以及汇出贷款本金利息的权利。在许多国家，境外汇款受到符合若干条件的限制。最常见的是：

（1）在外汇管制紧张的情况下，国家限制或禁止向境外汇款；
（2）在投资之后一段时间内，转移投资款会受到限制；
（3）利润、红利以及其他收入的汇出应当以缴纳税收、完成审计为条件；
（4）因转让或清算投资获得的剩余财产的转移应当得到政府批准。

不歧视保证（nondiscrimination guarantees）存在于许多投资法之中，在一些国家，尤其是拉丁美洲国家的宪法中，也存在类似的规定。这些国家的宪法规定，外国投资者的待遇将和本国投资者相同。在成文法中常常对所有权、税收等方面给予外国投资者平等待遇。俄罗斯《联邦外国投资法》规定，外国投资者的待遇同于俄罗斯投资者。

稳定条款是一些国家的特别规定。这一条款向外国投资者承诺，东道国在一段时间内不会改变其税收、外汇或其他法律，或者在外国投资企业设立后，法律的改变不会对企业发生影响。阿尔及利亚《投资法》规定，该法典的任何变化不会针对已经按照现行法典办理了审批手续的企业，除非新法规比旧法规对于企业更加有利。

稳定条款如所有合同条款一样，是可以通过当事人的协商一致进行变更的。履行环境的变化和当事人的变化，引起该条款的修改。稳定条款不能阻止国有化和征收行为。在国际法上，国家最终拥有国有化财产的权力。然而，违反稳定条款可以改变国有化指令的性质，使其从合法行为转化为违反合同的行为。尽管如此，尽管一个国家可以放弃其国有化的权利，但它不会交出它的权力。

5.2 对外国投资的监管

5.2.1 启动标准

外国投资者的投资申请被东道国批准之后，通常应当在规定的时间内开工建设或者开始运营。沙特阿拉伯向投资者颁发为期6个月的许可证，投资者必须在6个月内实施其被批准的项目，否则，许可证将被撤销。在突尼斯，这个期限为1年，而智利则要求外国投资者在6年内完成全部投资，投入全部资金，矿产开发的时间可以延长至8年。

另外，大多数国家要求投资者在启动期内按时间提交进度报告，说明资本（包括资本货品）的投入、设施建设、雇用和培训员工以及生产启动等方面的进展。例如，印度尼西亚要求投资者在建设和试生产期内，每月向印度尼西亚银行提交报告，以便银行能够监控投资者投入的外汇，每半年向投资协调委员会提交报告，以便委员会可以了解项目的运行进度。

5.2.2 运行中的评估

一旦外国投资企业正常运行，企业将受到定期的监管。企业需要将其经营行为的各个方面的情况向有关部门提前报告（通常为每年度进行一次），有关部门会定期检查企业的现场、设施和记录，确保企业和投资符合当地投资管理规定或者特定的投资协议，如果投资者与东道国签订了这类协议的话。如果只有一个中央机构负责批准和监管外国投资，通常由这个中央机构负责报告的收集和定期检查工作。否则，不同的专门机构将按自己的职能共同负责。在坦桑尼亚，投资促进中心监管和实施国家的投资规范；而在沙特阿拉伯，投资部和工业电力部共同分担这一职权。

5.2.3 外国投资协议的修改

投资法通常规定，投资协定的任何修改，包括增减资以及项目范围变更，都应当得到东道国的批准。苏丹1980年《鼓励投资法》规定，任何有关项目规模、目标的变更都应由财务与国家经济部批准，项目任何所有权的全部或部分变更也应得到该部部长的批准。投资法和投资协定通常要求东道国在收到投资协议修改请求时根据诚信原则行事，在这个方面，投资法或投资协定没有设定标准，但法院或仲裁庭会适用诚信原则。在1989年一个临时仲裁庭裁决的案件中，仲裁申请人与被申请人卡塔尔政府之间签订了一份"勘探与产品分享协议"，在指定区域勘探开采石油。由于卡塔尔与巴林之间的领域争端，申请人从未被允许在指定的区域中的A区进行勘探。1980年，申请人通知被申请人，他们在指定区域内发现了相当储量的天然气，可以进行商业利用。1985年，被申请人通知申请人，协议因期满被终止。申请人提起仲裁，称被申请人不允许他们在A区勘探，未就天然气的利用与其进一步谈判，构成违约，且剥夺了申请人的合同权利和经济利益。仲裁庭认为，被申请人没有违反合同，也未剥夺申请人的合同权利和经济利益。但是，关于A区，由于在签订协议时已经存在领土争端，但被申请人没有通知申请人，被申请人终止合同的通知对该区不能产生约束力。

5.2.4 对子公司的保护

外国投资者，无论是自然人还是公司，通常被认为拥有与当地的自然人或公司在东道国管理公司的同等权利。同时，外国人也不应当利用其并未实际处于东道国境内这一事实上的优势，逃避与投资有关的全部责任。投资者和他们设立的子公司应当与当地企业一样受到东道国法律的约束。另外，投资者还应当遵守相关法规，不得滥用当地子公司雇员及债权人。

1. 信息披露

所有企业，无论外国子公司还是当地企业，都应当承担基本的披露义务。法律要求公司披露有关组织结构和行为的信息，主要是为了保护公众（股东和债权人）免受欺诈和不正当陈述的损害。

有关信息披露主要有两个基本规则：①公司在成立之初必须对组织信息进行披露，因而要提供初始披露报告；②公司必须对其组织和行为的变化信息进行更新，因而需要提供定期报告。在联邦国家，如阿根廷、巴西和美国，组成联邦的各州对初始披露制定规则，而中央或联邦政府制定定期披露的规则，两套规则均由本国政府实施。在普通法国家，公司的组织大纲或设立大纲向登记处提交登记，登记处保留副本，供公众查阅。在大陆法国家，组织文件须公开且向商业登记处注册，注册登记向公众开放查阅。另外，两大法系的大多数国家现在要求公司的组织文件在一州或一国的公报或公开发行的报纸上公开出版。加纳要求所有公司文件注册后必须出版。印度尼西亚规定，有限责任公司（这是外国投资者经常使用的组织形式）的组织大纲必须经商务部批准，在法院备案，在官方公报上公开。沙特阿拉伯也要求公司的组织大纲和内部细则以及基本信息应被公证，并在官方公报上公开。

除了组织文件之外，无论是否要向登记处注册登记或办理公证手续，公司必须披露的初始信息一般包括：公司股东姓名、国籍和住所，公司的经营目的，公司名称，公司资本总额、股份类型和所占比例，每一股东以现金缴纳的出资以及要求履行出资义务的方式，公司管理方式以及董事会或相似机构的权力，股东和董事的权利义务，经理和员工的任命，利润分配和损失分担方式，公司解散条件以及清算人员的指定。公司每年需要定期披露的信息包括：资产负债表、利润表、董事报告以及审计报告。各国对于报告的具体内容有不同的规定，因为其采用的会计制度各有不同。

年度报告程度也存在国别差异。加纳规定公司的年度报告应当在国家公报或官方报纸上公布。巴西规定公司报告应当在国家公报或当地报纸上公开，并允许股东查阅。在印度，公司报告被提交登记处，递交股东和债券持有人。

股份公司一般应当在年度报告中提供更多的信息。私人公司通常只需披露有限的信息。印度规定私人公司只需要披露资产负债表以及审计报告。

一些国家（如阿根廷、加纳和马来西亚）的外国投资公司披露要求与国内公司相同。在其他国家，外国投资公司还需要承担更多的披露义务。例如，印度规定外国分公司应当提交自己的年度财务报告以及总公司的年度财务报告给合股公司登记处。

一些国际机构试图协调不同国家的信息收集程序。2001年4月国际会计标准委员会（the International Account Standard Board，IASB）承担了制定会计准则的责任，为了公共利益，委员会开始制定一套高质量、易理解、全球通行的会计标准，这套标准被称为国际财务报告标准（International Financial Reporting Standard, IFRS），标准要求公司制作通用目的的财务报告，提供透明可比的信息。该委员会有104个成员方。另一个国际组织，国际会计师联合会（International Federation of Accountants, IFAC）有118个成员方，它制定了国际审计指南。

除了基本披露规则之外，欧洲国家要求关联企业提供合并后财务报告或者至少提交有关整个集团经营状况的报告。荷兰规定当地母公司可以选择公开其合并后年度会计报告或公开所有子公司的年度报告。

2. 保护子公司

比利时、法国、德国、挪威以及瑞士等国的法律保护子公司不受母公司不利决策的影响。总的来说，这些规定力图保持子公司的资本基础以及财务活力。德国法将母公司和子公司视为事实上的联合，规定母公司应为子公司为执行母公司指示遭受的损失承担赔偿责任。如果母公司和子公司签订了正式控制合同，这种正式的联合将受到特别规定的约束。子公司应当建立特别提留，转移到母公司的利润也应受到限制，母公司应当承担弥补子公司的年度亏损的义务。

3. 保护子公司的小股东

公司法、证券法以及股票交易规则经常给予小股东请求公司回购权以及最低担保分红权。请求公司回购权（appraisal rights）是异议股东要求公司以公平市场价格购买其持有股份的权利。根据德国法的规定，只要子公司与母公司订立了涉及转移利润等特别事项的控制协议，小股东就可以行使请求公司回购权。作为替代方式，小股东也可以通过最低担保分红权保证自己投资的充足补偿。另外，比利时、法国和其他国家规定，小股东有权对母公司强加给子公司的指示提起诉讼，如果这一指示明显违背子公司利益。

4. 保护子公司的债权人

母公司有时应为子公司的债务承担责任，或者在子公司清算时，母公司的财产分配请求应当排在子公司债权人之后。葡萄牙规定，企业集团的附属机构在集团任何一个成员破产清算时，应对其债务相互承担责任。和小股东一样，债权人也常常拥有对子公司执行母公司指示的行为提起诉讼的权利。另外，东道国可以指定临时的或长期的管理者经营子公司，以保护小股东或当地债权人的利益。

5. 保护子公司的受害人

当子公司在东道国因侵权行为造成他人损害时，东道国可以承担代表受害人在本国法院或外国法院索偿的责任。印度法院关于博帕尔案件（the Bhopal Case）的判决，是确立东道国代表子公司行为受害人求偿的典型案例。1984年一家美国公司在印度的子公司于印度博帕尔邦发生了致命气体泄漏。美国律师代理受害人在美国法院起诉后，印度议会通过了一部专门的法律，授权印度政府代表受害人直接向博帕尔邦地方法院起诉。原告向印度最高法院起诉，主张该法律违反了宪法，原告的主张未得到法院的支持。法院分析道，国家亲权（parens patriae）允许国家在其公民处于无行为能力时作为公民的监护人，印度宪法要求政府保证公司的权利，宪法中体现的自然正义是一项基本的要求，任何人的权利都不应在其没有机会表达自己的意见时受到处分，况且，政府的基本义务要求它必须承担保护环境的责任。因此，原先的主张不应得到支持。

5.2.5 处罚措施

对于外国投资者违反投资法的行为或不履行投资协定的行为，投资法通常规定不同的惩罚措施。违法者所受处罚包括罚金、吊销经营权以及收回交与投资者经营的设施。

5.3 证券监管

国内政府机构承担证券监管责任。监管措施主要有界定证券形式、监控证券交易市场、规定保护证券买卖各方的披露要求、制定清算程序、限制内幕交易以及对兼并进行规范。

5.3.1 证券

企业通过发行证券募集经营所需资金。证券是指：①在一个企业或其他财产享有的分享权、参与权其他利益，或②一项债务。美国《统一商法典》第8章第102条（1）规定，投资合同是指一个合同、交易或一项安排，通过这些合同、交易和安排，一个人将其资金投入到一个共同企业之中，由此可以期待依赖发起人或第三人的努力而获得利润。美国法上，证券被视为投资合同的证明[一]，股票是代表了股东在企业中的股权，债券代表了偿还金钱的义务。

证券有多种形式。凭证证券（a certificated security）通常在证券交易所交易，可以通过背书转让。记名证券（a registered security）是向特定人签发的，在公司登记簿上登记的凭证证券。不记名证券（a bearer security）是由持有者享有权利，持有人无须登记的凭证证券。

大多数国家允许使用记名证券和不记名证券。然而，还有一些国家坚持股票应当是记名证券。例如，印度法规定在股东缴纳出资后三个月内，公司应当为股东持有的股票办理记名手续，使其成为记名证券[二]。不记名证券通常在证券上加上了副券，副券可以被撕下来，在应当分配红利和利息的时候交还证券发行者，作为收取红利和利息凭证。在墨西哥等国，记名股票也必须有副券。

记名证券通过证券文书的背书和交付实现证券的转让。受让人将已背书的证券文书交付发行人以获得向其签发的新文书。不记名证券通过交付证券文书即可转让。在大多数国家，不记名证券的善意买受人可以取得所有权，即使转让人不是真正的所有人。善意买受人（a bona fide purchaser）是指那些以诚信的方式，支付价金，购入证券，且不知晓转让人不属于真正的所有权人的事实的买受人。

证券不必采用有形形式。无凭证证券（a uncertificated security）是指只通过在发行者登记簿上记载的方式证明所有者权利的证券。无凭证证券不需要再通过有形凭证证明其所代表的权利，大多数发达国家允许公司发行无凭证证券[三]。另外，一些国家禁止不能公开发行股票的公司（如大陆法国家的有限责任公司）发行凭证证券。

无论凭证股票还是无凭证股票，大多数国家的股票必须在其表面上标明其最低面额。例如，瑞士规定最小面额的股票为10瑞士法郎，而德国规定，最小面额的股票为5德国马克。法国规定，股票面值应当在公司内部细则中明确规定。如果股票采用不记名形式，发行人的

[一] Securities and Exchange Commission v. WJ Howey Co. 328 U.S. 293. 66 S.Ct. 1100. 90 L.Ed. 1244.
[二] "India law Digest", Martindate-Hubbell International Law Digest, p. IND-5 (2001).
[三] 参见美国《统一商法典》第8章第102条第（1）款。

发行价不得低于面额。记名证券的售价可以低于面额，但是，股东应当向公司承担补偿差额的责任。只有巴西、日本和美国可以发行无面额股票。

1. 证券交易

许多国家对参与证券交易的主体进行了限制。典型的主体是经纪人以及交易商，他们需要向监管交易主体以及证券交易的委员会注册。另外，银行、律师、会计师以及其他专家通常也会提出有关证券交易的建议，但是，这种建议行为相对于他们的主营业务而言，只能是辅助性的。在德国，证券交易是通过银行进行的，银行通过注册经纪人代替它的客户卖出买入证券。

2. 证券交易所

在许多国家，证券经纪人和交易商组成证券交易所（securities exchanges），代表投资者买卖证券。这种交易场所之所以存在，是因为它使得证券发行者更加容易地找到投资者，投资者之间也可以更加容易地进行证券交易。2007年世界上六个最大的交易所（按照年交易量）分别是纽约证券交易所、纳斯达克证券市场、东京证券交易所、伦敦证券交易所、法兰克福证券交易所以及巴黎证券交易所。上海证券交易所在当年名列第九，香港证券交易所名列第七。

当然，企业不需要在证券交易市场上出售它们的证券。它们通常会私下进行交易，或者安排代理人进行交易。在大多数国家私人交易几乎不受政府管制，因而受到欢迎。然而，这种方式不能募集到大笔的资金。例如，通过代理人安排交易，可以非常方便地与东道国的公司设立合营企业，但无助于获取经营所需的现金。

3. 证券发行

公司或其他机构为向公众发行证券，必须提交并办理公开发行说明书的登记手续。发行说明书（a prospectus）是一份与证券和发行人有关的"所有重要事实完整、真实且简单易懂的披露"的书面声明。不同国家之间关于发行说明书的内容的规定是非常相似的。例如，德国法律规定发行说明书应当写明：发行主体的历史以及发行的目的和目标，发行者的业务以及这一业务目前和将来的情况，目前财务状况的说明以及有关重大交易的解释，前三年所获得的利润以及红利的分配情况。发行说明书必须由发行者的董事或者管理人员、所有发起人以及承销商签字。通过签字，这些主体证明发行说明书就他们所识而言，构成了关于即将发行的证券的所有实质情况的完整的、真实的以及简明易懂的披露。

最后，发行说明书必须被注册登记才能发生效力。在德国等国家，发行说明书应当提交给准备上市的证券交易所的上市委员会，在其他国家，必须提交给国家证券监管机构，例如美国的证券交易委员会。上市委员会或者监管机构的审批期限从10日（如加拿大）到20日（如美国）。在审批期限内，发行者可以口头发布证券销售要约，发布预备发行说明书⊖，但

⊖ 在美国，预备说明书以红色笔迹标注，以表明说明书不是最终文本，因而被称为"红绯鱼发行说明书"或"红绯鱼"（red herring）。

其广告方式受到限制，俗语中称这种广告为"墓碑式广告"㊀，广告中列明证券名称、价格以及签订订单的资格。只有在上市委员会和监管机构批准了发行说明书之后，证券才可以正式销售。

（1）免于登记。

特定类型的证券或交易可以免于登记。典型的免于登记的证券是指由政府、银行、非营利机构发行的证券㊁。免于登记的交易一般包括非公开发售或限制发售行为。波兰法律规定向300人以内的主体发出证券发行要约，不属于公开发售行为，可以免于登记。限制发售是金额较低的发售行为。在美国，在12个月内低于100万美元的发售要约，可以免于登记。另外，全部或部分以可信投资者（accredited investors）为对象的发售行为，也属于限制发售，可信投资者包括银行、注册经纪人和交易商，以及净值100万美元以上且年收入超过20万美元的主体。如果可信投资者的比例低于35%，构成限制发售的发行应仅限于24个月内发售金额不超过500万美元的发行行为，如果发行对象全部为可信投资者，则没有此类限制㊂。

（2）在外国登记。

只要证券在当地办理了登记手续，发行者即可在外国证券交易所发行证券。为了简化程序，许多国家允许发行者使用与其在母国办理登记相同的程序。例如，美国允许外国发行者提交其母国登记过的发行说明书，另外提交格式20-F的报告，该报告用于说明母国发行说明书以及用于美国发行的说明书之间的差异㊃。

4. 结算程序

结算手续是证券交易中买方支付价款，卖方交付证券的过程。各国有关结算程序有不同的规定。证券交易实际上是在未来时间履行的合同，在履行之时，买方支付购买价金额而卖方交付债权类或股权类证券。美国国家证券清算公司（the National Securities Clearing Corporation，NSCC）是一个国家级的清算行，处理美国证券所有的清算交易。自20世纪70年代之后，美国发生的清算交易通过在存款信托公司（Depository Trust Company，DTC）保管的登记簿上登录来完成。存款信托公司持有股份公司在全球发行的证券，清算时只需要在公司保管的借记簿上简单地借记卖方账户，贷记买方账户即可。这种做法可以节省成本，提高结算效率。存款信托公司为所有NSCC交易以及机构交易提供服务，主要处理在存托银行以及经纪人、交易商之间的资金与证券往来。其他发达国家采取相类的机制，例如法国的CIK、德国的DBC、日本的JSCC等。但在大多数发展中国家，买卖双方的经纪人必须聚集在一起，进行实体交易，虽然交易在发达国家只需要在5日即可结清，可是，在发展中国家结算程序需要数周才能完成。

㊀ 广告内容包含将要发行的新证券的细节及承销团成员的名称，此种广告经常被框以黑色，因而得名。
㊁ 参见美国1993年《证券法》第3条。
㊂ 参见美国《证券交易委员会规则》规则504以及505。
㊃ Robert G. Pozen, "Disclosure and Trading in the International Security Market", International Lawyer, vol. 15, p. 84 (1981).

（1）国际清算。

两大国际清算行处理国际证券交易中的清算业务，这两大机构分别是欧洲清算系统（Euoclear）以及国际证券结算公司（Clearstream）。欧洲清算系统总部在布鲁塞尔，处理来自80个不同的国家的10万多只证券，大多数交易来自国内证券市场以及国际债券市场。而国际证券结算公司前身为成立于20世纪70年代主要经营欧洲美元债券的世达银行（Cedel Bank），它于2002年以后成为德国证券交易所结算系统的一个部分，被命名为国际证券清算公司，为交易当事人之间资金与证券的快速有效交付提供了保证，另外，它还为客户管理、保管证券。依赖于证券融通以及附加的管理服务，国际证券清算公司为客户提供最全面的服务，每天处理超过25万笔交易，公司的目的是通过提供清算服务，特别是处理欧洲股票和债券的清算服务，促进世界范围内的资金流动。

新兴市场结算公司（the Emerging Markets Clearing Corporation, EMCC）向全球交易商、中间商、经纪人以及往来清算公司提供新兴市场债务票据的清算和风险管理服务。这是一家设立于1997年的公司，由在新兴市场的企业以及一家美国注册的清算公司拥有，美国国家证券清算公司的全资子公司国际证券清算公司是该公司的合作管理者。

（2）存托收据。

为开展股票的涉外买卖，经纪行利用存托收据来完成交易。存托收据（a depository receipt）是由银行发行的，用以证明国外公司公开发行的股票的可转让文据，存托收据可以在本地证券交易所交易。经纪人在其母国购买公司股份，然后将股份存入母国的保管银行，存入股份时用另外一个国家的存托银行的名义，由保管银行签发收据，这一收据被称为存托收据。如果存托银行是一家美国银行，那么这一存托收据被称为美国存托收据，由欧洲银行签发的为欧洲存托收据，其他国家银行签发的为全球存托收据。起初，存托收据的创设没有证券发行者的参与，现在，这种情况已经很少出现了，事实上，所有的存托收据是代表发行者设立的，这种收据被称为发起性存托收据（sponsored depository receipt）。

存托收据的便利性体现在，公司的股份无须离开其母国，通过收据即可在国外交易。另外，这可以避免许多国家关于股票交易的要求，只需在证券市场上以存托收据为载体开展交易。另外，这还可以避免一些母国征收的股权转让税，因为股份一般是保留在存托银行名下的。

当然，存托收据并不等同于证券本身。发起人所在国的法律有时特别规定了存托收据持有人的权利。在荷兰，只有股东才可以在公司选举中表决，存托收据持有人没有此项权利。另外，经纪人、保管银行以及存托银行之间的存托协议，可以规定收据持有人的权利。在美国第九巡回法院1998年的一个判例⊖中，Harry Batachelder购买了摩根发行的，代表日本本田股份的美国存托收据。他向美国法院提起了派生诉讼。初审法院判决，原告是否有权提起派生诉讼，应根据日本法确定，而根据日本法，原告不是股东，没有提起派生诉讼的资格。原告上诉。上诉法院维持了一审法院的判决。

⊖ Batchelder v. Kawamoto (9th Cir. 1998) 147 F.3d 915.

5.3.2 内幕交易的规制

内幕交易是指利用未经披露的，与公司或证券市场有关的重要信息，为个人利益买卖证券的行为。一些国家（主要是美国、加拿大、英国和德国）将内幕交易视为不公正、不诚实的交易行为，但许多国家将内幕交易作为正常的商业行为，这些国家主要是一些证券交易规模小、数量少、极少有公众公司的国家，这些国家的公司股份只是掌握在少数人手中㊀。

美国国会在通过 1934 年《证券交易法》之前的听证会中，对内幕交易进行了批评，参议院的银行与货币委员会在报告中指出："在听证中挖掘出的最恶劣的行为是公司董事和管理人员对于其信义义务明目张胆的背叛，这些人利用自己的信义地位以及通过这一地位接触的秘密信息，为自己的交易行为提供帮助。"㊁

美国 1934 年《证券交易法》第 10 条（b）项以及《证券交易委员会规则》规则 10b-5 禁止内幕交易。根据这些规定，内幕交易涉及三类人：内部人（an insider），是指接触未经披露的，与公司或证券市场有关的重要信息的人，如公司高级管理人员、董事、大股东。泄密人（a tipper），是指接触未经披露的，与公司或证券市场有关的重要信息，并将信息披露给受密人的人。受密人（a tippee），是指利用其获得的未经披露的，与公司或证券市场有关的重要信息，为本人的个人利益而行事的人。重要信息的标准，根据美国法，是根据信息对于一个合理人（如一个投资者）具有的重要性进行判断。通常，内幕交易者是那些与公司具有雇用或其他信托关系的人，但是，情况并不总是这样，美国联邦高等法院在 1987 年审理的一个案件㊂中，判决一个《华尔街日报》的专栏作家在其专栏文章被刊发之前，为了让受密人获利，将他写的一篇投资建议专栏文章的内容透露给受密人，该作家被认定为内部人和泄密人。

法院在解释这些规定时，认定信息应当是实质性的（material），一个理性的投资者将会因得到该信息而行事，信息一旦成为大众可以获得的信息，它即成为公开信息，虽然内部人必须在"合理等待期间"禁止从事交易，以待消息被转化为投资行为。

英国 1985 年《公司证券（内部人交易）法》禁止内幕交易，有关规定主要是在第 8 章第 1 节中。内部人被定义为有意与公司发生联系的人或在过去 6 个月内有意与公司发生联系的人。如果内部人获得了其已知公众无法获得且可能对公司股价发生实质影响的信息，内部人不得进行公司股份的交易。如果内部人在其公司与其他公司谈判中获得了其他公司的信息，也将被禁止从事该公司股份的交易。另外，受密人被禁止利用其从内部人处获得的信息从事交易。

尽管英国法与美国法在一定的程度上具有相似性，但二者仍然有很大不同。个人受害者在英国无法获得法律救济，但在美国则可以获得救济。另外，在内幕信息的实质性的确定

㊀ Laura Nyantung Beny, "Do Insider Trading Laws Matter? Some Preliminary Comparative Evidence", American Law and Economics Review, vol.7, pp. 144-183, (Spring 2005).

㊁ Report of the Committee on Banking and Currency, "Stock Exchange Practices," Senate Report No. 1455, 73rd Congress, Second Session, p. 55 (1934).

㊂ Carpenter v. United States, 484 U.S. 19 (1987).

上，两国采用了不同的标准。在美国，法院判断实质性的标准是"一个理性的人是否会在其所考虑的交易中确定行为选择方案时对特定信息予以重视"。[一]然而，根据英国法，信息的重要性根据信息对于某物（如证券）价格是否有显著影响进行判断。最后，根据英国法律，违反法律的行为并不能自足地使交易无效。

日本《证券交易法》第58条禁止内幕交易行为，这一条仿照美国《证券交易法》第10条b项规定，如果内幕交易是欺诈性的，则交易是可以撤销的，董事的行为如果构成了恶意或重大过失行为，董事应当承担赔偿责任。然而，与英国法相同，第58条没有规定民事救济措施。虽然存在相关立法，但是，传统上的日本法律并不视内幕交易为不适当的行为，日本法上有关内幕交易的规定很少得到实施。在20世纪80年代之后，情况才发生了变化，1988年日本《证券交易法》被修改了，相关的强制力得到了加强。2006年日本议会通过立法，对内幕交易、市场操纵以及会计欺诈课以重罚，惩罚措施包括最高五年的有期徒刑或500万日元的罚金，而此前的处罚措施为最高三年有期徒刑或300万日元的罚金。

法国与日本情况类似，传统上忽视内幕交易违法行为，若干政客因涉及内幕交易的丑闻，促使法国于1989年修改了法律，授权证券委员会可以向任何人调取证据和证言，以查明内幕交易的事实，除了已经存在的刑事处罚之外，委员会还可以采取民事强制措施。

5.3.3 兼并的规制

20世纪80年代之后，金融家们积极地从事对外收购、合并以及兼并。英国、加拿大和日本公司大举进入美国，收购美国娱乐、出版等企业。但美国公司在国外的收购却常常受挫。发生这种情况的主要原因是，其他国家的法律对于并购者采取了敌视态度。并购的主要障碍包括：①对于股份转让的限制；②交叉持股；③关于公众持有股份享有的选择权的限制。

在美国和英国，股票交易所上市规则禁止公司对于股份公司股份的转让施加限制。其他国家并没有采取相同的做法。在加拿大，公开发行的股份可能包含禁止向加拿大人之外的主体出售股份的要求。法国也允许股份公司禁止股东在未得到公司同意情况下转让股份。瑞士甚至规定公司可以禁止转让登记的股份。

交叉持股将公司大量股份交由盟友持有，以对抗敌意收购。在日本，虽然交叉持股不像第二次世界大战前那样普遍，但仍然是非常普遍的做法。限制公众持股的表决权是另一个对抗并购的方法。大陆法国家的成文法中通常对股东为表决而享有的股权设置限制，如比利时规定任何一个股东的表决权不得超过总表决权的1/5，而德国也有类似的限制。

与那些设置收购障碍的国家不同，以美国和英国为代表的并购活跃的国家制定了规范并购程序的法律或证券交易规则。这些规定的目标是中立的：将并购者的利益与目标公司的管理放在相对公平的基础之上。

在没有并购障碍或并购规范时，并购程序对于并购者非常有利。例如，在1968年美国《威廉姆斯法》实施之前，要约收购是由买者自慎原则调整的，要约收购人自由地规定收购

[一] List v. Fashion Park, Inc., 340 F. 2d 457（2d Cir. 1965）.

条件，在股东也就是受要约人接受时，有效的收购合同就成立了。一般而言，要约有效期较短，以避免出现竞争要约，或避免目标公司采取敌对性措施。而且要约规定了在不能完成收购或并购结果不满意时的退出机制，受要约人面临两难选择，目标公司的管理层几乎没有什么自我保护的方法，而并购者的风险很小。

《威廉姆斯法》希望通过授权证券交易委员会（SEC）颁布调整与1934年《证券交易法》登记的公司股票有关的要约收购的规则，使并购双方在公平的舞台上竞争。该法以及证券交易委员会的规则要求要约人在其公布要约之前或同时披露财务状况以及收购目的，目标公司管理层应当有机会考虑并购方的请求。要约有效期不得少于特定时间，如果要约只是针对公司部分股份，不得采用先到先得原则。超额申购的要约应当按比例原则确定申购者的份额。另外，申购者可以在规定时间内撤回自己的股份。最后，任何获得上市公司5%以上股权的人必须在其获得股份后5日内披露其持股情况。

《威廉姆斯法》的一个重要特点是它没有限制并购要约人为撤回要约设定条件，因此，美国要约人常常在其并购要约中规定一个条件，在其无法获得资金或股价过高或其因要约被起诉到法院时，可以撤回要约。另外，该法没有限制目标公司可以采取的防御性行为⊖。在各州的法律以及法院的判决中，存在这方面的限制。特拉华州和纽约州采取宽泛的规定，允许目标公司管理层采取任何商业判断规则允许的措施，只要这些措施符合公司的整体利益⊜。

英国《接管与合并城市法案》是由英国伦敦证券交易所收购与兼并工作组发布的调整要约收购的规则。该法案与美国的《威廉姆斯法》相似之处在于：①要求要约人广泛地披露信息；②规定了要约的有效期；③规定超额接受按比例分配；④给予表示接受的股东以有限的撤回权。该法与《威廉姆斯法》不同之处在于，它对要约人设定的条件进行了规定，禁止仅仅按照要约人董事的主观判断设定要约条件。另外，只有在目标股东同意的情况下，才可以收购部分股份，收购目标公司30%以上股份的要约人，应当按前一年收购类似股票的最高价格收购其他70%股东中愿意出售股份的股东的股票。最后，规定了目标公司董事会可以采取的行动。收到要约人要约的董事会对于要约可以获得独立的建议，并可以将建议与其股东沟通或与其他合法的要约人沟通。目标公司董事会为阻止收购而采取的行动应当得到公司股东的同意。

⊖ 对抗要约收购的直接措施包括：①自己收购，目标公司从股东手中回购自己的股份；②白骑士，目标公司以较有利的条件并入另一家公司；③帕克曼防御，目标公司反过来对收购自己的公司采取收购措施；④绿邮件，目标公司以一定的差价购买收购者手中的股票；⑤禁令诉讼，目标公司以收购违反国家法律（如反垄断法）为由，提起诉讼，要求法院发布禁令。着眼于长期安排，公司对抗收购的措施包括：①焦土策略，目标公司售出主要资产或将贷款到期日安排在收购发生之后的日期；②驱鲨剂安排，目标公司在章程或细则中，对于公司的合并或收购规定更高的表决要求。③毒丸策略，公司股份在收购时可以现金回赎；④金色降落伞，规定公司董事或高级管理人员在被解雇时应给予更高的回报。

⊜ Unocal v. Mesa Petroleum Co., 493 A.2d 946 (Del. 1985), Norlin Corp. v. Rooney, Pace, Inc., 744 F.2d 255 (2d Cir. 1984).

5.4 证券管理的国际效力

国际社会关于执行证券法规而展开的合作是相当晚的事了。在 1961 年经济合作组织通过了《资本自由流动守则》(a Code of Liberalization of Capital Movements),希望能够消除成员国股票交易限制,然而,各国提交的保留,表明了一个态度,证券法规的差异之大,使国际社会无法建立一致的单一机制。另外,守则也没有设置有效的实施机制,经济合作组织的成员国在实践中往往会忽视了它的存在。

直到 20 世纪 80 年代,国际社会也没有建立任何正式的国际合作机制。于是,美国开始推动其主要贸易伙伴加强这方面的合作,欧洲理事会开始了关于签订有关内幕交易公约的工作。

5.4.1 谅解备忘录

美国努力与他国签订谅解备忘录(Memorandums of Understanding,MOU),美国认为,这是一种最灵活的工具,有助于防止国际证券欺诈,促进美国制定的国内披露规则的执行。在 20 世纪 80 年代,美国和瑞士、英国和日本签订了这类谅解备忘录。美国与瑞士签订备忘录的目的是为了突破瑞士银行保密法律的规定,要求瑞士银行协会提供存储在瑞士银行的有关内幕交易的资金信息,必要时冻结存放内幕交易利润的银行账户。美国与英国的备忘录是为了通过促进信息分享保证两国证券法的实施。而美国与日本备忘录则是简单且非正式的,并没有设立任何合作机制。

5.4.2 内幕交易公约

1983 年在意大利米兰,欧洲理事会召开了关于内幕交易的研讨会,会议指定了一个专家组草拟关于内幕交易的公约。1989 年 4 月欧洲理事会正式通过了《内幕交易公约》,并将公约开放签字。公约的目的是,通过建立信息交换机构,帮助签字国监管机构可以更好地监管证券市场。公约主要集中于调查不在一国居住或通过不在一国居住的人在一个国家市场上实施的内幕交易行为,但公约没有建立统一的执行或处罚机制。

5.4.3 美国证券法的域外效力

美国力图将其证券法适用于域外,这一点非常重要,因为美国法比其他国家的法律适用范围更加广泛。美国 1933 年《证券法》要求公司在发行新股之前披露财务状况。1934 年《证券交易法》要求管理人员和大股东披露其所有者权益,该法还禁止内幕交易和其他欺诈性证券交易。《威廉姆斯法》要求并购者披露财务状况以及发出并购要约的目的。为保证美国境外的人不违反这些法律,美国证券交易委员会以及美国的司法部已经时常对于在美国没有居所的外国人提起诉讼。这迫使法院不得不做出判决,以确定美国证券法是否给予他们足够的审理相关案件的管辖权。

◇ **参考案例**

博帕尔案

1984年12月2日，位于印度博帕尔的联碳公司储气罐泄漏出大量的致命毒气，导致大批附近居民死伤。印度联碳公司是设立于纽约的美国联碳公司在印度的子公司。美国律师代理印度的受害人在美国提起了诉讼之后，印度议会通过了1985年《博帕尔毒气灾害泄漏法》（简称《博帕尔法》），授权印度政府负责处理毒气泄漏受害人的起诉事宜。印度政府随后在博帕尔地区法院提起了损害赔偿诉讼。已在美国起诉的原告以博帕尔法违反宪法为由，向印度高等法院起诉。

《博帕尔法》规定，印度中央政府应当有排他性的权利，代表所有因博帕尔毒气泄漏受害而起诉的任何人在印度境内外起诉。据此法条，法官分析道，这一规定意味着印度中央政府取得了以受害人地位起诉的独占性权利，而这一权利，却是通过立法形式取得的。然而，对于该法通过之前已经在外国法院起诉了的案件，若法院允许，中央政府也依法有权取代原告或与原告一起参与诉讼，那么，印度中央政府应当接受外国法院的命令并依其命令而行事吗？《博帕尔法》授予印度中央政府的权利有效吗？适当吗？

法官审视了印度法中的"政府监护原则"（parens patriae），该原则也为英国法承认。在英国法中，政府监护是指公益信托下的所有财产应当受到宪法保护，因为此类信托本质上涉及公共利益。在一本名为《单词与短语》（永久版）的辞典中，政府监护被解释为立法者为保护无行为能力人（non sui juris）的人身权与财产权而拥有的权力，而政府监控管辖权则被解释为主权者为公共利益保护那些无适当保护人的残障人士而拥有的权利，同时也是主权者的一项义务。由这一原则法官得到了一个结论，印度中央政府对于残障人士负有保护义务，也拥有管控权。

法官依据印度宪法分析了政府保护公民宪法权利可采取的措施。他指出，根据印度宪法，国家应为保障所有公民宪法权利采取必要措施，当公民无法确保其权利时，政府应立即采取措施，为公民权利而斗争。这些措施包括为了更好地保护公民权利，政府可以终止个体受害人或其继承人享有的某些权利或资格。

法官引用了美国联邦高等法院1982年的一个判决中怀特法官的一段话，怀特法官指出，政府监护原则源于普通法上的皇家特权概念，这一概念包含照顾那些法律上无行为能力人的财产或人身的权利或责任。国家监护的特权源于国家至高无上的主权，无论这一权利由王室成员还是立法机构行使，它都是一项最为有利的职能，为履行这一职能，国家不能仅仅作为一个名义主体。

法官认为，综观印度宪法序言及相关的法规，议会可以授权中央政府接管受害人的起诉事宜。

本章练习

1. 总部设在 W 国的跨国公司甲公司与 X 国的国有企业乙公司设立了一个合营企业，乙公司的董事会成员和主要管理人员都是由 X 国的财政部任命的。合营协议规定，所有纠纷均应由仲裁解决。另外，因为 X 国的法律规定，所有外国投资协议必须由财政部批准，且由财政部部长在场才能签订，另外，在双方当事人在文件上签字之后，外交部部长在协议上加签"批准承认"并签字。后来，纠纷发生了，甲公司以乙公司、X 国政府为被申请人提起仲裁，X 国抗辩称仲裁庭对其没有管辖权，X 国能否免于参加仲裁？

2. 在 Z 国设立的 VAC 公司与美国政府签订合同，在美国一个自由贸易区内利用外国生产的零件组装摄像机。为了履行合同，VAC 公司必须在美国设立组装厂，但是，公司没有利用美国现有设施，而是进口了成套设备，包括其中全套的组装和包装设备以及所有的附属设备。美国海关认为，公司进口的成套设备不符合免税要求，因为这些设备不是组装所需商品，不符合美国政府的规定，海关对这些设备征了税。VAC 公司上诉到美国国际贸易法院，要求法院判令海关返还所征税收。法院应当如何判决？

3. MEC 公司是在 P 国设立的公司，与 Q 国订立了投资合同，开发 Q 国大陆架上的镁结核，该公司在获得特许权之前预先支付 100 万美元，然而，Q 国并没有告知 MEC 公司，该国将通过环境保护法，这部法律将使得公司的开发成本剧增，公司甚至无法履行合同。当 MEC 公司发现这一情况后，它要求 Q 国要么修改环境保护法，要么退款。Q 国拒绝了。MEC 公司按照投资协议的规定以及 Q 国的法律，向国际投资争端解决中心提起了仲裁。仲裁庭应当如何判决？

4. T 公司是总部设在 T 国的跨国公司，指示其设在 R 国的子公司 R 公司宣告破产。R 公司遵守指示，宣告破产，但其在关闭之前没有提前向雇员发出通知，其资产也无法满足员工可以按 R 国法律而获得的遣散费。在破产程序中，雇员一方要求 T 公司承担支付遣散费的责任，雇员们提出证据，证明 T 公司知道 R 公司亏损，不得不关张的事实，而且 T 公司在知道这些事实后，还将属于 R 公司的资产转移出境。法院应当如何裁决？

5. M 公司是在 M 国设立的合营企业，其外国投资者是在 N 国设立的 MME 公司，外方投资者拥有 M 公司 51% 的股份，因而有权任命所有董事。而 M 公司 49% 的股份已经通过股票交易所出售给了 M 国的普通投资者。M 公司一连数年无盈利，当公司即将开始盈利时，公司董事会未向公众披露公司经营状况即购买了公司的全部公众股份。当 M 国证券管理机构得知此事后，试图要求 M 公司撤销其收购交易。管理机构能否成功呢？

第6章
Chapter 6

货币与银行

■ 概述

世界货币与银行系统不连贯，更无条理，在建立一套有效的法律法规之前，惯例是这一系统的主导因素。这个系统相当不规范。在国际舞台上，这个系统由各国国内金融机构以及国际金融组织构成，其中，国际货币基金组织以及国际清算银行尤为重要。这些国际组织的运行根据条约或公约进行调整，更多地根据非正式的协定、计划以及协议进行调整。在国内层面上，每一个国家（或一个小型的国家群体）都有自己的国内货币系统，以及自己专门且常常是独特的机构。

6.1 货币

货币是习惯上用作交易中介以及价值衡量的任何物。经济学者认为，货币通常有三个功能：①交易工具；②衡量价值的单位；③长期存储价值的媒介。

货币可以是私人的也可以是官方的。私人货币通常包含一揽子的官方货币，它也可以由稀有金属或易于运输且不易磨损的物品充任。官方货币是由政府机构（如财政部门）或政府控制的金融机构（如中央银行）发行的交易单位。美国《统一商法典》关于货币的定义很有代表性，法典第 1-201 条第（24）款规定，货币是由国内或外国政府发行或采用的交易媒介，它还包括由政府间组织或由两个或两个以上国家通过协定建立的货币单位账户。

私人货币只能被用于适合达成协议的私人之间的交易。大多数官方货币（如铸币和外汇）可用于任何类型的支付。然而，一些类型的官方货币，只能由政府向其他政府履行支付义务，这种货币被称为储备货币（reserve currencies），如国际货币基金的特别提款权（special drawing right，SDR）。

6.1.1 货币价值

财产或服务的价值由货币衡量，货币的价值（官方货币）是名义上永远不变的。这就是说，如果某人同意以 100 个单位的某一货币（如美元、马克、英镑或日元）购买某物，此人只需支付 100 单位的货币即可解除履行义务。即使货币的购买力或汇率发生了变化，此人的支付义务内容也并不改变。这一原则被称为唯名主义（nominalism）。

如果合同当事人没有预料到合同使用的货币的汇率的变化，唯名主义原则将贬值的风险交由债权人承担，升值（或重估）的风险交由债务人承担，任何一方不能要求对方补偿未预料到的损失[1]。一些国家的国内法对特殊情况下该规则的适用做了柔化处理，例如，德国法院在一国货币已经完全或几乎完全垮台时，允许对货币币值进行重新估值。阿根廷、比利时、乌拉圭的法律规定，一方当事人在对方未按时付款时且合同规定的货币发生贬值时，受损害的当事人有权要求赔偿。在英国、意大利以及美国，在这样的情况下是不允许重估币值的。

唯名主义的适用，在某些情况下可以被避免。如果外汇不是以货币形式而是以商品形式交付的（例如，稀有硬币的出卖方在它得知硬币的价值比已经商定价格高出很多时），当事人可以要求撤销合同。在美国1930年纽约州的一个案例[2]中，一个外汇交易商成功地主张，他决定买入的外汇系商品，该外汇已经一文不值，因而他没有义务接受这批货币。

6.1.2 货币的选择

在国内交易中，支付义务应当以本国货币履行。而在国际交易中，当事人必须指定买方有义务支付的货币。实际上，当事人应指定两种货币，记账货币（the money of account）以及支付货币（the money of payment）。记账货币是指代表支付义务数额的货币，支付货币是指买方为了履行其义务而支付的货币。在大多数情况下，这两类货币是相同的，但它们并不必须是相同的。例如，卖方可以同意交付价值100万元澳大利亚元的商品，而买方可以同意以瑞士法郎支付货款。

另外，为了选择支付货币和记账货币，当事人应当选择支付地点。这一点之所以重要，是因为事实上所有的国家都允许在履行外国货币债务时，替代以支付按照在合同规定的支付期间届满时的汇率折算出的本地货币。如果当事人没有做出选择，法院将确定支付地点，而确定支付地点的方法，不同国家有不同的做法。例如，如果适用联合国《国际货物买卖合同公约》，按照公约第57条第（1）款的规定，支付地点将是合同指定的交付地点，否则，这一地点将是卖方的营业地。

通过选择记账货币、支付货币以及支付地点，合同当事人也将给予发行这些货币的国家的法院或者支付地法院解决有关合同的解释与履行方面纠纷的权力。

6.1.3 货币保值

卖方同意在3个月内在X国交付1万桶原油，价款将以X国货币在货物交付时支付，一年内，X国货币膨胀了1 000倍，卖方如何保证自己能够收到货物的公平价值？通常，当事人可以在买卖合同中加入货币保值条款（a maintenance of value clause）。这一条款规

---

[1] F. A. Mann, The Legal Aspect of Money, 4th ed, p. 272 (1982).
[2] Richard v. American Union Bank, 253 N.Y. 166 (1930).

定，合同价值将根据通货膨胀水平进行调整。通货膨胀水平一般可以根据公开的经济指数确定，在20世纪70年代黄金价格开始巨幅波动之前，黄金价格通常是确定通货膨胀水平的参考[⊖]。

通过指定传统上保值的货币作为记账货币，商品的出卖方可以避免通货膨胀的风险而买方也可以避免通货紧缩的风险。为了达到这个目的而经常使用的货币是美元，但是，欧元、日元以及英镑也被广泛采用。

避免货币波动的另外一种机制是使用货币篮子。也就是说，按照一定的加权平均方法确定合同的记账货币。货币篮子可以通过特定的协议临时创设，例如，当事人同意合同的记账货币应当由美元、英镑、日元按照50%、30%、20%的比例组成的一个货币篮子充任。更常见的是，当事人可以使用一个由国际政府间组织创立的正式的一揽子货币，例如国际货币基金的特别提款权。特别提款权是一种国际储备资产，国际货币基金的成员方可以把它加入本国的外汇和黄金储备中，还可以把它用于应当支付外汇的交易。特别提款权的价值每天参照美元、欧元、日元、英镑四种主要货币的价值设定。1969年，国际货币基金因为担心国际外汇储备的增长不足以支持世界贸易的发展，因而引进了特别提款权（当时主要的储备资产是美元和黄金）。特别提款权是作为辅助性储备资产引入的，国际货币基金可以定期向它的成员分配特别提款权（如果这一成员有需要的话），也可以在必要的时候撤销分配。特别提款权也是国际货币基金的记账单位。

特别提款权创设的本意是为了帮助政府解除他们承担的国际债务。然而，因为国际货币基金每天都发布特别提款权的兑换价格，特别提款权变成了一种广泛使用的私人货币篮子。现在，私人银行一般会接受特别提款权计价的存款，贷款（尤其是那些政府和货币基金之间的贷款）也是用特别提款权计价的。

6.2 国际货币基金

6.2.1 起源

因为不存在全球通用的单一国际货币，外汇不得不被兑换为本地货币。国际贸易中不同国家货币相互兑换的规则体系和程序被称为国际货币体系（the international monetary system）。

最早的国际货币体系是金本位（the gold standard）。金本位的实施是在19世纪末20世纪初这一段时间里，它确定了国家间自由流通货币的标准。如果一个国家的出口大于进口，这个国家将收到用于支付贸易差额的黄金。黄金的流入会提高国内价格，较高的价格会降低这个国家的出口，增加这个国家对于相对便宜的外国进口货物的国内需求。于是，最终的结果是，这个国家又回到了原来的价格水平。金本位的主要缺点是它内在地缺乏流动性，世界货币的供给不可避免地受到了世界上黄金供给的限制。另外，黄金供给的增加（一个新的富

⊖ F. A. Mann, The Legal Aspect of Money, 4th ed, pp.138-156 (1982).

矿的发现）必然引起价格大幅的变化。

由于金本位的弊端，它在1914年失效了。19世纪20年代，金本位被金块标准取代。在这个体系中，国家不再铸造金币，相反，国家以金块作为纸币发行的依据，国家之间协商一致按照一个固定的价格买卖金块。

20世纪30年代随着世界范围大危机的爆发，外汇交易变得极不可靠，成本又非常高。衰退的国内经济导致人们普遍对纸币失去了信心，对黄金的需求量大增，国家储备已经不能满足需要。黄金储备有限的国家，包括英国，被迫放弃了这一制度，因为他们的货币已经不能再和黄金保持一个固定的关系，其兑换也变得非常困难。

伴随外汇交易困难的是应对大萧条的错误政策，包括保护主义关税以及针锋相对的国际贸易政策。1944年7月，联合国在美国一个名为布雷顿森林的小镇召开一次会议，创设新的国际货币体系以及监督这一体系的国际组织。44个国家参加了联合国货币金融会议（布雷顿森林会议）[○]，起草了国际货币基金组织章程。1945年12月29日，国际货币基金组织成立。

国际货币基金是作为成员方货币和外汇汇率政策的监督者、行为守则的监管者而被设立的。具体而言，国际货币基金协定创立了一个外汇交易体系和一个外汇支持体系（允许国际货币基金向成员方提供短期资金支持，帮助成员方实现收支平衡）。协定还设立了一套监管体系，确保成员方在对外货币关系上遵守行为规范。具体而言，这些行为规范包括不得以不可持续的方式借款或贷款，不可以单方面干涉外汇市场，不可以为了平衡国际收支而实施未经授权的货币和财政政策。国际货币基金组织向每个成员提供定期的对话和政策建议。除此之外，国际货币基金组织还向成员方提供广泛的技术援助，改革它们的财政系统和预算控制，完善机构设置。

6.2.2 份额

要成为国际货币基金组织的成员方，该成员方必须缴纳一定数量的资金，这被称为份额认缴。份额是根据成员方经济的相对规模确定的，它用于实现不同的目的。份额决定了：①成员方的表决权；②成员方为了稳定本国货币，平衡国际收支而从国际货币基金组织借取的资金数额；③国际货币基金组织向成员方定期分配特别提款权数额。在国际货币基金组织中拥有最大份额的成员方，对于基金的决策拥有最大的发言权。

准备加入国际货币基金组织的成员应得的份额最初是由国际货币基金组织的工作人员在考虑了这个国家或地区的国内生产总值、经常项目的交易、经常项目收支的变动以及储备等因素之后，参照一个公式计算出来的。这个计算结果会参照现有成员方的具体情况和数据、以成员方与申请国的谈判情况进行调整。最后由基金执行委员会和理事会批准。理事会应当每隔一段时间（不超过5年）对于基金份额进行全面的评估，它可以提出调整成员方份额的

[○] 这次会议还创设了国际复兴开发银行，即世界银行。关于世界银行，请参见第12章有关内容。

建议，但是，这一建议应当经由持有 85% 表决权的成员方同意㊀。

6.2.3 组织结构

理事会拥有国际货币基金的最高权力。理事会是由代表每个成员方的理事和副理事组成。理事和副理事通常由成员方的财政部长和中央银行行长担任。理事会每年召开一次年会，理事可以通过邮件或其他方式在不召开年会的时间里进行表决。理事会的许多权力被授予执行董事会，执行董事会由 24 名董事以及董事长组成，董事长是执行董事会会议的主席。董事的选举、新成员加入的条件、基金份额的调整以及其他重要事项属于理事会的权利范围。执行董事会每周召开三次正式会议，讨论有关理事会政策的执行情况。理事会很少通过表决进行决策，所有的决定必须由全体董事一致通过才可以执行。执行董事会的董事长也是基金组织工作人员的总负责人。

6.2.4 运行

成员方加入基金之后应当遵守行为规范。基金要求成员方：①向其他成员方通报有关确定本国货币与其他成员方货币汇率的方式；②不得限制本国货币的兑换；③推行有助于增进本国以及其他成员方国民经济发展的经济政策。必须注意的是，基金的行为规范基本上是自愿的，基金没有设立相应的机制强迫成员方履行有关规范，虽然基金可能会对不履行行为规范的成员方施加道德上的压力。如果一个成员方长期无视行为规范，理事会可以禁止它从基金借款。作为最后的手段，长期违反行为规范的成员方将被取消成员资格，但是，这需要经由持有 85% 表决权的理事多数同意㊁。

自从基金成立以来，成员方根据不同时代要求赋予基金不同的责任。当前基金的责任是：监督汇率交易合作机制的运行，向成员方提供借款以支持成员方的货币和经济发展，提供附加服务，帮助成员方建立偿还外债和实行其他财政政策的机制。

6.3 外汇交易

6.3.1 基金成员的外汇交易义务

1945 年国际货币基金组织建立的汇兑机制，即所谓的平价体系，一直延续到 1971 年，它要求所有的成员方必须明确本国货币可兑换的黄金数量（例如，一美元可兑换 35 盎司黄金），并有义务将货币价值保持在货币平价百分之一的范围之内，只有和国际货币基金组织以及基金组织的其他成员方进行磋商之后，一个成员方才可以改变自己的汇率。

只有主要发达国家汇率稳定，失业率低的时候平价体系才可以平稳运行。然而，在 20 世纪 70 年代早期，当美国的失业率和通货膨胀率激增，而欧洲和日本仍然保持低的失业率

㊀ 《国际货币基金组织协定》第 3 条 2（a）以及 2（b）。
㊁ 《国际货币基金组织协定》第 24 条 2（b）。

和通货膨胀率的时候，平价体系就难以维持了。因为美国的国际收支平衡表上的赤字猛增，外国向美国提出的关于支付黄金储备的请求增加了。当美国总统尼克松宣布终止美元和黄金之间的可兑换性的时候，平价体系终于在 1971 年 8 月 15 日终结了。

1976 年基金成员方通过了关于《国际货币基金组织协定》的第二次修正案，该修正案于 1978 年生效。这是一个新的协定，至今仍然有效。这一修正案允许成员方以除黄金以外的任何方式定义汇率。许多成员方将汇率盯住了其他国家的货币，或者盯住了国际货基金组织特别提款权以及其他货币篮子。有的国家则直截了当地允许本国货币汇率自由浮动，即由国际市场上对本国货币的需求和供给水平决定货币汇率㊀。

虽然基金组织成员方可以自由地调整本国的汇率，但是，成员方不得操纵汇率或妨碍国际收支有效的调整取得对其他会员不公平的竞争优势㊁。成员方还应该与基金组织合作，促进汇率稳定，与其他成员方保持有秩序的汇率安排，避免竞争性汇率调整㊂。另外，实施浮动汇率的成员方应当对外汇市场进行干预，避免或弱化货币汇率市场每日或每周的急剧波动㊃。

6.3.2 基金成员对外汇管制规则的执行

《国际货币基金协定》第 8 条第 2 款（b）规定，涉及任何一个成员方货币汇兑的合同，如果与成员方根据协定实施的外汇管制规范相违反，在任何一个成员方境内，都是不可强制执行的。这一规定包含两重意思：①防止一个基金成员方的行为使另一个成员方实施的合法外汇管制措施落空；②阻止私人违反外汇管制规范。这一规定可以适用于三种情况：①在关于违反外汇交割合同的诉讼中引为抗辩；②在外国政府签订了违反外汇管制规定的合同之后，作为其强制解除合同或请求赔偿的理由；③在私人签订了违反外汇管制规定的合同之后，作为其强制解除合同或要求赔偿的理由。

协定授权执行董事会行使协定的解释权，据此，执行董事会对协定第 8 条第 2 款（b）进行了解释并指出，不可执行原则是各成员方国内法的有效组成部分㊄。法国、卢森堡以及美国法院的判决指出，本国受到执行董事会解释的约束。大多数法律评论者同意，董事会的解释对于基金所有成员方法院以及政府机构具有约束力。

基金董事会没有解释汇兑合同的含义，虽然该术语是协定第 8 条第 2 款（b）引起的大多数诉讼争议的重点。欧洲大陆国家的法院一般对这一术语做了广义的解释，将汇兑合同解释为任何一种涉及一个国家外汇资源的合同㊅。美国和英国对汇兑合同做了限制性解释，认为汇兑合同是以国际收支媒介为直接客体的合同，通常是以一国货币交换另一国货币的合

㊀ 《国际货币基金组织协定》第 4 条 2（b）规定，外汇安排可以包括：（i）一个成员方以特别提款权或选定的黄金之外的另一种共同标准，来确定本国货币的价值；（ii）通过合作安排，成员方使本国货币同其他成员方的货币保持比价关系；（iii）成员方选择的其他外汇安排。

㊁ 《国际货币基金组织协定》第 4 条 1（iii）。

㊂ The 1974 International Monetary Fund Annual Report, p. 112 (1974).

㊃ The 1974 International Monetary Fund Annual Report, p. 113 (1974).

㊄ The 1974 International Monetary Fund Annual Report, app. XIV, p. 82 (1949).

㊅ F. A. Mann, The Private International Law of Exchange Contract under the International Monetary Fund Agreement, International & Comparative Law Quarterly, vol. 2, p. 102 (1982).

同。英美法院的解释排除了买卖合同（包括珠宝交易）、担保合同以及借贷合同（包括信用证）。在英国法院的一个判例中，法官在重复了上述观点之后指出，汇兑合同不包括涉及买卖合同中买方为支付货款而将兑换货币的行为，第 8 条 2（b）中所规定的外汇合同应当作狭义的解释，只包括以一国货币与另一国货币的交易，货物买卖合同中要求买方将一国货币兑换为另一国货币以履行支付义务的安排，不在其列[⊖]。

最后，基金协定没有对何为"外汇交易控制"做出规定，只是在协定第 8 条第 2 款（b）项中规定，成员方应当保持其控制规范符合协定的规定。与其他法律规范一样，这些规范显然应当与制定规范的国家的宪法和法律保持一致。

6.3.3 没有基金成员资格的情况下外汇管制规范的执行

长期以来确立的冲突法规则认为，一个国家不应强制执行另一个国家的税收法律，这一规则也适用于外汇管制法律，IMF 协定第 8 条第 2 款（b）规定，基金成员方应当承认其他成员方制定的外汇管制规范，这一规定与传统的规则发生了矛盾。大陆法国家的民法典常常明确禁止执行外国的税收法律，这也适用于外汇管制法规。普通法国家判例法中也存在相似的规定，这一规则可以追溯到著名的英国法官曼斯菲尔德在一个国际走私案件中所说的那句名言："一个国家可以根本无须考虑另一国的税法。"[⊜]

无论是在普通法国家还是在英美法国家，不适用其他国家税收法的原理是，执行外国的税收法是对法院地国家主权的侵犯。然而，这个规则及其原理已经受到了批评，对于现代化的独立国家而言，这无论是法律上还是在经济上都是不合理的。尽管如此，这一规则仍然被广泛地应用。

然而，因为世界上大多数国家是国际货币基金组织的成员方，协定第 8 条第 2 款（b）的规定在大多数情况下有效地超越了传统规则的效力，当然，并不是所有的国家都是国际货币基金组织的成员方。当涉及这些非成员方制定的外汇管制规范时，这些国家的规范在国外是得不到执行的。

6.3.4 其他基金成员方外汇交易义务的履行

国际货币基金协定第 8 条规定了成员方的一般义务。正如我们看到的，协定第 8 条第 2 款（a）规定，违反一个成员方外汇管制规范的外汇交易合同在其他成员方是没有效力的。第 2 款（a）项规定，成员方禁止对于与经常项目下的国际交易有关的支付或转让实施限制。国际收支经常项目交易（current international transaction）是指任何除资本转移以外的交易。成员方对于下列交易禁止限制成员国之间的外汇转让：

（1）与外国贸易、其他包括服务贸易在内的经常项目交易以及短期银行信贷交易有关的所有支付；

⊖ Mansouri v. Singh [1986] 2 All E.R. 619.
⊜ Holmann v. Johnson [1775], 98 Engl. Rep. 1120.

（2）贷款利息和其他投资净收益的支付；

（3）因为分期偿还贷款或者直接投资的贬值而进行的适当数量的支付；

（4）为家庭生活开支而适当的汇款所做的支付。

第 8 条第 3 款禁止成员方实施歧视性汇率政策或者制定多重汇率。多重汇率是对于一种货币制定不同的汇兑比例，例如，针对本国国民、外国国民和本国政府制定不同的汇率水平就是一种多重汇率措施。第 4 款规定，成员方应当购回其他国家因为经常项目交易而获得的该国货币。第 5 款、第 6 款和第 7 款规定，成员方应当向国际货币基金组织提供信息，在实施特别或者暂时的外汇限制的时候与其他成员国磋商，相互合作提高国际流动水平，和其他成员方一起努力使特别提款权成为国际货币体系的主要储备资产。

除了协定第 8 条第 2 款（b）之外，成员方的义务不涉及其他私人权利。因此，国际货币基金组织协定的其他条款很少成为法院审判的依据。

6.3.5 新成员方免除承担成员方外汇交易义务

在刚刚加入国际货币基金组织时，一个新成员方不需要承担协定第 8 条规定的所有外汇交易义务。协定第 14 条规定了过渡条款，成员方可以选择在加入基金时保留原有的对于国际经常项目收支和转移的限制措施。然而，新成员方也只能保留这些限制，在加入基金之后新制定的限制措施自动地受到第 8 条的约束，应由国际货币基金组织批准。

在 1945 年《国际货币基金组织协定》签订时，只有美国及其他 9 个成员方（均为拉丁美洲国家）没有主张作为新成员方免于义务承担。相比之下，在 2007 年超过 166 个国家（超出成员国总数的 3/4）已经同意履行第 8 条规定的义务，其中包括许多新兴发展中国家。这是一个显著的进步，这说明，大多数国际货币基金组织成员方正在努力追求完善的经济政策，并且将来也不再重新采取外汇限制措施了。

6.4 外汇援助

除了国际外汇交易系统管理机构的基本职能之外，国际货币基金组织还为那些遭遇收支平衡困难的成员方提供短期贷款。贷款资金主要来源于成员方缴付的份额，虽然国际货币基金组织也会向商业银行借取款项。

6.4.1 基金援助

基金贷款是指基金向成员方提供的融资支持项目。这些援助来源于：①普通资源账户（由成员方缴付的份额和基金组织闲置的商业银行贷款组成）；②特别支付账户（由 1976 年和 1980 年基金组织出售黄金所得款项以及借款者支付的利息构成）；③结构调整贷款信托基金（成员方提供的贷款和捐助）。

国际货币基金组织贷款包括经常贷款（regular loan）、优惠贷款（concessional loan）和特别援助贷款（special facilities）三类。

1. 经常贷款

经常贷款包括储备部分贷款、信用部分贷款、扩展基金贷款和备用安排制度。

（1）储备部分贷款。

每一个成员方都有一个部分（tranche）可以在任何时候支取，而且这种支取行为不计入信贷额度。部分是指一个成员方为稳定本国货币，平衡国际收支的目的，有权撤回的该成员方认缴份额的百分比，是成员方交付份额的一定比例（25%），可以不用成员方货币缴付⊖。

（2）信用部分贷款。

一个成员方拥有四个信用部分（credit tranche），每一部分等于份额的25%。在成员方面临相对较小的收支困难的时候可以使用第一个信用部分，且几乎没有什么条件。成员方使用其他信用部分（统称为上层适用部分）的时候会受到更加严格的条件约束。

（3）扩展基金贷款。

这些援助是为了帮助成员方克服长期的收支困难，援助期最长可达三年。这类援助金额与信用部分贷款的金额相比更大，最高可达成员国份额的140%。

（4）备用安排制度。

这类援助是为了解决成员方的短期国际收支问题。备用安排制度实质上是一种过渡性贷款（bridging loans），基金组织提供这种贷款时会考虑是否向成员方提供其他贷款。

2. 优惠贷款

优惠贷款产生于1987年，是为了解决低收入成员方长期国际收支问题而提供的贷款。扶贫优惠贷款（the poverty reduction and growth facility）的优惠利率可以降低到年息5‰。在2006年，大约87个低收入成员国获得了这种贷款。

3. 特别援助贷款

特别援助贷款包括补偿性财政贷款、补充储备贷款和应急贷款额度。

（1）补偿性财政贷款。

补偿性财政贷款设立于1963年，是为了帮助成员方解决因为经济发展失控而造成的外汇储备不足的问题。

（2）补充储备贷款。

补偿储备贷款是为了解决因为突发而且市场信心严重流失而导致的大规模短期融资需要造成的暂时收支困难，这是一种短期财政援助。

（3）应急贷款额度。

应急贷款额度设立于1999年，是应对亚洲金融危机的一种措施。它是一种预防性援助，主要面向经济政策稳健、财政系统完善的国家，目的是防止它们受到全球性金融危机蔓延的威胁。

⊖ "Financial Organization and Operations of the IMF", p. 22 (IMF Pamphlet Series No. 45, 6th ed, 2001. http://www.imf.org/external/pubs/ft/pam/pam45/contents.htm.

6.4.2 条件性

使用国际货币基金组织的贷款援助应当受到协定规定的政策以及根据协定制定的政策的约束，这被称为援助的"条件性"。条件性要求的本质是，基金信贷部分贷款以及其他贷款援助的取得是与一个成员方实施的恢复国际收支能力和可持续发展能力的政策相关联的。1999年执行董事会确立的现行指导性标准是，鼓励成员方提前实施预防措施，强调尊重成员方国内社会政治目标的重要性，限制履行标准的数量和内容，强调基金组织的安排不是合同性而是基金组织确定实现持续性财政援助条件的决策。

6.5 开发银行

开发银行是旨在促进经济发展的组织，开发银行有三大类型：国际性开发银行、地区性开发银行以及国家开发银行。

世界银行是国际复兴开发银行（the International Bank for Reconstruction and Development, IBRD）的非正式名称。1944年，世界银行和国际货币基金组织一起设立。世界银行的成员国仅限于国际货币基金组织的成员国，事实上，银行是基金组织从事发展援助业务的武器，它向成员国政府和政府机构提供开发贷款。银行总部设在华盛顿。世界银行与国际货币基金组织的区别如表6-1所示。

表6-1 世界银行与国际货币基金组织的区别

世界银行	国际货币基金组织
主要通过长期项目贷款向欠发达国家提供援助	监督国际货币系统
通过国际开发协会向世界最贫困的国家提供援助	促进成员方汇率稳定以及货币关系的稳定
通过国际金融公司的贷款促进发展中国家私人企业的发展	通过短期借款帮助所有成员方渡过暂时的国际收支不平衡造成的困难
通过国际债券市场获得成员方所需的大部分资金	在成员方份额之内利用特别提款权补充成员国所需的外汇储备
有7 000名来自180个成员方的工作人员	有来自182个成员方的2 300名工作人员

世界银行有两个分支机构：国际开发协会（the International Development Agency, IDA）和国际金融公司（the International Financial Corporation, IFC）。国际开发协会是向落后的发展中国家提供优惠贷款的机构，国际金融公司是向私人机构提供开发贷款的机构。世界银行、国际开发协会和国际金融公司是世界上针对发展中国家和转型国家的最大发展援助提供者，每年新增贷款额高达200亿美元。

世界银行还负责管理全球环境贷款信托基金（the Global Environment Facility, GEF），该基金为保护和促进全球环境提供优惠贷款。基金于1994年正式设立，向发展中国家提供优惠贷款，用于支持旨在解决四项环境问题的项目：气候变化、生态多样化、国际水资源保护以及臭氧层保护。只有《环境变化公约》以及《生态多样化公约》的缔约国才有资格从信托基金获得援助。与其他世界银行机构不同的是，由信托基金的32个参与国组成的独立的理事会负责确定可以获援助的项目。

另外一个国际发展机构是国际农业开发基金（the International Fund for Agricultural Development，IFAD），是为促进食品生产而向发展中国家提供贷款的政府间组织，总部设在罗马。国际农业开发基金是1976年成立的，成员资格面向联合国成员国。开发基金的主要目标是向发展中国家成员国开展的有关介绍、扩展、促进食物生产系统的项目提供资金援助。

地区性发展组织的设立是为了促进区域性国家集团的经济与社会发展。世界主要的区域性开发银行主要有非洲开发银行、亚洲开发银行、阿拉伯经济与社会发展基金等。

6.6 国际清算银行

国际清算银行（the Bank for International Settlement, BIS）是最古老的国际货币协调组织，成立于1930年，总部在瑞士的巴塞尔。它有三个主要目标：①作为世界各国中央银行的银行；②促进国际货币协调；③作为国际结算的代理人。国际清算银行拥有并运作10%～15%的世界货币储备。银行的结构独特。它拥有国际独立法人资格，具有国际组织的豁免资格，但是，它却是一家按照瑞士法律注册的公司，它的国际地位是在1987年《瑞士总部协定》规定的。这种特殊的结构一半是历史原因造成的，一半是有意设计的。1930年，大多数组建国际清算银行的中央银行是私营公司，而不是公共机构，比利时和瑞士中央银行至今仍然是具有法人资格的有限公司，只是银行的机构和运行规则使之有别于其他私营企业，其他国家的中央银行现在或被国有化或者成为国家设立的公共机构。更重要的是，清算银行的创立者们认为银行应当尽可能地不受政府的直接影响。于是，清算银行被设计成了一家从事银行业务的股份制公司。在公司的初始资本发行时，比利时、法国持有的部分股份以及美国持有的全部股份被出售给了公众。在2001年1月银行召开的特别大会上，《国际清算银行规约》被修改，将股东限制为中央银行，原来由私人股东持有14%的股份被购回。再者，清算银行的股份全部由各国的中央银行持有。

现在，清算银行共有55个国家参加。银行每年召开一次股东大会，各国按持有的股份行使表决权。银行的董事会由欧洲国家的中央银行控制。清算银行董事会成员包括：①比利时、法国、德国、英国的中央银行行长以及美国联邦储备委员会主席；②5个国家的银行行长指定的副董事；③其他国家中央银行行长中选举产生的9名董事。这9名董事中通常有3个席位属于荷兰、瑞士和瑞典。董事会从其成员中选举主席，作为清算银行的代表，主席还可以指定银行的总经理，总经理经董事会任命后，负责银行日常工作。

6.6.1 中央银行的银行

清算银行的一个功能是作为世界各国中央银行的银行，它帮助140个中央银行管理运作外汇储备，总规模高达1 332亿特别提款权，约值2 022.7亿美元。大多数储备被投放到国际货币市场上，其形式主要是商业银行存款以及短期可转让票据（如存托凭证）。

除了将多余资金投入国际市场之外,清算银行偶尔向中央银行提供流动性支持,这些项目被称为国际清算银行援助贷款,主要形式包括外汇与黄金的掉期交易、黄金质押贷款或可流动短期证券,少数情况下还包括无担保债券以及备用信用证。清算银行还与世界各国中央银行一起在国际市场上从事外汇以及黄金交易。

最近,清算银行向发展中国家的中央银行提供金额大、期限短的临时贷款(bridging loans),帮助这些中央银行解决国际收支困难。这些贷款帮助拉丁美洲国家以及东欧国家解决了在得到国际货币基金组织贷款之前的流动性问题。

6.6.2 国际货币合作的促进者

国际清算银行通过多种方式促进世界银行家的合作。清算银行设在巴塞尔的总部定期召开世界财政部长、中央银行行长、银行专家参加的会议。清算银行还承担了欧盟中央银行行长委员会的秘书处、欧洲货币合作基金的行长委员会以及十国集团银行监管业务委员会的工作。这些秘书处收集各国银行监管规范,发现问题领域并且为防止银行破产提供建议措施。另外,清算银行还搜集并按季度发布银行业统计资料。

6.6.3 国际清算代理人

最初设立国际清算银行的动机来自于处理第一次世界大战结束之后德国向其他战胜国的赔款问题。银行的创设者一致同意的解决方案是,在清算银行的监管之下,降低并且商业化德国赔款。清算银行一直到第二次世界大战爆发之前都在管理由德国和奥地利提供的贷款。

自那之后清算银行便不断地与不同的国家和国际组织达成清算协议。在 20 世纪 50 年代和 60 年代,清算银行掌管着由欧洲支付联盟及其后继者欧洲货币协定所设立的外汇结算系统。在 20 世纪 70 年代,清算银行管理着经济合作发展组织的外汇担保协定。从 1973 年到 1993 年,国际清算银行为欧洲共同体掌管欧洲货币合作基金,在 1994 年,清算银行承担了重新规划巴西外债的业务。1997 年和 1998 年清算银行为秘鲁和"象牙海岸"规划外债。

6.6.4 巴塞尔协议(三)

国际清算银行内设巴塞尔银行监管委员会,为银行监管事项的正常合作提供了有效的交流机制,其目的是强化各国对于银行监管核心问题的共识,提高世界银行管理水平。委员会时常公布相关的监管标准或指南,最著名是委员会制定的关于资本是充足率的国际标准:"银行有效监管核心原则""银行跨境监管的国际协定"以及"关于统一国际银行的资本计算和资本标准的协议",第三个协议被简称为"巴塞尔协议",最新的版本公布于 2010 年,简称为"巴塞尔协议(三)"根据这项协议,商业银行的一级资本充足率将由目前的 4% 上调到 6%,同时计提 2.5% 的防护缓冲资本和不高于 2.5% 的反周期准备资本,这样核心资本充足率的要求可达到 8.5%~11%。

6.7 地区货币系统

若干国家集团成立了区域性货币组织。这些组织在结构和进程上各有不同,有的模仿国际货币基金组织促进外汇交易,为国际收支平衡义务提供财政帮助,有的建立了完整的货币联盟。

与国际货币基金组织大部分功能相同的区域性组织包括中美洲货币联盟以及阿拉伯货币联盟。这两个组织的目的都是为了维持成员国货币价值,稳定汇率,共同监管外汇储备,最终形成货币联盟。

最发达的货币联盟是西部非洲经济和货币联盟、东部加勒比海货币组织以及中非经济和货币同盟。每一个货币联盟都设立了一个统一的中央银行,拥有统一的货币以及唯一的货币储备池。

欧盟现在正处于建立一个完全统一的经济和货币联盟(被称为欧洲货币联盟)的过程之中。1992年在通过《马斯特里赫特条约》(又称《欧盟条约》)的时候,欧洲货币联盟的设立已经获得了成员国的同意。根据条约规定,欧盟决定于1999年1月1日启动单一货币欧元,并在欧元区国家实施统一货币政策。1999年1月1日,欧盟当时15个成员国中的11个成员国:德国、法国、意大利、荷兰、比利时、卢森堡、爱尔兰、西班牙、葡萄牙、奥地利和芬兰,首批加入欧元区。英国、丹麦、瑞典决定暂时留在欧元区外。同年6月30日,欧洲中央银行正式运作。2002年1月1日欧元纸币和硬币投入流通,2002年2月28日欧元区成员国本国货币全部退出流通,欧元成为欧元区国家唯一法定货币。2001年,希腊加入欧元区。2010年欧元区拥有17个成员。除欧元区成员外,欧盟其他成员继续使用其本国货币,如英国使用英镑,丹麦使用丹麦克朗等。

欧洲中央银行体系由两个层面构成,一个层面是具有法人资格的欧洲中央银行,另一个是欧盟成员国的中央银行。欧盟成员国中尚未采用欧元的国家,虽然是欧洲中央银行体系的成员,但不能参与欧元区货币政策的制定,也不能参与货币政策的操作和实施。欧洲中央银行行长理事会(Governing Council)和执行董事会(Executive Board)是欧洲中央银行的两个主要决策机构。欧元区汇率政策制定权归欧事会。

6.8 国内货币系统

6.8.1 国内货币机构

一国国内执行国家货币政策的机构有三类。最高机构是制定国家财政政策,履行政府金融职能的机构,在大多数国家,这是内阁级的机构,如财政部。第二级机构是中央银行,如英格兰银行、日本银行或美国联邦储备委员会。中央银行负责货币发行,调节货币流量,管理储备金,充当最后贷款人。第三级机构为商业银行。商业银行接受管理存款,发放贷款,提供信托服务。在国内金融领域中,我们可以看到各种各样的金融机构,如储蓄银行、储蓄与贷款协会、信贷联盟。但是，在国际交易中商业银行是最常见的金融机构。商业银行既可以是私营的也可以是政府所有的[一]。

1. 银行存款

银行存款（bank deposits）是存放于银行，由银行使用的金钱。存款这一说法代表的是保管关系（bailment），这暗含另一层意思，即银行有义务以安全保值的方式保存它收到的资金。但事实上并非如此，除了为特定的目的存入银行的资金之外，客户的存款成了银行的资金。银行可以将存款混同在一起，以其认为合适的方式使用资金。最常见的是，银行利用这些资金从事短期以及中长期的贷款。存款人成为银行的无担保的普通债权人，而不是保管委托人。另外，存款人获得了为第三人的利益签发支票、支付命令或者汇票的权利，因支票、命令或汇票而付出的款项将从存款人账户上扣除。

银行通常会向存款人支付存款利息。在为短期投资而存入大笔资金的时候，银行通常会签发存托收据，收据支付的利息比一般存款账户的利息要高一些。然而，并不是所有的银行都会支付利息。在伊斯兰国家支付利息是法律禁止的行为。在这些国家，将钱存放在银行的存款人等同于和银行一起投资的合营者。

2. 欧洲货币存款

欧洲货币存款（Eurocurrency deposit）是在一个国内银行持有，但以相同外币计付利息的外币存款[二]。此类存款一般不受发行存款货币的国家制定的货币管制规范的限制。美元是最常见的欧洲货币，此时美元被称为欧洲美元（Eurodollars），英镑、加拿大元、欧元、日元以及瑞士法郎都被用作欧洲货币。"Euro"这个前缀的产生，是因为这类交易的发源地是伦敦外汇市场。欧洲美元是以美元为主的金融资产，其价值与美国国内的美元相同，却不受美国中央银行的控制，无论是在利率方面还是在货币供应方面[三]。

3. 银行间存款市场

19世纪50年代世界经济的快速发展造成了对于商业银行的大量的资金需求，商业银行无法满足核心客户的需求。因为美国银行不能在母行所在的地理区域之外开设分行吸收存款[四]，因此，他们不得不从其他地方寻找资金来源、开始从银行和公司那里借取短期头寸。到了20世纪70年代，这个银行间市场已经成为国际性的市场了，纽约、伦敦、东京以及世界其他金融中心的银行都是积极的国际银行间市场的交易商。在这个市场上，交易商通

[一] 国际银行系统中的商业银行的结构及权力是母国法律规范的。美国《联邦储备法》以及《储备委员会条例》对美国商业银行通过分行在境外实行经营的资格做出了规定。1919年《悬崖法》允许联邦注册的银行及银行交易，国内银行只能向这些银行投资。1978年《国际银行业务法》取消了这些限制，包括资格限制以及储备要求，因为这些限制使美国银行与外国银行竞争时处于劣势。自1981年之后，美国银行被允许设立国际经营机构，可以为外国客户单设账户，否则将按国内账户承担责任以及储备要求。

[二] F. A. Mann, The Legal Aspect of Money, 4th ed, pp.61-62 (1982).

[三] Peter S. Smedresman and Andreas F. Lowenfeld, "Eurodollars, Multinational Banks, and National Laws," New York University Law Review 64, p. 733 at p. 744 (1989).

[四] 《美国法典》第12篇，§36（c）规定，国内银行通过分行进行业务经营时，应当遵守分行所在州的法律规定。自1997年之后，银行可以通过兼并在不同的州设立分行，但其经营不能违反州法中的明文规定。

过电话、互联网络全年不分日夜进行交易，实际上，它已经成为一个不受法律约束的全球市场。

在这个银行间市场上交易的主要是不同的短期流动性票据，最常见的票据是存托收据，收据面额以 100 万美元为单位，期限分别为 1 个月、3 个月以及 6 个月。存托收据是商业票据的一种，被定义为一种银行出具的证明银行已经收到票面载明的一定数量的货币并承诺偿还的文书。然而，银行间存托收据有效期相对较短，很少从一个持有者转让给另外一个持有者。

银行不再是存托收据的主要购买者。因为根据美国联邦储备系统的条例，美国银行持有的存托收据不能被视同为现金，因而不能作为银行维持资本储备标准的工具。现在，货币市场基金和拥有多余现金的公司已经取代了银行的地位，成为存托收据的主要持有者。即使如此，银行仍然会根据他们对市场导向的不同判断，以利息头寸的方式在其他银行存入大量的资金。这些交易通常是采用快速支付指令（rapid-fire order）的方式，一般不使用票据。在以最快速度进行转移的银行间交易领域中，票据的发行与保管产生了不必要的负担，不利于交易的快速进行。交易通常是通过电话完成，以电传或者传真发送的短信确认，然后由接受存款一方向存款一方寄送书面的银行传票（ticket）。

6.8.2 外汇交易市场

赞比亚卢萨卡的买方希望从加拿大多伦多的卖方那里订购 1 万加仑⊖的枫糖浆，买方希望用赞比亚克瓦查支付，但是卖方希望使用加元支付。为了进行这个交易，卖方需要向卢萨卡的银行购买加元，这就是所谓的外汇交易。如果卢萨卡银行手头上没有加元（这是极可能发生的），银行就必须从国际外汇市场（foreign exchange market）上购买加元。尽管以市场命名，外汇市场实际上并不真的设立在某个城市里。它是一个由银行、外汇经纪人以及外汇交易商组成的非正式的网络。在上个例子中，卢萨卡银行的外汇交易商需要和外汇市场上的其他银行、经纪人和交易商联络，希望达成交易。然而这可能是比较困难的，因为国际市场上对于赞比亚克瓦查的需要是非常有限的，银行手中可能只存有少量的其他国家的外汇（所谓的硬通货），从而使银行可以转换成加元。硬通货（hard currencies）是可以自由兑换的货币，主要是世界上发达的自由市场国家的货币。发展中国家的货币，像赞比亚克瓦查，一般被称为软通货（soft currencies），因为这些货币不能自由兑换。

如果赞比亚卢萨卡银行不能购买到足够的加元满足赞比亚卖方的交易需求，银行将向赞比亚中央银行寻求帮助。赞比亚中央银行可能有也可能没有足够的加元和其他硬通货出售给卢萨卡银行，如果中央银行没有足够的加元和其他硬通货，中央银行可以和国际清算银行联系，用黄金或者它持有的任何货币换取加元。如果无此可能，中央银行将请求赞比亚政府用政府持有的国际货币基金组织特别提款权换取加元。如果赞比亚中央政府没有特别提款权，它可以向国际货币基金组织或者世界银行申请短期贷款援助，获得需要的外汇。

⊖ 1 加仑 =3.785 411 8 升。

一旦卢萨卡银行获得了需要的加元，这笔外汇将存放在纽约、伦敦或者东京主要金融中心的大银行为卢萨卡银行开设的账户上。在这种情况下，这个大银行被称为卢萨卡银行的往来银行（correspondent bank）。当卢萨卡的买方确认加拿大的卖方已经交付了枫糖浆，卢萨卡银行会指示往来银行将加元划转到买方银行或者买方银行的往来银行。

上述事例是一个关于外汇交易的简化例子，它强调说明了交易中涉及的基本当事人。通常，商业银行和中央银行是两个主要的当事人。另外，套利交易商、进口商、出口商、跨国企业、旅行者、政府以及政府间组织也可能成为交易的当事人。交易本身一般是不受管制的，虽然发展中国家的政府有的时候会对银行和交易商实施许可证管理，通常会要求所有的外汇交易通过本国的中央银行进行。

商业银行参与外汇市场交易，既可以作为进口商、出口商、跨国公司和类似机构的中介人，也可以作为银行间市场上的其他银行的往来银行。总而言之，商业银行有三项重要的作用：①提供支付机制；②提供信用；③降低国际交易的风险。

在外汇交易市场上，中央银行是最后贷款人以及外汇汇率的规范者。在银行无法获得其他资金来源时，中央银行为本地的外汇交易提供资金融通。另外，中央银行可以独立地干预外汇市场，保证有序的交易条件。有时这种干预行为可能涉及买入软通货，例如20世纪80年代德国和日本为了帮助美元，避免美元的进一步下跌而在美元下跌的时候买入美元。在外汇交易中，交易商大量地使用中介外汇。在上述关于卢萨卡银行的例子中，卢萨卡银行也可以买入美元，然后由多伦多卖方的银行将美元兑换成加元。最常用的外汇或称国际外汇是美元。

1. 外汇交易合同

外汇交易合同包括现汇合同、远期合同、期货合同和期权合同。现汇合同是涉及直接出售和交付商品（外汇）的交易的合同。远期合同（期货）是承诺以一定的价格出售和买入商品（外汇）但是付款和交货都将在未来确定的日期完成的合同。因为存在期货市场（期货是在商品交易所出售的），远期合同是标准化的、可转让的合同⊖。然而，期货交易在最终很少实际交付产品。更常见的做法是，当事人通过产生纯利润或净损失的对冲交易免除各自的义务。期货是主要被用于供应商、加工商以及分销商将价格风险转移给风险承担者（投机商，speculator）的一种方式。

远期交货合约（a forward contract，也称外汇远期交付合同）是指合同当事人在售出商品支付价金时并不实际交付标的物而是约定在将来某一时间履行实体交付义务的合同。一般的远期合同是可以转让的，但是，远期交货合同一般由实际交收标的物当事人单独谈判订立。

期权合同（或期权）创设了在规定期限内以约定的价格买入或卖出商品（外汇）的权利，需要注意的是，期权持有者没有义务必须履行合同规定的买卖。买入商品的期权称为看涨期权（call），而卖出商品的期权被称为看跌期权（put）。如果合同是两种权利的组合，既有看涨期权也有看跌期权，这种期权被称跨式期权（straddle，spread eagle）。与现货、期货

⊖ Salomon Forex, Inc. v. Tauber, 8 F.3d 966, 970 (4th Cir. 1993).

或远期交货合同不同的是，期权持有人不必实际履行合同。持有人为获得期权必须支付手续费或其他对价，承担的损失只限于买入期权所花费的手续费。

2. 套汇

套汇是在一个市场上购进外汇几乎同时在另一个市场上售出以谋取价差利润的交易行为。因为世界各国的外汇价格存在时间和地域差异，套汇者成为国际外汇市场上积极的参与者。例如，假设欧元在伦敦的交易价格是 0.972 5 美元，在东京的交易价格是 0.973 5 美元，套汇者会在伦敦买欧元而在日本东京卖出欧元。这种行为当然会促进伦敦市场上欧元价格的上涨，东京市场上欧元价格的下跌。这个过程将持续到两个市场上的汇率相同为止。套汇者通过在外汇市场上谋取不同外汇的价差，发挥了促进市场效率的经济职能。

现在套汇者通过电话和互联网络以近乎光速的速度完成交易。最小的合同数额通常是 2.5 万美元，100 万美元的合同是最为常见的。要约必须被立即接受，无论以后是否存在争议。如果存在争议，交易方通常会分担损失。

6.8.3　货币转移

银行与外国银行建立往来银行关系，在往来银行开立账户存储资金从而实现资金的国际转移。当一个客户到银行请求向外国汇付资金，银行在本地的营业处收取客户的资金，然后安排往来银行承付客户在外国指定的受款人提出的付款请求。这种交易可以通过指示付款实现，国内银行指令他的外国往来银行直接向特定的受款人支付款项，也可以使用向国内银行在外国往来银行账户签发汇票的方式实现。在后一种方式中，汇票被签发给客户，客户然后将它寄送给收款人，收款人就可以到往来银行兑付款项。在国际上实际交割外汇的情形很少发生，当需要交割外汇时，外汇价格通常由中央银行安排，由国际清算银行管理。

6.8.4　分行

与大多数其他的跨国企业不同的是，国际银行倾向于通过分行而不是子公司从事跨国经营。在大多数主要的东道国，包括法国、德国、日本、瑞士、英国以及美国，设立分行（不需要单独注册）不仅是允许的而且是鼓励的。一方面，东道国对于外国银行的经营很少管制；另一方面，外国银行几乎不承担监督责任。因此，外国银行不用像国内银行一样为政治风险保持资本储备水平，然而，外国银行不能请求中央银行作为最后的贷款人提供贷款。从东道国一方来看，外国银行必须以它的全球资产为分行的义务承担责任。

虽然东道国对于外国银行很少规制，外国分行的存在有的时候被用于获得外国母行的信息。具体而言，美国政府为了防止利用外国银行为走私、逃税、证券欺诈以及其他商业犯罪提供洗钱便利，请求法院向外国银行设在美国的分行签发传票，将本国的监管管辖权扩展了外国银行⊖。此类传票要求设在美国的外国银行分行从其母行处取得信息，然后转交给美国。毋庸置疑，有许多国家将美国政府的行为视为对主权的侵犯，制定法律反制美国政府的这种

⊖　美国中央银行与货币委员会在 1970 年发布的报告称，秘密外国银行账户纵容了白领犯罪，P139。

做法的国家也不少见。有的时候，除美国以外的其他国家也会要求境外银行提供信息。不仅仅是其他国家，美国法院对于美国政府将对外国银行管辖权作为政治武器的做法，立场也不明确。

在母行看来，外国分行是一个独立的经营实体，有自己的利润表，应当自己承担在外国的税收义务，分行的账目与母行是完全独立的[一]。然而，母国法律中关于外国分行的规定并不清晰。各国之间的法律往往存在冲突，即使在某些国家内部，法律规定也并不一致。有的情况下，外国分行被视为一个特定的独立主体。例如，法律一般要求母行在设立一个外国分行之前从母国银行管理机构获得批准。同样地，一些美国法院拒绝向外国分行签发传票，对外，一些法院将信用证交易中的母行和分行视为两个独立的毫无关系的主体[二]。

有的情况下，母国的法律和法院将分行视为设立分行的母行的延伸和扩展。例如，1979年应对伊朗危机，美国冻结了美国银行及其外国分行持有的伊朗政府的财产。法院一般认定母行应当按照法院的裁定冻结外国公司在母行的外国分行开设的账户。另外，法院一般认为，一个母行应当为外国分行产生的债务承担责任，因为分行受到母行的监控和管理。

6.8.5 母国与东道国的管理冲突

甲国要求本国银行开设的外国分行执行本国制定的有关存款的规则，乙国却要求外国的母行在本国开设的分行应当执行本国有关存款的规则。如果总部在甲国的银行，在乙国设立了分行，那么，银行究竟应当遵守哪一国的存款规则？

有学者认为，分行只应该遵守东道国的法律规范，无须考虑母国对于母行执行的法律规则。这是因为，这一个规则最为精确地反映了银行和存款者的期待，将是各国政府接受的、关于银行的存款监管权利最合理的分配方式。然而，学者提出的这一规则只是一个建议，就这个问题还没有产生任何判例，虽然近年来银行监管法律的冲突变得越来越普遍。

一些最近签订的国际协定建议对于母行和分行由东道国母国实施联合监管，特别是在资本充足率这一领域中。由十国集团的成员国设立的银行监管业委员会发布了多个报告，对如何分配监管责任提出了建议。英国和美国等几个国家正尝试在本国的法律中引入这一规则[三]。

◇ **参考案例**

梅内德斯雪茄案

1960年9月，古巴政府国有化了五大雪茄制造商，梅内德斯就是其中一个。传统上，这些雪茄公司的产品主要出口美国，美国的进口商用美元结算，向出口商开出美国银行的支

[一] 美国中央银行与货币委员会在1970年发布的报告称，秘密外国银行账户纵容了白领犯罪，P147。
[二] 同上，P150。
[三] Joseph J. Norton and Sherry C. Whitely, Banking Law Manual, § 15.09 (1990).

票，出口商可以自行兑付，也可以由作为出口商托收代理人的美国其他银行收款或者由纽约托收行或古巴进口商指定的人收款。纽约托收行收款后，转付给古巴班科国民银行，该银行向出口商以比索结算。这家古巴银行也被当时的古巴政府国有化，成为政府外汇管制的工具。古巴的企业国有化之后，当即驱逐了企业股东，由政府指定管理人管理企业的经营，并继续以原企业的名义向美国进口商出口雪茄。而原美国的进口商仍按原来的支付方式结算，其中大部分款项是为了偿付国有化之前出口货物的货款。尽管进口商接受了国有化企业生产的雪茄，但并没有支付大部分货款。国有化企业与美国进口商之间的交易持续到1961年2月，最终因美国政府的禁运终止了。

当古巴政府国有化那些雪茄企业之后，这些企业的原股东逃到了美国，在纽约起诉了美国进口商，要求进口商偿还货款。古巴国有化企业的管理人试图干涉这些诉讼，取代这些股东在诉讼中的地位，古巴政府也支持管理人的行为。

初审法院判决进口商为其国有化之前的进口商品向企业原股东付款，国有化之后进口的商品向管理人付款，国有化之前进口商已经支付的款项，可以从其中扣除。所有诉讼各方都提起了上诉。

管理人上诉称，是他们而不是原股东有权获得国有化之前交付货物的货款，因为股东收款账户已经包含在国有化接收的全部财产之中了。并且，即使这些账户没有被有效地接收，原股东只有收取古巴比索的权利，这是原股东在古巴开设的账户唯一可以使用的货币，古巴外汇管理规则要求古巴出口商收取外汇后将外汇结算给"古巴稳定基金"以获得比索。法院认为，因为原股东收款账户在国有化时位于美国而非古巴，而且古巴的国有化征收没有支付任何赔偿，违反了美国国内政策，国家行为原则不适用，管理人的请求应当被驳回，这些账户应当属于原股东而不是管理人。

管理人还主张，即使国有化没有剥夺原股东从收款账户收取货款的权利，初审法院在适用古巴外汇管理规则时也存在错误，初审法院无视这些规则，让原股东毫无依据地获得了大量的不义之财，而最终由管理人和古巴政府承担最终的成本。法院认为，没有任何书面证据证明货款的支付应当在古巴以比索支付，相反，当事人之间的惯例是通过托收，由美国纽约的银行签发支票，这些银行是卖方的代理人，支票被寄给古巴的出口商，支票的兑付最终发生在美国。依据国际私法的规则，合同应当实际适用履行地的法律。另外，法院之所以拒绝适用古巴的外汇管理规则，是因为外汇管理规则的本质是一种国家税收法，一个国家没有义务实施其他国家的国家税收法。《国际货币基金协定》第8条规定，缔约国应加强国际合作，以促进彼此外汇管理规则的实施，但是，古巴已经退出了协定，无权援引此条规定。再者，进口商应付的是美元而非比索。

最终，上诉法院维持了初审法院的判决。

本章练习

1. X 和 Y 是德国的两个外汇交易商，X 同意卖出 100 万墨西哥比索给 Y，按约定的德国马克价格在一周内交付。X 交付比索的日期比规定时间迟延了三日，此时墨西哥政府将比索贬值了 20%。Y 起诉至德国法院要求撤销合同。Y 可以胜诉吗？为什么？

2. A 国的 X 与 B 国的 Y 计划订立一个合同，他们应当如何才能避免记账货币波动的风险呢？

3. Q 国禁止本国公司每月带出本国货币的数额不超过 1 000 元。为了规避这一限制，居住在 X 国的 Q 国国民 E 女士和日本东京的导游 Z 先生达成一致，E 从 Z 处以超高的汇率购入日元，E 从 Q 国的 W 银行开立支票给 Z 先生，Z 定期陪旅游团到 Q 国旅游的时候，兑付 E 女士开立的支票，Z 从出售日元的交易中获利颇丰，而 E 也可以带出更多的本国货币。后来，Q 国有关部门得知了 E 和 Z 的交易，查封了 E 的银行账户，Z 无法兑付 E 开立的支票。于是向 X 国起诉了 E，要求 E 退还已付款项。X，Q 以及日本都是国际货币基金组织的成员国，Z 能够胜诉吗？

4. M 银行是一家伦敦的大银行，在波士顿设立了分行。美国政府怀疑美国黑社会头子 Z 将犯罪所得存在 M 行伦敦总部以及波士顿分行，控方要求美国法院向波士顿分行的负责人发传票，要求负责人交出分行及总部有关 Z 存款的所有记录。法院应当如何处理？

5. A 国的 Q 银行在 B 国设立了分行。X 在分行存入了 A 国货币。X 指示分行将资金转到 P 银行在 B 国的分行。P 银行也是 A 国的银行。处理这类交易的通常做法是 Q 银行的分行请求母行通过 A 国的中央银行，借记自己与母行的账户，贷记 P 行在中央银行的账户。然而，P 行贷记分行账户，A 国禁止 X 所有资金的转移，因而，Q 银行和 P 银行都无法转账。X 在 B 国起诉，要求法院裁定两家分行无须通过母行或 A 国中央银行直接进行转账。X 能够胜诉吗？

第7章

货物贸易

■ 概述

国际货物贸易是世界经济的一项重要内容，各国为了发展本国的对外贸易，保护本国市场，纷纷采取不同类型的关税与非关税保护措施，导致国家间的贸易纠纷频频发生。为了协调各国贸易政策，尽量避免国家间的贸易纠纷与冲突，国际社会做出了大量的努力。1947年《关税与贸易总协定》的订立以及1995年世界贸易组织的成立是两项重要成果。世界贸易组织三大协定之一——1994年《关税与贸易总协定》及有关协定成为规范各国国际贸易政策的重要规则体系。本章介绍世界贸易组织的有关情况，重点介绍1994年《关税与贸易总协定》及其主要相关协定的内容。

7.1 现代国际贸易法的历史

在过去的60年里，国际贸易取得了显著增长。在很大程度上，这是因为世界各国相互合作，共同消除国内保护主义法律，促进货物的自由贸易取得的成果。过去60年中，国际法上一个引人注目的趋势是关税和配额正平衡地转向国际的自由贸易。大多数国家曾经制定了保护自己的商业和制造业的法律，然而从20世纪40年代以来，世界各国产生了持续性转变，开始通过多边努力减少关税和其他贸易壁垒。《关税与贸易总协定》的条约、欧盟、世界贸易组织以及许多其他国际协定、组织取得了重大成果，极大地降低了关税，大大地促进了国际贸易的发展。现在，企业是在一个真正的全球化市场上从事经营。

然而，我们正处在一个转折点，未来贸易自由化的进程将变得越来越困难。在过去的几年中，反对全球化的呼声渐起。现在我们可以清楚地看到，在贸易变得越来越自由、经济日益全球化的情况下，各国输赢并存。情况表明，与小型企业、农业生产者以及弱小的国家相比，大型跨国企业以及强大的国家从关税壁垒的消除之中获得了更多的利益。"富者愈富"已经成为反全球主义者在大多数大型国际经济贸易会议上的战斗口号。

其他一些组织抱怨说，自由贸易忽视了环境保护以及劳工保护，在发展中国家造成了令人恐怖的环境和劳工问题。另外，发达地区和国家（尤其是欧盟和美国）的工会组织坚持认为，因为制造厂迁移到低收入国家，工作也被外包给低收入国家的个人和企业，自由贸易和全球化导致了数千个良好的就业岗位的流失。最近几年发达国家公司的赢利水平显著提高，而工资一直停滞不前。随着全球化的深入，美国的贸易赤字急剧增加，因为美国人购买了越来越多外国制造的商品，特别是从中国以及其他低收入国家出口的商品。

正如《华尔街日报》在2007年年初发表的一篇文章中对于达沃斯世界经济论坛的主题所进行的评论："全球化并不是对每一个人都有利，发达国家停滞不前的工资水平和不断增加的工作不稳定性，使越来越多的人对于货物、资本和人员跨进自由流动产生了抵触情绪。如果这种情绪得不到控制，共同的恐惧将转化成政治上的激烈反应，从而导致保护主义抬头，或者至少造成将来签订更加广泛的自由贸易协定的困难。"⊖

尽管如此，虽然存在众多抗议之声，显然全球化的趋势已经不可逆转。过去60年里，技术、社会和政治的发展不会被改变，我们如今在全球市场上生活并从事经营。我们应当重视那些创造并设定自由贸易规则的长期稳定的事件、条约、协定和组织。

7.1.1　1947年《关税与贸易总协定》

20世纪30年代的大危机在很大程度上是贸易保护主义的直接结果。1932年，富兰克林·罗斯福当选美国总统，促使经济从大危机中尽快复苏是他的主要目标，促进国际贸易的自由化是实现这一目标的策略中的核心内容。自1934年之后，美国与主要的贸易伙伴达成了在互惠的基础上降低关税的双边协定。这个努力一直持续到第二次世界大战结束。通过双边和多边谈判降低关税的理念，成为1941年《大西洋宣言》的一部分。1944年7月，联合国货币和金融会议在布雷顿森林召开，会议决定创设一个将促进贸易自由化和多边经济合作的国际体系。布雷顿森林体系原来计划成立三个组织作为这个国际体系的核心：国际货币基金组织、世界银行和国际贸易组织。相对于前两个组织，国际贸易组织并不走运。在国际货币基金组织和世界银行成立之后，直到1949年联合国经济与社会理事会才制定了一个委员会着手准备成立国际贸易组织的工作。美国曾经是国际贸易组织最强力的倡导者，但是，到了1948年，美国国会的立场转向保守和保护主义，美国总统杜鲁门因为担心国际贸易组织宪章得不到国会的批准，从而对美国的外交政策产生负面的影响，因而没有把国际贸易组织宪章提交国会审议。国际社会由此失去了成立国际贸易组织的动力。

国际贸易组织没有能够成立，相反，发达的市场经济国家在1947年签订了《关税与贸易总协定》（GATT 1947）。协定的创始缔约国是组成起草国际贸易组织宪章的预备委员会的那些国家。协定借用了国际贸易组织宪章的一些内容。GATT 1947是一个多边条约，条约规定了缔约国以"互惠互利"为基础，开展有关"关税和其他贸易障碍的大幅度削减"的谈判。

GATT 1947的主要原则有：①禁止贸易歧视，每一个缔约国应当给予其他缔约国以相同的贸易特权和利益（最惠国待遇）；一旦外国货物进入某一缔约国，外国商品应按本地商品同等对待（国民待遇）。②一个缔约国可实施的限制其他缔约国货物进口的手段只有关税，但协定另有规定的除外。③缔约国的贸易管理应当透明。④关税同盟和自由贸易协定可以被

⊖ Marcus Walker, "Just How Good is Golbalization?", Wall Street Journal, January 25, 2007, p. A10.

视为合法的自由贸易措施,只要它们没有在总体上对其他缔约国构成歧视。⑤缔约国只能征收以下税费:(a)与国内税等额的进口税;(b)反倾销税;(c)反补贴税;(d)为提供服务收取的规费和其他适当费用。

1947 年在日内瓦设立的法律框架一直持续到 1994 年世界贸易组织成立,基本上没有发生改变。即使在世界贸易组织的有关协定中,GATT 1947 的实质性规定依然保留,成为《关于建立世界贸易组织的协定》的附件(使用了 GATT 1994 的名义)。

7.1.2 多边贸易谈判

为了使 GATT 1947 能够适应新的形势,缔约国定期开展多边贸易谈判,谈判有一个非正式的名称——回合(round)。包括 1947 日内瓦回合,GATT 共开展了有 8 轮多边贸易谈判⊖。

1986~1994 年,关税与贸易总协定开展了第八轮谈判,即乌拉圭回合谈判。乌拉圭回合对于关税贸易总协定的组织结构产生了重大的改变。以一个新的机构——世界贸易组织取代了非正式的关税与贸易总协定机构。乌拉圭回合在 1994 年 4 月 15 日结束,来自 108 个国家和地区的代表在摩洛哥马拉喀什签署了《最后文件》(Final Act)。同签订国际贸易组织宪章时发生的情形一样,其他国家和地区都在等待美国国会的批准结果,美国国会才直到 1994 年 12 月 8 日批准了《最后文件》。世界贸易组织最终于 1995 年 1 月 1 日诞生。

《乌拉圭回合谈判最后文件》由构成一个整体的三大部分组成(见表 7-1)。第一部分是正式的《最后文件》的文本,这是一份只有一页纸的总括性的文件,介绍了其他两个部分的内容。最重要的是,这一部分规定签字国同意:①将《建立世界贸易组织协定》(世界贸易组织协定)及其附件(四个诸边贸易协定外)提交他们各自的主管机关审议,以期寻求依照他们各自的程序批准该协定;②通过谈判中达成的部长宣言、谅解和决定。

表 7-1 《乌拉圭回合谈判最后文件》主要内容(中英文对照)

英文	中文
FINAL ACT	乌拉圭回合多边贸易谈判结果最后文件
AGREEMENT ESTABLISHING THE WORLD TRADE ORGANIZATION	马拉喀什建立世界贸易组织协定
ANNEX 1	附件 1
ANNEX 1A: MULTILATERAL AGREEMENTS ON TRADE IN GOODS	附件 1A:货物贸易多边协定
General Agreement on Tariffs and Trade 1994	1994 年关税与贸易总协定
Agreement on Agriculture	农业协定
Agreement on the Application of Sanitary and Phytosanitary Measures	实施卫生与植物卫生措施协定
Agreement on Textiles and Clothing	纺织品与服装协定
Agreement on Technical Barriers to Trade	技术性贸易壁垒协定

⊖ 八轮谈判分别是:日内瓦(与 1947 年关税总协定谈判同时进行),法国安那西(1949 年),英国托基(1950~1951 年),日内瓦(1955~1956 年),日内瓦的狄龙回合(1961~1962 年),日内瓦的肯尼迪回合(1964~1967 年),日内瓦的东京回合(1973~1979 年)和乌拉圭回合(1986~1994 年)。

(续)

英文	中文
Agreement on Trade-Related Investment Measures	与贸易有关的投资措施协定
Agreement on Implementation of Article VI of the General Agreement on Tariffs and Trade 1994 (antidumping)	关于实施1994年关税与贸易总协定第6条的协定
Agreement on Implementation of Article VII of the General Agreement on Tariffs and Trade 1994 (customs valuation)	关于实施1994年关税与贸易总协定第7条的协定
Agreement on Preshipment Inspection	装运前检验协定
Agreement on Rules of Origin	原产地规则协定
Agreement on Import Licensing Procedures	进口许可程序协定
Agreement on Subsidies and Countervailing Measures	补贴与反补贴措施协定
Agreement on Safeguards	保障措施协定
ANNEX 1B: GENERAL AGREEMENT ON TRADE IN SERVICES	附件1B：服务贸易总协定
ANNEX 1C: AGREEMENT ON TRADE-RELATED ASPECTS OF INTELLECTUAL PROPERTY RIGHTS	附件1C：与贸易有关的知识产权协定
ANNEX 2: UNDERSTANDING ON RULES AND PROCEDURES GOVERNING THE SETTLEMENT OF DISPUTES	附件2：关于争端解决规则与程序的谅解
ANNEX 3: TRADE POLICY REVIEW MECHANISM	附件3：贸易政策审议机制
ANNEX 4: PLURILATERAL TRADE AGREEMENTS	附件4：诸边贸易协定
ANNEX 4 (a) AGREEMENT ON TRADE IN CIVIL AIRCRAF	民用航空器贸易协定
ANNEX 4 (b) AGREEMENT ON GOVERNMENT PROCUREMENT	政府采购协定
ANNEX 4 (c) INTERNATIONAL DAIRY AGREEMENT	国际奶制品协定
ANNEX 4 (d) INTERNATIONAL BOVINE MEAT AGREEMENT	国际牛肉协定
Ministerial Decisions and Declarations	部长决定与宣言

第二部分由《世界贸易组织总协定》及其附件组成，包括两个部分：多边贸易协定和诸边贸易协定。多边贸易协定是《世界贸易组织总协定》不可分割的部分，对于世界贸易组织的所有成员都有效力，包括：①包括1994年《关税与贸易总协定》在内的14个货物贸易协定；②《服务贸易总协定》；③《与贸易有关的知识产权协定》；④《关于争端解决规则和程序谅解》；⑤《贸易政策审议机制》。四个诸边贸易协定也是《世界贸易组织协定》的一部分，但是，这些协定只对于那些批准方有约束力，对于没有接受协定的那些成员不创设任何权利和义务。

第三部分也是最后一部分是部长宣言、决定和谅解。

7.2 世界贸易组织

世界贸易组织（简称WTO）是按照乌拉圭回合多边贸易谈判达成的协定设立的一个伞

状结构组织。正如《建立世界贸易组织协定》的规定，世界贸易组织旨在为实施协定提供一个"共同的机构框架"[一]。世界贸易组织具有四项基本职能，分别是[二]：

（1）实施、管理和执行WTO协定及其附件；
（2）为多边贸易谈判提供谈判场所；
（3）作为贸易争端解决的机构；
（4）审查成员贸易政策和活动。

另外，为了获得全球经济政策更大的一致性，世界贸易组织将与国际货币基金组织和世界银行开展合作。

7.2.1 世贸组织协议

《建立世界贸易协定》（《世界贸易总协定》）被誉为"小宪章"，因为这个协定与国际贸易组织"哈瓦那宪章"相比，复杂程度要低得多。当然，"哈瓦那宪章"从来没有获得通过，通过的是1947年《关税与贸易总协定》。1947年这个协定是一个由专业的秘书处提供服务的国际协定，《建立世界贸易组织协定》所做的是，把1947年这个协定转化成为一个成员制的组织[三]。

需要重申的是，《世界贸易组织协定》不是胎死腹中的"哈瓦那宪章"的翻版。"哈瓦那宪章"中包含了大量的实质性规则，而世界贸易组织协定完全是由组织性的、程序性的规则构成，这一点和"哈瓦那宪章"是完全不同的[四]。从本质上讲，世界贸易组织协定建立了一个法律框架，它把1947年《关税与贸易总协定》项下通过谈判达成的不同贸易协定整合在一起。因此，世界贸易组织是为了监督所有的乌拉圭回合协定的实施而设立的一个统一管理机构。这解决了困扰原来的关贸总协定的两个问题。首先，因为1947年的关贸总协定只与货物贸易有关，不是一个处理与服务贸易和知识产权保护有关协定的机制。将组织的概念从实体性规则中分离出来的世界贸易组织协定克服了这一困难。其次，因为国际贸易组织从来没有形成，原有的关贸总协定没有正式的结构，世界贸易组织的成立解决了这个问题。

然而，世界贸易组织协定无论从范围还是从功能方面讲，和原有的关贸总协定没有实质的不同。这个协定没有创立一个超出成员方主权的新的超国际组织[五]。事实上，世界贸易组织受到了原有的关贸总协定的程序、惯例和决定的指引。正如世界贸易组织协定的起草者约翰·杰克逊（John Jackson）就世界贸易组织向美国参议院财政委员会所做的报告指出的，世贸组织所拥有的真实权利一点儿不比关贸总协定按照原有的协定多[六]。

[一] 《建立世界贸易组织协定》第3条第1段。
[二] 《建立世界贸易组织协定》第3条第1段至第4段。
[三] Jeffrey J. Schott and Johanna W. Buurman, The Uruguay Round: An Assessment, p. 133 (1994).
[四] Thomas J. Dillon, Jr,. "The World Trade Organization: A New Legal Order for World Trade", Michigan Journal of International Law, vol, 16, p. 355 (1995).
[五] Thomas J. Dillon, Jr,. "The World Trade Organization: A New Legal Order for World Trade", Michigan Journal of International Law, vol, 16, p. 355-356 (1995).
[六] 《建立世界贸易组织协定》第16条第1段。

7.2.2 世贸组织成员资格

世界贸易组织至今已经拥有 158 个成员○。世贸组织的成员包括国家（地区）和能够自主控制关税政策的单独关税区。1947 年关贸总协定的缔约国（地区）以及欧盟，有资格成为世界贸易组织的创始成员。这些创始成员同意遵守乌拉圭回合多边贸易协定，并在加入世贸组织后一年之内提交有关工农业货物贸易的承诺减让表以及有关服务贸易的具体承诺表。然而，联合国承认的最不发达国家（地区）只需承担与其各自发展、财政和贸易需要或其管理和机构能力相符的承诺和减让○。

不具有创始成员资格的国家（地区），如果要加入世贸组织，必须按照其与世贸组织议定的条件加入，拟加入世界贸易组织的国家（地区）与世贸组织议定的协定，必须经过部长会议 2/3 的多数表决同意。

一个国家（地区）成为世贸组织成员的时候，也只有在此时间，它才可以享有世界贸易组织协定第 13 条"多边贸易协定在特定成员间的不适用"所规定的权利。该条与原关贸总协定第 35 条类似，允许一个成员可以无视另一成员已经加入世贸组织协定以及多边贸易协定，第 13 条第一段规定："任何成员，如在自己成为成员时或在另一成员成为成员时，不同意在彼此之间适用本协定及附件 1 和附件 2 所列多边贸易协定，则这些协定在该两成员之间不适用。"

最后，任何成员均可在 WTO 总干事收到书面退出通知之日起 6 个月期满后退出世界贸易组织○。

7.2.3 世贸组织的结构

WTO 有 5 个主要机构：①部长会议；②总理事会，兼有贸易争端解决机构和贸易政策审议机构的职能；③货物贸易理事会；④服务贸易理事会；⑤与贸易有关的知识产权理事会（见图 7-1）。

部长会议尤其是总理事会的组成受到了批评，理由是，太多的管理本身并不能产生运行效率或者严肃的政策讨论○。然而，在乌拉圭回合谈判中，试图建立一个像国际货币基金组织以及世界银行的董事会那样精悍的管理机构的努力并没有成功。实力较弱的国家（地区）反对这种结构，因为这种管理机构毫无疑问地会像世界银行和国际货币基金组织那样，被实力较强的贸易国（地区）控制和主导。即使没有安排，主要的贸易国（地区）仍然可以寻求建立超越法律之外的机制，就像它们在原来的关贸总协定谈判中的做法一样。当时，美国、欧盟、加拿大和日本成立的非正式的国家集团，称为四方集团（Quad）。而欧盟和美国在乌拉圭回合关于农业的谈判中，直接达成自己的协议之后，坚持要求其他谈判各方必须接受协议条款。然而，自 2001 年多哈部长会议之后，发展中国家（地区）和欠发达国家（地区）也组成了自己的集团，维护自己的主张。

除 WTO 的主要机构之外，WTO 还设有由总干事为首的秘书处，总干事由部长会议任

○ 参见世界贸易组织网站。http://www.wto.org/english/thewto_e/whatis_e/tif_e/org6_e.htm.
○ 《建立世界贸易组织协定》第 11 条。
○ 《建立世界贸易组织协定》第 15 条。
○ Jeffrey J. Schott and Johanna W. Buurman, The Uruguay Round: An Assessment, p. 139 (1994).

命。1947 年关贸总协定的机构，在世贸组织成立之后，转换成了世贸组织的秘书处。原来关贸总协定秘书处的职能是有限的，不多的预算大大限制了秘书处进行研究和开展自己项目的能力。世贸组织的秘书处因为承担了支持贸易政策审议机制，审议成员的贸易政策的新职能，而增强了责任；尽管如此，秘书处仍然保持相对较小的规模。

世贸组织的总干事承担领导行政监管的责任。因为世贸组织的决定是由成员通过部长会议或者从理事会做出的，总干事除了谈判、调解和说服之外，几乎没有政策制定方面的权力。总干事的职能主要是管理性的。总干事任期 4 年，由世贸组织成员选举任命，领导世贸组织秘书处大约 700 名工作人员。

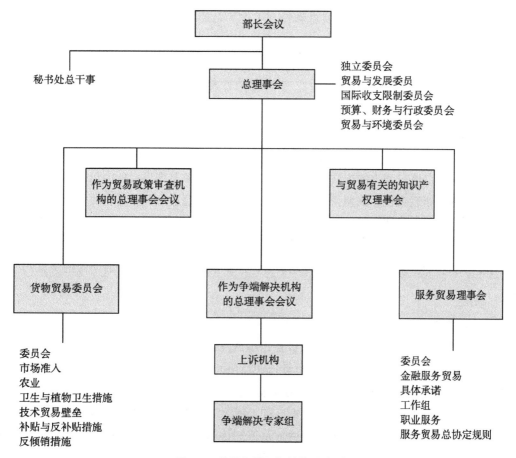

图 7-1 世界贸易组织结构示意图

1. 部长会议

部长会议是世贸组织的最高决策权力机构，由所有成员方主管对外经贸的部长、副部长或其全权代表组成，两年举行一次会议，讨论和决定涉及世贸组织职能的所有重要问题。部长会议五个专门委员会，处理以下五个方面的问题：①贸易与发展；②国际收支限制；③预算、财务和行政；④环境和贸易；⑤地区协定。世贸组织的部长会议已经成为国际上的盛事，来自 158 个国家和地区的数千名代表，世界上众多非政府组织的成员、反全球化的抗议者、众多的安保人员和警察、来自世界各地的媒体以及为了各种各样的利益而参加会议的人聚集在一起○。

2. 总理事会

在部长级会议休会期间,其职能由总理事会行使,总理事会也由全体成员组成。总理事会可视情况需要随时开会,自行拟订议事规则及议程。同时,总理事会还必须履行其解决贸易争端和审议各成员贸易政策的职责。这两个机构都有自己的主席。另外,货物贸易理事会、服务贸易理事会以及与贸易有关的知识产权理事会在总理事会的指导下开展工作,分别负责三个主要的世贸组织协定——1994年《关税与贸易总协定》《服务贸易总协定》以及《与贸易有关的知识产权协定》的实施和管理工作。总理事会还负责与其他在职能上与世贸组织相互关联的政府间组织开展"有效的合作",以及与那些和世贸组织具有利益关系的非政府组织进行"磋商和合作"。

7.2.4 世贸组织的决策机制

WTO协议规定,WTO将"继续GATT 1947采用的协商一致的决策方式"。协商一致(consensus)是指通过同意且无明确异议的表决方式做出决议。但是,如果不能达成协商一致,世贸组织可以通过表决的方式做出决定。在部长会议和总理事会的会议上,每一个世贸组织成员拥有一票表决权,欧盟持有的表决权等于(但不超过)其具有世贸组织成员资格的成员的数量。在大多数情况下,只需简单多数就可通过。在特殊的情况下,则是要大多数成员表决通过,而不仅仅是简单多数。这些事项包括:世贸组织协定及诸边贸易协定的解释,成员方义务的豁免,协定的修订,以及理事会在行使争端解决机制职能时所做的决策。

1. 豁免

1947年关贸总协定有时被称为由豁免条款构成的满是漏洞的体系。这种情况在世贸组织协定中显著地得到了改善。首先,在世贸组织成立之后两年内1947年关贸总协定项下的义务豁免终止○。其次,获得新的或者继续行使豁免的程序更加严格。申请豁免的成员必须:①说明准备采用的措施;②确定意图达到的政策目标;③解释为什么不能在不违反1994年关贸总协定项下的义务的情况下实现政策目标。再次,豁免必须有部长会议在最长90天内,以协商一致的方式通过。如果在此期限内成员不能协商一致,豁免必须经过成员3/4多数表决通过。此后,豁免每年还必须经过审查。最后,任何因豁免而引起的争端,无论豁免是否按照协议条款和条件履行,都可以提交争端解决机制解决。

2. 争端解决

《关于争端解决规则与程序的谅解》(the Dispute Settlement Understanding, DSU)改善

○ 至2013年,世贸组织部长会议举行了9次。参见世界贸易组织网站关于部长会议的介绍。http://www.wto.org/english/thewto_e/minist_e/minist_e.htm.

○ 只有一个例外,美国《琼斯法》继续有效,但应定期受到政策审查。该法限制美国之外的船舶在美国的内河以及经济专属区从事货运。

了 1947 年关贸总协定项下的争端解决程序。更重要的是，争端解决机制建立了解决关于世贸组织协定及其附件（除了关于建立贸易政策审议机制的附件之外）争端的统一体制㊀。

3. 贸易政策审议

世贸组织协定附件 3 建立了贸易政策审议机制。这一机制的设立以贸易政策审议委员会（Trade Policy Review Board, TPRB）为核心，是世贸组织的审查者或者"看门狗"。它负责促使所有的世贸组织成员"更好地遵守"世贸组织多边贸易协定，或者促使诸边贸易协定的签字国履行协定义务。然而，贸易政策审查委员会既不强制实施协定，也不解决成员之间的争端。为实现委员会的目标，贸易政策审查委员会对所有成员的贸易政策和做法进行定期审查，发布有关国际贸易环境的年度报告。

7.3 1994 年《关税与贸易总协定》

GATT 1994 基本上是由与 GATT 1947 相同的规则构成。GATT 1994 所做的改变主要是术语上的变化，如用"成员"一词代替了"缔约国"。即使两者之间存在相似之处，但它们仍被 WTO 协定规定为"法律上不同"的文件。将两者作为法律上不同的文件的意义是：① WTO 不是 GATT 的法律继承者；② GATT 1994 的成员对于 GATT 1947 的缔约国没有法律义务。因此，世贸组织不受 1947 年关贸总协定的约束，也不承担由先前的关贸总协定的任何义务，除非世贸组织明确地表示愿意承担有关责任。

另外，没有宣布退出 1947 年关贸总协定的世贸组织成员要承担两套涉及不同国家的不同义务。而退出了 1947 年关贸总协定（成员可以在 1995 年 12 月 31 日前行使这一权利）的世贸组织成员只需要承担 1994 年协定项下的义务。

虽然 1994 年协定不是 1947 年关贸总协定的法律继承者，大多数由关贸总协定理事会做出的、缔约国共同遵守的决定，以及关贸总协定的争端解决专家组关于总协定的文本所做的决定，则继续有效。然而，一些决定经 1994 年协定的修改后，成为新的总协定附后的一系列"谅解"。

7.3.1 直接效力

GATT 1994 的一些规定具有直接效力，即它们可以被私人（包括自然人和法人）援引，起诉某一成员。具体地讲，那些禁止成员不得违反总协定采取行动的规则，具有直接效力。那些要求成员采取某些积极措施的规则，只有成员允许私人起诉时，才具有直接效力。

一位意大利商人因意大利财政部对其从澳大利亚进口的羊毛征收"管理服务税"，起诉意大利财政部，称财政部违反了 GATT 1947 第 3 条第 1 款（b）。意大利最高法院认为，GATT 的禁止性规定具有直接效力，构成意大利法的组成部分，一个公民或公司可以依此规定起诉。

㊀ 参见第 3 章有关世贸组织争端解决程序的内容。

7.3.2 非歧视

GATT 最基本的原则是国际贸易的开展不应存在歧视。这一原则的具体形式是最惠国待遇原则和国民待遇原则。

1. 最惠国待遇原则

1994 年协定规定，每一个成员应对所有其他成员一视同仁地适用其关税规则。协定第 1 条第 1 款规定："任何缔约方给予来自或运往任何其他国家任何产品的利益、优惠、特权或豁免应立即无条件地给予来自或运往所有其他缔约方领土的同类产品。"

最惠国待遇规则不适用于：①为反倾销和反补贴采取的措施；②关税同盟和自由贸易区的设立；③为保护公众的健康、安全、福利和国家安全。除此之外，GATT 规定了发展中国家例外。为了促进和保护发展中国家的经济，协定鼓励发达国家在贸易谈判中不向发展中国家要求互惠原则，授权发达国家采用有利于发展中国家的优惠措施。

1947 关贸总协定的缔约国批准可以引入 1994 年协定的两类优惠待遇措施：普惠制（general system of preferences，GSP）和南－南优惠（South-South Preferences）。普惠制允许发展中国家在非互惠的基础上向提供普惠制的国家出口全部或几乎全部产品，其目的是提高发展中国家在国际市场的竞争力，减少对于原料或初级产品生产的依赖性。南－南优惠使发展中国家可互相提供关税优惠，而无须向发达国家提供同样的优惠。之所以称为南－南优惠，是因为大多数发展中国家都处于南半球。

2. 国民待遇原则

国民待遇原则是关贸总协定非歧视原则的第二个表现形式。最惠国待遇原则要求成员本国边境之上不得设立歧视性措施，国民待遇原则与最惠国待遇原则相反，要求外国产品一旦进入国境，就应当与本国国内产品一样受到平等待遇。关贸总协定第 3 条第 4 款规定："任何缔约方领土的产品进口至任何其他缔约方领土时，在有关影响其国内销售、标价出售、购买、运输、分销或使用的所有法律、法规和规定方面，所享受的待遇不得低于同类国产品所享受的待遇。"第 3 条第 2 款规定，任何缔约方领土的产品进口至任何其他缔约方领土时，不得对其直接或间接征收超过对同类国产品直接或间接征收的任何种类的国内税或其他国内费用。在 1998 年日本酒税案中，加拿大、欧盟和美国诉称，日本对于本国生产的烧酒征收的税收低于进口酒（包括伏特加），违反了 GATT 1994 第 3 条第 2 款。GATT 第 3 条规定，进口商品应享受国民待遇，即，其被征收的国内税收不应高于相似的国内产品。在比较了日本烧酒和伏特加之后，专家组认为这的确是两种相似产品。日本的做法违反了 GATT 的规则。

国民待遇原则与最惠国待遇原则一样存在例外规定。这些例外包括：在 1947 年关贸总协定生效之前已经存在的优惠，政府机关为单纯的行政目的采购商品时实行的差别待遇，为国内产品提供补贴产生的差别待遇，国产影片放映时间的差别待遇。

7.3.3 只能采取关税保护措施

关贸总协定的第二项基本原则是每一成员国只可以采取关税（tariffs）措施保护国内产

业。关贸总协定第 8 条禁止成员方采用阻碍价格机制的配额和其他数量限制措施。协定第 10 条第 1 款规定："任何缔约方不得对任何其他缔约方领土产品的进口或向任何其他缔约方领土出口或销售供出口的产品设立或维持除关税、国内税或其他费用外的禁止或限制，无论此类禁止或限制通过配额、进出口许可证或其他措施实施。"在 1947 年关贸总协定的准备会议上，美国贸易代表对这一规定的原理⊖做了解释。采取关税保护的情况下，进口总量可以随着贸易的发展而增加，贸易总量是有弹性的。而在配额管理的情况下，贸易量受到刚性限制，无论多少人愿意购买和消费，如果主管机构认为不适合进口，哪怕多一点点的商品也不能进口。在关税保护的情况下，贸易方向和进口来源可以随着质量、成本和价格的变化而变化。在配额系统里，贸易方向和进口来源与商品的质量数量和价格无关，完全由主管机构确定。关税保护的情况可以确保所有其他国家的平等待遇，在配额系统，无论规则多么详细，无论如何加强监督，都会在不同国家之间毫无疑问地产生差别待遇。

对于只能通过关税保护这一原则，关贸总协定规定了若干例外，主要包括：

（1）为防止或缓解出口缔约方的粮食或其他必需品的严重短缺而临时实施的出口禁止或限制；

（2）为实施国际贸易中的商品归类、分级和销售标准或法规而必须实施的进出口禁止或限制；

（3）为了稳定国内农业市场而对进口的农产品和鱼制品实施的数量限制；

（4）为保障本国国际收支平衡而采取的数量限制⊖；

（5）发展中国家为发展经济而采取的数量限制。

关贸总协定不仅要求成员国只能把关税作为保护本国国内贸易的主要工具，而且致力于促使成员国实质性的减让关税。成员国之间相互进行关税减让谈判，达成的结果以减让表的形式作为协定的附件。约束关税率（a bound tariff rate）代表了成员国根据 GATT 规定对一类产品可以征收的最高关税水平。一旦约束关税率被确定，按照最惠国待遇的原则，成员应将这一税率适用于所有其他的成员。

7.3.4 透明度

根据关贸总协定第 9 条的规定，透明化原则要求政府向公众和其他国家披露其国内贸易体系所遵循的规则、条例和措施。根据第 10 条的规定，透明度原则要求政府向公众和其他政府公开在国内贸易体系里采用的法律、法规、司法判决和行政裁定。这一项原则实施是协定第 8 条规定的成员尽量简化进出口程序的要求。这些原则的要求可在成员为征税之目的而对进口行为进行分类的方式之中体现出来。

正当 1947 年关贸总协定的谈判在日内瓦进行的时候，西欧也正在讨论建立关税同

⊖ UN Document EPCT/A/PV. 221 at pp. 16-17 (1947).
⊖ 1994《关税与贸易总协定》第 12 条规定："尽管有第 11 条第 1 款的规定，但是任何缔约方为保障其对外金融地位和国际收支，可限制允许进口商品的数量或价值，但需遵守本条下列各款的规定。"第 2 款至第 5 款规定了各项限制条件。

盟。因为政治的原因，早期的努力失败了，但是，谈判国同意利用谈判结果达成的协定建立一套为征收关税而对进口商品进行分类的标准体系。1950年，《海关税则分类目录公约》（Convention on Nomenclature for the Classification of Goods is Customs Tariffs，CNCGCT）被签订，海关合作理事会（Custom Cooperation Council，CCC）在布鲁塞尔成立。大部分国家采纳了这个公约。为了进一步促进国际贸易的发展，海关合作理事会与其他国际性组织经过10多年的努力，终于完成制定了一套新型的、系统的、多用途的国际贸易商品分类体系《商品名称及编码协调制度》（The Harmonized System，HS），并于1988年1月1日正式生效实施。美国于1989年加入了协调制度。

7.3.5 区域一体化

关贸总协定希望通过区域经济一体化促进国际贸易的发展。因此，协定鼓励世贸组织成员参加自由贸易区和关税同盟。自由贸易区由若干国家组成，这些国家之间相互降低或消除关税，但对于其他国家各自保持独立的关税政策。关税同盟由若干国家组成，这国家相互之间降低或消除关税，对于其他国家建立统一的关税[○]。

世贸组织成员参加的自由贸易区和关税同盟不能被其他世贸组织成员设立更多的关税或者更加严格的贸易限制。这项禁止措施也适用于为建立自由贸易区和关税同盟而订立的过渡性协议。

任何准备加入自由贸易区和关税同盟的成员必须立即通知世贸组织。世贸组织将评估审查成员准备签订的协定和过渡安排，以确保其措施符合《关税与贸易总协定》第24条的规定。评估的结果将报告世贸组织部长会议，部长会议将批准报告或者提出修改建议。协定24条第7款规定，如协定参加方不准备依照这些建议修改该协定，则不得维持或实施此类协定。

一旦自由贸易区或者关税同盟设立，关税贸易总协定的规则将整体性地适用于自由贸易区或者关税同盟，而不是适用于构成自由贸易区和关税同盟的国家。在许多方面，关税同盟或自由贸易区就像一个区域性的关贸总协定，有自己的关税和非关税措施。

7.3.6 商品协定

商品协定（commodity arrangement）是通过政府间对于初级产品供需的调整，以稳定产品供需的贸易管理手段。一般说来，所谓初级产品（primary commodities）是那些通过提取或采集而获得，在利用或消费之前需要进行最低程度的工业加工的产品。初级产品通常包括香蕉、铝矾土、可可、咖啡、铜矿石、棉花和棉纱、铁矿石等。关贸总协定允许成员以出口国和进口国的身份参加商品协定，只要协定经过世贸组织批准。在过去，为监督商品协定的执行和促进商品协定，1947年关税贸易总协定和联合国经济社会理事会以及联合国贸易发展会议进行了合作。联合国贸易发展会议对商品协定提供了最积极的支持。1976年，联合

[○] 1994年《关税与贸易总协定》第24条的第8款。只有贸易区和关税同盟可以由国家或者单独关税区（为海关之目的可视为独立区域的国内部分）构成。

国贸易发展会议通过了商品整合计划（IPC），计划要求建立与可可、咖啡、棉花等10种重要商品有关的商品协定，建立国际共同基金，资助维持初级商品缓冲库存费用，以此作为一种稳定供给的方式。现在，已经订立商品协定的商品有可可、咖啡、橡胶、糖以及锡金属，但是建立共同基金的资金尚无着落。

商品协定一经签订，根据协定建立的组织独立于世贸组织、联合国经济社会理事会或者联合国贸易发展会议。协定通常包含关于以固定的价格购买和出售商品的合同义务、向国际市场出售商品的出口数量配额的规定。协定还设立由一个核心机构运行的国际金融缓冲库存，为稳定国际价格购买或出售库存。

7.3.7 保障措施

1994年关贸总协定第14条"对某些产品进口的紧急措施"是一项例外条款或称安全阀，该条允许一个成员在从其他成员进口商品数量激增时，暂时免于承担其GATT项下的义务。受损害的成员可以采取紧急贸易限制措施，即保障措施，如果它可以证明对于其某一国内产业造成了实际的损害或严重的损害威胁。采用保障措施的国家必须通知世贸组织，并和受到影响的出口成员就补偿问题进行磋商。如有利害关系的缔约方之间未能就该行动达成协议，受到损害的出口方有权采取报复行动，中止实施本协定项下与上述影响实质相等的减让或其他义务，以回复到两国之前的平衡状态。有关的程序被纳入了新的《保障措施协定》。

7.3.8 例外

关贸总协定的起草者意识到，成员因为公共政策在某些情况下需要采取与协定贸易自由化的一般目标相互冲突的特定措施。协定第20条规定了"一般例外"，第21条规定了"安全例外"。

一般例外允许成员不履行GATT义务，只要成员的行为不构成"任意或不合理歧视的手段"或"国际贸易的变相的限制"。成员允许采用下列违反协定的措施：

（1）为保护公共道德所必需的措施；
（2）为保护人类、动物或植物的生命或健康所必需的措施；
（3）与黄金或白银进出口有关的措施；
（4）为保证与本协定规定不相抵触的法律或法规得到遵守所必需的措施；
（5）与监狱囚犯产品有关的措施；
（6）为保护具有艺术、历史或考古价值的国宝所采取的措施；
（7）与保护可用尽的自然资源有关的措施，如此类措施与限制国内生产或消费一同实施；
（8）为履行任何政府间商品协定项下义务而实施的措施；
（9）在作为政府稳定计划的一部分将国内原料价格压至低于国际价格水平的时期内，为保证此类原料给予国内加工产业所必需的数量而涉及限制此种原料出口的措施；
（10）在普遍或局部供应短缺的情况下，为获取或分配产品所必需的措施。

1998年世贸组织上述机构审理了美国禁止进口虾类或者虾类制品的案子。在这个案件中，1987年美国根据1973年《濒危物种法》颁布一项规定，要求美国境内捕虾拖网船使用"海龟排除装置"或在捕虾时严重危害海龟生命的特定区域做出捕捞时间限制。这些规定于1990年完全生效。该法对未采用这一技术的虾设置了进口限制，但获得了国务院签发的证书的除外。专家组认为，美国的这一法律违反了 GATT 1994 第9条的规定，也不符合第20条的例外规定。在上诉过程中，本案的争议点是，专家组有关这一法律构成了不合理的歧视的观点，是否正确。世贸组织成员必须采用和国内产品相一致的方式对待进口产品，不得附加其他条件。对此规定存在若干例外，其中一项例外允许一个国家为保护濒危的自然资源而采取限制。美国对于捕虾行为规定了严格的措施，以保护濒危的海龟，并且要求其他国家采取基本一致的做法。专家组首先认定，案件所涉及的海龟构成了关贸总协定第20条（g）规定的濒危自然资源。然而，美国的规则是歧视性的，这一规则适用了一种严格的方式，没有考虑到其他国家为保护海龟而采用的其他的做法。另外，专家组查明美国法律中关于确定其他国家的规则是否符合美国标准的程序是武断的、歧视性的，其他国家没有任何机会提交证据，要求听证或者磋商，也不存在复审或者上诉程序。上述机构建议纠纷解决机构认定美国的规定违反了关贸总协定第11条的规定，不符合第20条规定的例外。

1994年关贸总协定第21条规定的安全例外允许成员不履行协定规定的义务，如果履行这些义务违反成员基本安全利益，或者与成员根据《联合国宪章》应承担的维护国际和平与安全的义务相冲突。

7.3.9 出口管制

成员通过根据关贸总协定的例外规定限制某些产品的出口。使用一般例外限制的出口的例子是若干限制将文物从其原产国移出的多边条约。而使用安全例外的例子包括出于国家安全的出口限制和支持联合国为维持和平采取的行动而做出的出口限制。

7.3.10 保护文化财产

联合国教科文组织（UNESCO）以及国际统一私法协会（Unidroit）分别发起了国际文物交易控制公约。1954年联合国教科文组织发起的《关于武装冲突情况下保护文化财产公约》在海牙签订，1970年《关于禁止和防止非法进出口文化财产和非法转让其所有权的公约》在巴黎签订，公约规定，违反公约规定而造成的文化财产之进出口或所有权转让均属非法，文物的进口、出口和转让，如果违反了保护国家遗产的法律规定，当属非法。公约还要求成员采用必要的手段将被盗文物返还其祖国。1995年国际统一私法协会《被盗和非法出口文物公约》要求成员返还被盗文物。文物所有者在得知文物现存地点之后三年内，或者在盗窃行为发生之后50年内，必须行使请求权。

7.3.11 维护国家安全

长期以来，国家对于具有战略重要意义的出口作为一项关系国家安全的事项进行严格管制。第二次世界大战结束之后，出国管制成为西方国家与东方国家之间爆发冷战的一个重要特征。1949 年，美国及其西欧盟友就制定了限制向苏联及东欧国家出口的立法。美国 1949 年《出口管制法》为以下三个原因限制向社会主义国家出口战略商品：国家安全、外交政策以及保护稀缺物资。1949 年，美国及其盟国成立了多边出口管制协调委员会（COCOM），制定了不得向社会主义国家和其他特定国家出口的商品和技术清单。1993 年，"冷战"结束以后，协调委员会的成员国同意解散委员会。在次年，委员会的成员国在荷兰的瓦森纳正式终止了多边出口管制协调委员会，同意创立一个新的多边机制。

1996 年，包括加拿大、法国、英国、日本、俄罗斯、美国等 33 个国家签订了《关于常规武器和双重用途货物和技术出口限制的瓦森纳安排》，其目标是提高常规武器和双重用途货物转让中的透明度，促进信息交流。这一安排并不阻止善意的交易也不用以对抗任何国家或国家集团，这和多边出口管制协调委员会是完全不同的。成员国应当对已经商定的商品和技术实施出口限制。

7.3.12 其他多边出口控制方式

除瓦森纳安排之外，还有四个多边出口控制项目：奥地利集团、桑戈委员会、核供应国集团和导弹技术控制机制。奥地利集团是 1984 年成立的处理限制生化武器扩散的非正式多边组织，这个组织制定了需要控制出口的设备和材料目录。桑戈委员会是在 1970 年《核武器不扩散条约》生效之后成立的机构，要求核材料或者用于或者准备用于放射性物质的加工、利用和生产的商品的出口者，在进行出口之前，应请求国际原子能机构进行核查，确保商品用于和平目的，也不会在出口到无核的非缔约国。核供应国集团是由《核武器不扩散条约》的成员国以及非成员国组成的，限制核出口以及与核产品有关的产品出口。导弹技术控制机制是一个非正式组织，成立于 1987 年，限制能够投送核武器的导弹技术的出口。

7.3.13 为国际和平而采取的联合国行动

《联合国宪章》授权联合国安全理事会对威胁国际和平的国家采取制裁措施，包括采用贸易禁运的方式。

7.4 多边贸易协定

除了 1994 年关贸总协定以外，还有 13 个关于货物贸易的协定，作为世贸组织协定附件。其中，贸易管理类协定共有 9 个，分别是关于海关估价、装船前检验、技术壁垒、卫生和植物卫生检疫、与贸易有关的投资措施、进口许可程序、补贴和反补贴、反倾销以及保障措施[一]。部门协定包括农业、纺织和服装，新增加了关于原产地规则的协定。另外，还有一个关于成员如何分阶段实施减让和承认表的议定书。这些协定的最主要的特征是，所有的成

[一] 东京回合达成的《政府采购协定》仍属诸边贸易协定，未纳入多边贸易协定。

员均已经加入了这些协定。根据 1947 年关贸总协定，成员不必加入非关税协议，而且确实许多缔约方也没有加入此类守则。这种变化大大促进了贸易方式的协调。另一个重要的协调成果是，所有与非关税协定有关的争端统一由世贸组织争端解决机制管辖。而在此之前，每一个协定都有自己关于争端解决的规定。然而，私人与政府之间关于政府履行特定协定项下义务的纠纷仍然按照协定的规定处理。下面，我们选择几个重要的协定加以介绍。

7.4.1 海关估价

货物在越过国家边境时，应按价值的百分比征收关税，《关于实施 1994 年关贸总协定第 7 条的协定》(《海关估价守则》) 调整 WTO 成员方货物应税价格的计算方法，以建立公平、中立且统一的海关估价体系。海关估价的基本方法是计算进口货物交易价格，即以进口货物的实际支付价格或其出口时的应付价格作为计算应收税收的依据。

如果在不能公平地确定进口商品的交易价格时，海关将适用替代价格。首选的方法是以进口国相同时间进口的相同产品的交易价格作为应税价格；如果无此价格，则以进口国相同时间进口的类似产品的交易价格作为应税价格；如果无此价格，则适用推定价格、估算价格或类推价格的方法计算应税价格。

推定价格，以相似进口货物在进口国相同时间或相似时间售予无关系方的价格为基础计算的应税价格。估算价格是以根据货物的制造、管理和买卖成本计算出的价格为基础计算出的应税价值○。如果上述方法均不适用，则采用类推价格法，类推价格是适用任何最合适的方法并根据特定情况加以调整确定的应税价格。

7.4.2 技术贸易壁垒

《技术性贸易壁垒协定》对成员方起草、通过或适用技术法规或技术标准做出了规定，以确保这些条例和标准：①为人类动物、植物的生命和健康以及环境提供了适当水平的保护；②防止欺诈性做法；③没有制造不必要的贸易壁垒。技术法规是强制性法律或条例，适用于：①产品特性；②生产产品的相关工艺和生产方法；③产品、工艺或生产方法的专门术语、符号、包装、标志或标签要求。

标准是经公认机构批准的、规定非强制执行的、供通用或重复使用的产品或相关工艺和生产方法的规则、指南或特性的文件。合格评定程序（conformity assessment procedures）包括对于产品的抽样、检验和检查，以及评估、验证和合格保证，还包括注册、认可和批准。

《技术性贸易壁垒协定》适用于包括农业和工业产品的所有的产品，但是，政府机构为其生产或消费要求所制定的采购规格不受本协定规定的约束，而应根据《政府采购协定》的

○ 《关于实施 1994 年关贸总协定第 6 条的协定》第 6 条第 1 款规定，根据本条的规定，进口货物的完税价格应依据计算价格确定。计算价格应由下列金额组成：(a) 生产进口货物所使用的原料和制作或其他加工的成本或价值。(b) 利润额和一般费用，等于通常反映在由出口国生产者制造供向进口国出口的、与被估价货物同级别或同种类的货物的销售中的利润额和一般费用……另外，根据本协定第 4 条的规定，进口商可以请求有关部门将推定价格和计算价格的顺序颠倒。(c) 反映该成员根据第 8 条第 2 款所作估价选择所必需的所有其他费用的成本或价值。

范围由该协定处理，协定也不适用于卫生与植物卫生措施，这些措施应当适用于《实施卫生与植物卫生措施协定》。协定适用于地方政府和非政府组织，中央政府必须采取合理措施（换句话说，尽最大的可能）监管地方政府和非政府组织实施协定规定的要求。然而，只有中央政府对协定的实施承担之后的责任。

《技术性贸易壁垒协定》的主要规定有：

（1）世贸组织成员应当建立一个或多个办事处，为其他成员或者任何利益相关者提供有关技术法规、技术标准和合格评定程序的信息和支持[1]。

（2）尽可能地在制定技术法律、标准和合格评定程序的时候采纳国际标准[2]。

（3）在适用技术法规、标准和合格评定程序的时候，世贸组织成员应当确保从其他成员进口的产品享受不低于国内产品或者从其他国家进口的类似产品的待遇。

（4）技术法规、标准和合格评定程序的准备、通过或者使用，不得对国际贸易产生不必要的妨碍。

（5）除非采用国际标准，成员应当以公开的形式通过或者修改技术法规、标准和合格评定程序。

（6）如果经过请求，世贸组织成员应当向其他成员特别是发展中国家成员提供技术支持。

7.4.3 卫生和植物卫生措施

《实施卫生与植物卫生措施协定》（SPS Agreement）是对《技术性贸易壁垒协定》的补充，规定了世贸组织成员在保护人类、动物、植物生命和健康可采用的方式，这些措施不能成为阻碍贸易的变相做法，也不得以武断的方式实施，更不得对于处于相同和相似条件的国家实施不公平的歧视待遇。另外，相关措施的实施通常必须有科学证据作为证明。

在过去的十数年里，美国以及其他几个国家就生物技术食品和其他转基因食品与欧盟产生了激烈的争论，欧盟对于这些产品采取了禁止措施。这是一个高度敏感的话题，德国、法国等欧洲国家政府以及若干环境保护组织主张，转基因食品对于人类和环境是不安全的。在2006年年末，世贸组织正式通过了专家组的意见，裁定1998年欧盟对于这类食品的禁止措施缺乏《实施卫生与植物卫生措施协定》所规定的必要的科学证据。经过长达三年的调查，世贸组织发布了这个裁决，这个裁决共有1 148页，是世贸组织最长的一份裁决。美国、加拿大和阿根廷所谓胜诉方，称赞这一裁决是以科学为基础的政策制定原则对于不公正的、反生物科技技术的政策制定原则的胜利。美国贸易代表指出，这项裁决排除了一项不公正的贸易壁垒，它不仅阻碍了美国的出口，也妨碍了世界各国使用一项利于全球农业生产者和消费者的技术。令人吃惊的是，欧盟决定不再上诉。欧盟的贸易谈判代表指出，世贸组织的裁决是理论性的，并表示已经取消了对转基因甜玉米的禁止措施。但是，欧盟并没有采取新的措施，而美国、阿根廷和加拿大则要求欧盟尽快取消与世贸组织规则不符的其他措施[3]。

---

[1] 美国商务部建设的国家标准和技术局（NIST）就是此类任务的国家机构。
[2] 国际标准组织（ISO）负责制定国际标准。
[3] WT/DS18/R, 07/12/1998.

在 1998 年世贸组织审理的加拿大和澳大利亚有关鲑鱼的争端中，世贸组织上诉机构做出了不利于澳大利亚的裁决。澳大利亚颁布了法令，禁止从北美洲进口新鲜、冷藏以及冷冻的鲑鱼，理由是这一规定是为了防止疾病，符合《实施卫生与植物卫生措施协定》。加拿大指出，澳大利亚的这项法规没有禁止鲱鱼和其他活的观赏鱼类的进口。上诉机构指出，澳大利亚颁布该法律是一种实施卫生保护的武断不公的做法，这一法律的制定，不是以科学的证据或风险评估为依据的，而是基于对国际贸易的区别性限制。具体而言：①澳大利亚对于太平洋鲑鱼卫生要求水平相当的严格，但是，对于鲱鱼和其他有鳍鱼的要求却不那么严格，但是，这些鱼都涉及相关疾病的进入、形成和传播风险。②通过进口鲑鱼产生的健康风险，与鲱鱼或其他鱼类进口没有什么不同，它们都可以传播有关疾病，对这些鱼的进口采用不同的限制方式是武断不公的。③这种差别待遇不利影响国际贸易，原因是：第一，它是任意的、不公正的；第二，这种措施对于相似进口行为做出了实质上不同的限制；第三，这种待遇不符合《实施卫生与植物卫生措施协定》的规定；第四，澳大利亚没有采取限制鲑鱼转让的国内措施。

7.4.4　与贸易有关的投资措施

《与贸易有关的投资措施协定》旨在促进外国投资，消除外国投资法中觉得扭曲或减少国际贸易的一些规定。协定特别禁止投资法中不利于外国人的歧视性规定以及对于外国投资企业利用外国产品所采用的数量限制。例如，要求外国投资企业必须购买或使用一定数量的本地产品（本地含量要求），通过将进口量或进口额与出口量或出口额挂钩的方式限制企业的进口（贸易平衡要求），根据企业的外汇收入限制企业可使用的外汇数量（外汇平衡限制）。

7.4.5　反倾销

《关于实施 1994 年关税与贸易总协定第 6 条的协定》，或称《反倾销守则》（Anti-dumping Code）取代了在东京回合以及肯尼迪回合达成的那一套规则。现行的守则将倾销定义为：如一产品自一国出口至另一国的出口价格低于在正常贸易过程中出口国供消费的同类产品的可比价格，即以低于正常价值的价格进入另一国的商业，则该产品被视为倾销[一]。

显然，守则没有禁止倾销，相反，守则规定倾销可以用征收反倾销税冲抵，但是，只能经过调查，确定倾销行为对于进口国的国内产业的实质损害、对一国内产业的实质损害威胁或对此类产业建立的实质阻碍时，才能征收反倾销税[二]。所谓国内产业（a domestic industry）是指同类产品的国内生产者全体，或指总产量构成同类产品国内总产量主要部分的国内生产者。

关于确定倾销的存在、程度及后果的调查，可以由以下方式提起：①由受到损害的国内产业或代表受损害的国内产业提出书面的申请；②在特定情况下由受到损害的国家的政府部门提起；③由受到损害的第三国提出申请。在任何一起提起反倾销调查的案件中，申请者必

[一]《关于实施 1994 年关税与贸易总协定第 6 条的协定》第 2 条第 1 款。
[二]《关于实施 1994 年关税与贸易总协定第 6 条的协定》第 3 条脚注 9。

须提供证据证明：①倾销；②实质损害或损害威胁；③在倾销商品进口行为与所主张的损害之间存在因果关系。在下列情况下应当终止调查或裁决不征收反倾销税：主管机关确定倾销幅度属微量，或倾销进口产品的实际或潜在的数量或损害可忽略不计。如倾销幅度按出口价格的百分比表示小于2%，则该幅度应被视为属微量。如来自一特定国家的倾销进口产品的数量被查明即可占进口成员中同类产品进口的不足3%，则该倾销进口产品的数量通常应被视为可忽略不计，除非占进口成员中同类产品进口不足3%的国家合计超过该进口成员中同类产品进口的7%。

调查机构应当向所有利益相关方发出调查通知，给予提供书面证据以及质证、反证的机会。利益相关方包括被调查产品的出口商或外国生产者或进口商，或大多数成员为该产品的生产者、出口商或进口商的同业公会或商会、出口成员的政府以及进口成员中同类产品的生产者，或大多数成员在进口成员领土内生产同类产品的同业公会和商会，除此之外，还包括各成员列入的其他作为利益相关方的国内或国外其他各方。尽管如此，调查程序应当迅速而有效地进行，允许参与调查程序的各利益相关方，不得利用程序作为其工具，迟延成员主管机关依照本协定的有关规定发起调查，做出无论是初步或最终裁定，或者阻止实施临时或最终措施。

在调查程序启动之后，成员主管机关可以裁定临时措施，临时措施可采取征收临时税的形式，或更可取的是，采用现金保证金或保函等担保形式，其金额等于临时估算的反倾销税的金额，但不高于临时估算的倾销幅度。采取临时措施的条件是，主管机构已做出关于倾销和由此产生的对国内产业的损害的初步肯定裁定以及主管机关判断此类措施对防止在调查期间造成损害是必要的。有关主管机构在调查程序终结，最终确定了倾销、损害以及其间的因果关系之后，可以做出征收反倾销税的决定。

反倾销税的数额不得超出进口产品的正常（normal）价值与实际进口价格的差额，正常价值是指出口到第三国的相同或类似产品的价格，或者按照生产成本加上管理费用或其他成本，再加上合理的利润确定的价格。在确定偿付限度时，主管机关应考虑正常价值的任何变化、进口与转售之间发生的成本的变化以及适当反映在随后售价中的转售价格的任何变化。反倾销税可以抵消造成损害的倾销所必需的时间内保持有效。反倾销税应当定期复审，如果5年内没有复审，反倾销税自动终止。

反倾销调查是一个长期、复杂的过程，包括多数听证、大量的举证以及由不同行政机构和法院采取的行动。在美国，负责反倾销的机关有两个，一个是美国国际贸易委员会，另一个是美国商务部。国际贸易委员会负责调查和裁决外来的倾销产品是否对本国同类工业造成了损害。商务部负责调查和裁决外来的进口产品是否低于公平价值在美国市场上倾销，并计算出倾销的幅度，美国海关负责反倾销税的征收。如对反倾销案的仲裁不服，可以先上诉美国国际贸易法院甚至美国联邦上诉法院。在2006年，美国联邦巡回上诉法院审理了日本钢材公司案，国际贸易法院对于一起历经6年的漫长程序的反倾销案件做出了判决，但是，利益相关方不服国际贸易法院的判决，向联邦巡回上诉法院上诉，上诉法院推翻了国际贸易法院的判决，支持了国际贸易委员会的认定。

7.4.6 补贴与反补贴措施

补贴（subsidy）是政府（或其他公共机构）做出的，给予企业、企业集团或某一产业的利益的财政资助。例如：①资金的直接转移（如赠款、贷款和投股）；②潜在的资金或债务的直接转移（如贷款担保）；③放弃或未征收在其他情况下应征收的政府税收（如税收抵免之类的财政鼓励）；④提供除一般基础设施外的货物或服务；⑤其他任何形式的价格或收入上的支持。另外，补贴可以由政府直接提供，也可以通过私人机构或筹资机构间接地实施。

当政府不适当地利用补贴措施促进出口而对另一国家产生不利影响时，这类补贴是1994年关贸总协定禁止的。如果补贴对于另一国家的国内市场产生了不合理的影响，受到影响的国家可以征收反补贴税，以抵消这一影响，但是，反补贴措施应当符合特定的条件，确定这些措施是公正的、适当的且适度的。

《补贴与反补贴措施协定》（SCM Agreement）代替了1979年东京回合达成的《补贴守则》。《补贴守则》受到了批评，因为《补贴守则》没有补贴的定义、确定损害或可能有构成的损害的规则，以及计算补贴后果的方法。这些缺陷被《补贴与反补贴协定》消除了。

协定明确地规定了适用于专向补贴的纪律（成员应当遵守的义务），专向补贴是指针对特定的企业或产业，或特定的企业或产业组，或者特定地理区域的产业的补贴。协定纪律不适用于：①非专向补贴；②协定中规定的不受约束的专向补贴；③农业补贴（适用《农业协定》）。

1. 补贴的类型

专向补贴分为禁止性补贴、可诉性补贴和非可诉性补贴。禁止性补贴，又称红灯补贴，是①以出口实绩为条件提供补贴（换句话说，以一个企业或者行业的出口业绩为条件），或②依据国内产品对进口产品的替代程度而定的补贴。禁止性补贴构成贸易扭曲，世贸组织成员禁止提供这类补贴。可诉性补贴，又称为黄灯补贴，这类补贴视其适用方式，也可能不构成贸易扭曲。可诉性补贴可被确定为具有以下特征的专项补贴：①损害其他成员的国内产业；②使其他成员在1994年关贸总协定项下直接或间接获得的利益丧失或减损；③对其他成员的利益造成严重侵害或严重侵害威胁⊖。协定不鼓励，但也不禁止世贸组织成员使用可诉性补贴⊖。非可诉性补贴，又称为绿灯补贴，包括非专项补贴和特定基础性补贴。基础性补贴

⊖ 《补贴与反补贴措施协定》第6条第3款规定，严重侵害是指：①补贴的影响在于取代或阻碍另一成员同类产品进入提供补贴成员的市场；②补贴的影响在于在第三国市场中取代或阻碍另一成员同类产品的出口；③补贴的影响在于与同一市场中另一成员同类产品的价格相比，补贴产品造成大幅价格削低，或在同一市场中造成大幅价格抑制、价格压低或销售损失；④补贴的影响在于与以往3年期间的平均市场份额相比，提供补贴成员的一特定补贴初级产品或商品的世界市场份额增加，且此增加在给予补贴期间呈一贯的趋势。该条第一段规定，在下列情况下，推定存在严重侵害：①对一产品的价格补贴的总额超过5%；②用以弥补一产业承受的经营亏损的补贴；③用以弥补一企业承受的经营亏损的补贴，但仅为制定长期解决办法提供时间和避免严重社会问题而给予该企业的非经常性的和不能对该企业重复的一次性措施除外；④直接债务免除，即免除政府持有的债务，及用以偿债的赠款。但是如提供补贴的成员证明所涉补贴未造成第3款列举的任何影响，则不得视为存在严重侵害。

⊖ 协定第5条使用了许可性的短语"没有一个成员可以"（no member should）描述成员涉及到可诉性补贴的义务。

包括：①对公司进行研究活动或对高等教育机构或研究机构与公司签约进行研究活动的援助（不得全额支付）；②向不发达地区（低收入、高失业率的地区）提供的援助；③帮助现有企业达到新的环境保护要求的补贴。一般而言，这类补贴是允许的、不可诉的补贴⊖。

2. 救济和反补贴措施

国内产业已经受到禁止性补贴或者可诉性补贴损害的世贸组织成员，可以有四种选择：①不采取行动；②请求磋商；③寻求世贸组织给予救济；④单独行动，征收反补贴税。如果一个受到损害的成员决定不采取任何行动，无论是世贸组织还是其他成员都无权干预。

为了从世贸组织寻求救济，主张受到损害的成员必须首先与采取补贴措施的成员进行磋商。如果两个国家磋商未能达成双方接受的解决办法，则提出磋商请求的成员可将此事项提交争端解决机构进行裁决。如果专家组认定存在禁止性补贴，将提出取消补贴的建议；如果认定存在可诉性补贴，将会建议实施补贴的国家提出撤销补贴或者采取消除补贴后果的行动。专家组在做出决定的时候，可以请求根据《补贴与反补贴措施协定》设立的常设专家组的帮助。如果任何一个成员都没有提出上诉，争端解决机构必须立即通过专家组的意见（除非专家组的报告被一致否决）。如果一方提出上诉，上诉机构做出的裁决必须被无条件遵守。禁止性补贴必须在裁决规定的时间内撤销，可塑性补贴应当在裁决后6个月内取消。

如果成员没有履行争端解决机构通过的报告或者上诉机构的裁决，争端解决机构可以授权提出申请的成员采取反补贴措施。在《补贴与反补贴措施协定》中，反补贴措施是用以抵消补贴征收的关税，即反补贴税。

除了请求世贸组织授权报复之外，受到损害的国家也可以独立地征收反补贴税，只要反补贴税的征收符合《补贴与反补贴措施协定》规定的程序（与反倾销税程序相同）。世贸组织成员大多倾向于采取这种办法，而不寻求世贸组织授权救济。其原因是，本国的行政机构对于征收反补贴税的程序可以拥有更大的控制权。另一方面，资源有限的国家则会发现世贸组织提供的程序更加经济。

欧盟初审法院在2001年审理的莫坎特诉欧盟理事会的案件中，初审法院查明，虽然欧盟进口的有关商品可能在印度得到补贴，而且对于欧洲相关产品的价格也造成了实质性的影响，但是，欧盟和世贸组织的规则规定，在征收反补贴税之前必须进行适当的调查，并且确认接受补贴的进口商品对欧盟的产业造成了实质性侵害。但证据表明，欧洲生产有关产品的厂商实施了反竞争行为，这些行为也对市场价格造成不必要影响。因此，法院判决称，欧盟有关机构在确定损害时没有考虑到这些因素，因而应当撤销反补贴措施。

7.4.7 保障措施

保障措施是世贸组织成员为保护国内产业免受某一个进口商品数量的突然增加而造成的严重损害可以采取的紧急措施。直到世贸组织成立，《保障措施协定》生效之前，保障措

⊖ 尽管非可诉性补贴是协定允许的，但是，如果一个成员有理由认为该补贴已导致对其国内产业的严重不利影响，例如造成难以补救的损害，则该成员可请求与给予或维持该补贴的成员进行磋商。

施的依据是1947年关贸总协定第19条（标题为"关于特定进口商品的紧急措施"）。问题是，缔约方直接忽视了第19条的规定。与按照第19条的规定撤回承诺措施相比，成员发现采用替代性的措施更加容易，这些措施直接对出口而不是进口进行限制。例如有序营销安排（orderly marketing arrangements, OMA）以及自愿出口限制（voluntary export restraints, VER）。有序营销安排是出口国关于向进口国出口特定数量产品的正式协议，自愿出口限制是有序影响安排的一种，是某一行业的出口企业设定的出口限制措施。有序营销安排和自然出口限制以及其他类似的对于出口的安排，尽管它们是对于出口的限制，仍然违反了关贸总协定。《保障措施协定》的目的是建立对于出口限制以及对保障措施的多边规则。

世贸组织成员只有在进行了正式的调查，确定正在进口至其领土的产品的数量与国内生产相比绝对或相对增加，且对生产同类或直接竞争产品的国内产业造成严重损害或严重损害威胁，方可对该产品实施保障措施。成员实施针对一个正在进口的产品的措施的时候，必须：①不考虑其来源，且②在防止或补救严重损害并便利调整所必需的限度内。

为了鼓励国内产业的恢复，任何不超协定一年的保障措施在其有效期限内，应当定期审查，并逐渐放松。如果保障措施超过三年，必须在中期进行审查，确定是否应当撤销保障措施或加快放松保障措施。

7.4.8 农业

在世贸组织的市场上，农业总是最困难的一个问题。所有的国家都希望通过保护和支持农业，许多政府向农业生产者提供大量的财政补贴。这显然扭曲了市场，对于世界范围内农产品价格造成了实质性的影响。如何减少、消除农业补贴是贸易谈判的核心，也是最困难的问题。当欧盟和美国试图要求其他国家提供关税减让的时候，其他国家和地区集团也要求欧盟和美国实质性地降低其农业补贴。《农业协定》规定了启动农产品贸易改革进程的规则。协定的终极目标是，建立市场导向的、不受限制和扭曲的农产品贸易。

协定规定了其适用的农产品的范围，要求将农产品贸易中实施的非关税壁垒转化成关税保护，规定了可接受的国内农业保护措施，明确了出口补贴，确定了启动关税减让、减少不可接受国内保护措施以及出口补贴的期限，这一期限，发达国家为6年，发展中国家为10年。协定还规定，要逐步地将农产品国际贸易纳入关贸总协定的系统之内。

协定所调整的农产品包括食物（除了鱼类和鱼类产品）、皮革、动物毛发、生丝、棉花及其相关产品。加入世贸组织的成员以及《农业协定》的签字国一致同意将现有的农业进口非关税壁垒（包括配额、许可证）转化成关税。关税等值无论以从价税还是以从量税表示，均应以透明的方式使用国内价格与外部价格之间的实际差额计算。海关税率的调整承诺被写入了减让表，提交给关贸总协定秘书处。发达国家的农业关税平均下降幅度为36%，发展中国家为14%。除了一些例外规定，所有这些关税水平均具有约束力。

对于扭曲和限制贸易的国内支持措施，发达国家和发展中国家都同意予以适当的减少。然而，并不是所有的保护措施都扭曲了贸易，协定将这些措施规定为例外情形。例外措施必须满足两项基本要求：第一，其必须是政府公开提供资金支持的项目；第二，其不得产生向生产者提供价格支持的后果。例外措施包括：研发支持、疫病控制、培训服务、咨询服务、检测服务、营销服务、基础设施服务等。

农产品的出口补贴也会相应地限制和扭曲贸易。如同国内支持措施一样，发达国家和发展中国家已经同意相应地减少出口补贴措施。协定中规定，根据出口实绩提供的补贴属于出口补贴。例如，政府或其代理机构视出口实绩而向公司、行业、农产品生产者、此类生产者的合作社或其他协会或销售局提供的直接补贴，政府或其代理机构为出口而销售或处理非商业性农产品库存且价格低于向国内市场中同类产品购买者收取的可比价格，依靠政府措施供应资金的对一农产品出口的支付，为减少出口农产品的营销成本而提供的补贴（可广泛获得的出口促进和咨询服务除外），政府提供或授权的出口装运货物的国内运费，其条件优于国内装运货物，视出口产品所含农产品的情况而对该农产品提供的补贴。

7.4.9 原产地规则

《原产地协定》是指在协调各国的原产地规则。原产地规则是各国采用的确定产品原产地的法律、规定和行政程序。正如世贸组织所称，当来自全球各地的原材料、零部件投入分散在世界各地的组装厂的时候，确定一个产品来自何处，不再是一件容易的事，原产地规则在实施反倾销、反补贴、确定原产地以及保障措施等贸易措施的时候，是一项重要的工具。

原产地规则是由国家制定的，确定货物原产国的法律、条例和行政程序。根据协定所规定的指导性规则，原产地规则应当是：①一致的；②客观易懂且可预见的；③以持续、统一、公正合理的方式管理；④平等地适用于每一个成员非互惠的商业工具（例如最惠国待遇，反倾销和反补贴，保障措施，原产地标记要求，数量限制，关税配额）；⑤肯定标准（否定标准可用于澄清肯定标准）。另外，原产地规则不得用为贸易政策工具，也不得限制、扭曲或者破坏贸易。最后，原产地国是一特定货物的原产地应为完全获得该货物的国家，或如果该货物的生产涉及一个以上的国家，则为进行最后实质性改变的国家。

◇ **参考案例**

美国禁止进口虾及虾制品案

1987 年，美国政府根据 1973 年《濒危物种法》颁布了一项条例，为了保护一种濒临灭绝的海龟，要求所有的美国捕虾船遵守捕捞期的限制或在捕虾时使用 TED 装置，该装置为海龟隔离器，可以减少捕虾网对于海龟的影响。该条例在 1990 年生效，后来，条例经过修改，要求所有因捕虾可能危及海龟生存的海区作业的捕虾船应当在作业的任何时间均使用 TED 装置。该条例第 609 条第 2 款第 1 项规定，禁止进口使用可能对海龟产生负面影响的商业捕捞技术捕获的虾、第 2 项规定，如果捕虾国可获得美国政府的特别许可，可以不受第 1 款进口禁止的限制。为了获得许可，捕虾国应当满足三项条件之一项：第一，在其水域没有条例保护的那种海龟；第二，只采用对海龟没有任何威胁的捕捞方法（如手工捕捞），其他方法都不用；第三，只在本国所辖无海龟水域采用商业捕捞技术。条例还规定了获得许可的程序。

世界贸易组织专家组报告的结论是，条例第609条违反了1994年《关税与贸易总协定》第11条第1款以及第20条的规定。美国政府向上诉机构上诉，其中的一项请求要求上诉机构推翻专家组有关条例构成了不公正歧视因而不属于协定第20条所允许的措施的结论。

上诉机构报告第四部分以协定第20条的规定为据，评估了条例第609条。协定第20条规定，本协定的规定不得解释为阻止缔约国采用或实施相关贸易限制措施，但对情况相同的各国，实施的措施不得构成武断的或不合理的差别待遇，或构成对国际贸易的变相限制；该条（g）项规定，世界贸易组织成员可以与国家（地区）限制生产与消费的措施相配合，采用有效保护可能用竭的天然资源的有关贸易限制措施。上诉机构在美国汽案中针对协定第20条的适用方式总结出了所谓的两步分析法，依该分析法，协定第20条的适用，不应当仅仅审查成员的措施是不是属于第20条所列举的例外措施，还应当审查这些措施是否符合协定第20条首句中的要求，首先，应当依据协定第20条（g）分析限制措施的性质特点以判明措施的合理性，其次，依据第20条首句对限制措施进行评估。上诉机构认为该分析法反映了协定第20条的功能性构造以及内在逻辑。在本案专家组报告中，专家组认为两步分析法中的两个步骤的顺序是可以颠倒的，无论先采取哪一步，结果并无不同，因此，专家组颠倒了两步分析法中步骤的先后顺序。对此，上诉机构表示不能接受，并推翻了专家组报告的这一结论。

为了证明条例第609条的正当性，美国政府援引了协定第20条（g）项，该项规定为保护可能用竭的天然资源可以采取贸易限制措施。上诉机构分析了"可能用竭的天然资源"一语，从三个层次分析了条例609条是否与该目的有关。巴基斯坦、泰国认为，此处所指的自然资源指矿产性天然资源，不包括生物或可再生性资源。上诉机构表示，这一观点是错误的，首先，依据现代生物学的观点，虽然生物或可再生性资源原则上具有繁殖再生能力，但在特定环境下它们的确存在灭绝的情况，与石油、铁矿等非生物资源一样，也同样是有限的。在以前专家组两份报告中，鱼类被认定为"可能用竭的天然资源"。依据条约解释中的有效性原则，可再生或不可再生的自然资源，均应当属于协定第20条（g）项中规定的资源。另外，由于本案所涉及的七类海龟不属于濒危物种，因此，上诉机构最终认定，本案所涉海龟属于"可能用竭的天然资源"。

上诉机构接着以协定第20条的首句为依据，对条例第609条进行评估，这是两步分析法中的第二步。协定第20条的首句是为了防止例外措施的滥用，尽管协定第20条规定的例外措施可以被援引为一种法律上的权利，但是，权利的行使不得阻碍总协定实体规则权利人应当承担的法律义务的履行，换言之，例外措施应当以合理的方式实施，以平衡例外措施权利人的合法义务与其他相关方的合法权利。另外，1947年总协定的宗旨之一是充分利用世界自然资源，但是，1994年总协定在宗旨中引入了可持续发展理念，将"充分利用"更改为"最佳利用"，强调环境与经济贸易的和谐一致。因此，上诉机构认为，例外措施的实施应当符合首句中的基本要求，总协定第20条中规定的例外措施必须以总协定中规定的其他实体性义务的履行为前提。

上诉机构对于美国的措施是否构成不公正的歧视进行了分析。上诉机构认为，条例609条一个显而易见的问题是，它对于其他世界贸易组织成员产生了实际上的胁迫作用，凡是不采用与美国相同措施的国家，将会面临美国政府采取的出口禁止措施。而该美国政府发布的与该条例相关的指南的实施，导致那些实际上采取了保护海龟措施的捕捞方法，因与美国的技术不具有类似性而得不到美国政府的限制豁免。由于相同条件的国家得不到要同的待遇，而且受到条例规定措施影响的国家没有任何机会对于措施的适当性进行调查，因此，上诉机构认为条例的措施存在不公正的歧视。另外，上诉机构认为，条例609条的实施存在简单、刚性等因素，构成了首句中的"任意武断的歧视"。

本章练习

1. W公司进口1万件配件到A国，如果A国是《海关估价守则》的签字国，请论述A国海关如何在征收进口关税时计算进口货物的应税价格。

2. J国的几家汽车制造商出口大量的汽车到K国，占据了K国大量的汽车市场份额，使K国汽车企业停业，工人失业。J国的制造商没有接受本国任何补贴，也没有以低于成本价格的方式倾销，根据1994年《关贸总协定》，K国应当怎么办？

3. D国和V国均为世界贸易组织成员，在加入世界贸易组织时，D国禁止进口外国种植的大米。这一禁令从未被取消，这导致D国的米价比国际市场价格贵4倍。V国是大米种植大国，想进入D国市场，根据1994年关贸总协定，V国应当如何行动？

4. R国以极低的成本生产出口产品。S国得知后，禁止这些货物的进口。两国均为世界贸易组织成员，R国向世界贸易组织争端解决机构起诉。假定纠纷解决机构专家组成立，专家组应如何裁决呢？

5. 近年来E国担忧本国国民因使用使家畜增重增肥的饲料添加剂受到伤害，制定法律禁止本国养殖者使用添加剂，禁止使用这类添加剂的肉类在本国销售。法律还禁止进口食用催长添加剂的动物及动物制品的进口。由于根本无法在活体及肉制品中查明此类添加剂，法律规定进口者应当取得动物未使用添加剂的认证。F国长期使用添加剂，确信这对于消费者几乎无害。F国生产商因无法向E国出口动物及肉品，要求本国政府代表其向世界贸易组织起诉。E和F均为世界贸易组织成员，两国磋商失败，F国请求争端解决机构成立专家组。专家组根据1994年关贸总协定，应当如何对于F国关于认定E国法律违反其总协定下义务的请求做出裁决？

6. H国通过低息贷款、外汇担保、政府垄断的能源机构提供电力和燃料折扣的方式向本国出口商提供补贴。该国的H公司制造香波并获得了此类补贴，H公司向I国出口产品，直接与I国的几家制造商竞争，I国制造商请求本国政府对H公司征收反补贴税。H和I均为世界贸易组织成员，I国能征收反补贴税吗？

7. C国是U国原木产品的主要出口国。C国企业只缴纳名义砍伐费，而U国的企业则应实际缴纳砍伐费，这使U国企业成本比C国高15%20%。U国的M公司因C国出口丢失了大量市场，请求U国政府以C国政府向其原木企业提供不公平补贴为由，对C国出口产品征收反补贴税。假如两国均为世界贸易组织成员，U国可以征收反补贴税吗?

8. S公司是F国的最大的馅饼生产商,两年前进入G国的饼业市场,G国只有几家小公司生产馅饼,市场也很小,S公司进入后,采取大量的促销活动,并以低于实际成本的价格出售其产品,结果,G国的馅饼销售量大增,S公司在G国的销售增长两倍,但G国原来的生产商并不满意,因为其市场份额从原来的100%下降到30%。这些生产商要求本国政府对S公司的产品征收反倾销税。假如两国均为世界贸易组织成员,G国应当征收反倾销税吗?

9. Z国的汽车制造业是其最大的产业,在世界上享有盛誉。该行业因担心受到新兴工业化国家的低成本、低质量汽车的影响而失去国内市场,游说本国政府制定了本国汽车销售新标准。该标准只有Z国的汽车制造商可以达标。假如Z国是世界贸易组织成员,其他新兴工业化国家,作为该组织的成员,应如何行动,才能使Z国撤销其新标准呢?

10. A国国民E拥有一项视频游戏的技术,该技术可模拟性爱,做各种龌龊之事。A国世界贸易组织成员,也是多边出口控制协调委员会成员。A国政府发布了禁止E出口技术的命令,禁止其向O国出口计算机芯片,O国是A国控制高技术出口名单上的国家之一,可将芯片组装成游戏机;命令禁止组装后的产品的再进口,防止其回流A国。E向A国法院起诉,要求取消政府的禁止命令。E有胜诉机会吗?

第8章

服务贸易与劳工保护

■ 概述

本章讨论调整服务贸易和劳工保护的国际规则。与服务有关的规则主要是《服务贸易总协定》、由欧盟和北美自由贸易区等区域性经济组织签订的协定。而劳工,尤其是人员流动相关的规则,主要是由国际劳工组织倡导的国际劳工标准、区域性经济组织签订的协定以及各国的国内立法。

8.1 《服务贸易总协定》

《服务贸易总协定》于1995年1月1日生效,和《关税与贸易总协定》《与贸易有关的知识产权协定》一起构成《建立世界贸易组织协定》的三个主要多边贸易协定附件。《服务贸易总协定》的宗旨是设立一套关于国际服务贸易的规则,为服务贸易自由化提供基础。

《服务贸易总协定》由相互联系的三部分组成:①由适用于WTO全部成员的规则组成的协定(或称框架协定,Framework Agreement);②调整特定经济领域(自然人移动、航空运输服务、金融服务、海洋运输服务、通信)的附件;③各国在乌拉圭回合多边贸易谈判过程中达成的具体承诺减让表。

8.1.1 框架协定

框架协定从六个方面架设了《服务贸易总协定》的基本框架。这六大部分包括:适用的范围和定义、一般义务、具体承诺、逐步实现服务贸易自由化的计划、实施协定的机构和杂项规定(包括主要术语的定义)。

虽然《服务贸易总协定》是以关贸总协定的规则为基础,使用了大量相同的术语,但是《服务贸易总协定》的"建筑结构"仍有显著的不同。关贸总协定提供了一套适用于与货物贸易有关的所有措施的义务,《服务贸易总协定》却包含两套义务:第一,与服务贸易有关的所有措施的一般性规则;第二,仅适用于在成员承诺表中列明的具体部门或者分部门的规则。于是,与关贸总协定相比,《服务贸易总协定》的强制力较弱[⊖]。《服务贸易总协定》的

⊖ Bernard Hoekman, "The General Agreement on Trade in Services", in John H. Jackson, William J. Davey and Alan O Sykes, Jr., Legal Problems of International Economics Relations (4th ed. 2002).

结构与关贸总协定不同的原因,和谈判过程中各国的利益冲突有关。美国将贸易自由化作为加强本国竞争力的一种方式,主张采用关贸总协定的做法,将最惠国待遇原则和国民待遇原则作为一项基本原则,平等地适用于所有成员。欧盟和几个主要的发展中国家,不愿意向外国(特别是美国)服务提供商开放本国市场,反对"硬约束"的做法,提出了"软约束"的建议,主张按照部门为基础,向所有的参加国逐步开放市场。最终,第二种方案获得支持。于是,最惠国待遇只适用于在承诺表中表示同意的成员的特定产业部门。

1. 适用的行为和定义

框架协定适用于除了行使政府职能过程中提供的服务之外,任何部门发生的服务贸易,然而,协定没有定义服务或者服务部门。按照通常的含义,服务是向他人提供工作成果的行为或行动,这个定义看起来好像符合协定中使用的该术语的含义。在字典中,"部门"的定义是一个区域或者一个部分,协定及其附件规定了服务部门的几个例子,如银行、金融、保险、通信以及运输。因此,虽然没有定义,在框架协议中,"服务"是由一个人向另外一个人提供工作成果的行为,而"服务部门"是与履行这些工作成果的行为有关的经济领域。《关于自然人移动的附件》使这个问题更加具体化,《服务贸易总协定》的规则,既不适用于劳工(除了为提交服务暂时进入成员境内的),也不涉及成员关于自然人永久性雇用的法律。另外,作为世界贸易组织协定的三个主要附件之一,《服务贸易总协定》不涉及货物贸易以及与贸易有关的知识产权,这两部分内容由另外两个协定调整。

框架协议使用提供方式(modes of supply)这一术语,对"服务贸易"(trades in services)做了描述。服务贸易共有四种形式:①不需要提供者、消费者实际移动的跨境服务提供(如通信);②要求消费者到服务提供国获取服务的过境服务(如旅游);③一个成员的服务提供者在另一成员境内以商业存在(a commercial presence)㊀的形式提供服务(简称商业存在,比如银行);④一个成员的服务提供者以自然人短暂存在的方式在另一成员境内提供的服务(简称自然人流动,比如建筑或者咨询)。

这个定义非常重要。这四种形式广泛地包括了所有的服务贸易类型,成员可以在具体承诺表中排除特定服务部门和分部门发生的一个或多个提供形式的服务贸易。

2. 一般义务

在框架协议中适用于所有世贸组织成员的两大基本原则是最惠国待遇原则和透明度原则。最惠国待遇规定,每一个成员应当立即而且无条件地向另一成员的服务或服务提供者给予不低于任何其他国家相似服务或服务提供者的待遇。这意味着,一个国家给予任何国家(包括非世贸组织成员)的特权(例如允许一家外国银行在本国境内经营),必须立即无条件地给予其他世贸组织成员。

最惠国待遇原则不是框架协定之中必须一致遵守的强制性要求,这和关贸总协定的规则是有区别的。在乌拉圭回合谈判过程中,许多工业化国家服务行业的代表反对强制性和无条

㊀ 所谓商业存在,指世界任何类型的企业或者执业机构可以采取子公司、分公司或者代表处的形式。

件的最惠国待遇，理由是各国当时市场开放水平差异过大。他们主张，无条件的最惠国待遇将会使那些制定了严格约束服务贸易法律的国家继续保持这些法律，而这些国家的服务提供者可能会搭便车，进入那些开放了服务市场的国家。为促使封闭市场国家开放本国的服务贸易市场，服务行业代表们成功地倡导了最惠国待遇例外⊖，为总协定增加了一个附件，允许世贸组织创始成员提交最惠国待遇例外清单，清单在《服务贸易总协定》生效的时候产生效力。其次，此后的任何例外的设立将适用通常的世贸组织豁免程序。另外，最惠国待遇例外具有时间限制（最长不超过10年），而且应当受到定期审查。各成员还约定，在未来贸易自由化谈判中，继续就有关事项进行讨论。尽管如此，这一例外性规定，的确对那些限制开放本国市场的国家施加了压力，但是，这也明显地降低了《服务贸易总协定》的效力，使它像1947年关贸总协定一样，成为由豁免和例外构成的、充满漏洞的集合体。

总协定的透明度原则要求，成员在所有与协定义务相关的国内措施和国际协定生效之前，公布这些措施和协定。另外，成员必须至少每年一次，将这些措施和协定的变化通知服务贸易理事会，因此，成员有义务对其他成员获取信息的请求立即提供反馈，为便于其他成员获取信息，成员应建立信息点。

除了最惠国待遇和透明度原则这两项核心义务之外，框架协定规定了与服务贸易有关的其他一般性规则，大部分规则与关贸总协定相似。为鼓励发展中国家的参与，协定授权发达国家成员和发展中国家成员进行谈判（类似于关贸总协定项下的普惠制和南南优惠），促进发展中国家服务市场的效率和竞争力。

总协定鼓励成员采取关于服务贸易和人员流动的区域性经济一体化措施，这一规定与关贸总协定关于设立货物贸易共同市场和自由贸易区的规定类似。服务一体化协定应当覆盖实体部门，制定关于消除部门内实质性歧视的措施。劳工市场一体化协定应当对协定参加方的公民免除有关居留和工作许可的要求。在两种情况下，参加协定的成员应当通知服务贸易理事会，将已签订的协议提交理事会审议和批准。

总协定要求成员确保以合理、客观和公平的方式实施影响服务贸易的国内措施。总协定禁止成员以负担性、限制性和不透明方式适用现有的许可规定、资格要求和技术标准。一旦服务贸易理事会通过了有关领域的协调规则，成员有义务保证本国的做法与这些规则保持一致。总协定鼓励成员之间相互承认教育、经历、许可和证书，已经订立了此类互相承认双边和多边协定的成员，应当允许其他成员加入或者谈判建立新的协定。

成员授予一个服务提供者垄断权（例如向广播电台和电视台分配无线频率）时，不得允许这一服务提供者的行为违反成员应当承担的协定义务或者具体承诺。至于其他限制竞争进而限制国际服务贸易的商业惯例，总协定要求每一个成员，在得到其他成员的请求时，进行旨在最终消除这些惯例的磋商和谈判。

成员不得实施与成员具体承诺有关的经常项目下所做的国际转让和支付限制。尽管如此，如果一个成员遭受了严重的国际收支困难，尤其是发展中国家成员或者向市场经济转化

⊖ Bernard Hoekman, "The General Agreement on Trade in Services", in John H. Jackson, William J. Davey and Alan O Sykes, Jr., Legal Problems of International Economics Relations (4th ed. 2002).

的成员，仍可实施一定的限制。当这些限制措施被实施的时候，必须是非歧视的针对所有成员，不得对其他成员的经济利益造成不必要的损害。这些限制应当符合国际货币基金组织协定的要求，而且必须是暂时性的、渐退性的，在实现目的的时候应逐渐取消。

3. 特别承诺

《服务贸易总协定》旨在逐个部门、逐个国家地促进世贸组织成员开放特定服务部门，以便于其他国家进入。通过谈判，成员提供具体承诺表，列出开放市场准入的服务部门或者分部门，作为《服务贸易总协定》的附件。成员还必须提供适用于这些部门的限制措施清单，如果成员将采用协定规定的六类限制措施。成员必须列明适用或不得适用的限制类型，包括：①允许的服务提供商数量；②交易总额和资产；③服务产出的总量或者服务经营的数量；④特定服务部门和聘用的自然人数量；⑤服务提供者提供服务时可采用的法人或者合营企业的形式；⑥对于外国投资者股份或者总投资额、个人投资额的限制。

对于具体承诺减让表中所列的部门以及所列的限制，成员应遵守两项义务：市场准入和国民待遇。市场准入要求成员给予其他成员的服务和服务提供者，以不低于其具体承诺减让表列明的待遇。国民待遇要求成员给予另一成员的服务和服务提供者，以不低于本国相似服务或服务提供者的待遇。

4. 逐渐自由化

《服务贸易总协定》的长期目标是鼓励成员尽可能地开放更多的服务部门。第19条第1节对此做了规定：为推行本协定的目标，各成员应不迟于WTO协定生效之日起5年开始，并在此后定期进行连续回合的谈判，以期逐步实现更高的自由化水平。此类谈判应针对减少或取消各种措施对服务贸易的不利影响，以此作为提供有效市场准入的手段。此进程的进行应旨在互利地促进所有参加方的利益，并保证权利和义务的总体平衡。

虽然逐渐自由化是总协定的目标，但是，成员并不受到具体承诺表中所做出承诺的永久约束。在承诺生效三年之后，成员可以修改或者撤销承诺。然而，在如此行事之前，成员必须提前三个月通知服务贸易理事会，另外，应受此影响的成员的请求，要求修改和撤销承诺的成员必须与其他成员就合理补偿机制达成一致。

5. 机构

《服务贸易总协定》的实施由服务贸易理事会管理，理事会由所有世贸组织成员的代表组成。在理事会领导之下，部门委员会负责部门附件的实施，例如金融服务贸易委员会。理事会实质上是秘书处向发展中国家就服务贸易有关问题提供技术支持的机构。与总协定有关的磋商和争端解决机制应遵守世贸组织的《争端解决规则和程序谅解》。

8.1.2 具体承诺减让表

每一个世贸组织成员必须就其已经向国际开放的服务部门提交具体承诺表，作为《服务贸易总协定》的附件。对于每一个部门，具体承诺表必须写明：①市场准入的条款、限制和条件；②国民待遇的条件和资格；③与附加承诺有关的承诺；④在适当时，实施此类承诺的时限；⑤此类承诺生效的日期。当然，成员不必开放所有的服务部门，一项研究发现，发展中国家只开放了 1/9 的服务部门，而发达国家也只开放了 2/3 的服务部门。框架协定规定，成员已经达成一致，就国际服务贸易自由化继续谈判。

8.2　区域性政府间服务贸易规则

8.2.1　欧盟服务贸易法

欧盟不仅是货物贸易，而且是服务和劳工的共同市场。与《服务贸易总协定》相比，《欧盟条约》（欧共体条约）作为欧盟的基本法律，创设了更加开放和自由的成员国间服务贸易市场。条约规定，成员国逐渐废除欧盟内部存在的服务提供自由限制（the freedom to provide services）以及设立自由（the right to establishment）限制。实际上，随着欧盟的一体化以及欧盟法律的发展，服务提供者和企业正在取得在所有的欧盟成员国从事经营的权利。服务提供自由与暂时性和非永久性的方式从事的经济活动有关，例如，当一个丹麦的公司在希腊提供咨询服务或者意大利的建筑公司在西班牙从事建筑活动，都会涉及服务提供自由。设立自由允许一个自然人或者公司在欧盟的成员国以永久存在的形式从事经营。这一权利包括以个人或者雇员的身份存在并从事经营的权利。

欧洲法院判决的一些案件涉及这两项规则的适用⊖。例如，一个英国的摄影师在法国和德国从事摄影活动，这个摄影师既不采用永久存在的形式，也不提供和接受服务，因而，关于两项自由的规则都不能恰当地适用。然而，通过其他几个案例，欧洲法院将这两项规定放在一起解读，认为这是一个自我雇用者一般权利的组成部分，无论经营地点以及从事的经济行为，自我雇用者都有权在欧盟境内从事活动⊖。

为确保设立自由的权利以及服务提供自由的权利，欧共体条约规定，自我雇用者以及服务提供商的雇员有权在欧盟境内自由移动，且在开展业务的过程中不受任何歧视。2006 年欧盟实施了《服务指令》。这项法律的目的是促进在其他成员国境内设立服务机构的自由，以及在成员国之间提供服务的自由。指令的实施，将使消费者得到更多的服务选择，生活经营所需服务的质量也将得到提高。指令适用于大多数有偿服务⊜，要求成员国检查并且简化准入程序和经营要求，为提供者完成必需的审批程序提供一站式服务（包括网络应用）。指令还要求成员国消除法律和行政法规上的服务发展壁垒，确保非歧视性待遇。

然而，绝对的权力并不存在。成员国可以根据公共政策、公共安全以及公共健康对本国的服务准入设定限制，另外，成员国也可以规定，只有本国国民才可以提供公共服务。除了这些限制措施之外，欧盟还允许 15 个老的成员国对 2004～2006 年加入欧盟的新的成员国

⊖　Zoltan Horvath, Handbook on the European Union, p. 290 (2nd ed. 2005).
⊖　Coenen v Sociaal Economische Raad, Case 39/75, [1975] ECR 1547. Koestler, Societegenerale v. Koestler, Case 15/78, [1978] ECR 1971.
⊜　金融服务、与公共利益有关的非经营性服务、由其他制定调整的电信服务、运输和港口服务、健康服务、与政府权力的行使有关的服务以及私人安保服务不在其中。参见 2006/123/EC 指令。

采取限制措施，但是这些限制措施应当是过渡性的、有期限的。

8.2.2 《北美自由贸易协定》有关服务贸易的规定

《北美自由贸易协定》关于服务贸易的规定与《服务贸易总协定》尽管相似，但仍然存在一些不同之处。如总协定的规定一样，北美自由贸易区要求每一个成员国（美国、加拿大和墨西哥）必须遵守关于透明度、最惠国待遇和国民待遇的一般原则，每一个北美自由贸易区成员国应向其他两个国家的服务和服务提供者给以最惠国待遇和国民待遇。成员国以及非成员国在北美自由贸易区设立商业存在的服务提供者享有的权利，包括免除履行要求的权利，对内和对外自由支付的权利，按照国际标准补偿征收财产的权利，通过仲裁解决投资者和东道国纠纷的权利。

《服务贸易总协定》和《北美自由贸易协定》的一个重要区别是，自由贸易协定没有针对服务设立一般性的义务，而是针对不同的部门做出了规定。自由贸易协定三个主要章节分别对越境提供、通信以及银行服务做了专门规定，投资和商人的暂时进入在相关章节做了规定，而陆上运输、专业服务、特别例外和保留则是在协定的附件中规定的。关于各类服务的最惠国待遇、透明度等规则，在不同的章节中分别做了规定，虽有微小的差异，但总体上是相同的。

另外，贸易协定没有特别地对四种服务贸易形式进行定义，而是采用了分别处理的方式。贸易协定关于跨境提供的章节对应于总协定中的跨境提供形式[一]，关于投资的章节对应于总协定中的以商业存在提供服务的形式，关于消费者和自然人移动的规定对应于过境消费形式和以自然人存在提供服务的形式。

贸易协定与总协定的第三个区别是贸易协定的规定是针对不同的服务部门的。在总协定中，世贸组织成员提供正列清单和反列清单，列出适用总协定义务的部门以及对于各部门的限制措施。贸易协定规定，成员国应列明不受协定约束的部门以及对各服务部门的限制措施。因此，如果贸易协定成员国没有列明此类部门或限制措施，贸易协定将自动地适用于该部门[二]。

最后，贸易协定成员国可以修改其部门清单和限制措施清单，但不能像总协定的成员那样，对清单做出更进一步的限制。

8.3 国际劳工法

国际法对于劳工权利的调整始于 20 世纪初。在第一次世界大战结束之后，作为《凡尔赛和约》的一部分，国际社会一致同意建立国际劳工组织，这个组织成为劳工权利保护的主

[一] 《北美自由贸易协定》第 1205 条规定，跨境提供者不得被强制要求在服务本地设立或保有商业存在机构。
[二] 《北美自由贸易协定》第 1201 条第 2 款（b）排除了协定对于民用航空服务部门的适用。另外，协定三个成员国明确排除的部门还包括政府提供的社会服务、基础通信服务、海洋运输服务，加拿大排除了文化产业，墨西哥排除了宪法上规定由国家提供的服务，美国和墨西哥排除了法律服务。

要倡导者。在第二次世界大战结束联合国成立之后，劳工获得合理工作条件的权利成为一项基本人权，被写入联合国《世界人权宣言》。本章将讨论国际劳工组织以及适用于劳工的人权规则。

8.3.1 国际劳工组织

国际劳工组织的基本目标是在所有国家提高工作条件、生活标准以及劳工的公正和平等的待遇。国际劳工组织设立于1919年，1946年成为联合国的专门机构，总部设在维也纳。为实现其目标，国际劳工组织制定劳工标准，组织国际会议，草拟国际劳工公约，监督有关建议和公约的执行并且为成员国提供技术援助。

国际劳工组织的大会起到了立法机构的作用，它还负责批准公约并且通过有关建议。劳工组织的理事会起到了执行机关的作用，国际劳工局由一名总干事领导，是组织的秘书处。劳工组织大会由来自政府、劳工以及雇主的代表组成。每个国家有4名代表，分别是2名政府代表，1名劳工代表以及1名雇主代表。理事会也按照"三方性"原则，由来自这三方的代表组成，它共有56名成员，一半成员是由政府指定的，成员的1/4来自工会组织，另外1/4来自雇主组织。在为政府组织代表保留的28个席位中，10个席位属于世界主要工业国家。

《国际劳工组织宪章》的起草者也许认为组织所涉及的主要是手工劳动者（或者称为蓝领），而不涉及其他形式的雇用劳动者。这反映了在第一次世界大战结束之时劳工运动的情况，但是，这种状况已经发生了根本的改变。在国际常设法院审理一个案件中，法院指出，1919年条约的草拟者主要关注的是手工劳动者，但是，法院并不认为国际劳工组织的行动范围受到如此的限制……条约的第13条并不能证明，国际劳工组织的活动只是和手工劳动者相关，而不包括其他形式的劳动者……㊀常设法院的观点清楚地表明，劳工组织关注的范围包括所有形式的劳动者，不管是白领还是蓝领，不管是有偿劳动还是无偿劳动，不管是由国家雇用还是由私人雇用。

1. 国际劳工标准

为了实现促进劳动者待遇的目标，国际劳工组织制定了具有国际效力的规则或者标准。这些标准之所以具有国际效力，原因有三项：首先，单个国家并不愿意制定国内劳工法律，因为这样会增加本地劳动成本。通过制定具有国际效力的协定可以防止跨国公司实施社会倾销（social dumping），强化本国在国际市场的竞争力，这是最现实的原因㊁。其次，建立公正平等的劳工标准有助于促进世界和平。再次，统一的劳工标准的制定与公正和人权有关㊂。

国际劳工组织制定的国际标准包括两类：公约（conventions）和建议（recommendations）。在国际社会就某一项劳工问题达成实质性的一致时，国际劳工组织倡导制定公约。而当国际社会对于某一项劳工问题的看法模糊不一的时候，劳工组织将发布建议（例如，国

㊀ Advisory Opinion, Permanent Court of International Justice Reports, Series A/B, No. 50 (1932).
㊁ 社会倾销是指因为向贫穷者提供服务成本过高，只向富裕者提供服务而让贫穷者放任自流的做法。
㊂ Henry Steiner and Philip Alston, International Human Rights in Context: Law, Politics, Morals, p. 327 (2000).

际社会对于某一问题未达成一致，或者问题非常复杂）。因公约通常涉及一般事项，为了指导公约的实施，国际劳工组织也会发布建议。

国际劳工组织的公约和建议主要涉及三个方面：劳动保护（工作时间、假日以及带薪休假等）和妇女儿童保护的基本问题，建立有效劳工保护的机制以及机构（劳动监察、雇用服务、劳工统计以及最低工资），促进和保护人权以及劳工的基本自由（结社自由、不受强迫劳动、再雇用和就业不受歧视）。第三项是第二次世界大战之后国际劳工组织的工作重点。

国际劳工组织还对具有重要性的雇用和工作条件等广泛问题进行研究并发布报告。例如，2007年5月国际劳工组织发布了关于残疾劳动者的报告。

2. 国际劳工组织报告

劳工组织成员国有义务就本国参加公约的履行情况提供年度报告以及不定期报告（应总干事的要求），为建议以及为生效的公约提供信息[⊖]。国际劳工组织公约和建议执行问题专家委员会是负责分析年度报告，确定成员国公约与建议书执行情况的机构。国际劳工组织公约与建议执行会议委员会负责制作违反国际劳工组织义务的成员国名单。特别名单是违反国际劳工组织义务的国家的名单。清单包括7个类别，其中前6类是关于成员国提交报告、提供信息或者参与相关问题讨论过程中存在的瑕疵，第7类是关于成员国完全或者大部分没有履行劳工组织公约的情况。每年会议委员会的特别清单都将提交大会审议批准，这通常是榜上有名的国家最难堪的时候，尤其是第7类国家。

3. 国际劳工组织成员国之间的争端解决

如果一个劳工组织成员国违反了《劳工组织宪章》，已经加入劳工组织公约或者《自由结社公约》（无论成员国是否是公约缔约国）的成员国都可以通过争端解决程序寻求解决的办法。争端解决方式包括要求调查委员会对不执行已签订的公约的情况进行调查，结社自由调查调解委员会对于滥用行为进行调查，由劳工局对于劳工组织宪章和公约进行解释。

4. 调查委员会

根据《劳工组织宪章》第26条第1款的规定，如果一个成员国认为任何其他成员国没有有效地遵守缔结的任何公约，均可以向劳工组织提出申请，劳工组织理事会可以指定一个调查委员会对申请的事项进行调查并做出报告。虽然这个程序自劳工组织成立之后便已存在，但是，第一个调查委员会的指定发生在1961年，自此之后，启用调查委员会的次数并不多。

5. 自由结社调查调解委员会

《劳工组织宪章》的前言中规定，承认自由结社原则是劳工组织的一项基本任务。为了实施这一基本原则，大会通过了两个劳工公约：《结社自由公约》（第87号公约），《结社和

⊖ 关于建议和公约的报告格式要求基本相同。这些报告一般包括四个部分：成员国为实施特定公约和建议而制定的立法、行政法规的附件，对相关材料的解释，为实施公约和建议需要对本国的立法和做法进行的修改以及原因、实施计划，报告提供者的信息。

集体谈判权利原则适用公约》(第98号公约)。第一项公约赋予劳动者不受政府干涉组成、加入协会的权利。第二项公约保护劳动者不受反工会歧视,防止雇主对于工会的主导和控制。虽然两个公约被广泛地承认,但国际社会仍存在担忧。因为《劳工组织宪章》第26条规定的调查委员会程序要求申请国和被申请国必须同时加入争议所涉及的公约,迟延加入这两项公约的行为意味着调查委员会程序将发挥不了作用。这是理事会所不能接受的,因为这两个公约在理事会看来尤为重要。因此,理事会按照第26条调查委员会的模式,设立了一个特别委员会,程序的启动不以加入公约为前提条件。1950年,劳工组织理事会和联合国经济社会理事会议共同设立了由9名成员组成的调查和调解委员会,解决违反两个结社自由公约所引起的争端。如果一个成员国批准了两个公约中的任何一个,成员国都可以请求委员会对争端进行调查。即使成员国没有批准任何一个公约,如果成员国同意接受调查,委员会也可以行使调查权。几乎没有一个国家对委员会的调查权表示接受,但是,由于近年来两个公约已经被广泛地批准,有关接受调查的要求亦形同虚设。

6. 国际劳工局

劳工组织公约规定,任何与公约的解释有关的争端应当提交国际法院。然而只有一项争端曾经被提交给国际法院。从实践的角度看,将争端提交给国际法院是一项烦琐而且成本高昂的活动,所以说,对于劳工组织公约的含义有疑问的政府通常会向国际劳工局提出请求,要求国际劳工局发表意见。

7. 政府间组织及其雇员的纠纷解决

国际劳工组织行政法庭是负责国际劳工组织秘书处和其他政府间国际组织雇员投诉的专门机构。行政法庭的管辖范围涉及官员任命过程中形式上或者实质上的违法行为以及违反劳工组织和其他政府间组织员工条例的行为。这个由三个法官组成的行政法庭至今共审理了2 000多个案件,几乎所有的裁决已被有关组织和官员接受并且执行。法庭的权利是有限的,仅限于命令撤销被指控的决定或者履行所有关义务所依赖的决定,法庭无权命令一个政府间组织对尚未实施的行为采取行动。

8.《世界人权宣言》的法律效力

《世界人权宣言》规定的与劳工权利有关的经济、社会和文化权利包括:

- 人人享有和平集会和结社的自由。
- 任何人不得:被视为奴隶;被施以酷刑;被迫隶属某一团体。
- 人人有权:享有社会保障;劳动;同工同酬;公平合理的报酬;组织并……参加工会;休息和闲暇;获得为维持他本人和家属的健康和福利所需的生活水准;接受教育。

《世界人权宣言》不是一个条约。自宣言发布之后,法律评论者就开始争论宣言是否构成了国际法上的惯例。近年来,越来越多的学者认为宣言是国际惯例法的表述[⊖]。第一,联

⊖ Michael J. Dennis, "Human Rights in 2002: The Annual Session of the UN Commission on Human Rights and Economic and Social Council", The American Journal of International Law, vol. 97, No. 2 (Apr, 2003).

合国在适用《联合国宪章》规定的人权时经常引用人权宣言。第二，联合国大会指出，宣言中列明的权利构成了国际法的基本原则㊀。第三，许多国际会议通过的决议均指出宣言构成了国际社会成员的一项义务。第四，70多个国家把宣言写入宪法或者基本法中。第五，美国法院的判决也曾认定，人权宣言是国际法上的惯例㊁。1980年美国第二巡回上诉法院审理的一个案件中，在确定人权成员国是否违反了国际法的时候，法院认定，一个国家禁止折磨本国公民的原则已经成为国际法惯例的一部分，而且这是《世界人权公约》明文禁止的。简而言之，没有一个人愿意被折磨㊂。

8.4 区域性政府间劳工规则

积极保护劳工权益的区域性政府间组织主要是欧盟、经济合作发展组织以及欧洲委员会。

8.4.1 欧盟的雇用法

在欧盟27个成员国境内实现劳工移动自由是《欧盟条约》的基本原则。《欧盟条约》第39条规定，无论劳工从事的职业，接受雇用邀约还是在任何一个成员国境内从事工作，成员国都应当确保劳工移动自由。条约第40条授权欧盟理事会消除并且协调有关劳工自由移动的行政程序，设立便于劳工就业的必要机制。条约第42条授权欧盟理事会采取社会保险等必需措施，保护劳工的自由移动。1968年，欧共体实施68/360号指令，落实欧共体条约关于劳工自由移动的规定。指令保证劳工及其家庭离开本国进入另外一个成员国就业或者寻求就业的权利，劳动者必须提供身份证或者护照，但不需要出境和入境签证。获得就业的劳工拥有自动延展的居住许可权利，可在一个成员国境内至少居住五年，唯一的要求是，他们不能主动辞职或者长期离职。《欧盟条约》第39条第2款规定，成员国的劳动者不得因其国籍而受到不同的待遇。这一规定体现在1612/68号指令之中，指令规定明示地或者默示地限制劳动者就业和寻求就业的国内法律、行政法规无效。

一旦一个劳动者获得就业之后，薪酬数额方面的歧视待遇是不适当的。因此，一个外国劳动者有权获得与成员国劳动者一样的社会和税收便利，享有与当地劳动者相同的全部权利和利益。最后，外国劳动者在解职或者失业之后再就业方面也不能受到歧视性的差别待遇。

欧盟成员国范围内劳动者跨境自由移动的权利受到三个方面的限制：公共政策、公共安全和公共健康。然而，这些限制只能适用于劳动者进入和离开成员国的权利，而不是用于劳动者进入成员国境内之后享有同等待遇的权利。

成员国实施的限制措施的范围被欧洲法院在20世纪70年代和20世纪80年代做出的

㊀ 1970年10月24日联合国大会第2625号决议第25条。
㊁ De Sanchez v. Banco Central de Nicaragua, 770 F.2d 1385 (5th Cir. 1985).
㊂ Filartiga v. Pena-Irala, 630 F.2d 876 (2d Cir. 1980).

一系列判决所产生的规则逐渐地缩小。在 1974 年的一个判例中，法院确认成员国有权因为公共政策的原因限制外国公民的进入。但是，在一年之后的另外的判决中，法院判决称，除非一个外国公民的存在或者行为对于成员国的公共政策构成了真实的、充足的、严重的威胁，成员国不得对任何成员国的国民进入、居留、离开实施限制措施①。在 1977 年，法院进一步指出，只有这种真实严重的威胁对社会基本利益发生了影响，成员国才可以实施限制措施②。在 1981 年，法院进一步明确规定根本社会利益应当是在《欧洲人权公约》中列明的利益③。

《欧盟条约》第 39 条规定了劳工自由移动的限制条件。该条规定，劳工自由移动不适用于公共服务领域的就业。这并不意味着外国公民被禁止从事任何公共服务，也不意味着允许成员国对已就业的劳动者规定歧视性的工作条件和就业期限。公共服务限制只适用于与政府行为有关的就业岗位。在 1980 年的一个判例中，欧洲法院的法官指出，这类岗位事实上要求就业者与国家具有特殊的忠诚关系，以及以国籍纽带为基础的相互的权利义务④。

8.4.2 经济合作组织的劳工保护标准

经济合作发展组织制定了较高的劳工工作标准。为鼓励跨国企业服务于社会，减少并且化解经营过程中的困难，改善外国投资环境，经济合作发展组织制定了《跨国公司指南》，其中规定了劳动者在母国和东道国的就业规范。虽然这些规范是自愿性的，但是仍具有相当的影响力，在本质上它们至少具有一定的国际标准的效力。未达到这一标准的跨国公司在面对当地政府、工会以及当地和国际媒体的时候，会处于尴尬的境地。规范要求，在法律、法规和现行劳动关系、就业惯例的框架之下，跨国公司在经营过程中，应尊重雇员参加工会和集体谈判的权利，为雇员代表提供必要的设施、信息，以不低于东道国同行的水准执行就业标准，尽最大可能为员工提供培训等。

8.4.3 欧洲委员会对于劳动者权利的保护

欧洲委员会负责执行 1950 年《欧洲人权公约》和 1961 年《欧洲社会宪章》。人权公约主要涉及政治权利和民权，社会宪章主要规定经济、社会和文化权利。虽然两份文件各有侧重，仍存在重叠之处。人权公约保护自由结社权和加入工会权，社会宪章对于劳动者的权利提供了更加广泛的保护。在第一部分"权利和原则"中，宪章保护劳动者自由就业的权利、享有公平劳动条件的权利、享有充足公平报酬的权利、集体谈判的权利，这一部分还规定，妇女、儿童、残疾人应当受到特殊的保护，每个人都享有就业指导、培训、保健、社会保险、医疗保险等权利。第二部分对这些权利作了具体的描述。第三部分规定了缔约国在签署

---

① Case 41/74, [1974] ECR 1337.
② Case 36/75, [1975] ECR 1219.
③ Case 115 and 116/81, [1982] ECR 1665.
④ Case 149/79, [1980] ECR 3381.

公约之后应当履行的具体义务。缔约国并没有义务履行宪章第一部分和第二部分规定的所有权利和原则。

8.5 跨国劳工组织

只有获得政府间组织支持的时候，跨国劳工组织才有权利代表不同国家的劳动者。欧盟和欧洲理委员会都具有这样的权力。欧盟还没有授权建立任何跨国劳工组织，但是，欧洲委员会的《欧洲社会宪章》对此做了具体规定。宪章第5条规定，"结社权"包括劳动者或雇主，保护自己的经济和社会条件，自由组成本地、国内和国际组织的权利以及加入此类组织的权利。几乎所有的欧盟成员国都承认了这一条规定。当今欧盟已经成立了若干跨国劳工组织，这些组织作为国内工会的协调机构，鼓励支持国内组织的合作，向国际政府间组织倡导保护劳动者权利的主张。最典型的例子是世界汽车理事会国际秘书处以及欧洲贸易工会联合会。除了交换信息、倡导呼吁工作之外，跨国劳工组织还积极地筹集资金，支持国内劳工运动。

8.6 劳动者的迁移

1948年联合国《世界人权宣言》规定，人人有权离开包括其祖国在内的任何国家，并且有权回国。然而，当今的国际法并没有普遍地接受这一项规则。在1981年的判例中，美国联邦高等法院指出，护照实质上是由签发国发放给持有人的一份介绍信，请求其他主权国家为持有者提供帮助……随着出境限制立法的实施，护照成为出国旅行的一项基本要求，具有了其他特征。最重要的特征是，持有护照是美国人合法地离开本国并且返回的唯一方式，除非总统给予豁免……作为一份出境限制文件，护照既是身份的证明，也是忠诚祖国的证明……撤销护照毫无疑问地将阻止出入境，但是以持有护照形式出入境的自由应当从属于国家安全和外交政策的考虑，受到合理的政府管制的约束[⊖]。在英国加入欧盟之前，适用相似的规则。在此之前，护照的取得不是权利行使的后果，护照可以在任何时候被终止。欧盟要求成员国为国民颁发在欧盟内旅行的护照，并延长护照的有效期，禁止采取出境签证和其他相似措施。在不适用欧盟规则的领域中（在欧盟以外的国家旅行），英国法律仍然坚持将护照的签发视为"皇家特权"。

8.6.1 签证

签证是东道国允许外国人入境的许可，与护照相辅相成。签证允许外国人进入本国。签证是东道国的一项权利，无论是外国人的居留时间还是行为都可以被限制。根据签证的有效期，签证被区分为临时签证和永久签证。持有临时签证的外国人在有效期届满之时应当出

⊖ Haig v. Agee, 453 U.S. 280 (1981).

境。持有永久签证的外国人可以无限期地居留，要求无限期签证的外国人通常会申请入籍。一般而言，希望获得签证的外国人在出发之前应当到目的地国驻外使领馆提出申请。已经在东道国居留的外国人如果对签证有疑问或者希望变更签证类型，应当与东道国的移民主管部门联系。一些发展中国家允许外国人在到达本国后申请签证。在这种情况下，外国人有义务在合理时间内与移民主管部门进行联系，获取签证。

许多国家的移民法规定了不同类型的临时签证，以代表外国人在居留期间可以实施的不同行为。美国移民法律规定了不同的签证类型。最常见的临时签证是旅行签证。旅行者通常应当向外国驻本国的海外使领馆申请签证。然而，许多国家建立了免签制度，允许旅游者无须签证即可到指定国家旅游。美国对于27个国家的旅行者实施免签制度。

许多发达国家对学生设立了特别的签证类型。为了获取这类签证，学生通常必须从教育机构取得证明，证明他们已经被录取，还需要提供证明其学习期间的生活费来源的资料以及完成学业之后一定返回本国的证明。一些国家允许学生在学习期间工作，但是，这在许多国家是不允许的。另外一种重要的临时签证形式是暂时就业签证或者跨国企业员工交流签证。这些签证只有雇主申请才会取得。持有此类签证的外国人变换工作岗位的时候，必须要求新的雇主重新申请签证。

所有的国家都限制授予移民永久签证的数量，因为每一个国家都希望获得永久签证的外国人能够对本国做出贡献而不是增加负担。国家通常会设立一个机制，允许特定人群优先获得永久签证，或限制来自某一外国的移民的数量。例如，美国移民和国籍法规定，两类人群可以优先获得永久签证：作为美国公民的家庭成员或者已经在美国永久居住的外国人，以及具有特殊技能的外国人。第二类人群通常包括具有出色能力的外国人（如知名作家或者哲学家）、出色的教授和研究者、高水平的跨国管理人员。在特定的情况下大多数移民制度允许对于难民或者寻求政治避难的外国人授予永久居留权。

外国人必须遵守签证条款，在签证过期或者取消之后离开东道国。另外，签证的给予或者拒绝，延长或者拒绝延长签证，以及撤销签证都属于东道国的裁量权，在大多数国家是不可诉的。

8.6.2 外国劳工管理

进入东道国工作的外国人必须取得适当的入境签证（允许他们有偿就业），而且必须遵守东道国的劳动法。一般而言，入境之后，外国人适用和东道国国民相同的劳动法，即使外国劳动者或者外国雇主同意适用劳动者母国的劳动法，也应适用东道国法律。许多国家对于外国劳动者适用特殊的规则。一些国家利用地方立法，规定在本地工作的劳动者中，本国的国民应当占有一定的百分比。还有一些国家规定了外国劳动者可以获得的利益。例如，新加坡法律规定，外国劳动者应当与本国国民同工同酬，新加坡雇主有责任保证外国雇员获得充足的住房，并保证他们在进入新加坡之前接受了体检。另外，雇主应当缴纳外国雇员的社会保险，承担雇员的回国费用。

一些涉及外国劳动者的规则看起来好像给予他们特权，这些规则通常可见于一些友好、通商和航海条约。表面上看，这些规定允许外国企业采取歧视性措施，给予东道国雇员比外国雇员更好的条件，允许东道国雇员担任管理岗位。然而，这并不是条约起草者的本意。外国雇主和劳动者都受到东道国劳工法的约束，除非条约或者国内法清楚地做出了不同的规定。

8.6.3 母国劳动法在域外的适用

传统上，一国基于主权的理念，拒绝在域外适用本国的劳动法。这是因为每一个国家都是独立的，不应受其他国家法律的约束。早在1804年，美国联邦高等法院就指出，美国的法律不得被解释为违反了其他国家的法律，除非不存在其他可能的解释⊖。根据这一规则，高等法院驳回了丹麦船员按照美国侵权法提出的船舶损害赔偿请求⊜，并且拒绝承认国家劳动关系委员会有权处理受雇于外国船舶的船员之间的集体合同谈判纠纷。联邦高等法院还判决，同工同酬法在美国的司法管辖领域之外不可使用⊜。

然而，尽管美国联邦最高法院通常假设美国国会并没有将其立法适用于域外的意图，但是，它认为美国国会"在特定的情况下，有权在美国领土之外适用其法律"。美国国会的确制定了明确规定适用于域外的劳动法。例如，1964年《民权法》第7章关于反歧视行为的规定，以及1991年《残疾美国人法》，该法特别适用于在海外为美国雇主工作的美国雇员。在1998年美国第二巡回上诉法院审理的一起案件中，法院针对1967年《就业年龄歧视法》的域外使用效力进行了讨论。这部法律禁止针对员工年龄做出歧视性限制。被告是一个外国雇主，员工数量少于20人。法院认为，这部法律同样保护在美国从事经营的外国雇主所雇用的美国雇员的利益，无论企业规模大小，都应受到政府法律的约束。

◇参考案例

道尔诉尤尼科公司案

1958年缅甸民选政府被军政府推翻。1988年，军政府镇压了国内民主示威运动，实施了军管法，关押杀害了数千抗议者。1990年，在军政府的控制下，缅甸国内举行了选举，反对党得到了80%的选票，但军政府拒绝移交权力并囚禁了许多政治领袖。此时，缅甸发现了一个大型的油气田，尤尼科公司与一家法国公司一起与缅甸一个国有企业共同承担开发及油气输送设施建设任务。管线的建设需要通过缅甸反政府武装的占领区，为了保护管线项目，缅甸军方在沿线布防，并建设营房和直升机直降场。

原告是当地的一个村民，他认为缅甸军方的行为侵犯了当地村民的人权。根据原告提供的证据，缅甸军方逼迫原告和其他村民在工地上劳动，另外，为了避开管线，村庄被整体迁

⊖ Murray v. The Charming Betsey - 6 U.S. 64 (1804).
⊜ Lauritzen v. Larsen, 345 U.S. 571 (1953).
⊜ Windward Shipping v. American Radio Assn., 415 U.S. 104 (1974).

移,并且,在这个过程中,缅军实施了大量的暴力,包括折磨、强奸、谋杀、强制劳动、强制搬迁等违反国际法的行为。

尤尼科获得缅军保护在缅甸进行的商业经营受到国际社会的关注,人权观察组织与尤尼科的代表会面,提醒尤尼科注意缅甸强制劳动的问题。1996年尤尼科的执行官以及总裁视察了缅甸项目,他们看到了一个报告,报告中的图表展示了公司的每月投资、军营雇用的民工数以及军队与村民的食物开支。美国国务院的一个官员作证说,尤尼科的一个员工谈到缅甸项目时指出,军方为管线建设提供安全保护,使用了不少民工,尤尼科不能控制军方行为,但公司派医生为民工检查了身体,发现其中一些人健康状况较差,因而将他们遣送回家;公司还记录了民工工资发放情况,发现尽管这些民工不是来自一个村庄,但是,却主要是从三个村庄调出的。另一份国务院电报指出,在工地上存在强制劳动问题,每当外国人到场检查,民工被迫走进树丛,以避开照相机镜头。

原告诉称尤尼科对于缅军的侵权行为承担责任,因为缅军是为了尤尼科公司利益行事的。原告认为,尤尼科、法国公司以及缅甸政府共同组成了一个供给油气的联合体,建设从油气田至泰国边境的管线。各方签订的协议规定缅甸政府应承担保护管线安全的责任,而缅军确实履行了相应的责任。原告依据美国《外国人侵权诉讼法》(以下简称 ACTA)向美国地方法院起诉,被告尤尼科要求驳回原告的全部诉讼请求。

ACTA 规定,美国地区法院对于外国人以违反美国国内法或条约而实施的侵权行为提起的诉讼拥有初审管辖权。据此,若原告依 ACTA 起诉,须证明:①诉讼由外国人提起;②因侵权行为起诉;③违反了国内法(国际法)。当事人对于前两项因素并无争议,其争议的焦点集中于第三项,即缅军行为是否违反了国际法,若此,尤尼科是否应当对此承担责任。

法院认为,违反国际法且可诉的行为须违反了明确的、普遍的义务性的规则。在确定国内法内容时,法院对于国际法的理解,不应当局限于 ACTA 实施之时(1789年)的视野,而应当与当今世界的发展趋势相一致。在以往的一个判决中,法官指出,故意实施的官方色彩的折磨行为违反广泛接受的国际人权法规则。美国法中的"法律色彩理论"是判定被告行为是否构成 ACTA 下官方行为的一种方法,某一私人与政府官员一起实施的或获得了政府主要帮助的行为,符合"法律色彩理论"的要求。

原告还主张,尤尼科参与缅甸政府的油气联合体,其主动参与缅甸政府或其代理人的行动,构成了美国法的共同行为,为此,法官审理了缅甸政府与被告是否共同实施了剥夺被宪法权利的行为。在以往的一个案例中,一大学举办音乐会,聘请了安保团队,安保团队对进场人员实施了拍身搜查,法院不认为大学与安保团队存在共谋行为,因为大学并没与安保团队一起实施了此类搜身行为,法官进一步指出,为确定公共部门与私人部门的共同行为,须确定二者共同参与了某一侵犯他们宪法权利的行为,公共部门对私人部门某一侵权行为保持沉默,并不能作为共同行为的证据,诸如办一场营利性音乐会等各方共同所求的目的,也不足以构成支持共同行为成立的有力证明,公共机构和私人机构必须拥有侵犯原告宪法权利的共同目的,是成立特定诉因的要求。法官认为,本案原告的证据证明了尤尼科注意到了缅军侵犯人权的记录,知晓军方强迫劳动等行为,与缅甸政府拥有共同的盈利目的,但没有提供尤尼科影响或参与缅军不法行为的证据，也没有提供尤尼科与缅军共谋实施所诉行为的证据。

法院认为，缅军行为构成了强迫劳动，但是，对于原告关于尤尼科应当对缅军强迫劳动行为依据国际法中的直接和替代责任原则承担责任的观点，法院并不认同，没有事实表明尤尼科采取了强迫劳动的行为。事实上，缅军向尤尼科掩盖了有关事实，尽管有证据证明尤尼科知道强迫劳动行为的存在并从中获利，但这并不足以支持尤尼科应承担国际法上的责任。

初审法院驳回了原告的诉讼，但是，原告向第九巡回法院提起了上诉，最后本案以双方和解结案。

本章练习

1. A国是一个东欧国家，作为世界贸易组织的成员，该国允许外国银行进入本国市场。然而，近年来A国开始面临国际收支不平衡问题。A国在通知服务贸易理事会以及国际货币基金组织之后，对外资银行向境外转移资金的行为做出了限制。然而，它没有对本国的银行以及其他从事跨国业务的欧洲国家银行采取同样的限制措施。BIG银行是在B国设立的银行，在A国设立了分行，它反对A国的这一措施，请求B国给予帮助，让A国撤销或修改这些限制措施。A国联系B国要求磋商，双方均将磋商意图通知了争端解决机构。这一纠纷应当如何解决呢？

2. C国是世界贸易组织成员，同时也是北美自由贸易区成员国，无论是在《服务贸易总协定》还是在《北美自由贸易协定》中，该国都没有对于道路运输部门做出任何承诺。D国是世界贸易组织成员，E国既是世界贸易组织成员，也是北美自由贸易区成员国，两国各有一家运输公司意图在C国开展跨境汽车运输服务。这些公司可以提供此类服务吗？如果可以，其服务范围有多大呢？

3. A国没有加入《国际劳工组织结社自由公约》以及《结社和集体谈判权利原则适用公约》。A国的一些工人就其结社权和集体谈判权向国际劳工组织申诉，劳工组织的调查和调解委员会能否受理这些工人的申诉呢？

4. 阿姆斯特朗为联合国设在日内瓦的特别机构工作了7年，负责追踪这一机构成员国的民权状况。他要求一个成员国对于该国采取的损害国民人权的情况做出说明，该国没有答复，还要求该机构将其解雇，否则将不再支付会费。机构的负责人解雇了阿姆斯特朗。阿姆斯特朗就此决定向国际劳工组织的行政法庭起诉，行政法庭对于此类案件拥有管辖权。阿姆斯特朗要求法庭裁定机构重新为他安置工作。法庭应当如何判决？

5. 巴通是F国一家杂志的自由记者，F国是欧盟的成员国。他提供给欧盟多家报纸的文章让F国的某位部长十分难堪。这位部长要求F国议会制定法律，外国新闻工作者在获得这位部长管理的部门的批准之前，禁止工作。议会就这一立法是否违反欧盟法律，征求司法部长的意见。司法部长应当如何回答呢？

6. 狄更斯具有美国和爱尔兰双重国籍，美国禁止本国公民到古巴旅行或工作，但他却用自己的爱尔兰护照进入了古巴，美国可以采取哪些措施呢?

7. 位于I国的某大学,邀请了K国的一位马克思主义者卡尔、一位种族隔离鼓吹者比格参加大学的庆典,二人同意参加,但二人被I国的外事部门拒签。根据I国法律,外事部门可以公共政策、公共安全以及公共健康为由拒绝签证。大学请求外交部部长给予豁免,被拒绝了。大学起诉了外事部门,理由是:①外事部门的行为损害了宪法规定的结社与言论自由权,使大家不能聆听卡尔先生和比格先生的发言;②政府没有拒绝卡尔和比格入境的理由。这些理由成立吗?

8. BIG公司雇员爱迪生在公司设在Y国的一家子公司工作,他是美国公民,而BIG公司也是一家美国公司。公司因为爱迪生是Y国厌恶的种族组织的成员而解雇了他。爱迪生在美国向法院提起了诉讼,主张其享有的美国法律规定的民权被侵犯了。他的理由成立吗?

第9章
Chapter 9

知识产权

■ 概述

知识产权本质上是指具有使用价值的信息或知识。为研究之目的（划分法律权利），它被分为两种基本类型：文化产权和知识产权。文化产权包括艺术、文学和音乐作品。这些产权在大多数国家是通过著作权和邻接权保护的。工业产权本身被划分为两类：发明和商标。发明包括具有实用性的产品以及加工方法，发明的保护具有不同的方式，最常见的保护方式是专利权、实用新型和发明人证书。商标包括"真正的"商标、商品名称、服务标记、集体商标以及认证标记。所有这些都是区分制造者、销售者和服务提供者身份的标记。这些标记通过商标法给予保护。无论方式如何，知识产权是国内法而不是国际法的产物，然而，国际法为知识产权的统一定义以及保护提供了指南，为产权人在不同的国家申请知识产权提供了便利方式。国内法，有时是区域法为知识产权的转让和许可创设重要规则。近年来国际社会致力于制定关于知识产权转让的国际准则，但是至今未能完全成功。本章讨论知识产权的创设、保护以及转让。

9.1 知识产权的取得

可被拥有、转让和许可的信息像人的创造力和想象力一样广泛。这些信息既涉及成文法上的权利，又会涉及非成文法上的权利。前者包括著作权、专利权和商标权；后者是指技术诀窍。现在，许多跨国公司的总资产由知识产权而不是实体资产决定。专利权、商标权和著作权、商业秘密的创设、开发和保护对于高科技行业具有最重要的意义。这些知识产权对于制造、农业和服务等产业来说，也具有相当价值。

9.1.1 著作权

著作权是一项无形的、成文法上的权利。该权利使文学作品的作者在一定期限内享有复制作品并出版、出售作品复本的独占权。著作权是特定期限内作者享有的财产权及一定的精神权利。任何作品的作者都享有以上权利，只要作品可以通过满足传播目的的有形形式表现出来，例如，文学作品、戏剧、音乐作品或者艺术作品，录音、电影、广播电视也属于作品的表现形式,在一些国家,计算机程序也可以作为作品受到版权的保护。与专利权不同,著作权并没有授予权利人阻止他人对于受到保护的作品之中的知识加以利用的权利,它只是限制对于作品本身的利用。也就是说,任何人可以利用作品中的信息制造和出售商品,但是这种利用只能通过对于特定复制品按照规定的形式实现。

米兰公爵在 1481 年向印刷本地历史的人授予了印制作品的独占权,这是历史上有记载的第一个著作权。在相同的时期,德国、法国、意大利和西班牙都向印刷者授予了此类权利。第一个真正的著作权法令是 1709 年英国人制定的,这部法律保护作者的权利,作者无须向国王提出申请即可以获得著作权。随后,西班牙、美国、德国和法国也制定了类似的法律。完整地保护作者的财产权和精神权利的著作权法是 19 世纪 80 年代比利时的著作权法。1886 年,瑞士、英国、法国、德国、意大利等 10 个国家在瑞士伯尔尼签署了《伯尔尼公约》,这是一部最具影响力的国际著作权公约。这部公约采用了欧洲大陆著作权保护模式,规定缔约国通过最少的形式要求,保护作者。至今,世界上大多数国家已经加入了《伯尔尼公约》,1989 年美国也加入了该公约,这部公约极大地促进了世界著作权法的统一化进程,虽然没有完全实现统一。

1. 财产权利

经济权利或者财产权利是法律授予作者为盈利而使用作品的权利。历史上,这项权利只能通过两个渠道实现,一个是印刷出版(印刷之后通过书店等渠道出售),一个是通过表演(在舞台剧院、音乐厅、画廊等地表演和展览)。因此,当今大多数国家授予著作权人两项财产权利:复制权(在一些国家包括展览权)和公开表演权。例如,《德国著作权法》第 15 条规定:著作权人有以实体形式使用其著作的专有权;尤指复制权、传播权、展览权。著作人还有以非实体形式公开再现其著作的专有权(公开再现权);尤指朗诵、表演和放映权,广播权,通过音响或图像载体再现的权利,通过电台发射再现的权利。

2. 复制

复制权是西方市场经济国家最古老、最常见的著作权,是各国一致保护的权利。例如,《德国著作权法》第 16 条规定,复制权指无论以何种方式,制作著作复制物的权利。英国《版权法》规定,复制权是以任何有形方式重新制作作品的权利。法国《著作权法》规定,作品的复制,是通过任何间接公开作品所需的方式有形固化作品的过程。美国《版权法》将复制权简单地定义为制作副本的权利。在苏联等国家,虽然著作权包括复制权,但是只有国家机构才有权有效地行使这一权力。因此,著作权人必须将其权利转让给国家机构(通常是他们的雇主),希望这个机构能够发行自己的作品。当然,互联网的发展大大便利了作品的复制。艺术作品、文学作品或者软件,通过轻点鼠标,就可能被轻松地复制给全球各地成千上万的人。技术的快速发展使得著作权法的实施更加困难,在新的时代,企业必须采取各项措施保护自己的知识产权。

3. 发行

与复制权不同,各国法律对于发行权没有一致的界定,也没有统一的保护措施。为理解发行权，我们必须考虑两个问题：什么是发行？发行权什么时候被耗尽？

《德国版权法》将发行权定义为就原作品或者作品的副本向公众发出要约，或者将其投入流通的权利。美国、奥地利、英国、瑞士和斯堪的纳维亚国家的法律中也做了相似的规定。大多数国家的法律中没有向著作权人授予发行权。例如，法国著作权法没有直接授予发行权，但是对于受让人的权利进行了限制，受让人仅仅拥有在转让协议中规定的那些权利，任何行使规定以外权利的行为都被视为犯罪。在法国，销售、出口和进口作品的非法复制本的行为，会受到罚款的处罚。

在大多数国家，一旦作品的副本被出售给公共受让人，作者对于这一特定副本所拥有的控制后续转让的权利即告终结。这被称为"耗尽原则"（the doctrine of exhaustion）。19世纪德国的一位法学家约瑟夫·科勒首先提出了权利耗尽原则，现在，他的理论被引入《德国著作权法》第17条（2）以及其他规定明示发行权转让的著作权法中。美国《版权法》第27条对权利耗尽原则做了这样的规定：版权不能禁止、阻止或限制合法取得作品的复制品的转让。欧盟的权利耗尽原则是在欧洲法院的判例中形成的[⊖]。在实践中，这一原则是发行权的必然结果，否则，版权人就能够控制受保护作品的任何一次转让。

耗尽原则有三个重要的限制。第一，这项原则仅仅适用于销售行为。将作品用于出租、演出或者展览的作者对于后续的转让者仍然拥有发行权。第二，这一原则仅仅适用于发行权，不适用于复制原作品的权利、表演权、精神权利等其他权利。第三，不适用于已经售出的原作品或者副本的出租行为，通过国际协定，作者有权禁止其他人出租受保护作品的行为[⊖]，至少计算机软件以及动态影像已经得到这方面的保护。

4. 表演

表演权是作者享有的向公众播放受著作权保护作品的权利。对于表演权的规定有两种基本方式。第一种方式以英国、法国以及美国著作权法为代表，授予作者有关表演的一般权利。1985年修订后的《法国著作权法》是一个典型的例子。该法第27条规定，表演权是以任何方式向公众传播作品的权利，其方式包括但不限于公开朗诵、表演、公开展示、公开放映以及以电讯方式传播。第二种方式以德国为代表，创设了若干附属权利，具体而言，这些附属权利包括朗诵、表演和放映权，广播权，通过音响或图像载体再现作品的权利，通过电台发射再现作品的权利。无论采取哪一种方式，表演权仅仅适用于公开表演。私下的表演行为，也就是说，针对相关之间具有个人关系或者与组织者具有个人关系的少数人的表演，不构成对著作权的侵犯。英国判例法上公开表演的例子包括，夫人俱乐部的一部分成员向同一个俱乐部的另外一部分成员表演戏剧，在酒店的大堂、电视台演播室里演奏音乐，在工厂通

⊖ Deutsche Gramophone v. Metro, Case 78/70, [1971] ECJ 487. Musik-Vertrieb Membram v. GEMA, 55 and 57/80, [1981] ECJ 147.

⊖ 《与贸易有关的知识产权协定》第11条规定："至少对于计算机程序及电影作品，成员应授权其作者或作者之合法继承人许可或禁止将其享有版权的作品原件或复制件向公众进行商业性出租。对于电影作品，成员可不承担授予出租权之义务，除非有关的出租已导致对作品的广泛复制，其复制程度又严重损害了成员授予作者或作者之合法继承人的复制专有权。对于计算机程序，如果有关程序本身并非出租的主要标的，则不适用本条义务。"

过扩音器向工人或者向舞蹈俱乐部的成员播放。向家人或者几个亲密的朋友朗读一本书则属于私下表演。1978年赞比亚卢萨卡高等法院审理的一个案件中，被告人向公众复制播放原告人创作的音乐，为跳迪斯科舞的人群伴奏的行为，被认定为公开表演行为，因为被告人没有取得著作权的许可，侵犯了音乐创作人的权利。但是由于被告人在当时并不完全知晓原告的著作权，法院并没有判决被告承担赔偿责任，而是判决被告人将当天获得的利润交给了原告。

5. 精神权利

精神权利是指作者享有的禁止他人篡改受著作权保护的作品的人身权利。精神权利独立于作者享有的财产权利，在保护作者精神权利的大多数国家里，即使财产权利被转让之后，作者的精神权利依然存在。例如，法国法规定，作者著作权中的精神权利是不可剥夺的⊖。

精神权利的概念源于19世纪德国法学家提出的一般人格权，康德指出，这种权利是在一个伦理社会中存在的自由权。但是，潘克顿学派反对一般人格权理论，认为这一理论与传统的罗马法理论不符。大约在1880年前后，约瑟夫·科勒提出了著作权两重性理论，认为著作权包括经济上的权利和精神上的权利，他的理论是以对英法判例的研究为基础的。19世纪70年代法国法院的判决受到德国学者思想的影响，逐渐地将精神权利从著作权的财产权益中分离出来。这些理论和实践，首次在《比利时著作权法》中被以成文法的形式固定下来。1886年《比利法著作权法》确定了三项基本精神权利：反对歪曲、割裂与修改的权利，被确认为作者的署名权以及允许公开的权利。20世纪初德国和法国的著作权法也确认了精神权利。1928年，《伯尔尼公约》被修改，加入了对作者精神权利的保护。德国和法国后来增加了第四项精神权利，即作品的更正权，但这项权利没有被广泛接受。

英美法国家传统上不承认作者的精神权利。英国加入《伯尔尼公约》之后，为了履行条约义务，不情愿地同意作者在作品被歪曲、割裂、修改的时候提起诽谤之诉，在身份权受到侵害时提起冒充之诉。英国还主张，公开权与复制权这一财产权不可分割，因而已经受到了保护。美国法院和法律评论者经常否认美国法上存在作者精神权利，这是长期以来美国迟迟不愿加入《伯尔尼公约》的原因。然而，1989年，美国加入了《伯尔尼公约》之后，国会小心地避开了精神权利问题，辩称现有州法和联邦法律符合公约有关条款的规定。但是，关于美国法律已经满足了保护公约规定的作者精神权利要求的说法，一直受到严重的质疑。一些评论者建议采用英国模式，通过合同法和侵权法保护作者精神权利。然而，在《与贸易有关的知识产权公约》生效之后，这种建议已经没有必要了。

《与贸易有关的知识产权公约》规定成员国应遵守《伯尔尼公约》，但有一个重要例外，即不要求成员国给予作者精神权利保护。由此造成结果是，美国、英国等国家继续保持与《伯尔尼公约》以及大多数国家的区别，不承认作者的精神权利。但是，印度是一个承认作者精神权利的英美法国家。

⊖ 《伯尔尼公约》将作者的精神权利定义为"反对对上述作品进行任何歪曲或割裂或有损于作者声誉的其他权利"。

6. 作品

著作权保护的客体是作品,即在艺术、文学、音乐或科学领域中的智慧创作。许多著作权法中列明了保护的客体。例如,1976 年美国版权法列举了 7 类可以受到版权保护的作品:文学作品,音乐作品,戏剧作品,哑剧和舞蹈编排,图片、图像和雕塑作品,动态图片以及其他视听作品、录音。

并不是所有的作品都符合著作权保护所要求的标准。作品必须具有创造性,即作品中应含有作者的创造成分。正如 1923 年枢密院一个著名的判决所指出的,为了受到版权的保护……劳动、技能以及资本的投入是必需的,这些投入应当足以赋予产品以一定的质量和特征,而这些质量和特征是原材料所不具备的,这些投入应当足以使产品和原材料区别开来。㊀然而,原创性不应当和专利法规定的创新性相混同。例如,对于同一个静物所绘制的绘画作品,每一幅绘画都是原创性的,因为它反映了作者的创造力。相应地,即使没有一幅是创新性的,甚至没有一幅具有艺术价值,但是作者的作品仍然受到著作权的保护。

受到保护的不是作品中包含的理念或者知识,而是作品的表达方式。也就是说,著作权并不适用于观念、程序、运作方式或者数学概念㊁,任何人都可以利用作品中包含的信息或者知识,他们所受到的限制仅仅是不得使用原作品或者一个特定的复制品。当然,在存在复制品之前必然存在原创作品。原创作品必须以一种当前的或者将来可用的有形表达方式固化下来,利用纸笔书写的小说是通过有形形式固化的原创作品,用油彩在画布上绘制的图画、用石头雕刻的雕塑、记录在磁带或者光盘之上的音乐作品也都属于这类形式。

大多数复制作品(表演除外)也必须以可见的形式固化。当储存在计算机硬盘之上的数据被写入内存之时是否会产生复制作品呢?在 1993 年美国第九巡回上诉法院审理的案件中,MAI 公司授权计算机用户使用自己的操作系统,而另一家与之竞争的公司,以低于 MAI 公司的价格,向 MAI 公司的客户提供服务,为了制止这家公司的竞争行为,MAI 公司起诉了这家竞争对手,理由是,当这家公司为客户提供服务时,打开了计算机,这时 MAI 公司的操作系统会从硬盘上被读入内存之中,从而产生了复制行为,因而侵犯了 MAI 公司的著作权。法院认定,计算机开机时产生的错误日志,实质上是以有形形式复制 MAI 作品的结果,MAI 公司胜诉㊂。

7. 相邻权

著作权一般适用于大多数艺术、文学、音乐或者科学作品。然而,技术总是具有开发一些不属于现有定义范畴新作品的习惯,典型的例子是计算机程序以及半导体芯片。对此,各国法律采用了不同的处理方式。一些国家修改了现行的著作权法,将这些新作品纳入保护范围之内。大多数发达国家在 20 世纪 80 年代中期修改了著作权法,增加了对于计算机程序的保护。例如,《德国著作权法》第 2 条第 1 款在文字作品中加入了计算机程序这一类型,英

㊀ MacMillan & Co. Ltd. v. Cooper (1923), 40 T.L.R. 188.
㊁ 《与贸易有关的知识产权协定》第 12 条第 2 段。
㊂ MAI System v. Peak Computer, 991 F.2d 511 (9th Cir. 1993).

国和美国分别修改了版权法，将计算机程序纳入其中。《与贸易有关的知识产权协定》规定，计算机程序按照《伯尔尼公约》的文字作品受到保护。另外一些国家则在现行著作权法之外制定了新的立法，这些新法产生的权利被称为邻接权，因为这些权利不属于著作权，但是和著作权相邻。1989年，两个调整与传统的著作权不同但相似权利的公约被通过：《国际视听作品登记条约》以及《国际集成电路知识产权条约》。根据世贸组织《与贸易有关的知识产权公约》的规定，《国际集成电路知识产权条约》适用于所有的世贸组织成员。

8. 范围

著作权仅在授予著作权的国家领土范围内受到保护。一个国家没有权力阻止在其境外复制作品的行为。然而，所有的国家有义务禁止进口非法复制作品。

9. 期限

关于著作权保护期的一般规则是在1948年《伯尔尼公约》中规定的。公约规定，著作权的有效期应为作者死后50年。《与贸易有关的知识产权协定》规定成员给予著作权的保护期不得少于50年。许多国家，包括美国，将保护期延长至作者死后70年。

10. 形式要求

《伯尔尼公约》规定，著作权法赋予的权利不应受到形式上的约束。在1989年之前，美国是世界上唯一要求作者通过一定的形式才能获得版权保护的国家。例如，所有发行作品必须标明版权标记、第一次出版的年份以及作者的名称，还必须向美国国会图书馆版权办公室提交特定种类、特定数量的副本。1989年，美国加入《伯尔尼公约》之后取消了这一要求。

11. 著作权保护例外

事实上，每一部著作权法中都规定了不构成侵犯作者著作权的例外行为。然而，这些规定在不同国家之间存在很大的差别。在一些国家中，受著作权保护的作品可以合法使用的情形包括：①在法院诉讼或行政程序中使用作品或由警方为维护治安而使用作品；②在学校中为教学之目的而使用作品；③纯粹私人使用；④学术、文学作品或评论中简要引用；⑤新闻演讲或政治评论大篇幅引用。

9.1.2 专利权

专利是"成文法赋予发明人或从发明人权利派生出的在一定期限内，排除他人制造、使用或出售专利产品或利用受专利保护的方式或方法的权利"[⊖]。尽管专利权通常被认为是一种垄断，但事实并非如此，专利权人会受到国家安全法或者反竞争法的约束，不得滥用专利权。专利权所赋予的是一种受到保护的垄断权。正如美国联邦高等法院在1917年的一个判决中指出的，专利权人合法垄断的核心是利用国家的力量防止其他人未经同意使用其发明创造的权利。历史上，支持授予专利权的理由有两类：第一，专利权是对发明人私人财产权的

⊖ The Role of Patents in the Transfer of Technology to Developing Countries, p. 9 (UN Doc. Sales No. 65. II B. 1, 1964).

确认，第二，专利权是为了鼓励发明，促进工业发展而授予的特别垄断权。1887 年《保护工业产权巴黎公约》规定，发明人的权利……是一项财产权。关于专利权属于私人财产权的说法存在理论缺陷，它没有考虑政府对专利权的限制。第二种观点是英美专利权法的理论。在美国宪法中，美国国会被授权授予作者或者发明人排他性的权利，是为了促进科学和艺术的发展。

1. 专利权授予对象

保护发明人最主要的方式是专利权。在大多数国家，授予的专利包括以下三种：
- 设计专利，以保护新颖的、原创的产品设计。
- 植物专利，以保护植物的创造或新颖的、具有显著不同的植物发现。
- 实用专利，以保护与新颖的、具有使用价值的工艺、机器、制品和物质成分有关的发明。

另外，在这三种基本专利类型上，产生了若干变种。例如确认专利（对于已在其他的国家获得的专利权进行确认）、附加权利（针对受保护的权利所做的改进授予的权利）以及预留专利（针对为完善发明授予的短期专利，在这个期限内发明人可以完善其发明，如果其他人提出相同的专利申请，预留专利权人可以得到通知并且及时提出反对意见）。

一些国家保护技术改进的小发明（技术上小的改进）。德国、日本及其他国家将这些权利称为"小专利"或称为发明人对实用新型享有的权利。

2. 专利申请条件

只要发明是"新颖的，含有创造性措施，可适于产业应用的"，即可获得专利。①如果没有其他发明人因同一发明获得过专利，发明即具有新颖性；②如果发明的标的对于同领域的技术人员来说非显而易见的，即认为发明具有有创造性；③如果产品或工艺可用于工业或商业用途，即认为发明可适于产业应用。

新颖性、创造性和实用性这三个问题存在于专利保护的任何一个阶段。这些问题可以存在于申请、复审、撤销以及专利侵权诉讼之中。关于新颖性的争议，各国主管机关有不同的审查程序。有的国家只做简单的书面审查，而有的国家则会从国内外调取大量材料，深入地进行审查。在填写专利申请时，发明人均被要求充分地披露有关产品或者工艺的信息。美国专利法律规定，申请人的披露应当采用完整、清晰、准确、精准的术语，使任何从事同一行业或者紧密相关行业的人可以利用同样的技术。另外，申请应当披露发明人已知的实施专利的最佳模式。然而，大多数国家只要求专利申请人披露一种模式，且无须是最佳模式。

在欧盟以及大多数发展中国家，专利权授予之前，专利申请应当公开。在发展中国家，公开程序是新颖性和创造性调查程序的替代性程序。但是，美国专利法并没有规定公开程序。尽管如此，美国大部分有关专利有效性的诉讼仍然发生在申请阶段。而在其他国家，此类诉讼发生在专利权授予之后。

3. 不受专利保护的发明

对于不符合专利保护条件的发明，国家可以拒绝授予专利权。另外，对于违反公共政策的发明，国家也可以拒绝授予专利权。根据《与贸易有关的知识产权协定》，世贸组织成员以拒绝给一个发明人专利，以"保护公共秩序和公共道德"，只要该成员国禁止这一专利的商业利用。特别是为了保护人类、动物或植物的生命或健康或避免对环境造成严重损害，成员国可以拒绝授予专利。另外，协定第27条规定，各成员可拒绝对下列内容授予专利权：①人类或动物的诊断、治疗和外科手术方法；②除微生物外的植物和动物；③除非生物和微生物外的生产植物和动物的主要生物方法。

4. 有效期

《与贸易有关的知识产权协定》规定世贸组织成员方专利保护期的最低标准是20年。在此之前，各国的保护期限从3年至26年，长短不同。协定将其统一规定为20年，将极大地鼓励发明，发明人可以更长时间、更多方式利用专利权。

5. 专利权的效力范围

专利仅在授予专利的国家领土内有效。一个国家无权阻止本国国内侵犯外国专利权的行为。然而，一个国家应当禁止进口侵犯他人专利权的商品。另外，美国已经不再允许在其境内以侵犯他人专利权的形式生产产品。例如，在1972年美国法院的一项判决中⊖，美国联邦高等法院认定在产品组装时侵犯了美国专利然而又将产品出口的行为，不承担侵犯专利权的责任，但是这一判决被美国国会1984年《专利法》修正案⊜所推翻，根据这一修正案，在美国生产产品时如果侵犯了专利权，即使产品用于出口组装，也应当承担责任。

9.1.3 商标权

商人和其他主体利用商标，与其他人或他人的产品加以区分，广义的商标共有五类：商标（有时也被称为真正的商标，以区别于其他标记）、商号、服务商标、集体商标和认证标志。

真正的商标（商品商标）是一个产品制造者或者商人用于标记自己的货物，使之和其他厂商生产销售的货物相区别的任何文字、名字、标记、图案及其组合。它和商号不同，后者是产品制造者的名称，而前者则是产品制造商制造的产品的标记。服务商标是服务提供或者促销过程中适用的，用于标记一个人提供的服务并且使他和其他人提供的服务相区别的标志。一个标记可以用于多个用途，例如，KFC既是商品商标也是服务商标。用于标记一个协会、合作社或者合作组织成员的产品或者服务的商品商标或者服务商标，被称为集体商标。由许可人获得特许人排他性的使用已标记产品达到特定标准的标志，被称为认证标志。和商品商标、商号以及服务商标不同，认证标记的许可人或者特许人无权自己使用认证标志。

广义的商标有几项功能。从商标所有人的角度看，商标是标记受保护的产品首次投入流

⊖ Deepsouth Packing Co. v. Laitram Corp.406 U.S. 518.

⊜ 《美国法典》第35篇 §271(f)。

通的权利○。从消费者的角度看，商标可用于识别产品或者服务的来源，标明特定品质标准，代表产品制造者的商业信誉，保护消费者免受混淆的困扰◎。

1. 商标权的取得

商标权的取得有两种方式：使用或注册。一些国家没有设定商标注册程序。而在加拿大和菲律宾，只有已经投入使用的商标才能够注册。在其他国家，即使商标没有投入商业使用，也可以注册。

商标未注册的事实并不意味着商标所有权人不享有任何权利。阿拉伯联合酋长国的法院审理的一个案件中，法官认为，即使本国没有制定商标注册法律，麦当劳仍然有权利禁止当地的一家企业将麦当劳的名字和标记用于餐饮经营。法院指出，事实上这个商标在阿拉伯联合酋长国并没有注册，但这项事实在本案中无关紧要，因为这是一个在全世界享有盛名的商品标识，考虑到世界贸易的发展程度、运输业的发达以及联合酋长国进口了包括食物在内的大多数日用消费品的事实，在环球市场上极有可能同时出现两个标志相同、质量不同的产品⑤。这个案件表明，在全世界具有知名度的驰名商标即使未经注册，也应当予以保护。肯尼亚当地的一家餐馆要注册麦当劳商标，麦当劳公司向当地商标注册部门提出了异议，商标注册部门驳回了本地餐馆的注册请求⑩。澳大利亚、加拿大、哥伦比亚、印度、新西兰、英国和美国等国家采用了同样的做法。然而，其他国家做法各有不同，一些国家承认外国驰名商标虽未经注册，仍可以提出异议，但是不能向当地企业主张商标侵权责任。另有一些国家，主要是南部非洲国家，只允许在当地注册的商标所有人就注册事项或者侵犯商标权的行为提出主张。

当然，即使在允许未在当地注册的外国商标持有人对商标注册及侵权事宜提出异议的国家，商标所有权人或者持有人提出异议的前提是，所涉及的商标必须是驰名商标。在中国香港特别行政区高等法院审理的一个案件中，一家瑞士餐馆就此类问题提起了诉讼，法院认为，这家瑞士餐馆所持有的服务商标在中国香港特别行政区几乎没有任何声誉，因而不能阻止当地一家注册会计事务所在香港注册这个商标⑤。

另外，大多数国家允许本国商标持有人对其他人注册其商标的行为提出异议，不管这一商标是否构成驰名商标，只要异议人在商标注册申请人申请注册之前已经使用该商标。然而，一些国家采用了注册在先的原则，对于申请在先的商标予以注册，于是，使用在先的持有人无权对抗申请人提出的注册申请，或者在商标注册之后请求撤销⑥。

○ Centrafarm v. Winthrop, Case 16/74, [1974] ECJ 1183.
◎ J. Gilson, Trademark Protection and Practice, §1.03 (1976). 另见 Hanover Star Milling Co. v. Metcalf, 240 U.S. 403,415 (1916)。
⑤ 转引自 Trademark Reporter, vol, 76, p. 354 (1986)。
⑩ 转引自 Thomas Hoffmann and Susan Brownstone, Protection of Trademark Rights Acquired by Interantional Reputation without Use of Registration, Trademark Reporter, vol. 71, pp. 21-22 (1981).
⑤ Fleet Street Law Reports, vol. 1979, p. 381 (January 20, 1979),
⑥ American Bar Association, Section of Patent, Trademark and Copyright Law, 1990 Committee Reports, p. 56 (1990).

2. 登记

商标注册的目的是将注册人使用商标的请求告知公众。在商标注册程序启动之初，商标局一般将审查标记是否符合注册要求。在大多数国家，审查的内容包括两项：商标局审查申请人提交的注册申请是否符合成文法的规定，其次，商标局将查看商标记录，确认申请注册的标记在以前未经注册。

所有商标法均要求，商标应具有显著性（distinctiveness），这一标准要求商标具有独一无二的设计，必须具备区分商标使用人产品与其他相似产品的功能。简而言之，已申请注册的商标必须：①不得侵犯他人商标；②具有显著性。

3. 拒绝登记

各国成文法对于拒绝登记事项做了不同的规定。但是，大多数规则基本相似。例如，美国法律规定，对于如下标记或者名称将拒绝注册：

（1）不具有标明货物或者服务特定来源的功能；

（2）不道德、欺诈性或者诽谤性；

（3）可能贬低或者不当地涉及他人、机构、信仰或者国家标记，影响其声誉；

（4）利用或者模仿美国、美国各州或者各市、任何外国的旗帜、军服和其他徽记；

（5）特定健在的人的名字、雕像、签名，除非得到本人的书面同意；或者当美国总统的遗孀在世的时候使用美国总统的名字、雕像、签名，除非得到总统遗孀的书面同意；

（6）与已经向专利和商标局注册的商标相似，如果批准注册，可能造成混淆，导致错误或者欺诈；

（7）纯属欺诈或对于货物或服务的欺诈性描述；

（8）申请人商品或服务单纯性的地理描述或者欺诈描述；

（9）别名。

4. 复审

一旦商标局确定申请的标记应予注册为商标，申请注册的标记将在政府公报上公示。异议者可以规定的时间，通常是30～90天内提出异议或者提出延期异议的申请。复审委员会将会对异议进行听证。如果没有人提出异议或者复审委员会做出了有利于商标申请人的裁决，商标将被注册。

《与贸易有关的知识产权协定》规定，世贸组织成员的商标保护期最低为7年。另外，注册商标有效期可以无限续展。

5. 使用要求

在商标注册之后，许多国家要求权利人提出续展申请的时候，提供证据证明其在注册商标之后，在商标注册国实际使用了商标。一些国家要求商标所有人在商标有效期届满之前，提供中期商标使用证明。例如，墨西哥法律规定，商标授权人在商标注册满3年时，向商标主管机构提供实际使用证明。美国法律规定，商标权人在注册之后满6年时，向专利和商标局提供实际使用证明。各国关于证据要求规定不同，许多国家甚至没有规定应该提供哪些证据作为证明。哥伦比亚的法律规定了商标权人应当提交的证据，这一规定代表了许多国家的做法。商标权人可以提供的证据包括报纸或者杂志上的广告、样品、发票、销售许可、进口许可证、商会证明、健康部门的注册文件等。

除此之外，许多国家允许第三人提起诉讼，请求撤销那些从未使用或者在规定时间内未使用的商标。《与贸易有关的知识产权协定》规定，这一期限不得少于3年。

必须注意的是，并不是所有国家都规定了商标使用要求。加拿大、美国等国家，在第三人提出商标人未使用商标的异议的时候，必须证明商标权人主动弃置商标的故意，这增加了第三人提出异议的难度。另外，因为害怕报复，很少有商人提出此类异议。

9.1.4 技术诀窍

技术诀窍是从学习、培训和经验中获得的、实用性的专门技术。它被界定为一种在无数次的尝试和失败中积累起来的，无法具体描述的事实上的知识，这种知识可以使人获得从未知晓的生产方法，若没有这种方法，人们无法达到相同的精确程度，取得相同的商业成功。

与其他形式的知识产权不同，技术诀窍一般没有专门的成文法保护。它是由合同法、侵权法或其他基础法律原则提供保护的。处于保密状态的技术诀窍，被称为商业秘密，一些国家制定了专门的商业秘密法。

《与贸易有关的知识产权协定》将其称为"未披露信息"，要求成员国提供保护。协定第39条第2款规定：自然人和法人应有可能防止其合法控制的信息在未经其同意的情况下以违反诚实商业行为的方式向他人披露，或被他人取得或使用，只要此类信息①属秘密，②因属秘密而具有商业价值，并且③由该信息的合法控制人，在此种情况下采取合理的步骤以保持其秘密性质。

对于技术诀窍的保护更多与受让人、被许可人或雇员的行为有关。技术诀窍的拥有者可以采取防止受让人、被许可人或雇员向第三人泄露技术秘密的措施，如果他们违反了保密措施，技术拥有者可以要求返还为提供技术支持而付出的费用或者利用技术而应支付的使用费。

9.2 国际知识产权组织

世界上有两大规范保护知识产权的国际组织：世界知识产权组织以及世贸组织与贸易有关的知识产权理事会。

9.2.1 世界知识产权组织

1964年《斯德哥尔摩公约》建立了世界知识产权组织（World Intellectual Property Organization，WIPO）。为管辖《保护工业产权国际公约》（《巴黎公约》）而设立的巴黎国际局，以及为管辖《保护文学艺术伯尔尼公约》（《伯尔尼公约》）而设立的伯尔尼国际局，由瑞典联邦理事会领导，是分别管理两大知识产权公约的小型国际组织。后来，两个组织合并成立了联合保护知识产权国际局（其常用法文缩略语为 BIRPI），此为世界知识产权组织的前身。与之前的国际组织相比，世界知识产权组织的权利相当广泛。它负责《巴黎公约》和《伯尔尼公约》以及其他几个新公约的实施，另外，知识产权组织还承担促进知识产权保护的任务。知识产权组织的领导机构是大会，由《斯德哥尔摩公约》的缔约方，同时也是《巴黎公约》和《伯尔尼公约》的缔约方派出的代表组成。知识产权组织是联合国的一个专门机构。现在，知识产权组织的成员国共有 187 个。

世界知识产权组织倡导主持制定新的保护知识产权的会议，促进国际知识产权保护进程。《专利合作条约》就是知识产权组织的新成果。知识产权组织还通过其下设的专家委员会收集新技术和新法律信息，定期发布报告。

知识产权组织的一项重要职能是促进知识产权的转让，尤其是向发展中国家的转让以及发展中国家之间的转让。为此，知识产权组织设立了两个常设委员会：工业产权合作发展委员会以及著作权及邻接权合作发展委员会，提高成员国知识产权立法的现代化水平，完善知识产权管理机构，提高成员国国民知识产权自主创新能力，增加成员国知识产权数量，提高知识产权的质量。

1994 年以来，设在日内瓦的世界知识产权组织仲裁和调解中心为私人之间发生的知识产权纠纷提供调解、仲裁等替代性纠纷解决机制。中心按照由擅长处理跨国知识产权纠纷的专家制定的纠纷解决程序，处理了大量涉及技术、娱乐以及其他知识产权事项的纠纷。按照世界知识产权组织《仲裁、简易仲裁、调解以及专家裁决规则》提交中心解决的纠纷数量不断增加，纠纷类型包括合同纠纷（专利许可协议纠纷、软件许可协议纠纷等）以及非合同纠纷（知识产权侵权纠纷）。事实证明，世界知识产权组织的仲裁和调解是解决复杂的国际专利权、商标权和著作权纠纷的有效途径。

世界知识产权组织承担的一项新任务是解决互联网域名纠纷。1999 年，互联网名称与数字地址分配机构（The Internet Corporation for Assigned Names and Numbers）指定世界识产权组织仲裁和调解中心承担实施《统一域名纠纷处理规则》的任务。处理规则为商标持有人提供了有效解决涉及商标的恶意域名注册纠纷程序。仲裁和调解有权处理纠纷包括：①与申请人持有的商品商标和服务商标相同或相似的域名引起的纠纷；②域名注册人对于注册的域名不享有权利或者合法的权利而引起的纠纷；③基于恶意注册使用域名引起的纠纷。2000 年仲裁和调解中心审理了一家美国公司作为申请人提起的仲裁案件，申请人是"JIMI HENDRIX"这一名称的所有权人，注册了"jimi-hendrix.com""jimi-hendrix.org"以及"jimihendrix.org"三个域名，公司网站使用的是"www.jimi-hendrix.com"。被申请人经营一家俱乐部，域名为"www.jimihendrix.com"。仲裁庭经审理查明，被申请人为了赢利而利用名人的名字注册域名，除了本案域名之外，被申请人还注册了其他几个域名。仲裁庭认为，被申请人的行为会造成混淆，另外，他对于注册使用的名字不拥有任何合法权利，因而其注册行为属恶意注册。因此，仲裁庭裁决注册机构将被申请人注册的域名转移给申请人。

9.2.2 与贸易有关的知识产权理事会

与贸易有关的知识产权理事会在 1995 年《建立世界贸易组织协定》签订的时候成立。理事会负责监督《与贸易有关的知识产权协定》的实施情况，这一协定是世贸组织协定的一份重要文件。理事会负责监督成员履行协定义务，帮助成员就与贸易有关的知识产权事项进行磋商，为成员之间的争端解决提供帮助。理事会和世界知识产权组织有关机构建立了合作关系。

9.3 知识产权公约

国际社会通过多边条约和双边条约对知识产权提供国际保护和规范。双边条约曾经是防止非法复制的主要方式，但是，在 19 世纪中期随着多边条约的发展，双边条约的作用已经逐渐减弱。现在，大多数双边知识产权条约是由那些没有参加多边公约的国家签订的。但是，这并不意味着知识产权多边协定禁止成员国达成双边协定。《保护艺术文化作品伯尔尼公约》第 19 条规定，公约成员国政府保留缔结特别协定的权利，只要这些协定不违反公约，并且授予作者比公约更加广泛的权利。《保护工业产权国际公约》也做了相似的规定。

当今多边知识产权条约对有关的知识产权的大多数事项做出了规范。这些条约主要涉及工业产权或者艺术财产，但是，目前没有一个综合的、全面的调整所有知识产权的条约，专利、实用新型专利、商标权被放在一个条约里来，而著作权则放在另一个条约里。大多数公约由世界知识产权组织和知识产权理事会管辖。

9.3.1 综合性协定

《与贸易有关的知识产权协定》是内容全面的协定，为世界上大多数国家设立了关于知识产权的一般性义务，所有世贸组织成员必须自动地适用知识产权协定。

知识产权协定规定了所有世贸组织成员应当适用的知识产权保护最低标准。首先，协定规定，世贸组织成员应当遵守大多数已经生效的重要多边条约中的实体规定：1883 年《保护工业产权国际公约》(《巴黎公约》，1967 年修订），1886 年《保护文学艺术作品伯尔尼公约》(《伯尔尼公约》，1971 年修订），1961 年《保护表演者、音像制品制作者和广播组织罗马公约》(《罗马公约》），1989 年《关于集成电路的知识产权条约》。知识产权协定规定，协定有关知识产权的实体性规定不会对于世贸组织成员按照《巴黎公约》《伯尔尼公约》以及《罗马公约》应当承担的义务产生任何减损效果。另外，知识产权协定的实体性规则的设定，是为了填充其他国际知识产权公约的空白区域。在这些国际公约中，漏掉了一些重要的事项，如专利权保护期限。第三，知识产权协定为世贸组织成员设立了有效地、适当地保护知识产权，防止和解决知识产权纠纷的准则。第四，为了鼓励最大可能地适用和采纳知识产权协定中的一般规则和义务，协定为发展中国家以及从中央控制经济向市场经济转型的国家规定了更长的过渡期。最后，也是最重要的一项内容，知识产权协定将《关税与贸易总协定》

项下的基本原则适用于国际知识产权保护领域。国民待遇原则要求每一个世贸组织成员给予其他成员国民的知识产权保护待遇，不得低于本国的待遇。透明度原则规定成员应当公开与知识产权保护相关的法律、行政法规，并向知识产权理事会通报；另外，如果其他成员要求提供相关信息，成员有义务尽快做出反馈。

在其他国际知识产权协定中，也包括国民待遇原则以及透明度原则，但是，知识产权协定的独特之处在于，协定规定，成员应当向其他成员提供最惠国待遇。协定第4条规定，对于知识产权保护，一成员对任何其他国家国民给予的任何利益、优惠、特权或豁免，应立即无条件地给予所有其他成员的国民。

9.3.2 关于文学艺术的知识产权协定

关于文学艺术作品的知识产权协定主要包括《文学艺术作品伯尔尼公约》《保护表演者、音像制品制作者和广播组织罗马公约》《保护录制者、防止录制品被擅自复制日内瓦公约》《关于播送由人造卫星传播载有节目信号的公约》以及世界知识产权组织《著作权协定》。

1. 《伯尔尼公约》

1886年《保护文学艺术作品伯尔尼公约》（Berne Convention for the Protection of Literary and Artistic Works）在巴黎通过，1887年生效，当时缔约国只有9个。截至2012年3月14日，缔约国总数为165个，1992年10月15日中国成为该公约缔约国。自1887年至今，公约经过了多次的修订。

公约建立了一个保护文学艺术作品权利的国家间"联盟"。公约规定，成员国履行保护义务的时候应当遵守四项原则：①国民待遇原则，每一个成员国给予其他成员国国民以不低于本国国民的待遇；②无条件保护原则，成员国对于作者权利的保护不得以形式为前提，然而，原创地国可以将以下条件或相似条件作为保护作者权利的前提：首次申请登记或将作品登记，在销售合同中保留权利；③独立保护原则允许非成员国的作者通过在成员国出版作品而获得公约建立的联盟的保护；④最低保护原则，要求成员国建立有关作者财产权利和精神权利的、无形式要求的最低保护规则。

2. 《罗马公约》

《保护表演者、音像制品制作者和广播组织罗马公约》（Rome Convention for the Protection of Performers, Producers of Phonograms and Broadcasting Organizations）制定于1961年，公约草案是由伯尔尼公约联盟、国际劳工组织以及联合国教科文组织指定的联合专家组起草的。公约旨在平衡表演者、音像制品制作者以及广播组织之间的利益。至今，公约已经有86个缔约国。公约禁止未经授权录制实况表演，未经表演者授权利用录音，以保护表演者的利益。另外，公约禁止未经授权直接或间接地复制音像制品，以保护音像制作者的权益。公约禁止未经授权的录制广播作品或者再广播、再利用广播作品，以保护广播组织的利益。

另外，公约规定广播者向公众传送、播放授权作品的时候，应当向制作者和艺术家按同一标准支付报酬。这导致若干缔约国的担心，他们担心这样的规定将减少根据这些国家现行法律，艺术家有权获得的份额。因此，公约允许缔约国对此做出保留。

3.《日内瓦公约》

《保护录制者、防止录制品被擅自复制日内瓦公约》（Geneva Convention on the Protection of Producers of Phonograms against Unauthorized Duplication of Their Phonograms）于1971年签订于日内瓦，至今已经有77个缔约国。公约规定缔约国保护录制品的制作人，禁止他人未经授权翻录作品，在不低于20年的期限内禁止进口未经授权的翻录作品。然而，各国有权决定应当采取的具体措施。普通法国家通过版权立法保护录制者的权利，大陆法国家则使用了邻接权制度。日本通过罚款保护录制者的权利。

4.《卫星信号传递公约》

《关于播送由人造卫星传播载有节目的信号的公约》（the Convention to the Distribution of Program-Carrying Signals Transmitted by Satellite）是由世界知识产权组织以及联合国教科文组织共同倡导的公约，1974年在布鲁塞尔制定，至今已经有35个缔约国。公约要求缔约国采取适当的措施，防止从缔约国境内或经过成员国进行未经授权的卫星电子信号的传输。具体应当采取何种措施，被交给缔约国自主决定，这一点与《日内瓦公约》相同。

5. 世界知识产权组织《版权协定》

世界知识产权组织《版权协定》（Copyright Treaty）于1996年通过，至今已经有89个缔约国。1964年，伯尔尼联盟缔约国召开会议，研究计算机程序和数据库保护问题，最终形成了该协定。协定规定，缔约国应当将《伯尔尼公约》的规定扩展到计算机程序和数据库的保护，保护作者对于程序和数据库中包含信息的版权。

9.3.3 工业产权协定

与工业产权有关的国际公约主要是《工业产权保护国际公约》《关于集成电路的知识产权公约》《制止虚假或欺诈性商品产地标记马德里协定》《专利合作条约》以及《商标法条约》。

1.《工业产权保护国际公约》

《工业产权保护国际公约》（International Convention for the Protection of Industrial Property），又称为巴黎公约，草拟于1880年，1883年共有11家国家签署，1884年生效，至今已经有174个国家加入。巴黎公约建立了一个承担保护工业产权责任的国家"联盟"。成员国的义务之一是参与公约的定期修改工作。至今，公约已经过了多次修改，最近一次修订发生于1967年。

巴黎公约的基本原则是：①优先权原则，优先权是指在为期一年的期限内，向第二个成员国提交的专利申请将被视为向第一个成员国提交的申请，即使在同一日期申请已经被登记；②国民待遇原则，每一个成员国给予其他成员国国民以不低于本国国民的待遇；③共同原则，共同原则是各个成员国在创设知识产权的时候必须遵守的具体标准。

这些标准包括：①每一个成员国不得因为发明工作不是在本国境内完成的，就拒绝保护该工业产权；②成员国必须保护商标权，虽然商标权人未向该成员国提出商标申请；③成员国必须规定不当标记（未正确标识产品产地和生产者）为非法；④每一个成员国必须采取有效的措施防止不正当竞争。除了这些共同规则之外，公约允许成员国制定有关专利、商标及其他工业产权申请、注册、权力范围、有效期等方面的规则。

2.《关于集成电路的知识产权公约》

《关于集成电路的知识产权公约》（the Treaty on Intellectual Property in Respect of Integrated Circuits），又称为《华盛顿公约》，于1989年通过，要求成员国承担保护集成电路设计（如计算机内存的设计）的义务。与《伯尔尼公约》相同，《华盛顿公约》包含国民待遇原则和一般性规则。一般性规则要求成员国采取保护措施，禁止未经授权的复制行为，禁止进口走私芯片。

3.《专利合作条约》

《专利合作条约》（Patent Cooperation Treaty）签订于1970年，截至2012年4月已经有144个缔约国。条约建立了允许发明人提出一个专利保护申请，即等同于向所有成员国提供申请的国际机制。专利申请递交给一个成员国的专利审批机构之后，该机构将申请材料发送给其他国家的专利审批机构，通过国际检索确定专利申请的新颖性。这一条约的目的，是消除专利机构和申请人不必要的重复性劳动，成员国计划最终建立一个统一的国际检索机构。

4.《马德里协定》

《制止虚假或欺诈性商品产地标记马德里协定》（the Madrid Agreement for the Repression of False or Deceptive Indications of Sources of Goods）草拟于1891年，现有35个国家参加了协定。协定要求成员国禁止进口或者没收其进口的含有虚假或误导性产地标记的产品。

5.《商标法条约》

《商标法条约》（the Trade Mark Treaty）于1994年通过，现有50个缔约国。条约的目的是，通过规定一般最低标准，简化商标注册的国内或者区域性机制。另外，根据条约的规定，商标的续展期限定为10年。

9.4 知识产权的国际转让

知识产权从一个国家转移到另外一个国家的途径共有五种：知识产权所有人利用有关知识产权在国外生产产品；知识产权所有人将权利转让给其他人；知识产权人许可他人使用知识产权；知识产权所有人建立特许经营；政府可以通过强制许可的方式授权他人使用知识产权。

设立企业、附属机构或者合营企业的程序以及国际规则在前面的章节中已经做过讨论，在国外设立企业,利用知识产权进行生产涉及相同的程序和规则。知识产权完全转让的规则与其他商品的买卖行为并无不同之处。

许可是允许被许可人使用许可人的财产而产生的非排他性的、可撤销的权利。许可是以合同为基础的,许可合同的解释适用通常的合同法规则。许可和特许经营是不同的,特许经营是要求被特许人在特许人的监管和控制之下生产产品的特殊许可形式。

许可允许被许可人为自己的目的利用许可人的知识产权。根据许可协议,被许可人可以在自己的产品生产过程中使用许可人的知识产权,可以以许可人的名义出售利用被许可的知识产权产生的权利或者产品,也可以以自己的名义从事这类活动。在某些情况下,被许可人可以与许可人直接竞争的方式,出售利用知识产权产生的权利或者产品。相反,被特许的权利受到更多的限制。特许经营和许可最主要的区别是,被特许人被视为特许人企业的一个单元或者构成部分。自20世纪初产生特许经营以来,共有三类特许经营形式:分销特许,连锁经营特许,制造或者加工工厂特许。一个产品制造商作为特许权人允许经销商销售自己的产品,这种形式被称为分销特许。汽车经销是最典型的分销特许。连锁经营特许是被特许人利用特许人的商号,作为特许人企业链条的一部分,开展经营活动的一项安排。例如,麦当劳、肯德基等快餐行业从事的连锁经营。制造或者加工工厂特许是指特许权人向被特许人提供配方、特定产品的配料,被特许人按照特许权人提供的标准以批发或者零售的方式出售产品。典型的例子是可口可乐、百事可乐以及其他软饮料公司从事的特许经营。虽然被特许人的权利和被许可人相比,受到更多的限制,但是,调整特许协议与许可协议的规则是相同的。

在世界上大多数国家,强制许可是非常普遍的一种做法,特别是在发展中国家。在这些国家,如果知识产权所有人(特别是专利和著作权人)拒绝在特定的时期在该国利用知识产权进行生产,第三方可以提出强制许可申请。政府可以不经知识产权所有人的同意,颁发许可。强制许可所适用的规则,不同于特许经营和许可经营所需的规则。

9.5　许可协议的规制

专利权、商标权和著作权授予,会产生垄断。在自由市场经济国家,这种授权与反竞争法产生了冲突。在中央控制经济国家,这种授权及生产方式与国家所有权理念产生了矛盾。为平衡知识产权所有权人与市场经济中消费者的利益以及计划经济国家的利益,大多数国家将知识产权作为其禁止垄断的一般法的特殊例外。于是,专利、商标和著作权的所有者享有的权利,被严格地予以解释,并限制在许可的狭窄范围之内。例如,美国联邦高等法院指出,专利权是禁止垄断以及自由进入市场权利的一般规则的例外,因而,专利权产生了深远的经济社会影响,为公众带来了巨大的利益,这使得公众认识到,专利权产生的垄断与以欺诈或不公平手段获得垄断全然不同,专利权产生的垄断应当限制在合法的范围之内[⊖]。

⊖　Walker Process Equipment, Inc. v. Food Machines & Chemical Corp. 382 U.S. 177 (1965).

涉及制定法授权的许可协定也必须被限制在法律所授予的权利范围之内。任何企业超出法律授予的权利的行为，如试图将过期的专利权、商标权和著作权许可他人，都构成了权利滥用，因而是非法的、无效的。非制定法权利（如技术诀窍）不符合专利权、商标权和著作权所适用的例外。因此，对于非制定法权利的许可，当遵守反竞争法的规定。国家将反竞争法规则适用于知识产权许可的必要性，已经被国际法所确认。例如，《与贸易有关的知识产权协定》第40条第2款规定："本协定的任何规定均不得阻止各成员在其立法中明确规定在特定情况下可构成对知识产权的滥用并对相关市场中的竞争产生不利影响的许可活动或条件。如以上所规定的，一成员在与本协定其他规定相一致的条件下，可按照该成员的有关法律法规，采取适当的措施以防止或控制此类活动，包括诸如排他性回授条件、阻止对许可效力提出质疑的条件和强制性一揽子许可等。"

在发展中国家，这类反竞争法规则通常规定在技术转让法中。在发达自由市场经济国家，这类规则可见于长期以来确立的反垄断法规则。一般而言，作为一项基本原则，专利权、商标权和著作权等制定法上的权利的许可授权行为是技术转让法和竞争法的例外规定，而非制定法权利的许可必须符合技术转让法和竞争法的规定。尽管如此，这只是一般性规则，各国在具体适用的过程中仍存在差异。下面，我们将具体分析许可条款。请注意，这些规则对于不同的知识产权的适用方式和适合程度，各有不同。

9.5.1 地域限制

在几乎每一个国家里，制定法权利（专利权、商标权和著作权）的地域范围限制被认为是这类权利的一般属性。然而，这一限制仅适用于直接被许可方。一般认为，企图限制离开了直接被许可方控制的可交易的产品的地域范围是不允许的。这一原则背后的原理，被称为权利耗尽。虽然权利耗尽原则首先出现于美国和德国的判例法中，欧洲法院却广泛地适用了该原则，并给予了最为仔细的解释。

欧盟适用权利耗尽原则的著名案例是 Centrafarm v. Sterling Drug 一案[⊖]。案件所涉及的药品专利由来自美国的 Sterling Drug 持有，专利权地域范围包括美国、荷兰和英国。Sterling 起诉 Centafarm 侵犯了公司持有药品专利权。但 Centrafarm 抗辩称，其所购买且销售的药品是在英国市场上合法出售的产品，由于英国的公共健康体系完善，该药品价格比荷兰市场便宜一半。欧洲法院指出，专利权是专利权人获得的一项保证，以奖励发明人的创造，这一保证使专利权人获得了利用发明生产产品的权利，将产品首次投入流通的权利，将专利权转让或许可他人的权利，以及制止他人侵犯专利权的权利。而专利制度对于发明人的奖励，恰恰是授予专利权人一定的垄断权，这一垄断权包括制造或保护产品的权利，以及将产品首次投入流通的权利。换句话说，在首次投入流通之后，专利权人就不得再限制此后的任何产品交易了。法院进一步指出，在产品已经由专利权人或经其许可，以合法的形式投放成员国市场之后，专利权人无权禁止其他成员国从产品合法投放的国家进口产品。如果允许

⊖ Case 15/74, [1974] ECJ 1147.

专利权人这样做，将会把每一个成员国切割成独立的市场，违反了商品自由流动的原则。后来，欧洲法院还发展出另外一个与权利耗尽原则相关的原则，以商标所有权人的利益为代价，促进商品的自由流动，该原则被称为共同起源原则。依据该原则，共同前取得相同商标权的人不得相互限制权利的使用范围。需要注意的是，这两项规则均适用于在欧盟成员国之间的货物移动。如果货物是在欧盟成员国之外的国家生产的，在得到知识产权人同意之前，是不得进口的。

美国法院像欧洲法院一样，面临着在美国境外合法生产的受美国商标法保护产品的平行进口问题，对此，美国法并得出了与欧洲法非常相似的结论。这一问题在美国被称为灰色市场。

9.5.2　出口限制

出口限制部分或全部地限制了被许可人从其所在国或生产地所在国出口产品的权利。然而，这一规则存在许多例外。

在一些国家，法律允许限制向以下国家出口，包括：①拥有知识产权的许可人所在的国家，或②本地法律允许许可人限制国外进口的国家。而在另一些国家，法律允许采用限制措施，如果被限制出口的目标国是：①许可人生产或销售被限制产品的国家；②许可人向第三方授予生产或销售独占许可的国家。

在美国，竞争者之间的出口限制协议（横向竞争协议）被认定为自身违反谢尔曼法的行为。另外，卖方与买方订立的出口限制协议（纵向竞争协议）不是自身违法的行为，而应根据合理性规则判定。

在欧盟，影响货物在成员国间自由流动的出口限制协定，违反了欧盟竞争法的规定，即《欧盟条约》第81条的规定，无论这一限制措施是否合理。限制向欧盟之外出口的行为，只有被证明对欧盟成员国存在直接影响的时候，才会被禁止。之所以有这样的规定，是因为由于地理上的原因以及缺少关税约束，货物可能轻易地转口到欧盟成员国市场。除此之外，针对欧盟之外国家的出口限制规定是有效的。

9.5.3　卡特尔

卡特尔是若干企业之间为分配市场，固定价格，促进技术研发中知识交流，交换专利权，促进产品的标准化而订立的协议。这类协议通常被称为交叉许可协议、专利池、多重许可协议。

交叉许可是两个当事人相互给予许可权的交易安排，每一方当事人的地位都具有双重性，既是许可人也是被许可人。专利池是几个相关技术的所有人一致同意将各自拥有的专利技术以及相关技术放在一起，共同使用的协议。多重许可协议涉及由一个许可人向一系列被许可人提供授权的交易。如果协议中包括了限制性条款，这类协议将会被禁止。

欧盟法规定，当卡特尔协议的目的是阻碍、限制或扭曲欧盟成员国之间的竞争的时候，协议将被禁止。例如，在竞争者之间划分市场（例如水平市场分割），水平固定价格以及专利池。欧盟理事会《技术诀窍许可集体豁免规则》规定，只要不妨碍竞争，欧盟无意反对单个许可人向单个被许可人提供的专利权、商标权以及技术诀窍的许可。具体而言，不超过7年期的关于交叉许可改进及新技术应用的协议，如果不禁止自己利用改进技术或许可第三方使用技术，则协议是有效的。另外，交叉许可协议如果规定了产品的制造、使用和销售的地域限制，则协议是无效的。

在美国，交叉许可和专利池并不违法，除非它们被用来在竞争者之间分割市场，排除他人竞争或以其他手段限制了贸易。另外，瓶颈原则要求行业范围内的专利参与者应给予任何愿意参加竞争的人以合理的准入，从而避免使所有企业处于不利的竞争地位，从而削弱竞争。涉及固定价格以及市场分割的许可，无论是在美国还是在欧盟，都是表面违法的反竞争行为。

在日本有关卡特尔协议的法律规定中，技术许可的例外比欧盟和美国更加宽泛。制造者之间旨在避免行业经济危机而限制产能、质量和销售量的卡特尔协议，是合法的。同样的，旨在促进技术发展和生产力，提高产品质量，保护消费者利益的卡特尔协议或类似的企业安排都是合法的。其他类型的卡特尔协议由日本公平贸易委员会根据合理性原则进行审查，以确定协议是否产生了不合理限制贸易的后果。

9.5.4 独占许可

澳大利亚等国家的法律明确地规定专利权、商标权和著作权的授予，使权利人有权以独占许可或非独占许可的方式转让有关知识产权。而在大多数国家，政府和法院默认了这类安排的合法性。然而，授予权利的协议的当事人应当谨慎地定义他们所使用的术语。被许可方可能被授予独占性权利（sole rights），即排除包括许可人在内的其他所有人使用技术的权利；也可能被授予排他性权利（exclusive rights），即排除不包含许可人的第三人的竞争；此外，被许可人还可被授予非排他性权利，允许许可人将技术许可他人。然而，因为不同的国家对于这些术语有不同的解释，直接使用这三个术语而不加严格地定义则会造成混淆。例如，在美国，如果使用了排他性权利，则意味着，如果许可人没有明确的保留自用技术或向第三人转让技术的权利，则这一许可排除了许可人自用技术或向第三人转让的权利。而在法国，除非许可协议有明确的规定，排他性许可协议并不限制许可人自己使用被许可的技术的权利。

9.5.5 分销安排

销售或分销安排限制了被许可人独立于许可人自主组织分销系统的权利。规范分销安排的方式有三种：巴西等发展中国家禁止任何对于被许可人分销系统的限制。日本、墨西哥、尼加拉瓜等国只是禁止许可人拥有独占的、排他的分销权。美国、德国及欧盟等只是对意图分割或垄断市场的分销安排采取限制措施。

9.5.6 固定价格

固定价格条款规定被许可方按照许可方规定的价格出售产品。该条款规定产品的最高或最低价格，可能仅适用于被许可的技术或产品，也可能适用于其他产品。这一条款可能仅仅限制被许可人收取的费用，也可能限制从批发商处购买产品的零售商所收取的费用。固定价格行为还存在于卡特尔协议之中，特别是交叉许可以及专利池交易。大多数国家，无论是发达国家还是发展中国家，均禁止各种形式的固定价格行为。唯一的例外是印度，印度1969年《垄断和限制性商业惯例法》第39条第3款规定，许可人可以对被许可人利用被许可的技术生产的产品或使用许可人的商标的产品的价格做出限制（垂直固定价格安排）。

9.5.7 不竞争条款

不竞争条款禁止被许可方订立合同，购买或分销与许可方指定的产品或技术发生竞争的产品或技术。直接禁止条款告知被许可人不得制造或出售竞争技术，或者被许可人终止使用特定技术或终止特定产品的制造和分销。间接禁止条款要求被许可人不得与竞争性的企业合作或不得向竞争性的产品支付更高的报酬。

总的说来，不竞争条款在所有国家都是禁止的。一些国家在例外的特殊情况下，允许使用不竞争条款。德国联邦卡特尔局，在不竞争条款的限制划定范围极小，且目的是防止泄露技术秘密的情况下，允许当事人享有德国《反竞争禁止行为法》的豁免。美国法院认为，禁止商标权许可交易中的被许可人经销竞争性产品的条款，不是表面违法行为。根据合理性规则，美国法院将考虑保护商标权的需要，避免混淆的需要以及限制行为对于竞争的影响。另外，对于专利权许可交易，如果交易授予的是独占许可的时候，法院在有的情况下也会允许不竞争条款的存在。

9.5.8 不得质疑有效性条款

不得质疑有效性条款禁止被许可方对于许可方提供的制定法权利的效力提出质疑。这一条款的目的是为了保证被许可人履行已经达成的限制条款以及支付许可费的义务。只有德国等少数国家承认不得质疑有效性条款的效力，绝大多数国家将这一条款作为限制性惯例，巴西、菲律宾等发展中国家在技术转让法中明确地禁止不得质疑有效性条款。美国、欧盟国家等发达国家依据竞争法做出解释，禁止专利权和著作权许可交易中使用不得质疑有效性条款。

关于商标权许可交易中的不得质疑有效性条款的效力问题，发展中国家和一些发达国家采用了与专利权和著作权许可相同的处理方法，不承认此类条款的效力。欧盟认定，不得质疑有效性条款违反了欧盟竞争法（欧盟条约第81条）的规定。然而，美国法律并不认为此类条款违反了商标法或者反垄断法[⊖]。

9.5.9 搭售条款

搭售条款规定被许可方在其所需技术之外，购买或使用额外的商品，使用来自许可方或

⊖ Beer Nuts, Inc. v. King Nut Co. 477 F.2d 328 (6th Cir. 1973).

许可方指定的第三方的人员。换句话说，购买额外的商品或服务是获得技术许可的前提条件。总的说来，搭售条款在任何国家都是非法的。大多数国家却规定了不同程度的例外。最常用的例外是，搭售条款若有利于保证产品质量或者商标的信誉，当为有效。还有一些国家，允许不额外收取费用的搭售行为、被许可人可在随时终止的搭售安排或者在可以获得独立的本地供应的情况下可以随时终止的搭售安排。

9.5.10 数量与使用领域限制条款

各国法律对于包含数量与使用领域限制的许可协议的调整方式各有不同。发展中国家的技术转让法规定，许可协议中关于可以或必须生产一定数量产品的规定，以及限制被许可人出售或利用产品的范围的规定，是非法的。日本、欧盟、美国及大多数发达国家认为，数量和使用领域限制是制定法权利许可的默示因素。日本1989年《国际许可协议反垄断法指引》第3条规定，在专利权等国际许可协议中，以下行为应当视为《专利法》以及《使用示范法》中规定的权利：第一，将专利产品的制造限制在一定的技术领域或将产品的销售限制在一定的销售领域中；第二，将专利生产工艺限制在一定的技术领域；第三，限制专利产品的产出数量或销售数量或限制使用专利工艺的次数。

然而，大多数国家不允许许可方对于非制定法权利规定数量和使用范围的限制，当限制措施与技术诀窍以及其他合同为基础的权利相关时，这些规定通常被认为是违反不正当竞争法的行为[一]。当限制措施意图将制定法权利内容扩展到正常范围之外时，这种限制措施被认为是权利滥用的行为。例如，美国1976年的一个案例中，法院认定，限制利用专利方法生产非专利产品数量的行为，是权利滥用行为[二]。欧盟《技术诀窍集体豁免法》明确地允许许可人限制被许可人使用技术诀窍的范围，然而，限制可以供应的消费者和市场的范围、销售量、向转售商品者提供产品数量，都是非法的[三]。

规范限制措施的第三种做法是德国法的规定。按照德国法律的规定，无论是对于制定法权利还是非制定法权利的限制措施，包括对于技术诀窍和商业秘密的限制措施，都明确属于法律允许的行为。德国1957年《反限制竞争法》第20条第1款规定，关于成文法工业产权的类型、范围、质量、地域以及有效期的规定应当与法律规定相符，只有这样，才是有效的。第21条第1款规定，同样的规则也适用于法律上不受保护的发明、制造方法、知识、技术革新以及秘密植物育种方法。

9.5.11 研发限制条款

研发限制涉及两种不同的行为：对于转让技术的研究、改进和完善或者对于竞争技术的研发。对于这两类行为的限制，几乎所有国家都予以禁止。重要的例外是美国的规定，如果关于转让技术的研究和改善行为的限制是为了保护产品的声誉或使许可人免除责任，则限制

[一] Continental T.V. Inc. v. GTE Sylvania, Inc. 443 U.S. 36 (1997).
[二] United States v. Studiengesellschaft Kohle, M. B. H., 426 F. Supp. 143 (D.D.C. 1976).
[三] 欧盟1987年《技术诀窍许可整体豁免》2.1（10）、3（6）、3（12）以及9.5。

措施是允许的[1]。如果限制措施类似于对于使用领域的限制，也是可以接受的。

9.5.12 质量控制条款

质量控制条款要求被许可方必须达到许可方要求的质量标准或符合许可方施加的质量控制，几乎所有的国家都承认质量控制条款的效力，特别是在商标许可交易中，对于被许可人制造或者分销产品质量的规定。美国1971年一个判例中，法官指出，一个许可人放松质量控制，允许使用被许可商标的劣质产品流入市场的行为，是对商标权的滥用[2]。德国1957年《反限制竞争法》第20条2（1），美国1976年《版权法》第1127款，欧盟《技术诀窍许可总体豁免》第2条（9）也做了类似的规定。另外，为了避免产品责任而做出的质量限制措施也是合法的[3]。然而，为了不适当地搭售产品或服务，企图使被许可人形成对许可人的依赖或者为划分市场而规定的质量控制条款，是法律禁止的。

9.5.13 回授规定

回授规定要求技术接收方向技术提供者转售其在使用被许可的技术过程中获得的任何改进、发明或者特别的技术诀窍。这一项规定可能是单方性的或者互惠性的，排他性的或者非排他性的。单方回授规定要求当事人的一方，通常是被许可人，回授新知识，而互惠回授规定要求双方都要承担这项义务。在互惠回授安排中，各方当事人要相互交换自己的技术改进（真正的互惠回授安排），但是，在某些情况下，只有一方当事人被要求回授技术改进，其他当事人只是承担充足补偿的义务（补偿性单方回授）。

排他性回收规定要求当事人的一方，通常是被许可人，向另一方当事人转让改进技术的任何权利（专利权或者技术诀窍）。非排他性（分享性）回授规定允许各方当事人分享这些权利。

大多数国家禁止单方要求被许可人向许可人转让排他性权利的回授规定。然而，美国允许不影响竞争的回授规定。相反，由于互惠性、非排他性回授规定允许当事人之间分享改进的技术，因而，大多数国家并不禁止这类回授规定，一些国家甚至明确地允许这类规定的存在。

9.5.14 知识产权有效期届满后的限制

各国一般规定，以制定法上知识产权为基础的支付义务或者限制，在有效期届满之后，必须终止。美国1945年联邦高等法院做出的一份判决指出，如果一个产品制造者或者使用者可以因为一份合同的明示性规定，为过期的发明专利承担义务，则剥夺了公众自由利用专利披露信息的权益。因此，任何企图保留或继续在专利有效期届满之后保留垄断权的企图，无论采用何种法律方式，都违反了专利法中的公共政策和立法。

---

[1] Tripoli Company, Inc. v. Wella Corporation 425 F.2d 932 (3rd Cir, 1970).
[2] Siegel v. Chicken Delight, Inc. 448 F.2d 51 (9th Cir. 1971).
[3] Tripoli Company, Inc. v. Wella Corporation 425 F.2d 831 (3rd Cir, 1970).

制定法上的知识产权因保护期届满而失效产生的主要问题是一揽子许可。一揽子许可是在一份许可协议项下转让多项制定法权利（通常包括多项专利权和商标权）的许可协议。一般而言，如果许可协议是自愿达成的，一方承担的支付义务没有超出最后到期的制定法权利的有效期，许可协议是有效的。另外，如果被许可人出于经济上的不利地位，只享有签署或不签署协议的选择权，则这一项协议是非法的，属于滥用制定法权利的行为。

关于非制定法权利的限制和支付义务（特别是商业秘密和其他秘密的技术诀窍），各国的处理方式是不同的。例如，德国法律规定，如果技术诀窍失去了保密性，在经济上变得毫无价值或者在技术上已经落后，许可人不得要求被许可人承担支付费用或者其他限制的义务。根据德国法的规定，在一揽子许可交易中，如果许可涉及的部分权利已经变得毫无价值，或者支付的费用与剩余权利的价值不相称，被许可人有权起诉，要求对支付的金额进行调整或者解除全部合同义务。

在巴西、叙利亚以及蒙古等发展中国家，法律规定，技术转让期限届满后一段合理时间，禁止许可人对被许可人自由利用技术诀窍的权利进行限制，即使是那些没有失去保密性的秘密技术诀窍。在赞比亚等其他发展中国家，如果被许可的秘密技术诀窍因为被许可人过错之外的原因成为公开的知识，被许可人与此有关的支付使用费的义务即告终止。

相反，美国法律规定，只要被许可人"通过友好谈判主动承担"的义务，即使秘密技术诀窍成为公开的知识，被许可人支付使用费的义务并不会因此而终止[⊖]。

9.5.15 许可协议有效期届满后的限制

许可协议可能规定，即使在协议规定的有效期届满之后，被许可人仍然承担一定的义务。常见的义务包括不竞争协议，开展与许可人转让的技术有关的研发活动限制，保密义务，协议有效期届满之后不得使用保密信息的义务。

各国调整这类协议的规则可以划为三类。第一类，德国和美国等国家允许许可人规定合理的限制措施。如果制定法权利的法定有效期尚未届满，在许可协议有效期届满之后继续限制被许可人的使用是合理的。如果秘密技术诀窍没有成为公开的知识，有关协议有效期届满之后限制被许可人对秘密技术诀窍的使用也是合理有效的。不竞争协议必须不违反不正当竞争法的规定，才是有效的。具体而言，不竞争协议应当：①和许可协议具有关联性，也就是说，不竞争协议规定的义务应当和许可协议项下的技术利用有关；②不得过于宽泛，只可以是与许可协议事项有关的义务；③规定了时间和地域的限制。第二类，欧盟和印度等的规定，这类规定通常和第一类大体相同，区别是，只要技术诀窍的被许可人支付合理的费用，即使许可协议有效期届满，被许可人也有权继续使用已经获得的技术诀窍。第三类，巴西、墨西哥、菲律宾、叙利亚、蒙古等国家认为，一旦许可协议终止，被许可人有权自由地使用和处置许可协议项下的制定法权利或者技术诀窍。

⊖ Aronson v. Quick Point Pencil Co., 440 U.S. 266 (1979).

9.6 强制许可

强制许可是大多数国家的普遍做法,特别是在发展中国家。当知识产权所有权人在特定国家、特定时期内,拒绝使用或不能利用某项知识产权时,第三人可以申请强制许可,政府也可以不经所有权人同意,颁发许可。

9.6.1 专利权

《保护工业产权国际公约》(《巴黎公约》)确认了成员国为防止专利权产生的独占性权力的滥用,授予强制许可的权利。世贸组织《与贸易有关的知识产权协定》第31条允许成员国授予"未经权利持有人授权的使用权",只要:第一,只有在拟使用者在此种使用之前已经按合理商业条款和条件努力从权利持有人处获得授权,但此类努力在合理时间内未获得成功。在全国处于紧急状态或在其他极端紧急的情况下,或在公共非商业性使用的情况下,成员可豁免此要求。尽管如此,在全国处于紧急状态或在其他极端紧急的情况下,应尽快通知权利持有人。在公共非商业性使用的情况下,如政府或合同方未作专利检索即知道或有显而易见的理由知道一有效专利正在或将要被政府使用或为政府而使用,则应迅速告知权利持有人;第二,此种使用应是非专有的;第三,此种使用应是不可转让的;第四,任何此种使用的授权应主要为供应授权此种使用的成员的国内市场;第五,在每一种情况下,应根据授权的经济价值,向权利持有人支付适当报酬。

9.6.2 商标权

关于著作权的强制许可,著作权法许可允许第三方按照法律规定或按公共机构或私人机构的标准支付许可费之后,使用著作权。著作权强制许可允许强制著作权人授予许可,但是,权利人得有权就许可内容进行谈判,如果当事人不能达成协议,法院或者行政管理机构可以介入。《保护文学艺术作品伯尔尼公约》第11条和第13条确认成员国有权因广播或者录音的需要颁发强制许可。然而,这项权力是有条件,强制许可不得损害作者的精神权利,也不得损害作者获得公平补偿的权利。如果当事人不能达成协议,补偿标准应当由主管机构确定。

◇**参考案例**

赞比亚舞厅伴奏音乐案

1978年赞比亚卢萨卡高等法院审理了一个案件,被告人向公众复制播放原告人创作的音乐。原告向法院起诉,请求法院发布禁令,禁止被告本人及其代理人、雇员向公共播放其作品,并请求被告承担赔偿责任。

原告称,其诉讼的目的是保护音乐词典作者及表演者的著作权。1975年,原告到被告营业场所进行了调查,发现了被告的侵权行为。在当年9月,他向被告寄了一封信,指出被告侵犯了他人知识产权；当年10月，他再次向被告发信，提醒被告未经许可播放他人作品的法律后果；后来，他还写信要求被告向自己申请许可。但是，他从来没有收到被告的回信。

被告辩称，他自己确实播放了有关音乐作品，但并没有故意侵权，他的确收到了原告的信，但是，他并不明白信里面的要求和内容。而且，他活了这么多年，从来不知道有著作权这么一档子事。他买了几张唱片，在自己的烧烤店播放时，从来没人告诉他不能播放这些音乐。原告的信中没有提到过这些歌曲的名字。后来，他见到了律师，律师向他讲解了原告的信，他才明白。在法庭调查中，被告还辩称，自己问了开迪厅的朋友，他们也不知道有著作权这回事。他收到这些信后，觉得是敲诈信，所以没有回。至于什么是著作权，他认为应当与制造品有关。

法官指出，在侵权行为发生时，被告并不知晓也无合理理由相信其行为已经侵犯他人著作权，这的确是著作权侵权诉讼中一种有效抗辩。赞比亚《著作权法》第13条规定，若某人实施了或导致他们实施了著作权保护范围之内的行为且未获得权利人的许可，即构成了著作权侵权行为。本案中，如被告所承认的，被告确实实施了未经权利人许可播放他人音乐的行为。第13条第3款规定，在著作权侵权诉讼中，若①侵权行为已经实施；②侵权行为发生之时被告不知也无合理理由相信所涉作品受到著作权保护，原告无权获得赔偿，但有权获得被告因此获得的利润，无论原告是否获得了其他救济。显然，被告提出的不知情抗辩是有依据的。尽管赞比亚没有相关判例，但英国法院有关的判例是有说服力的。英国的一本著作指出，侵权行为通常是对侵权者提起诉讼一个诉因，无论是故意侵权行为还非故意侵权行为，故，不知情不能构成侵犯著作权的抗辩。然而，若侵权行为发生时侵权者不知其著作权之存在，原告无权获得赔偿，但可以获得侵权者得到的利润。

法官最终判决，由于被告人在当时并不完全知晓原告的著作权，被告不承担赔偿责任，而是判决被告人将得知侵权当天获得的利润交给了原告；另外，由于被告并不反对法院发布禁令，法官应原告的要求，发布禁令，禁止被告播放三部音乐作品。

本章练习

1. A，B，C，D，E五人是朋友，一起在一所大学学习国际商法，课程所需要的课本价格为50美元，五人一致认为，课本太贵了，五人同意每人出10美元，从书店买一本教材，然后到一家复印店复印五本，每本复印费15美元，复印后将原书退回书店，拿回已付的50元书款。这五位朋友的做法有什么不当之处吗？

2. E是一个天才的抽象画家，但没有多少名气。1990年他的一幅画作被出售给M公司，在M公司新建总部的大门入口处展览。几个参加M公司庆典的评论家误认此画为毕加索的作品，他们在报纸专栏撰文，公布了自己的重大发现。当人们蜂拥而至，争相欣赏名作之时，M公司的董事们乐开了花。他们在作品旁边加了一个标签，标签写道："此画由毕加索在1913年前后完成。"E可以采取哪些措施呢？

3. F计算机公司对于一套非常成功的电子表格程序拥有著作权,几年来,这套程序一直在世界上占有重要地位。近来,C公司设计了一套外观相似、功能相同的程序,售价只有F公司程序的1/10。F公司起诉C公司侵权。C公司抗辩称,其程序除了外观与功能相似外,程序代码完全不同于F公司。C公司侵犯了F公司的著作权吗?

4. W公司生产口香糖,其技术和技术诀窍在其母国的科学和机械领域中广为人知,这种产品在这个国家已经流行几十年了。最近W公司意图将口香糖这种产品推广到X国,在X国这种产品从来没有出现过。W公司在开展经营之前,首先向X国申请专利。X国的专利机构形式上审查了申请文件,发现文件符合法律要求,检索了当地有关技术的数据,未发现相同或相似技术,然后将申请在本国专利公报上发布公示,没有任何人提出异议。X国专利机构向W公司授予了专利权。X国的一家当地企业B公司开始在X国生产销售口香糖,其产品与W公司的产品相同。W公司起诉B公司侵犯专利权,谁能够胜诉呢?

5. J公司生产一种香水,香水瓶形状奇特,易于辨认。J公司可以将这种香水瓶申请商标权保护吗?如果不能,J公司应采取何种措施,避免竞争者仿制呢?

6. B公司在X国拥有一项用于啤酒瓶和啤酒罐上的商标,但在长达6年的时间里,B公司没有在X国实际使用这一商标。H公司想使用这一商标,于是向X国法院起诉,要求法院撤销B公司的商标权。H公司能否胜诉呢?

7. 欧米茄公司是一家日本公司,生产TXX商标的卡带,它许可A公司在澳大利亚,S公司在南非使用这一商标生产销售卡带。三年后,S公司的许可到期,欧米茄公司拒绝续约,S公司大量地以散货形式,从澳大利亚进口A公司的产品,在南非销售。进口的卡带没有独立包装和标记,S公司为产品加上TXX的包装和标记。在南非拥有商标权的欧米茄公司起诉,要求法院禁止S公司的进口。欧米茄公司能胜诉吗?如果欧米茄公司与A公司的协议禁止其向南非出口商品,判决结果会有不同吗?

8. 禁止在外国生产的灰色产品的合法进口,实际上损害了消费者利益,违反了不正当竞争法的基本原则。对此,你有什么看法?

9. 某一部件的世界七大生产商达成协议,在为期7年的时间,相互交换所有的专利、实用新型以及技术诀窍,建立共同基金,促进产品的研发。这一协议有效吗?如果协议的全部当事人都处于欧盟、美国或日本,分别会产生什么样的后果呢?

10. S公司是著名的卧室用品生产商,在其统一的商号之下,通过特许经营方式,销售产品。被许可人不得经手其他服装。一个被许可人就此向法院起诉,认为这是一项无效的限制竞争条款。被许可人能胜诉吗?

第10章

国际货物买卖法

■ 概述

国际货物买卖是国际商事交易的最基本形式。为促进货物买卖,减少因法律冲突而带来的不便,联合国国际贸易法委员会制定了《联合国国际货物销售合同公约》。该公约自1988年生效后,随着越来越多国家加入了公约,已经成为国际货物买卖的基本规则。本章介绍公约的适用、合同的达成、买卖双方的义务以及可以获得的救济措施。

10.1 《联合国国际货物销售合同公约》

1988年1月1日,经过50多年的谈判,《联合国国际货物销售合同公约》(United Nations Conventions for the International Sale of Goods, CISG)生效,它继承了两个较早的公约:《国际货物买卖统一法公约》(the Convention Relating to Uniform Law on the International Sale of Goods, ULIS)和《国际货物买卖合同成立统一法公约》(the Convention Relating to Uniform Law on the Formation of Contracts for the International Sale of Goods, ULF)。这两个公约并没有得到广泛的采纳,主要原因是这两个公约的起草没有第三世界国家以及苏联、东欧国家等东方集团国家的参与。而《联合国国际货物销售合同公约》的草拟工作由联合国国际贸易法委员会主持,62个国家以及8个国际组织参与,融合了世界上主要法系的相关规则。公约于1980年在维也纳外交会议上通过,至今已经有84个缔约国。美国、德国、法国、日本等国家,均加入了公约,但是,英国至今也没有加入公约。

公约共有四部分,第一部分为公约的一般规定,包括公约的适用范围和解释规则(第1条至第13条),第二部分调整合同的达成(第14条至第24条),第三部分调整买卖双方的权利和义务(第25条至第88条),第四部分是关于公约的加入和生效的规定(第89条至第101条)。

10.2 公约适用的交易

公约适用于国际货物买卖合同,买方和卖方必须在不同的国家拥有营业地。公约规定其适用条件是：如果①两国均属公约的缔约国[1]；或②国际私法规则必须导致适用某一缔约国法律[2]，即使买方和卖方营业地不属于公约的缔约国，公约依然可能适用。例如，假定卖方的营业地在甲国（非公约缔约国），买方的营业地在乙国（也是非公约缔约国），缔约地在丙国（缔约国），卖方违反了在丙国履行的合同义务，买方在乙国起诉，根据乙国的冲突法规范，合同应当适用丙国的法律。因为丙国是公约的缔约国，且该交易具有国际性，因而公约可适用于买卖双方之间签订的合同。

即使买卖双方的营业地所在国均不属于公约缔约国，公约仍然具有适用的可能性，引起了一些公约起草者的担忧，他们担心如果冲突法规范的适用，会产生关于合同的订立应当适用一国法律，而合同的履行则适用另一国法律的后果。这可能意味着，只有一部分公约规则可能适用，但是公约的意图是为了创设一个统一的规则。因此，公约的最后条款中允许参加公约的国家，可以做出保留，规定公约只可以适用于买卖双方营业地均属缔约国的情形。

10.2.1 选择适用

缔约国和冲突法规则均可以导致公约的适用，因此，合同当事人可以通过在合同中写入法律适用条款，排除或者修改（opt out）公约的适用，也可以排除冲突法规则确定的准据法，而适用公约（opt in）。美国法院 2001 年审理的一个案件[3]中，原告是一家美国公司，而被告是总部设在加拿大的跨国企业，合同的履行地在英属哥伦比亚，原告向加利福尼亚州的一个法院提起了诉讼，被告提出请求，要求将案件移送联邦法院，原告提出了反对。法院认为，美国和加拿大均属公约的缔约国，由于原告和被告的营业地分属美国和加拿大，因而，公约应当适用于本案。虽然当事人在合同中写入了法律选择条款，规定应当适用加利福尼亚州的法律，但是由于加州的法律中包含公约，因此法律选择条款并不排除公约的适用。在美国，联邦政府加入的公约优先于所有的州法适用，而美国各州的法院有权审理适用美国参加的条约的案件，因此，被告提出的移送请求被驳回了。

10.2.2 "销售"的定义

公约没有直接对"销售"（sale）做出定义。但是，公约规定了卖方和买方的义务。卖方有义务交付货物，移交与货物有关的单据并转移货物的所有权，而买方有义务支付价款。虽然这些规定不在同一法条之内，但是，公约的这一定义与许多国内法相同，例如，美国《统

---

[1] 完全在一国境内完成的合同应当由该国的法律管辖。美国调整货物买卖的法律是《统一商法典》（Uniform Commercial Code, UCC），英国是 1893 年和 1979 年《货物买卖法》（Sale of Goods Act），法国是 1804 年《民法典》中的债法以及 1807 年《商法典》，德国是 1896 年《民法典》的债法。

[2] 公约第 1 条规定："（1）本公约适用于营业地在不同国家的当事人之间所订立的货物销售合同：（a）如果这些国家是缔约国；或（b）如果国际私法规则导致适用某一缔约国的法律。（2）当事人营业地在不同国家的事实，如果从合同或从订立合同前任何时候或订立合同时，当事人之间的任何交易或当事人透露的情报均看不出，应不予考虑。（3）在确定本公约的适用时，当事人的国籍和当事人或合同的民事或商业性质，应不予考虑。"

[3] Asante Technologies v. PMC-Sierra, Inc., 164 F. Supp. 2d 1142 (N.D. Cal. 2001).

一商法典》第 2-106 条将销售定义为卖方为获得买方支付的价款而向买方转移货物所有权的行为。

10.2.3 "货物"的定义

公约没有直接对"货物"做出定义。它规定了不适用公约的货物买卖。不适用公约的货物买卖包括三种交易形式：①为个人、家庭或生活消费购买的货物；②拍卖；③为强制执行而进行买卖或其他法律授权的货物买卖。不适用公约的货物买卖还包括三类商品的买卖：①债券、股票、投资证券、可转让票据、货币；②船舶、船只、气垫船和飞机；③电力。

公约的起草者基于公约只应适用于动产货物的构想，做出了这一列举式的规定。货物的性质在 1964 年《国际货物买卖统一法公约》的法语版本中得到更加明确的表述，货物被称为"有形的、可移动的客体"。而在公约的法语版本中，起草者使用了"货物"一语。尽管如此，在解释"货物"一语的过程中，各国法律使用这一术语的方法是相同的。另外，许多交易，例如不动产的买卖，在其本质上属于国内交易。因此，在公约所列举的排除清单之中，只包括起草者们认为没有明确地被排除的货物[⊖]。

公约不适用于为个人、家庭或日常家庭使用而购买的货物，原因有二：其一，如果对于商场与外国人之间的交易适用不同的规定，将会产生双重标准问题；其二，许多国家的国内法保护消费者利益，如果适用公约，这些保护措施将不能发挥作用。然而，这种排除性规定一般不能适用，除非出卖方知道或明知购买的货物用于个人使用或个人消费。例如，卖方是一个计算机经销商，从买方处获得了订购一台计算机的订单，买方是乙国的国民。买方订购的计算机是商业用户经常使用的那种功能强大、价格昂贵的机型。在当事人因交易发生了纠纷之后，卖方主张适用公约。买方提出证据证明自己购买计算机是出于爱好，为私人使用。在这个例子中，卖方应当证明他既不知道也不可能知道计算机的购买是为了私人用途，否则，本案应当适用公约。

公约不适用于拍卖、强制执行中的销售以及其他根据强制令状进行的销售，因为这些交易本身非常特殊。在拍卖交易中，如何确定合同成立的时间是一个问题，而其他的强制性销售根本不涉及当事人之间经谈判达成的内容。这些交易由当地的专门规则调整，公约不予涉及。

股票、债券、投资证券、可转让票据以及货物的交易不适用公约，因为这些交易由差别各异的本地规则调整，公约的起草者们无法将涉及这些交易的规则统一到公约之中。然而，公约的起草者们没有将其他更多类似的资产加入其中，例如，专利权、商标权以及著作权。船舶、气垫船、飞机以及电力的销售也不适用公约，因为这些交易大多数适用国内法的特殊规则。

10.2.4 混合买卖

卖方向买方交付货物时，通常也会提供服务。例如，餐馆不仅提供食物，还提供服务。

⊖ John Honnold, Uniform Law for International Sales under 1980 United Nations Convention, pp. 85-87 (1982).

提供货物的制造商也一样会在提供货物的同时提供服务。那么，这些交易是货物买卖还是服务贸易呢？

公约将买卖与服务混合合同（如餐馆）视为货物买卖，除非卖方"义务的主要部分"被"包含在劳务或服务的提供中"。"主要的"一语按照通常意思解释，是指"超出了一半以上的"。但是，确定主要部分时应当按照成本、售价还是其他标准计算，公约并没有明确的规定。

货物加工合同被公约视为货物买卖合同，除非买方"有义务提供相当部分的原材料"。虽然"相当的"（substantial）也许还意指"不过半的"，但是，具体离一半差多少，并无明确的规定。公约的法文版建议采用可能性判断规则，例如，实质性部分规则。因此，如果买方提供的零件对于制造某一产品具有实质性作用，无论该零件在总的成本和数量中的比重，公约均不应适用。

10.3　CISG 排除的合同事项

公约仅调整合同的达成以及卖方和买方可获得的救济。公约第 4 条规定，公约特别排除了：①合同的合法性问题；②当事人的缔约能力问题；③第三方权利问题；④致人死亡和人身伤害的责任。

10.3.1　不法性和无缔约能力

有关合同违法性问题以及当事人缔约能力对于合同效力的影响问题，各国法律规定差异较大。例如，走私品的销售是违法的，然而，在一个国家构成走私品的货物，在另一个国家不一定是走私品。再如，各国对于烈酒、毒品、色情图片、宗教小册子、政治小册子等物品的规定差别也很大。处理以欺诈手段达成的合同的效力问题的规则在各国之间也一样有很大的差别。关于精神病人、未成年人以及无缔约能力者的国内规则同样存在相当的分歧。公约的起草者们意识到合同的合法性问题以及缔约能力问题的敏感性，这反映了一个文明所拥有的道德和文化价值。为了避免因公约而产生的分歧，这些问题被交给了国内法处理。

10.3.2　第三方请求权和人身伤害

合同法中第三方请求权以及卖方对于其出售的产品而应承担的人身、财产损害赔偿责任，在不同国家法律中，同样存在相当大的争议。为了避免公约起草过程中出现无法解决的争议，公约回避了这些问题，将之交给国内法处理。

10.3.3　优先性

确定公约是否适用于具体的合同问题，必须注意的是公约本身，而不是国内法。如果公约适用，则公约优先于国内法，即公约规定的救济是可获得的唯一救济。这一结果反映了公约的基本功能：为国际货物买卖合同制定统一的规则。

无论发生的纠纷在国内法领域中被归入合同纠纷或是其他纠纷，公约的优先性规则均适用。例如，如果卖方向买方交付的化学物品因质量与合同不符发生火灾，买方的仓库被焚毁。在这种情况下，根据一些国家国内法的规定，买方可以提起侵权之诉或称产品责任诉讼。为了证明产品责任，买方必须证明货物与合同不符，货物的缺陷造成了损害，卖方未尽到合理的注意义务。然而根据公约，如果货物不符合合同的规定，买方可根据第74条的规定获得损害赔偿金。虽然国内法要求买方证明卖方未尽到合理的注意义务，但是，如果侵权责任并不存在，买方可以唯一可获得的是公约规定的救济。关于美国、法国以及公约之间的比较，如表10-1所示。

表 10-1 美国、法国以及公约之间的比较

合同法规则	法国《民法典》和《商法典》	美国《统一商法典》	《国际货物销售合同公约》
买卖是为获取价金而转移货物所有权的行为	是	是	是
货物是可移动的有形物	是	是	是
以货物买卖为主要部分的货物销售与服务提供的混合交易，应当适用买卖法	是	是	是
买卖法仅适用于商人之间的交易	否	否	是
商人是	从事法律规定的商事行为的人	特定交易中进行货物处置或因具备与买卖有关的特别知识或技能而从事此类职业或者由商人代理的其他人	有营业地的人
当事人必须依诚信行事	是	是	是
显失公平的合同不具有效力	是	是	是
买卖合同应当由当事人以书面的形式签订	是，如果合同是与不是商人的其他人签订而且合同金额超过了800欧元；否，如果合同是与商人签订的	是，如果合同金额超过500美元；否，如果当事人均为商人且一方发送了书面确认，对方没有立即表示反对	否
解释合同时可以考虑当事人的主观意图	是	否	是
在当事人视为最后条款的合同需要解释时适用口头证据规则	是，如果提出反对意见的当事人是一个商人；否，如果当事人是商人之外的其他当事人，除非口头证据由提出相反意见一方的当事人提供的书面备忘录作为支持	否	是
合同通过履行过程、交易过程以及贸易惯例解释	是	是	是
合同中不得缺省的条款是	价格	数量	价格与数量
可以发出实盘（firm offer）的当事人是	任何人	商人以书面形式发出	商人
如果要约人没有规定承诺的形式，承诺可以用任何合理的方式做出	是	是	是
要约可以撤回的时间是	收到承诺之前	承诺发出之前	承诺发出之前

(续)

合同法规则	法国《民法典》和《商法典》	美国《统一商法典》	《国际货物销售合同公约》
承诺生效的时间是	承诺收到之时	承诺发出之时	承诺收到之时
承诺中即使有添加,也应当有效	否	是	否
承诺中添加的内容是要约人可以接受的可以拒绝额外的建议	否	是,如果当事人都不是商人	否
除非要约人立即反对,承诺中添加的内容即成为合同的组成部分	否	是,如果当事人都是商人	否
通过行为表示受约人必须在合理的时间内通知要约人	否	是	否
实际履行的范围包括	合同的任何条款	交付货物	按照本地法律的规定
交付地点	(1)合同中规定的地点;(2)在买卖合同订立时货物存在地;(3)卖方住所	(1)合同中规定的地点;(2)卖方营业地;(3)货物已知地点	(1)合同中规定的地点;(2)承运人的营业地;(3)货物已知地点
交付时间	合同规定	合同规定或者合同订立后一段合理时间	合同规定或者合同订立后一段合理时间
货物与合同相符(担保与保证)	符合通常用途或者符合特定的用途	商销性担保或者符合特定用途的保证	符合一般用途或者特定用途
免除货物与合同相符义务需要特别的规定	否	是	否
免除货物与合同规定的义务必须明示地表示	是	是	否
买方必须立即通知任何与合同不符之处	是	是	是
卖方在交付之前可以修复任何瑕疵	是	是	是
卖方在交付之后可以修复任何瑕疵	否	否	否
买方必须支付价款的时间和地点	交付	交付	交付
卖方必须提出正式的付款请求	是	否	否
买方必须在所有权转移之后支付价款	是	是	是
货物交付后所有权转移	是	是	是
经过承运人运输的货物在货物特定化且交付承运人后风险转移	是	是	是
救济与赔偿是可以同时适用的	是	是	是
获得救济之前给予一段时间的宽限期	是	否	否
违约方有权获得催告通知	是	否	否
买方的救济包括减价	是	否	是
一般救济包括中止履行以及预期违约	是	是	是
受损害方有义务减少损失	是	是	是
不可抗力条款	是	是	是

10.4 CISG 的解释

公约的根本目的是创立国际商事买卖法的统一规则体系。在解决公约所适用的问题的时候，公约第 7 条第 2 款指示法院按照以下顺序确定应适用的法律的渊源：①公约；②公约所依据的一般原则；③国际私法规则。

10.4.1 公约

在需要解释公约条文的含义时，公约第 7 条第 1 款指示法院考虑以下因素：①公约的国际性质；②促进公约适用过程中的统一性要求；③诚信原则。然而，该条款没有指明法院在解释公约时可以或者必须适用的法律的渊源。

表面上看，公约暗示法院仅可以使用公约文字的通常含义理解公约。在受到英国法影响的国家里，通常含义原则是司法机构解释法律的惯常做法。20 世纪 80 年代之前，英国法院只能根据成文法的文字本义寻求法律的解释[一]。但是，在包括美国和大陆法国家的大多数国家里，法院在确定法律条文的含义时还参考法律制定的历史（travaux préparatories）。另外，在国际裁决机构解释条约时，条约制定的历史一般可以用于确认条约条文的引申含义，在条文含义模糊不清的时候确定条文的含义，例如《维也纳条约法公约》第 31 条第 1 款与第 32 条的规定。由于法律制定历史原则的广泛使用，大多数法院在解释公约条文的时候采用这种方法，特别是在公约的准备文件很容易获得的时候[二]。

除了制定法的历史之外，大多数国家的法院使用判例法解释成文法和条约。在大陆法国家以及美国还广泛地使用学者论著作为法律解释的依据。然而，在英国以及其他受英国法律传统影响的国家，在法律解释中很少重视学者的观点。在公约中，对此没有明确的规定，因此，对于法院在解释公约的时候可以采纳的依据，分歧依然存在。现在解释公约的案例数量极少，然而，这种情况无疑会很快地得到改变。法院在解释公约时应当谨记公约的主旨：公约是一项国际条约，是为了建立统一的国际买卖规则，法院有义务根据诚信原则解释公约。因为公约是一份国际条约，许多国家的法院都将对它做出解释。在解释公约时法院应促进国际买卖规则的统一，这将促使法院在解释公约时查找并遵从其他法院的判决，遵守诚信原则的要求，促使法院必须接受外国法院的判决的先例效力，只有在可以明确地排除先例适用、先例明显错误或者不再适用于已变化的国际环境时，才可以避免适用先例中的规则。

在公约的解释中适用判例法规则将会产生困难，当不同国家的法院基于相似的事实做出不同的判决时，因为没有统一的上诉机构协调不同的观点，诚信原则要求审理案件的法院有义务与其他法院的判决保持一致，在与其他法院的判决发生冲突时，应与先例保持一致。在公约中，诚信原则的适用范围明显受到了限制。公约的起草者将诚信原则仅限于解释公约条

[一] 1980 年，在著名的 Fothergill v. Monach Arline 一案中，英国上议院根据制定法律的历史材料解释《华沙公约》中关于空运承运人责任的规定。理由是，《维也纳条约法公约》第 32 条规定，在解释国际公约时，可以参照为达成条款的一致而进行条约准备工作以及达成一致时的具体情况。

[二] John Honnold, Uniform Law for International Sales under 1980 United Nations Convention (1982). John Honnold, Documentary History of the Uniform Law for International Sales (1989).

款，而不是将这一原则作为当事人一般义务原则。这与《德国民法典》第242条、《美国统一商法典》第1-203条以及其他法系中的做法完全相反。然而，应当注意的是，《德国民法典》的起草者的本意也是将诚信原则在一个有限的范围内适用，但是，德国法院忽视了起草者的本意，而将之作为一般性原则适用，因为这一原则是增加法律灵活性的有力工具。我们也会发现，法院在解释公约时，将以更加自由的方式运用诚信原则。

10.4.2 一般原则

公约要求法院在解释公约时遵守公约的一般原则，但是，它并没有列明一般原则。归纳公约一般原则的任务被交给了法院。学者建议，法院解释公约时应当注意的一般原则包括：①合同当事人有义务提供另一方当事人需要的信息；②当事人有义务减轻违约造成的的损失。这两项基本义务，贯穿公约始终。第一项原则体现在公约第19条第2款、第21条第2款、第26条、第39条第1款、第48条第2款、第65条、第71条第3款、第88条第1款。而第二项原则体现在公约第77条、第85条以及第86条。

虽然公约没有明确地列出一般原则的内容，但是，它规定了确定公约一般原则的方法。公约的一般原则应当从公约的特定章节中引申出来并适用于具体的案件[⊖]。公约第7条第2款规定，凡本公约未明确解决的属于本公约范围的问题，应按照本公约所依据的一般原则来解决……公约的起草者们在选择确定一般原则的机制的时候，没有采用从国际公法、国际私法或国内法中寻找一般原则的方法。这种限制法院查明公约一般原则来源的做法，是有意而为的，这反映出起草者对于公约的起草以及演进过程中的统一性和一致性的关注。

10.4.3 国际私法规则

国际私法规则是解释公约的第三类依据。然而，只有在公约本身无法产生直接的答案且适用公约本身包含的一般原则也无法得到解决方案时，才适用国际私法规则。各国有不同的国际私法规则。中欧和东欧等国家已经实施了国际私法法典，而英美法国家的国际私法则采取了判例法形式。这肯定会产生不一致性。尽管如此，与其他国内法规则相比，这些规则在国际上已经得到较大程度的统一，在公约解释时采用国际私法规则，反映了公约起草者们的实用主义倾向，以国际私法规则作为解释公约的依据，避免了法院为了特定的目的而任意地使用解释工具的可能性。

10.5 买卖合同的解释

世界各国法院在确定合同是否成立，解释合同的内容以及确定合同是否依约履行的时候，会考察当事人的陈述、行为以及习惯做法，还会考察与合同有关的贸易惯例。公约第8条规定了解释合同当事人的陈述和行为的规则，第9条对于惯例做了规定。

⊖ John Honnlold, Uniform Law for International Sales under 1980 United Nations Convention, p. 132 (1982).

10.5.1 当事人的陈述和行为

在某些时候，合同的达成被解释为当事人之间达成了意思的一致，这源于大陆法国家共同接受的观点，即只有当事人将其真实意思转换成合同条款时，才受到合同的约束。然而，这种主观方法（the subjective approach）是有缺陷的。如果当事人因为合同的意思发生纠纷，当事人很难找到证人，证明他们在订立合同时的真实意思。这种缺陷使一些法院，主要是普通法国家的法院，完全拒绝根据当事人的主观意图解释合同。正如美国著名的霍姆斯法官所言："法律与当事人思想的实际状态没有任何关系，合同必须外化，必须根据当事人的行为确定，这与其他法律规则是一样的。"[⊖]

当然，当事人的主观意图（如果能够确定），确是解释合同的最佳证据，公约允许法院首先根据当事人的主观意图解释合同，但是，只有其他当事人知道或者不应当不知道表意人的意思时，这才可以适用。如果表意人的意思不明确，公约要求法院审查当事人的客观意图（the objective intention）。在这种情况下，当事人的陈述和其他行为应按照一个与另一方当事人同等资格、通情达理的人处于相同情况中应有的理解来解释。

10.5.2 谈判

当法院确定当事人的意图，无论是当事人的主观意图还是客观理解，公约第8条第3款规定应对"所有的相关情形"给予"合理的考虑"，包括：①达成合同的谈判过程；②当事人在已经确立的习惯做法；③当事人在达成合同后的行为。

公约第8条第3款的目的关系到国内法院解释合同的技术规则。一种著名的例子是普通法上的口头证据规则（parol evidence rule）。根据《美国统一商法典》第2-202条的规定，口头证据规则禁止法院在解释当事人认为是一份"协议的最终表达"的书面文件时，考虑任何"以前的"或"达成协议时的口头上的理解"。第8条第3款特别允许法院在解释合同时，考虑当事人订立合同之前时进行的谈判。

尽管公约第8条第3款规定法院可以灵活地考虑所有相关证据，但是，公约第6条允许当事人可以减损公约的任何规定或改变公约的效力。因此，当事人可能在合同中加入"完整性条款"（the integration clause），要求法院忽视所有先前或达成合同之时的意思一致，法院将不得不承认这一条款的效力。换句话说，如果当事人选择适用口头证据规则，他们的目的是可以实现的。然而除非当事人明确地这样做，否则，法院将审查所有与案件相关的事实。

除了审查当事人在订立合同之前或同时的情形之外，公约还允许法院审查当事人订立合同之后的行为。这种做法与一些国家国内法院的做法是不一致的。然而公约反映了世界上大多数国家的做法，当事人也可以通过合同明确地排除这一规则的适用。

10.5.3 惯例和习惯性做法

公约第8条第3款以及第9条第1款规定，当事人应当遵守在他们之间已经确立的任何

⊖ Oliver W. Holmes, The Common Law, p. 242 (M. A. DeWolfe Howe, ed., 1963).

习惯性做法（practices）。第 9 条第 1 款允许法院援引当事人同意的惯例（usages），第 2 款规定，除非另有协议，双方当事人应视为已默示地同意对他们的合同或合同的订立适用双方当事人已知道或理应知道的惯例，而这种惯例，在国际贸易上，已为有关特定贸易所涉同类合同的当事人所广泛知道并为他们所经常遵守。第 2 款是超级大国之间折中的产物。对于苏联和东欧国家，合同的稳定性重于灵活性，只有合同中明确采纳了某一惯例时，当事人才受到惯例的约束。而在西方国家，合同的灵活性以及缔约自由重于稳定性，在某些情况下，即使惯例与成文法的规定不符或者合同没有明确规定适用惯例，惯例仍然适用[一]。起草者最终一致同意法院可以考虑国际贸易惯例，但惯例必须是广泛知道且经常遵守的。

在美国法院 2006 年的一个案例中，原告是一家澳大利亚的公司，被告是一家美国公司，原告作为卖方，向被告出售碳化钼。在收到了部分货物之后，被告通知原告，将拒绝接收剩余货物，原告不得以低于合同规定的价格转售了货物，并起诉了被告。在一审中，双方对于交付（consignment）一语的含义发生了争议，一审法院认定，当事人长达 7 年的交易过程中形成的习惯的效力超过了行业惯例，判决被告承担赔偿责任。上诉法院驳回了被告的上诉，维持了一审法院的判决。

10.5.4 合同形式

许多国家传统上要求合同采用书面形式。英国 1677 年《反欺诈法》规定多数类型的合同应当以书面的形式签订，包括货物买卖合同。这种要求在英国 1893 年《货物买卖法》、美国 1896 年《货物买卖法》以及晚一些的《统一商法典》（第 2-201 条）中得到了再次体现。然而，1954 年英国修改《货物买卖法》时放弃了书面性要求，这种做法被加拿大、澳大利亚等继承了英国法律的国家所采纳[二]。

在大陆法国家，关于合同书面性的要求一般不适用于商业交易[三]。而另一些国家非常重视国际贸易合同的解释和执行中的确定性，例如，苏联的法律规定了对外贸易合同严格的书面性要求和登记制度。

大多数参加公约草拟的代表认为书面形式要求不符合现代商业做法。但是，苏联坚持认为，书面形式要求对于保护长期以来采用的涉外贸易合同签订方法具有重要意义。这一争议产生了折中的结果。公约第 11 条规定："买卖合同无须以书面订立或书面证明，在形式方面也不受任何其他条件的限制。买卖合同可以用包括人证在内的任何方法证明。"在公约第 21 条第 2 款以及第 29 条第 2 款中，也涉及书面形式要求，公约第 29 条第 2 款规定，规定协议的任何更改或终止必须以书面做出，不得采用任何其他方式。但是，一方当事人的行为，如经另一方当事人寄以信赖，就不得坚持此项规定。公约关于书面性的要求，并未明确规定当

[一] 参见《美国统一商法典》第 1-205 条以及 2-208 条。

[二] Kenneth C. Sutton, "Formation of Contract: Unity in International Sale of Goods," University of Western Ontario Law Review, vol. 16, pp. 148-150 (1977).

[三] 例如，《法国民法典》第 1341 条。Stojan Cigoj, "International Sales, Formation of Contracts", Netherlands International Law Review, vol. 23, pp. 270-272, (1976).

事人就当以书面的形式签字。而公约第 13 条规定，为本公约的目的，"书面"包括电报和电传。

然而，公约第 96 条允许缔约国对第 11 条提出保留。公约第 96 条规定，"本国法律规定销售合同必须以书面订立或书面证明的缔约国"在加入公约时，可以声明公约第 11 条关于任何要约、承诺或其他意旨表示得以书面以外任何形式做出的任何规定不适用，如果任何一方当事人的营业地是在该缔约国内。

10.6 合同的达成

当一项购买或出售货物的要约被接受，合同即达成，当事人应当受到合同条款的约束。

10.6.1 要约

要约是向特定人发出的，表明要约人将要按一定的价格买卖特定货物的意图的建议。形式发票（a pro forma invoice）是国际贸易中常用的要约形式。如果法院对于一项意思表示是否构成要约心存疑问，公约要求法院确定做出意思表示的要约人是否表明了愿意受到要约约束的意图。在确定这一项意图的时候，法院应当根据公约第 8 条确定的有关合同解释的一般规则处理，法院应当考虑要约人做出意思表示的所有背景情况，包括当事人之间谈判的情况，当事人之间的习惯性做法，行业惯例以及做出要约之后的所有行为。法院也可以根据公约第 14 条规定的附属规则做出判断。

1. 确定性

根据公约第 14 条的规定："一个建议如果写明货物并且明示或默示地规定数量和价格或规定如何确定数量和价格，即为十分确定。"换句话说，要约必须以充分清楚的方式描述货物，使当事人能够知道要约准备出售的是什么，而且必须说明拟出售的货物的数量和价格。

在公约第 14 条中关于价格的规定必须与第 55 条的规定放在一起理解，公约第 55 条是在通过公约的外交会议即将结束的最后时间加入公约的。与会代表担心仅仅依靠第 14 条，不足以做出清楚的规定。例如，买方需要一套设备的特定部件，从而使生产线保持运行，买方会要求卖方尽快交付部件，而不是先谈妥价格，并假定卖方将根据惯常价格收取价金。在这种情况下，卖方将把买方的建议视为要约。然而，如果卖方并不知晓买方需求的紧急性，卖方可能因为要约中没有规定价格而放弃买方的请求。如果卖方这样做，买方有权利按照公约获得救济吗？答案可能是否定的，因为公约第 14 条规定，要约方有义务（在当前的例子中是买方）就价格事宜做出清楚的意思表示。另一方面，如果卖方已经发货，而买方改变了主意，卖方可以获得救济吗？即使买方没有在客观上做出这种表示，买方在主观上具有受到要约的约束的意图，考虑到公约允许法院采用主观意图的方法对合同内容进行解释，因而，卖方可能得到救济。

为了避免任何的混淆可能，第 55 条被加入公约。第 55 条规定："如果合同已有效地订立，但没有明示或暗示地规定价格或规定如何确定价格，在没有任何相反表示的情况下，双方当事人应视为已默示地引用订立合同时此种货物在有关贸易的类似情况下销售的通常价格。"因此，即使要约没有明示或默示地规定价格，仍是一个有效的要约。要约人被推定已经默示地参照了通常价格，作为确定货物价格方法。

2. 特定的受要约人

一项订立合同的建议若要构成要约，它必须是向一个或一个以上的特定人发出的建议。向公众发布的建议通常被认为只是谈判的邀请。例如，在报纸上发表以特定的价格出售货物的广告将会使广告发布者处于一种难堪的境地，他可能因为超出预料的大量需求而不得不交付超出已有数量的货物，或者因为该广告发布之后货物成本的增加而遭受严重损失。因此，公约规定，向公众发出的公开要约只能是谈判邀请，除非要约做出了相反的表示。

3. 要约的效力

要约仅在其到达受要约人时生效。因此，要约可以在其到达受要约人之前被撤回，即使要约是不可撤销的。公约第24条规定，为公约本部分的目的，公约中所谓的"送达"对方，系指用口头通知对方或通过任何其他方法送交对方本人，或其营业地或通讯地址，如无营业地或通讯地址，则送交对方惯常居住地。

4. 撤销

未表明不可撤销的要约，可以在受要约人发出承诺之前任何时间予以撤销。这一规则是以英国普通法中著名的"投邮主义"原则为基础的，这一原则规定，如果受要约人合理地依赖了要约，要约人撤销要约的权利应当受到限制。根据普通法的规定，针对某一项要约的承诺应当用与发出要约时相同的方式做出，例如，如果要约是以邮寄做出的，承诺也应当采用邮寄的方式。然而，公约没有做出这样的规定，承诺可以以任何方式做出。

5. 确定的要约

确定的要约是指表明要约人的允诺在一定时间内有效的要约（a firm offer），根据传统的英美法规则，对价原则使要约人无须保持要约的不可撤销性，如果受要约人希望要约人在一段时间内保持要约的效力，必须订立选择权合同，向要约人支付一定的对价。然而，公约并没有采纳对价原则，要约人发出的规定了有效期的要约，即确定的要约是有效的。大多数普通法国家已经修改了传统规则，对于商人发出的经其签字的书面要约，受要约人有权要求要约人在一定的期限内保持有效[一]。公约的规定不止于此。根据公约的规定，不可撤销的允诺无须签字，也无须采用书面形式，而且没有时间限制。如果要约人使要约变得不可撤销或受要约人以行为合理地依赖了那些默示地表明要约是确定的行为，则一项确定的要约是有约束力的。

10.6.2 承诺

合同在一项要约被接受时达成。承诺（acceptance）是送达要约人的，表明受要约人同

㊀ 参见《美国统一商法典》第2-205条。

意要约的陈述或行为。受要约人表示同意的方式是不受限制的，然而，受要约人必须将其同意的意思送达要约人。订单是国际贸易中表示接受的常用形式（见图 10-1）。

```
Compañia Mundial, S.A.                    PURCHASE
567 Avenida de Mayo                        ORDER
Buenos Aires
1103 Argentina

Date: August 2, 2008              No.            080203

To:  International Sales         Date Required: Sept. 15, 2008
     Company
     1234 Main Street            Deliver to:    Address above
     Pullman, Washington
     99163                       Packing:       Standard Export
     U.S.A.
                                 Payment:       Irrevocable Letter

Identifying
  Marks                                          Unit
  & Nos.    Qty.    Description                  Price      Amt.

                    FOB Port of Seattle          US $       US $
          Each      Type "A"                     1.23       531.36
          Each      Type "B"                     4.56       1313.28
          Each      Type "C"                     7.89       1136.16
                                                            2980.80

          Packing: As per your offer sheet, each in
          cardboard inner box, 144 per double export
          carton weighing 14 kg and measuring 25 x 25 x 10
          cm.
          Shipment via M/V El Mar from port of Seattle to
          Buenos Aires
          Payment: Irrevocable Letter of Credit for 100%
          of invoice value payable at sight through Banco
          del Sur, Buenos Aires, to Washington National
          Bank of Pullman.
          Notify party: Agencia Rosas, 989 Calle de los
          Marineros, Buenos Aires, 1117 Argentina

          Case Mark:  Cia Mundial
                      Buenos Aires
                      Made in USA
                      C/No. _____

          Accepted                    Confirmed

          _____                   Juan Valdez
                                      J. Valdez, Gte.
```

图 10-1　国际贸易中表示接受的常用形式

1. 缄默

缄默或不作为本身不构成承诺。例如，一个卖方向买方发出要约称"我认为这一交易如此有利，如果我未收到任何反对表示，那么，我将推定你已经接受"，如果买方没有做出任何反应，则在买卖双方之间没有达成任何合同。然而，如果卖方向买方发出如下谈判邀请："在我收到你方订单后三日内，如果你没有收到我方做出的相反表示，我方将按每件100元的价格，向你方交付所需饰品。"在这种情况下，卖方意图使买方的沉默强制性的构成承诺行为。在第一个例子中，卖方意图迫使买方接受；而在第二种情况下，卖方主动承担了做出进一步反应的义务。

2. 承诺的时间

承诺必须在要约规定的时间内送达要约人。如果要约没有规定期限，则应在合理的期限内送达要约人。如果要约是口头的，受要约人必须立即表示接受，除非当时情况表明了不同的要求。

在设计公约关于承诺的规则时，起草者选择了大陆法国家的到达主义原则。普通法国家采用的是发出或投邮主义原则。二者的区别与承诺丢失或迟延的风险分配有关。例如，如果一个买方向卖方通过邮递方式发送承诺，但邮件丢失了。如果适用投邮主义理论，合同将在承诺被投邮之时成立，卖方必须履行合同。然而根据公约所采纳的到达主义原则，合同没有达成，买方将一无所获。起草者采用到达主义原则，是因为这一原则比较公平地分配了承诺灭失或迟延的风险，只有受要约人才是更有能力避免承诺灭失或迟延风险的一方，因此，公约要求受承诺人承担避免这一风险的责任。

在匈牙利法院1992年审理的一个案件中，法院需要确定要约已经发出，合同是否在要约人收到受要约人的承诺时成立。美国的卖方向匈牙利买方出售航空发动机，要约中对于不同系列的发动机规定了不同的价格。要约另外规定，合同需要获得美国或匈牙利政府的批准。买方同意按照要约规定的价格购买其中一款发动机，但后来却又食言自肥了。卖方起诉要求法院确认合同成立。法院认为，根据公约的规定，要约是有效的，买方也表示了接受，因而合同已经成立，要约中提及的政府批准事项，只是说明双方应当履行的进口或出口许可手续，并不构成合同成立的先决条件，只是合同履行中的一个条件。如果当事人不能取得许可手续，可以终止合同履行。总而言之，当事人已经达成了一个有效的合同。

3. 通过行为表示承诺

如果要约人请求受要约人做出某一行为而非做出承诺的声明，当行为做出时，承诺生效。然而，要约、交易习惯或当事人的惯常做法必须清楚地表明，受要约人无须发出通知。例如，买方向卖方发出以下要约："发送100套小饰品，按通常价格计价，5月31日之前发货。"卖方在5月30日之前发出了货物。然而在卖方发出货物之次日，买方撤回了要约。买方有权撤回要约吗？买方可以根据公约第18条第2款主张，合同只有在表示接受的通知送达要约人时生效。在此，买方在收到货物之前当然无法得知卖方已经做出的承诺。然而，卖方可以根据公约第18条第3款的规定，主张受要约人可以通过做出一定的行为表示接受，且无须通知要约人。卖方发出货物的行为恰恰是买方要求的，而且买方的要约也没有要求发出承诺通知或装运确认。

4. 撤销

因为承诺通过在送达要约人之前并不生效，因此，受要约人可以在承诺被收到之前或同时撤销其承诺。

5. 拒绝

拒绝要约的表示在送达要约人时生效。如果受要约人同时发出了拒绝要约的通知以及承诺通知，先送达要约人的那份通知有效。

10.6.3 附有对要约内容修改的承诺

卖方向买方发出要约，买方在做出承诺时对要约的部分条款做了修改，合同是否达成呢？这种情况被称为"格式之争"（battle of forms）。格式之争发生于商人们使用预先印制的格式合同发出要约或做出承诺，格式合同中填写的内容是相符的，然而，合同书背面的晦涩条文则存在差异。根据公约规定，如果差异构成实质性的，则承诺是一项反要约。公约第19条第3款规定："有关货物价格、付款、货物质量和数量、交货地点和时间、一方当事人对另一方当事人的赔偿责任范围或解决争端等的添加或不同条件，均视为在实质上变更要约的条件。"非实质性差异的条文则成为另外的建议，除非要约人立即表示反对，否则这些建议将成为合同的一部分。

在1992年美国法院审理的一个案件[⊖]中，法院对比了《美国统一商法典》与公约中关于附有修改内容的承诺的规则。这个案件涉及不同国家的当事人订立的买卖鞋子的合同。买方主张卖方交付的鞋子不符合合同规定的规格，双方争议的焦点是，合同关于仲裁事项的约定是否有效。买方要约中包含了仲裁条款，但卖方拒绝了。然而，当买方开立了信用证之后，卖方仍然履行了合同。法院认为，卖方拒绝仲裁条款的行为构成了反要约，但是，在随后买方开始履行合同之后，卖方没有在合理的时间内表示反对，并且继续履行相应的义务，其行为已经构成了对买方提出的包括仲裁条款在内的交易条件的接受。因此，仲裁条款有效。

10.7 履行的一般标准

公约对于买方和卖方履行合同的行为规定了一般标准。总的说来，双方当事人都有权获得根据合同可以期待的结果。当事人未履行相应义务的行为构成违反合同的行为。在一方当事人违反合同的时候，另一方当事人可以解除合同或者请求实际履行。

10.7.1 根本性违约

当一方当事人实质性地未能向另一方当事人交付其依合同的合理期待所得，即构成根本性违反合同。公约第25条对于根本性违反合同做出了规定："一方当事人违反合同的结果，如使另一方当事人蒙受损害，以至于实际上剥夺了他根据合同规定有权期待得到的东西，即

⊖ Filanto, S.P.A. V. Chilewich International Corp. 789 F. Supp. 1229 (S.D.N.Y. 1992).,

为根本违反合同，除非违反合同一方并不预知而且一个同等资格、通情达理的人处于相同情况中也没有理由预知会发生这种结果。"

10.7.2 解除合同

如果一方当事人根本性违反了合同，受损害的一方可以解除合同，意即，通知另一方当事人终止合同。然而，一方当事人如果想获得解除合同的权利，受到损害的一方当事人在任何情况下必须通知另一方当事人，并且能够返还已经收取的货物。

当一方当事人解除合同之后，只有将履行的义务受到影响，合同的解除并没有终止：①合同中关于争议解决的任何规定；②合同解除所产生的当事人的权利与义务。

10.7.3 请求实际履行

公约允许受损害的一方当事人向法院提出要求履行合同（specific performance）的请求，如果另一方当事人违反了其合同义务。然而，除非法院可以根据本国的法律给予这一救济，否则，法院没有义务做出这样的判决。

关于实际履行的构成，各国法律规定不一，公约的规定反映了起草者在确定实际履行的含义时所面临的困难。在普通法国家，实际履行是狭义的，是指强制一方当事人履行义务的法院命令，违反命令的后果是严重的。违反命令的当事人将因藐视法庭而被处以罚金或监禁。在大陆法国家，请求履行是广义的，包括由违约方承担费用，购买替代物。但是，制裁却不是难以承担的，法院不会因此课以罚金或将不遵从命令的当事人扔进监牢[1]。

关于当事人可以获得实际履行救济的前提条件，各国法律的规定也是不一致的。英国1893年《货物买卖法》第52条规定，如果法院认为适当，即可颁发命令，要求违反合同一方交付特定的货物。许多普通法国家沿用了英国法的这一规定。然而，确定货物何时被"特定化"是困难的，也是限制适用这一规定的问题所在。《美国统一商法典》第2-716条规定，只要货物是独特的或者在其他适当的情况下，如果法院认为公正，即可以发布实际履行的命令。在大陆法国家，一方当事人有权要求另一方当事人履行合同。大陆法国家的法官无权像其英美法国家的同行那样拒绝发出实际履行的命令，而且，这一救济也没有因货物的性质而受到限制[2]。

10.8 卖方的义务

卖方有义务：①交付货物；②移交与货物有关的任何单据；③保证货物与合同相符。如果合同没有具体规定卖方的义务，公约的规则可以作为补充。

---

[1] Harry M. Flechtner, "Buyers' Remedies in General and Buyers' Performance-Oriented Remedies", Journal of Law and Commerce, vol. 25, pp. 339-347 (2005-2006).

[2] Shael Herman, "Specific Performance: A Comparative Analysis", Edingburgh law Review, vol. 7, issue 1, pp. 5-26 (January 2003) and issue 2, pp. 194-217 (May 2003).

10.8.1 交付的地点

交付地点为合同规定的地点；如果合同没有规定，交付地点应当是：①如果销售合同涉及货物的运输，交付地点应当是第一承运人的营业地；②当事人在订立合同时已知道的货物存放地点，或制造生产地点。

如果合同要求卖方安排运输，但是却没有明确规定承运人或者有关内容，卖方按照通常运输条件，用适合情况的运输工具把货物运到指定地点。另外，如果卖方没有义务对货物的运输办理保险，他必须在买方提出要求时向买方提供一切现有的必要资料，使他能够办理这种保险。

除了应买方要求提供与保险有关的信息之外，卖方还必须在其将货物交给承运人时，①通过在货物上加标记，或以装运单据或其他方式，向承运人标明货物及买方，或者②向买方发出列明货物的装运通知。如果卖方没有履行这些义务，将构成违反合同，卖方应承担买方因此遭受的任何损失。

10.8.2 交付的时间

卖方应当在合同规定的日期交付货物，如果合同没有规定交货日期，则应当在合同订立之后的合理时间内交付货物。如果合同规定了交付货物的时间，卖方可以在此期间的任何时间交付货物，除非合同明确规定买方有权指定交付时间。

10.8.3 移交单据

在交付货物的时间和地点，卖方必须交付合同规定的与货物有关的所有单据。如果卖方提前提交单据，卖方有权更正单据中任何不符合同之处，只有这样不会给买方造成不合理的不便或不合理的费用。

10.8.4 货物相符

公约第35条第1款规定卖方"交付的货物，必须符合合同规定的数量、质量以及规格，并按合同规定的方式盛放或包装"。这一规定与普通法国家有关货物担保的规定相似，最明显的区别是公约没有使用保证或担保字样。重要的是，不使用这些术语，也同样会产生卖方的义务（也是买方的权利），卖方的义务是可以免除的。

1. 相符性的确定

公约第35条第2款规定了如何确定货物与合同相符的规则："双方当事人业已另有协议外，货物除非符合以下规定，否则即为与合同不符：①货物适用于同一规格货物通常使用的目的；②货物适用于订立合同时曾明示或默示地通知卖方的任何特定目的，除非情况表明买方并不依赖卖方的技能和判断力，或者这种依赖对他是不合理的；③货物的质量与卖方向买方提供的货物样品或样式相同；④货物按照同类货物通用的方式装箱或包装，如果没有此种通用方式，则按照足以保全和保护货物的方式装箱或包装。"

2. 第三方主张

如果货物是第三方可以提出权利和要求的货物，则货物与合同不符。第三方可以提出的主张包括所有权方面的权利主张，以及关于专利权、商标权或著作权等知识产权的主张。公约第 42 条规定，卖方所交付的货物必须是第三方不能提出任何权利或要求的货物，除非买方同意在这种权利或要求的条件下收取货物。

3. 责任免除

虽然卖方有义务提供与合同相符的货物，但是，当事人可以①明示地免除卖方货物与合同相符的义务，或者②默示地免除这一义务，如果买方知道或不可能不知道货物与合同不符的事实。除了对于做出免责条款的方式没有特定的要求之外，这些规定与大多数普通法国家常见的免责条款类似。另外，公约规定，免责要求可以从买方实施的行为中推定出来，这一规定与许多大陆法国家的法律要求亦有不同。

公约这样规定的基本原理是，当事人有权确定合同的内容，这迫使公约的起草者们采用了上述的免责规定。如前所述，公约允许当事人减损或改变公约的规则，而公约第 35 条第 2 款也规定，如果当事人另有约定，公约关于卖方有义务交付与合同相符货物的规定将不再适用。

4. 检验货物的时间

买方有义务在交付之后"尽可能短的时间内"检验货物。如果合同涉及货物的运输，检验可推迟到货物到达目的地后进行。如果货物在运输途中，且买方须做出改运或者再发运货物的指示，检验可推迟到货物到达新目的地后进行，只要卖方在订立合同时已知道或理应知道这种改运或再发运的可能性。

5. 关于质量瑕疵的通知

为了买方能够有效地行使要求卖方履行合同义务的权利，买方必须在发现或理应发现不符情形后一段合理时间内通知卖方，说明不符合同情形的性质。如果买方在较晚时间发现了货物不符合同的情形，也必须立即通知卖方。在任何情况下，卖方在交付货物之日起两年后，将不再对于货物不符合同的情形承担责任，除非：①卖方已知道或不可能不知道而又没有告知买方的货物不符合同的事实；②合同规定了更长的保证期限。公约没有对于买方在通知卖方有关货物不符合同之时应采取的具体形式，但是，毫无疑问，通知必须足以使卖方知晓相关不符的情况。

6. 修复质量瑕疵

如果卖方提前交付货物，在合同规定的交付期届满之前，有权修复货物不符合同之处，只要其行为不会给买方带来任何不合理的不便或开支。尽管如此，即使卖方修复了货物与合同不符之处，买方仍然有权按照公约的规定请求损害赔偿。

10.9 买方的义务

买方的义务是：①支付价款；②收取货物。正如公约有关卖方义务的规定一样，公约有关规则只有在合同没有明示约定的情况下才发生效力。

10.9.1 支付价金

买方有义务采取根据合同或任何有关法律和规章规定为支付价款所需的前置步骤，并有义务在合同规定的时间和地点支付价款。如果合同没有规定具体的支付时间，买方有义务在卖方将货物或控制货物处置权的单据交给买方处置时支付价款。

大陆法国家要求卖方向买方发出正式的付款请求[⊖]，而公约做出了相反的规定，无须卖方提出任何要求或办理任何手续，买方即有义务支付价款。然而，除非当事人另有约定，在买方有机会检查货物之前，买方无须支付价款。如果当事人没有约定支付地点，但约定了交付货物或控制货物单据的地点，买方可以在该地点履行支付义务。如果没有约定交付地点，买方必须在卖方营业地履行支付义务。

在1996年奥地利法院审理的案件中，买方有义务开立信用证，但卖方没有向买方提供足够的信息，以便于买方开证，而且造成这一问题的原因是卖方在安排运输过程中的失误，因此法院认定卖方违反了合同，买方有权获得损害赔偿。

10.9.2 接受交付的货物

关于货物交付，买方有义务与卖方协作，便于货物的转让，并实际接受货物。如果买方没有履行适当的合作义务，应当对因此产生的额外费用承担赔偿责任，如果没有接受交付的货物，应对货物在此之后产生的任何损失承担赔偿责任。

10.10 风险转移

因为火灾、盗窃或其他方式造成的货物损害随时可能发生：交付之前，运输或检验过程之中或者在交付之后。风险转移（passage of risk）的法律理念是为了确定哪一方应当为因此造成的损失承担责任。在大多数情况下，损失可以通过保险而得到补偿。即使如此，确定应由哪一方办理保险事宜，也是非常重要的。为此，风险转移被定义为损失或损害的责任由卖方向买方的转移。这是意指，一旦风险转移，买方必须对相关货物支付约定的价款，买方因此承担了损失的成本或者向他的保险人索赔的成本。只有买方能证明损失是由于卖方的行为或过失造成的，买方才可以免除支付价款的义务。如同大多数国家的买卖法，公约根据当事人的约定以及运输方式确定风险划分界限。然而，与一些国内法不同的是，公约关于风险的划分不受违约行为的影响。

[⊖] 联合国《国际货物销售合同公约》第59条。见 Konrad Zweigert, Hein Koetz, An introduction to Comparative Law, vol. 2, pp. 164, 171 (1977).

10.10.1 当事人的协议

公约允许当事人在其间分配风险,并规定风险转移的时间。采用 FOB、CIF 等贸易术语是当事人划分风险界限时最常用的方法。不同于大多数国家的国内法,公约没有定义任何贸易术语。当事人可以使用其国内的贸易术语或由国际商会制定的贸易术语(这是最常用的术语),国际商会的国际贸易术语(Incoterms)是非常著名的,商会、法院和律师鼓励商人在国际买卖中使用这些术语。

10.10.2 交付的方式

货物可以由承运人运输或由卖方不经承运人运输直接交付买方。

1. 货物经由承运人运输

公约区别了托运合同、运送合同、中途合同以及目的地合同。然而,无论采用哪一类合同,损失风险在货物被特定化地归于合同项下之前,风险不会转移。货物的特定化包括货物标记、托运文件、发给买方的通知等形式。

2. 托运合同

当合同要求卖方向一个承运人交付货物,以便运输,但却没有要求卖方将货物运送至具体地点,风险在货物交给第一承运人时转移。例如,如果法国巴黎的卖方与美国丹佛的买方之间订立的合同中的交付条款规定:"FCA 巴黎",风险于卖方将货物在巴黎交给卡车运输公司时转移,卡车公司负责将货物运到法国的港口。

3. 运送合同

如果合同规定卖方在指定地点将货物交给承运人,承运人将货物运交买方,风险在卖方在指定地点将货物交给承运人时转移。因此,如果合同规定 "FAS M/V Ocean Trader, Vancouver, British Columbia",货物在范克弗(Vancouver)被卖方交到名为 "M/V Ocean Trader" 船舶的船边之前,风险并不从卖方转移到买方。

4. 途中合同

有时货物在交付承运人之后被出售。在这种情况下,在合同达成之时,风险转移给买方。然而,如果在合同订立之时,卖方已经知道或理应知道货物已经灭失或损害,但没有向买方告知这一信息,风险仍然由卖方承担。例如,如果出售从中东运到休斯敦的一船原油,在合同订立时风险即转移给买方。然而,如果卖方知道原油已经污染,但没有告知买方,损失风险仍然由卖方承担。

5. 目的地合同

如果合同规定卖方安排运输将货物运送至指定目的地,卖方在指定目的地将货物交给买方或交由买方控制的时候,风险转移给买方。如果日本东京的卖方与美国买方签订的合同规定:"DDP Seattle",这意味着卖方应当承担货物运到美国西特(Seattle)的全部风险。

6. 货物交付不涉及运输

如果货物不是托运至买方的，风险在货物被卖方交付给买方或以其他方式交由买方控制时转移。然而，在货物被清楚地标明属于合同项下之前，货物不得被视为已经交由买方处置。例如，合同中采用了 EXW 术语。

10.10.3 违约

与《美国统一商法典》以及其他国内买卖法不同，公约关于损失风险的规则没有与违反合同行为相联系。也就是说，除了途中合同之外，风险在合同规定的交付时间和地点发生转移，在途中合同中，如果卖方知道或理应知道货物已经灭失或损害，风险不发生转移。

10.11 救济

公约规定的救济包括：①专属于买方的救济；②专属于卖方的救济；③双方都可以获得的救济。虽然专属于买方或卖方的救济措施与双方的具体需要有关，但是，它们之间也存在相互的联系，这是每一个学习公约的人必须注意的。

10.11.1 买方的救济

买方的救济是累积性（cumulative）的，意即如果买方行使了其他救济，并不会失去损害赔偿的请求权㊀。这些救济也是即时性的，换句话说，一些大陆法国家规定，法院或仲裁庭可以给予卖方一个宽限期，履行买方的要求，而公约禁止法院或仲裁庭给予这样的宽限期㊁。

专属于买方的救济措施包括：①请求实际履行；②因根本性违反合同或不交付货物而解除合同；③减价；④拒绝提前交付；⑤拒绝交付多于合同规定数量的货物。大多数救济方式在各个法系都是普遍的做法，但是规定额外的履行期的权利以及要求减价的权利，却并非如此。无论卖方违反全部或部分合同义务，所有救济方式均适用。

1. 实际履行

是否给予实际履行的救济，取决于审查案件的法院所在国的国内法的规定。假设法院地国给予实际履行的救济，买方可以请求卖方①交付替代物，或②修理货物。在任何一种情况下，买方必须首先通知卖方货物与合同的不符之处，如果买方要求交付替代货物，货物与合同的不符程度应当构成根本性违反合同，另外，买方不得采取其他与之矛盾的救济措施。

㊀ 直到 20 世纪 40 年代，美国判例法和美国 1906 年《统一买卖法》还要求买方选择救济形式，其本意是为了防止买方因为一些无关紧要的理由解除合同。在《统一商法典》第 2-711 条采纳后，救济选择规则被废止了。

㊁ 联合国《国际货物销售合同公约》第 45 条（3），见 G. H. Treitel, "Remedies for Breach of Contract", in Internation Encyclopedia of Comparative Law, vol. 7, Chap. 16, §§ 147-148 (1976).

2. 解除合同

公约解除合同规定源于德国法，尤其是公约吸收了德国法上的催告通知。根据公约，买方可以解除合同，如果：①卖方根本性违反了合同，②买方向卖方发出了催告通知，卖方拒绝或未在规定时间内履行合同。买方的催告通知规定了卖方履行义务的额外合理期限。这一期限应当是确定的，在该期间内应履行的义务应当是明确的。一旦催告通知的期限已经届满或根本性违反合同的行为已经明显，买方可在合同期限内解除合同。

在催告期限内，卖方有义务自负费用纠正不符之处。即使存在违约，卖方也有权纠正，除非包括要采取纠正行为的情况在内的具体情形表明，违反合同的行为是根本性的，买方有权选择解除合同。

在1995年德国法兰克福上诉法院审理的案件中，意大利的卖方向德国的买方出售鞋子，买方因为货物瑕疵，拒绝为两单货物付款。卖方提起了诉讼。争议的焦点是，根据公约，买方是否有理由解除合同。法院认为，为了行使公约规定的解除权，买方应当发出催告通知，规定额外的履行期，或者卖方必须构成了根本性违反合同。而本案中买方没有给予催告，且货物与合同的不符程度也不能构成根本性违反合同，因而法院做出了有利原告也就是卖方的判决。

3. 减价

如果买方在卖方交付的货物不符合同之时不能获得损害赔偿，买方有权利要求卖方减价。这一救济方式起源于罗马法中的 actio quanti minoris，它是大陆法国家常见的救济方式，但是，普通法国家一般不知道这种救济形式的存在。在公约通过之前的会议上，许多代表主张，减价与损害赔偿没有什么不同，不存在实际的意义。尽管如此，大多数大陆法国家的代表却认为，在二者之间是存在差别的，因而，这种救济方式才被写入了公约。

减价与损害赔偿的不同之处在于，减价适用于非常特殊的情况。首先，买方必须接受存在不符的货物。第二，卖方不必对不符承担责任，比如，货物因不可抗力或自然行为受损。新奥尔良的卖方同意向卡拉奇的买方出售一级玉米，价格为8万美元，货物由名为 SS Skipper 的轮船承运，战争爆发后，船舶在一个交战国被扣留了三个月，当船舶到达卡拉奇时，玉米已经受潮，等级降为三级。买方很乐意收取货物，即使货物已经受潮，等级也只有三级，因为战争终止其他所有的订单。根据公约的规定，买方无权获得损害赔偿，然而，却可以要求减价。

减价的幅度是根据一个由与合同相符或不符的货物之间的相对价格而确定的公式计算的。公约规定："减价按实际交付的货物在交货时的价值与符合合同的货物在当时的价值两者之间的比例计算。"用公式表达：

$$\text{减价幅度} = \text{价格} - (\text{价格} \times \text{实际交付货物的价值}) / (\text{在交付时与合同相符货物的价值})$$

也可以写成：

$$\text{减价幅度} = \text{价格} \times (1 - \text{实际交付货物的价值} / \text{在交付时与合同相符货物的价值})$$

在上例中，如果我们假定卡拉奇三级玉米的价格在货物交付时的价格为7.5万美元，而一级玉米的价格为10万美元，原价为8万美元，差价率为25%，应减低的价格为2万美元，买方实际应当支付的价格为6万美元。

4. 拒绝多交、早交货物

如果卖方早交货物，买方没有义务接受交付的货物。如果卖方交付的货物超过了合同规定的数量，买方有权利接受也有权利拒绝多交的货物。然而，如果买方接受多交的货物，买方应当按合同价格支付价款。

5. 货物部分与合同不符的后果

假定以下的情况：一个卖方同意出售1 000袋面粉给买方。在交付时，100袋面粉是生虫子了，无法食用。买方可以拒绝接受这100袋面粉而接受其他900袋面粉吗？买方可以拒绝接受所有的面粉吗？

对于与合同不符的部分，公约规定买方可以请求实际履行、要求减价或部分解除合同。然而，为了行使这些权利，买方应当按照公约的规定行事。如果买方要解除合同，则必须证明部分不符合同的情形，从整个合同的角度看，构成了根本性违约。

10.11.2 卖方的救济

公约中关于卖方可以获得的救济形式的规定与买方的规定相似，这些救济是累积性和即时性的。当卖方请求其他救济时，请求损害赔偿的权利并不受影响，而且，法院不会给予买方履行合同的宽限期。专属于卖方的救济包括：①实际履行；②因买方的根本性违约或买方未纠正履约瑕疵而解除合同；③获得缺少的产品规格。

1. 实际履行

如果法院所在国的法律允许给予实际履行的救济，卖方可以要求买方：①接受交付的货物并支付合同价款；②履行合同规定的其他义务。

这是一项相当不普遍的救济形式，公约写入这些规则的原因是为了系统性要求，为了平衡买方所拥有的实际履行救济。其结果是为了强调公约要求双方当事人履行合同义务的要求。然而，因为公约第28条规定，公约将实际履行限制为那些当事人法院有权利对于相似案件给予实际履行救济的情形，适用这种救济的可能性极小。

在普通法国家，要求买方支付全部价款的诉讼不是实际履行之诉。历史上，实际履行是衡平法院发出的裁定。请求支付价款的诉讼，通常被称为债务之诉，是由普通法院判决的。另外，债务诉讼的判决是以相互原则（quid pro quo）⊖为基础的。只有买方实际收到了货物，卖方才可以要求支付价款，买方至少在普通法院是不能被强制接受货物交付的。这种传统的规则在英国1893年《货物买卖法》和美国《统一商法典》第2-709条中仍被保留，在

⊖ 拉丁文意为"以物换物"，以一种东西交换另一种东西。在传统的英国普通法中，为获得某一有价值的东西必须给予相应的东西，即所谓的对价，是合同有效的要件之一。

其他普通法国家的成文法也有这种规定。英国 1893 年《货物买卖法》第 49 条规定，卖方只有在货物的财产权转移给买方之后，才可以请求获得价款。

与普通法国家不同的是，大陆法国家的买卖法规定了卖方可以要求买方收取货物，支付价款。然而，在实践中，这极少应用○。相反，如果买方拒绝接受货物，卖方通常会转售货物，起诉买方承担转售差价，而这种救济在公约中也是允许的。

2. 解除合同

公约中关于卖方解除合同的权利与买方解除合同的规则相同。只有存在根本性违反合同的情形时，或者，在买方收到了催告通知后仍拒绝履行时，卖方才可以解除合同。

3. 未规定规格

这一救济方式适用于卖方面对的特殊问题：买方未能提供有关货物的规格。公约规定，当买方未能按合同规定或在卖方发出请求后合理的时间内提供产品规格时，卖方可以自行按照买方可能提供的要求确定产品的规格。卖方必须在其确定了规格之后立即通知买方，并规定买方提供不同规格的期限，如果买方没有反应，则卖方规定的规格具有约束力。

10.11.3　对于买卖双方均适用的救济

对于买卖双方均适用的救济方式包括：①中止履行；②在预见到根本性违反合同时解除合同；③解除分批合同；④损害赔偿。

1. 中止履行

公约第 71 条对于终止合同救济做了规定：

（1）如果订立合同后，另一方当事人由于下列原因显然将不履行其大部分重要义务，一方当事人可以中止履行义务：

1）他履行义务的能力或他的信用有严重缺陷；

2）他在准备履行合同或履行合同中的行为不当。

（2）如果卖方在上一款所述的理由明显化以前已将货物发运，他可以阻止将货物交给买方，即使买方持有其有权获得货物的单据。本款规定只与买方和卖方间对货物的权利有关。

（3）中止履行义务的一方当事人不论是在货物发运前还是发运后，都必须立即通知另一方当事人，如经另一方当事人对履行义务提供充分保证，则他必须继续履行义务。

第一段适用于不履行威胁，第二段适用于在货物发运后的不履行威胁，第三段规定中止履行的当事人应当发出通知，并在另一方提供了充足的履行能力保证后恢复履行。

第二段适用于特殊的情形。只有在货物发运后，未被承运人交出前卖方发现了买方不履行威胁状况，而且卖方必须不再保留对于货物的控制权（例如，卖方已经将可转让提交交给了买方）的情况下，才可适用。在这种情况下，卖方可以阻止承运人向买方交付货物。然

○ John Philip Dawson, "Specific Performance in France and Germany", Michigan Law Review, vol. 57, p. 495 (1959). G. H. Treitel, "Remedies for Breach of Contract", in Internation Encyclopedia of Comparative Law, vol. 7, Chap. 16, §§ 10-29 (1976).

而，这一权利只与买方和卖方之间对货物的权利有关。如果第三人已经取得了货物的合法权利，例如，可转让提单正常转让而持有提单的人，公约将不再适用。相反，这一事项交给国内法处理，在大多数情况下，第三方的权利将优先受到保护。

2. 预期解除合同

预期解除合同（anticipatory avoidance）与专属于卖方或买方救济形式中的解除合同救济是不同的，后者仅适用于违反合同一方的行为已经构成根本违约的情况。而公约第72条规定救济形式，一旦另一方当事人将根本性违反合同的情况明显时，即可适用。

只有在特定情况下预期解除合同的救济才能适用。这些情况包括：①约定出售给买方的货物被卖给了第三人；②卖方唯一可以生产合同项下货物的雇员死亡或被开除；③卖方的制造厂被出售给他人了[一]。而在大多数情况下，违约行为已经实施或者应当适用中止履行合同的救济。

如果一个当事人选择了预期解除合同救济，公约要求当事人在时间允许的情况下，通知另一方当事人，从而使另一方当事人可以提供充足的履行能力担保。在实践中，这是非常必要的，这既是公约诚信原则的一般性要求，也是减少对方抗辩的措施。

3. 解除分批合同

公约对分批合同的解除适用于与其他解除合同规定相同的逻辑。首先，对于一个具体的分批交易，如果一方当事人对于一批合同的违约行为构成了根本性违反合同时，另一方可以就这一批交易解除合同。其次，如果违反一批交易合同的行为使一方当事人有充分的理由相信其后分批交易合同也将被根本性违反的时候，这些分批交易合同均可以被预期解除。最后，如果各批合同是相互依赖的，根本性违反一批合同的行为可以使一方当事人获得解除全部合同（过去的或将来的所有合同）的权利。

4. 损害赔偿

公约关于损害赔偿的规定无论是在普通法国家，还是在大陆法国家，都是普遍的。公约第74条规定："一方当事人违反合同应负的损害赔偿额，应与另一方当事人因他违反合同而遭受的包括利润在内的损失额相等。这种损害赔偿不得超过违反合同一方在订立合同时，依照他当时已知道或理应知道的事实和情况，对违反合同预料到或理应预料到的可能损失。"

这一规则要求违反合同一方当事人应当承担所有可预见的损失，这源于《法国民法典》第1150条规定，该条规定将损害赔偿金限制于订立合同时可以预见或应当可以预见损失。在英国法中，法国法上的原则被认为与1854年哈德利诉巴克辛德尔案[二]有异曲同工之处，该案确立了普通法上的可预见性原则。德国法和斯堪的纳维亚国家的规则相似但略有不同[三]。英国的可预见性原则被成文法化，成为1893年《货物买卖法》第50条第2款以及第

[一] James C. Gulotta Jr., "Anticipatory Breach—A Comparative Analysis", Tulane Law Reiview, vol. 50, p. 932 (1976).

[二] Hadley v. Baxendale, 156 Eng. Rep. 145 (1854).

[三] G. H. Treitel, "Remedies for Breach of Contract", in Internation Encyclopedia of Comparative Law, vol. 7, Chap. 16, §§91-93 (1976).

51 条第 2 款，第 53 条第 2 款。但是，英国法并没有使用"可预见"一语，而是使用了"在通常发展进程中直接发生的、自然产生的损失"。美国《统一商法典》第 2-715 条第 2 款规定中提及"任何卖方订立合同时有理由知道的一般或具体要求产生的损失"。德国法将直接因果关系扩展到可预见性损失的判断中，而斯堪的纳维亚国家采用了德国的做法[一]。

为计算损害赔偿金，公约使用了两项不同的规则。首先，如果避免损失扩大的当事人订立了诚信的替代交易合同，买方购买了替代物而卖方向第三方转售了货物，损害赔偿金应根据合同价格与替代交易价格之差计算。其次，如果当事人没有达成替代交易，损害赔偿金的计算按照合同价格以及解除合同时当时的价格。当时价格被定义为"原应交付货物地点的现行价格，如果该地点没有时价，则指另一合理替代地点的价格，但应适当地考虑货物运费的差额"。

无论公约适用于哪一个损害赔偿原则，请求损害赔偿的当事人都有义务采取合理的措施"以减轻损失"。如果它未采取此类措施，另一方可主张减少相应的损害赔偿金。与减轻损失的要求相关的是保存货物地规定。因此，卖方在买方迟延接受货物时应当保存其占有的货物，而买方即使准备拒收货物时也应对其占用的货物采取适当的保存措施。为此，货物可以由对方支付费用，存放于仓库之中，或采取合理措施将货物出售。

10.12　不履行的抗辩

公约规定当事人不履行合同义务的抗辩有两项：一项是不可抗力，另一项是"不洁之手"。

10.12.1　不可抗力

公约第 79 条第 1 款规定，一方当事人无须对其违约行为承担任何赔偿，如果他能证明：①其违约行为系源于其不可控制的阻碍；②这一阻碍非其在订立合同时当合理虑及的；③他不能避免这一阻碍或阻碍产生的后果。这一抗辩被称为不可抗力（force majeure）。不可抗力不仅被做了限制性界定，还被限制了应用范围。它只适用于如自然灾害、战争、禁运、罢工、停工或者供应商破产等使用当事人履行意图和履行能力受挫的情形。公约的规则采纳了大陆法的观点，比英美法的规定要宽泛一些[二]。美国《统一商法典》第 2-615 条规定，不可抗力仅适用于卖方的交货迟延或不交货行为。因为任何一方当事人都没有过错，违反一方当事人可能免于承担赔偿责任。然而，当事人不能免除其他适当救济方式，如中止履行或解除合同。

利用公约规定的不可抗力规则免责的当事人还受到额外的限制。首先，寻求免责的当事

[一] Kurt Heller, "The Limits of Contractual Damages in the Scandinavian Law of Sales", Scandinavian Studies, vol. 10, pp. 40-79 (1978).

[二] John Honnold, Uniform Law for International Sales under 1980 United Nations Convention, pp. 425-427 (1982).

人必须将障碍及其对他履行义务能力的影响通知另一方。其次，如果当事人不履行义务是由于他所雇用履行合同的全部或一部分义务的第三方不履行义务所致，第三方必须也能够主张同样的免责事由。最后，免责请求仅在障碍存在的期间有效。

10.12.2 "不洁之手"

"不洁之手"（dirty hands）免责适用于非常简单的情形，公约第 80 条非常简明地规定："一方当事人因其行为或不行为而使得另一方当事人不履行义务时，不得声称该另一方当事人不履行义务。"例如，如果卖方同意将货物交付至买方仓库，但买方仓库在卖方将交付货物的时候被锁上了，不能进入，买方不得主张卖方迟延交货。

◇参考案例

女鞋纠纷案

本卖方（原告）是意大利商人，1991 年 1 月向德国的买方（被告）销售女鞋，双方发生纠纷，原告迟延交货，且交付的货物与样品不符，尽管被告收下了货物，但拒绝支付原告开出的两张发票。原告在德国法院起诉了被告，请求法院判令被告偿付发票所载金额。被告辩称，合同应当解除，被告无须付款，因为原告迟延交货且货物与合同不符。初审法院判决原告胜诉，于是被告上诉了。

上诉法院认为，本案应当适用联合国《国际货物销售合同公约》，因为意大利和德国均为公约缔约国，公约分别于 1988 年 1 月 1 日、1991 年 1 月 1 日在意大利、德国生效。

卖方依两张发票起诉，请求买方支付余款。买方没有就合同的订立、收到货物的情况以及货物价格提出抗辩。如果买方有理由解除合同或合同的解除使双方均免除了履行义务，买方可免除付款义务，除非一方承担应付的赔偿支付义务。买方认为，卖方迟延履行，使其有理由解除合同，但法院认为，迟延履行本身并不是一个充分的合同解除理由。在这种情况下，只有买方给卖方发出了催告通知，规定了额外的时间，让卖方履行合同，而卖方仍不履行，买方才有权解除合同。由于买方没有发出催告通知，所以，买方不能解除合同。

买方的另一个解除合同的理由是卖方交付的货物与合同显著不符，这一主张仍不成立。根据公约的规定，货物与合同不符并不构成未交货，即根本性违约，它只是一种非根本性的违约行为，只有根本性违约才能使买方有权解除合同。

德国的买卖法规定，如果卖方交付的货物存在缺陷，买方可以解除合同，但公约并没有此类规定。公约希望买方接受与合同不相符的货物，即使这种不符构成根本性的不符，而对于卖方的违约，公约希望买方利用解除合同之外的救济方式，如减价或损害赔偿。如果买方可以使用部分卖方交付的货物，则卖方的违约行为不构成根本性违约，买方也不能解除合同。

如果买方意图主张卖方交付货物与订立合同时确定的样本不符的行为构成根本性违约，买方必须证明：①确定缺陷的性质；②货物不能以任何方式使用。非此，法院不能认定根本性违约。

在本案中，买方主张鞋子的制造存在缺陷，鞋子所用的材料有缺陷；制造方式也不统一，一些鞋子被缝到一起，而其他的鞋子只是折了一个样子。总而言之，卖方交付的鞋子与样品不符。依据买方的证词，法院不能确定缺陷的具体性质，也不能确定买方是否有合理地利用这些鞋子的可能。另外，买方还主张鞋子没有使用与样品相符的材料，因而非常容易发皱，但是，法院无法由此确定这种材料上的差别是否会使货物不能适用于通常的用途。

上诉法院维持了一审判决。

本章练习

1. 营业地在 A 国的卖方与营业地在 B 国的买方签订的合同规定，联合国《国际货物销售合同公约》适用于合同，然而 A，B 两国均非公约的缔约国，公约能适用吗？

2. A 国的零售商 R 决定在 B 国开展邮寄销售业务。A，B 两国都是联合国《国际货物销售合同公约》的缔约国。R 从 ACE 信用卡公司购买了一个邮件列表，列表中包含信用卡公司在 B 国的 50 万美元客户的姓名和地址。R 按列表寄出了邮件。J 先生收到了 R 公司寄给他个人的邮件，邮件中的小册子介绍各种不同的小工具，标明了每一件产品的价格。R 公司应出售这些小工具是否发出了有效的要约？如果 J 先生接受，根据公约的规定，J 先生和 R 公司是否订立了有效的合同呢？

3. 1月1日，卖方向买方发出一封信，向买方出售 5 000 个零件，每个零件 25 美元。信中还写道："本要约 2月1日前有效且不可撤销。"在 1月5日，在买方接到这一封书信之前，卖方通过电话，在买方的电话应答机上留言，称"不要理会 1月1日的信件，我已经决定撤回其中的要约"。1月7日，买方听了应答机上的留言，同日也收到卖方寄来的信件，买方向卖方发出了如下电报："我方接受你方 1月1日的要约。"根据联合国《国际货物销售合同公约》，买卖双方之间是否建立了合同关系？

4. 在 10月1日，卖方向买方要约出售 5 000 个零件，每个零件 25 美元。要约还规定："本要约在 12月31日前有效。"在 12月10日，买方回复称："价太高，我方不能接受。"在 12月15日，买方改变了想法，寄了一封电报，称："我方接受你方 12月1日要约。"卖方回复称："接受已经太迟了，你方已经拒绝了要约。"买方回复称："接受有效，因为你方承诺要约在 12月31日之前有效。"据联合国《国际货物销售合同公约》，买卖双方之间是否建立了合同关系？

5. 买方在 1月1日收到一封信，信中要约出售 5 000 个零件，每个零件 20 美元。卖方的信结尾写道："我知道此要约非常诱人，除非在 1月31日之前我方收到相反回复，我方将推定你方已经接受。"买方没有回复。卖方在 2月1日发运了货物。根据联合国《国际货物销售合同公约》，买方应承担何种责任？

6. 卖方和买方订立了由卖方生产 1万件零件的合同，零件由买方设计，规则在合同中做了规定。合同另规定："合同修改应以书面为之，并由双方签字。"在卖方开始加工零件之前，买方和卖方通过电话改变了其中 2 500 个零件的设计。卖方按电话要求生产并交付了 2 500 个零件。买方拒收货物，理由是货物与合同规定的规格不符。如果适用联合国《国际货物销售合同公约》，哪一方违反了合同呢?

7. 买方和卖方签订了合同,合同适用联合国《国际货物销售合同公约》。合同规定,卖方在1月1日之前向买方交付一套复杂的计算机。卖方迟延交货,买方在1月2日电报告知卖方:"急于收货,希望2月1日之前到货。"卖方在2月5日将货物送到,买方拒收货物,称合同已经被解除,因为卖方未在2月1日之前交付货物。卖方称其违约行为不构成根本性违约。在这种情况下,买方能解除合同吗?

8. 美国的交易商拥有1万桶原油,原油1月1日从墨西哥起运,2月1日到达美国。在1月15日,交易商通知买方原油尚在途中,于是双方订立了一份合同。货物到达后,经检验发现,货物在运输途中被海水污染。假定联合国《国际货物销售合同公约》适用,哪一方应当承担风险呢?

9. 卖方同意向买方交付三套为买方业务专门开发的软件。第一套在1月交付,第二套在2月交付,第三套在3月交付。1月交付的软件运行正常,但2月交付的软件存在问题,这不仅使第二套软件不能工作,也使其他两套软件没有了价值。卖方不能修复,也无法提供替代物。根据联合国《国际货物销售合同公约》,买方可以获得哪些救济?

10. 卖方订立向买方交付1 000桶油品的合同,金额为1.4万美元。在油品到达后,975桶符合合同规定的规格,25桶受污染,无法使用。在当地可比市场上该油品的价格为18美元一桶,25桶一套。卖方表示不再收取这25桶的价金。根据联合国《国际货物销售合同公约》,买卖双方之间是否存在合同?卖方应得多少货款?

第11章
Chapter 11

运　输

■ 概述

国际货物流动的实现必须以不同的运输方式为依赖。历史上，水上运输，尤其是海洋运输是国际贸易的主要运输方式，随着技术的发展与进步，陆上运输（铁路、公路以及管道）、航空运输在国际贸易中发挥的作用也不断增加。运输产生的责任与义务的分配，是国际法上一个长期的话题。本章介绍贸易术语，以及与海洋运输、铁路运输、航空运输有关的规则。

11.1　贸易术语

涉及运输的买卖合同通常会使用缩写的术语，规定买方接受货物的时间和地点，这就是所谓的贸易术语（trade terms）。FOB（装运港船上交货……）、CIF（成本、保险费、运费付至……）等术语还对其他事项做了规定，例如支付的时间和地点、价格、风险从卖方转移到买方的时间以及运输和保险费用。

同一种贸易术语在国内贸易和国际贸易中均有广泛的应用，但是，不幸的是，在适用不同的法律时，这些术语有不同的含义和解释。1955年国际商会出版的名为《贸易术语》的第16号出版物中，对比了10种贸易术语在18个国家的不同含义。另外，日本等国家在国内法中没有对贸易术语做出规定[一]。美国《统一商法典》中定义了美国国内贸易中使用的贸易术语，而英国的贸易术语的定义则存在于判例法中[二]。事实上，所有的国家的国内法都允许当事人自己对贸易术语做出定义。联合国《国际货物销售合同公约》第6条允许当事人在合同中写入自己选择的贸易术语。

应用最广泛的非官方定义的贸易术语是国际商会（International Chamber of Commerce）出版的《国际贸易术语解释通则》。这个通则举世闻名，贸易商会、法院和国际法律师均鼓励当事人在国际货物买卖中使用这套规则。最早的解释通则发布于1936年，最新的版本是2010年发布的 Incoterms 2010。采用解释通则或其他法律规定的贸易术语的当事人应当明确地规定自己的意图。合同可以规定 FOB（Incoterms 2000）或者 CIF（美国《统一商法典》），

[一] Hisashi Tanikawa, Risk of Loss in Japanese Sales Transaction, Washington Law Review, vol. 42, p.475 (1967).
[二] D. Michael Day, The Law of Trade, pp. 40-80 (1981).

否则法院将适用本国法律规定所确定的贸易术语[1]。当事人还应当避免随意地选择应当适用的贸易术语。国际商会的解释通则是最完善的规则，内容庞杂，值得认真地学习。另外，当事人应当谨慎地选择贸易术语，认真地比较不同的贸易术语的具体含义。法院在具体适用贸易术语的时候，倾向于区别这些术语之间的差异，或者认定整个术语无效。即使当事人没有选择任何贸易时，也会产生意想不到的结果。法院将确定当事人的意图，根据当地的贸易习惯做出判决。2002 年美国纽约州的一个地方法院审理了一起德国的卖方与美国的保险公司之间所产生的国际贸易纠纷，美国的保险公司作为美国买方的代位权利人，起诉了德国的卖方。在买卖双方签订的合同中，使用 CIF 这一贸易术语，但是，没有明确规定应当选取哪一部法律，解释贸易术语的含义。法院认为，这个案件应当适用德国的法律，而德国是《联合国国际销售合同公约》的缔约国，公约也应当适用于本案。根据公约第 9 条第 2 款规定，因为国际商会《国际贸易术语解释通则》的目的是为国际贸易中应用的大多数贸易术语制定统一的解释规则，所以，解释通则应当适用。根据解释通则的规定，风险在货物于装运港被装上承运人的船舶之后，转移给买方。因此，在此之后发生的货物损失应当由买方承担，风险的转移与货物所有权的移转没有关系。

11.1.1 《国际贸易术语解释通则》概述

2000 年《国际贸易术语解释通则》（Incoterms 2000）是在 1990 年版的解释通则基础上形成的，二者内容大致相同。而 1990 年版是在以前更早的版本基础上形成的，其修改反映了自 20 世纪 80 年代以来技术的发展以及运输方式的变化，该版通则删除了 FOR（铁路装运至……）、FOT（卡车装运至……）、FOB 空港（空港装运至……）三个术语，将其统一为 FCA（货交承运人……）。

在 2000 年解释通则中，术语按照当事人的义务被分为四种类型。第一组为 E 组，术语为 EXW，要求买方在卖方所在地接受交付货物。第二组为 F 组，包括 FCA，FAS，FOB 三个术语。第三组为 C 组，包括 CIF，CFR，CIP 以及 CPT 四个术语。第四组为 D 组，包括 DAF，DEQ，DES，DDU 以及 DDP 五个术语。某些术语只适用于特定的运输方式，FAS，FOB，CFR，CIF，DES，DEQ 只适用于海运或内河运输，而其他术语，包括 EXW，FAC，CPT，CIP，DAF，DDU，DDP 则可以适用于任何运输方式，特别是多式联运方式。各术语中英文名称如表 11-1 所示。

表 11-1 国际贸易术语中英文对照表

贸易术语	英文名	中文名	交货地点
EXW	ex works	工厂交货	货物产地，所在地
FCA	free carrierr	货交承运人	出口国内地，港口
FAS	free alongside ship	装运港船边交货	装运港
FOB	free on board	装运港船上交货	装运港

---

[1] Frederic Eisemann, "Incoterms and the British Export Trade", Journal of Business Law, vol. 1965, p. 119 (1965).

（续）

贸易术语	英文名	中文名	交货地点
CFR	cost and freight	成本加运费	装运港口
CIF	cost insurance and freight	成本加保险费、运费	装运港口
CPT	carriage paid to	运费付至	出口国内地，港口
CIP	craaiage insurance paid to	运费、保险费付至	出口国内地，港口
DAF	delivered at frontier	边境交货	边境指定地点
DES	delivered ex ship	目的港船上交货	目的港船上
DEQ	delivered ex quary	目的港码头交货	目的港码头
DDU	delivered duty unpaid	未完税交货	进口国指定地点
DDP	delivered duty paid	完税后交货	进口国指定地点

2011年1月1日实施的2010年《国际贸易术语解释通则》对2000年解释通则做了较大的修改。术语原来的四组分类法改成了两组分类法，所有的术语被区分为两组，一组适用于各种运输方式，另一组仅适用于水上运输方式。贸易术语数量由原来的13个减少为11个，删除了DAF，DES，DEQ，DDU，新增了2个术语DAT，DAP，用DAP取代了DAF，DES和DDU三个术语，DAT取代了DEQ，新增的两个术语适用于所有的运输方式。2010年解释通则取消了"船舷"的概念，卖方承担货物装上船为止的一切风险，买方承担货物自装运港装上船后的一切风险。在FAS，FOB，CFR和CIF等术语中加入了货物在运输期间被多次买卖（连环贸易）的责任义务的划分。此外，2010年解释通则规定，通则对于国内贸易和国际贸易均适用。DAT（delivered at terminal），即目的地集散站交付，是指卖方承担在目的地或目的港的集散站将货物交付买方之前的所有费用和风险，而DAP（delivered at place），即目的地交货，是指卖方承担在目的地将货物交给买方之前的全部费用和风险。这两个术语本身是存在区别的，最主要的区别在于，在DAT情况下，卖方从运输工具上卸下货物交由买方处置（这和先前的DEQ术语一样）；在DAP情况下货物以同样方式交由买方处置，但卖方需做好卸货的准备。

11.1.2 货交承运人术语

贸易术语中使用的"free"一词，意指卖方有义务在指定的地点将货物交给一个承运人。FOB，FAS以及FCA三个术语，都是以"free"一词开头，一些国家的国内法在有的情况下将这几个术语视为可相互替换的术语，例如，法国法上，FOB与FAS的区别是模糊的[⊖]。因此，当事人必须重视这几个术语，在注意术语本身的区别时，也应当对于使用术语的具体交易所应用的规则加以了解。

1. FOB：装运港船上交货

历史上，装运港船上交货（free on board, FOB）是一个海运贸易中使用的贸易术语，这从该术语的名称上就可以看出来。国际商会贸易术语2000年版和2010年版的解释中，均规

⊖ Frederic Eisemann, Usages de la Vente Commerciale Internationale, p. 83 (1972).

定这个术语应当适用于与海运有关的交易。然而，在普通法国家里，这个术语也适用于其他内陆运输形式，如船舶、汽车或其他车辆[一]。

FOB（装运港）合同规定卖方在指定港口按通常方式将货物装上买方指定的船舶。例如，"FOB 新加坡"这一规定，要求买方指定船舶，在新加坡接受货物，卖方必须将货物按照新加坡的港口规则将货物装上买方指定的船舶。

FOB 合同的实质是，卖方承担将货物装上买方指定船舶的责任。"装上船舶"（on board）的含义是许多案件争议的焦点。传统上，按照国际商会的解释通则的规定，货物越过了船舷，即应被视为装上了船舶。然而，卖方的责任并不在此一时点终止，除非货物被指定于合同项下，也就是说，货物被清楚地分放或以其他方式确认归于合同项下。因此，即使买方指定的船舶已经在起重臂一端接管了货物，并开始提升货物，使货物离开了码头，卖方的责任也没有终止。另外，如果货物没有划归合同项下，即使货物已经装上了船舶，卖方仍然应对货物承担责任。

2. FAS：装运港船边交货

在装运港船边交货（free alongside ship, FAS）术语中，当货物在指定的装运港被置于船边或驳船之中后，卖方即完成交货的义务。传统上，船边（alongside）意指货物必须进入船舶吊钩的范围。因此，这一术语要求卖方雇用驳船将货物运至船舶停泊的位置。另一方面，FAS 在其他方面与 FOB 相同，卖方的责任止于将货物交至船边。

3. CIF：成本、保险费和运费付至

CIF（成本、保险费和运费付至……）是最常见也是最重要的装运术语。买方偏爱这一术语，因为这意味着他们在到达其指定的国家的目的港之前，几乎不必承担责任。CIF 价格也使得买方不必为考虑不同运费而对比世界各地的报价，因为运费和保险费是由卖方承担的。出口商经常会因为政府的压力而选择本国的承运人或保险人，买方也因为本国政府的压力而需要选用本国的承运人或保险人，这种矛盾可能会促使当事人采用 FOB 合同。

简而言之，在 CIF 术语中，卖方必须承担货物成本、将货物运送至指定目的港的必要的运费，且必须为买方遭受的、货物在运输途中损失的风险购买海上保险。卖方至少应当提供发票、保险单、提单三种单据，这三种单据代表了这类合同的三项要素：成本、保险费和运费。在卖方将单据提交给买方之后，卖方即完成了自己的合同义务。在此时，买方有义务按合同规定支付价款。

4. CFR：成本和运费付至

CFR（成本和运费付至……）与 CIF 相比，除了卖方不需要为货物在运输途中的灭失或损害风险办理保险之外，二者内容相同。因为 CIF 合同只要求卖方办理最低标准的保险，如平安险，买方希望购买更加完善、费率也较高的保险时，可以采用这个术语。在 1985 年美

[一] 美国《统一商法典》第 2-319 条（1）（c）。至于英国的做法，请见 D. Michael Day, The Law of Trade, p. 42 (1981).

国第二巡回法院审理的一个上诉案件中，卖方向买方出售石脑油，当货物在装运港装上船舶之后，船舶迟迟不能开航，合同采用的是 C&F 术语，这是 CFR 术语的另一种缩写形式。根据国际商会解释通则的规定，在货物正确地装上承运人船舶之后，风险由买方承担。在船舶被扣留了一段时间后，买方宣布拒绝接受货物，并且拒绝支付价款。卖方不得不以低价将货物转售。法院认为，买方应当在货物越过船舷之后，承担货物的风险，在装运单据被提交买方时，买方应当支付货款。

5. FCA：货交承运人

FCA（货交承运人）规定，卖方办理了出口手续之后，将货物交给指定的承运人，即完成了交货的义务。这一术语适用于海运、内河运输、空运、铁路或卡车运输等所有的运输形式，术语要求卖方在指定的车站、仓库、机场或其他承运人的营业地，向特定的承运人交付货物。在此之后的风险以及运输费用由买方承担。

11.2 运输

下面是一个将营业地在甲国的卖方的货物运交乙国买方的典型例子。货物在卖方的营业地被交给内陆承运人运输到甲国的港口，以便于装运出口。内陆承运人将其存放在港口的仓库，以便海关官员的检查和监管，也便于与其他货物一并装运，如果货物不足装满一整艘船舶的话。装卸公司或船舶公司的雇员负责将货物装上船。船员将货物装船平舱，打上标记，并向托运人签发提单。在乙国的港口，船舶将被港监部门引水入港，停靠码头或驻锚于特定泊位。当买方将提单交给船方之后，船员将货物卸载到码头，如果船舶在港口外抛锚，则将货物卸载到驳船之上，运到岸上。船员或装卸公司将货物运入海关仓库或保税仓库，由海关检验。在海关验查货物及相关单据并征收关税及其他税费之后，货物将被放行进入乙国。乙国本地的内陆承运人负责将货物运送至买方营业地。当货物经由航空、铁路或卡车运输时，将遵从相同的程序，区别是，承运人需要签发的是空运单或其他类似的不可转让的货物收据，而不是提单；货物的运输由承运人完成，不需要装卸公司或其他中间人的帮助。

为安排货物运输，买方和卖方使用不同的中介机构，如货运代理（freight forwarders）、仓储机构、港口机构、装卸工以及报关行。对于大多数托运人而言，货运代理⊖是最重要的代理人。除非企业有大量的员工，可以自行安排托运，利用货运代理办理托运业务，是一种节省开支和时间的方法。

货运代理是具有国际营销、金融、运输、买卖法以及其他相关知识的专业公司。在大多数国家，货运代理需要取得政府颁发的许可证书。例如，美国的货运代理需要获得国际空运协会（IATA）的许可才可以办理空运业务，而办理海运的代理则需要获得联邦海运协会的许可。未取得许可的代理人也很常见，但是其业务领域大受限制，如只能订舱或处理货物空运。

⊖ 货运代理人在美国被称为 freight forwarders，在英国被称为 confirming house 或者 export house。

11.3 内陆运输

货物海运的第一个阶段总是涉及内陆运输，卡车公司或铁路公司负责将卖方的货物运送到港口或机场。除了 EXW 合同，卖方通常会安排陆运，交给货运代理，由其在港口或机场代理安排并监督货物装船或装上飞机。

由于不存在全球性公约，调整铁路或公路运输的公约都是区域性的。在欧洲，调整公路运输的公约是 1956 年《国际公路货物运输合同公约》（CMR），调整铁路运输的公约是 1980 年《国际铁路运输公约》（COTIF）。除了北美之外，其他地区也存在相似的公约[⊖]。

《国际公路货物运输合同公约》是调整公路运输的代表性公约。公约适用于至少一国为缔约国的跨国公路货物运输。公约要求承运人签发货运单。与提单不同，货运单是不可转让的，而提单是可转让的。尽管如此，货运单是运输合同、货物收据和货物状况的表面证据。根据公约的规定，收货人有权利向承运人出示货运单，请求承运人交付货物，也有权利对于因为承运人的原因造成的货物损失、损害或运输迟延，向承运人直接请求赔偿。然而，在货物被交给收货人之前，托运人有权要求承运人停运货物，改变交货地点或交给其他收货人。

如果货物运输合同涉及多个承运人，每一个承运人均被视为合同的当事人，每一个当事人均应当对整个合同承担责任。在发生损失时，货方可以起诉占有货物的承运人、第一个或最后一个承运人。

如果货运单写明受货物运输合同公约的管辖，承运人对于货物损失、损害或交货迟延承担的赔偿责任适用公约规定的限额。除非托运人采用保价运输方式，支付了额外的费用，每公斤货物的赔偿额将限制为 8.33 特别提款权。如果货运单没有写明适用公约，承运人应当对货方全部损失负责。公约第 17 条第 2 款规定，在任何一种情况下，举证责任均由承运人承担，如果承运人不能证明货物的损失、损害或运输迟延是由于托运人或收货人的原因、货物内在缺陷或者承运人不能控制不能避免的原因造成的，承运人应当承担责任。收货人如果发现货损，应当在收到货物后 7 日内通知承运人，如果货物因运输迟延造成了收货人损失，收货人应当在收货后 21 日内通知承运人。

1980 年《国际铁路运输公约》适用于铁路运输，公约的绝大部分内容与《国际公路货物运输合同公约》相同，主要的区别是，承运人的赔偿责任限额提高到了每公斤 17 个特别提款权。

11.4 海洋货物运输

大多数货物是通过公共承运人运送的，公共承运人为多个当事人承担货运责任。还有一些运量极大的交易，需要托运人租用一整条船舶。租用整个船舶运输的合同称为租船合同（a charterparty）。

⊖ Paul v. Vishny, Guide to International Commerce Law, § 2-34 (1998).

11.4.1 班轮运输

为多个当事人提供运输服务的船东或船舶经营者被称为公共承运人（a common carriers, a general ship）。究竟哪些主体构成了公共承运人，是许多海事诉讼中争议的焦点㊀。公共承运人提供的海运服务通常被称为班轮运输。与私人承运人不同，公共承运人受到大量的国内法和国际公约的约束。

使用班轮运输的企业会发现，班轮共有三类：公会班轮（conference line），这是远洋承运人组成的组织，它提供一致的运输报价；独立班轮（independent lines），它有自己的运费表；不定期船（tramp vessels），它也有自己独立的运费表，且船期不固定。

通过公会班轮运送全部或大批货物的托运人可以获得运费折扣。独立班轮的运费低于未打折的公会班轮运费。在大多数国家，班轮应当缴纳的费用是没有法律规定的，因此，无论是公会班轮还是独立班轮都会给予托运人相当多的折扣。但是，美国的海运承运人需要向联邦海运协会支付费用，美国法律也禁止承运人给予托运人运费折扣㊁。

11.4.2 提单

提单（a bill of lading）是由海洋承运人向托运人签发的，证明承运人就货物运输与托运人已经达成了合同的凭据。关于提单的条约是《统一提单的若干法律规则的国际公约》。由于公约是在1921年国际法协会在海牙召开的会议上提出的，这一公约被称为1921年《海牙规则》（Hague Rules），虽然公约是1924年在布鲁塞尔通过的。1968年《布鲁塞尔议定书》对公约做了大量修改，修改后的公约被称为《海牙－维斯比规则》（Hague-Visby Rules）。世界在绝大多数国家，包括美国，都是1912年《海牙规则》的缔约国。英国、法国等国还加入了《海牙－维斯比规则》。按照公约制定的国内法通常被称为海洋货物运输法，如英国1971年《海洋货物运输法》。另外，一些国家还制定了专门的提单法，例如，美国制定的《提单法（州际和国际贸易）》以及《哈特法》，英国制定的1855年《提单法》。

提单具有三方面的作用。首先，提单是承运人收取货物的收据。其次，提单是货物运输合同的证明。最后，提单是货物所有权凭证。也就是说，合法地持有提单的人享有处分、使用或占有提单代表的货物的权利㊂。图11-1至图11-4四份图片，均为提单示例。

1. 货物收据

提单须对已经装上运输工具的货物做出描述，写明货物的数量以及状况。提单通常是由托运人事先填写，在货物装上船后，承运人的理货员对照已经装船的货物，确认是否与事先填写的单据相符。然而，承运人只负责对货物做表面性检查，只检查唛头是否相符，包装有无破损。如果货物表面状况良好，承运人将在提单上签字并返还给托运人。美国《海洋货物

㊀ Yung F. Chiang, "The Charterization of a Vessel as a Common or Private Carrier", Tulance Law Review, vol. 48, p. 299 (1974).
㊁ 《美国法典》第46篇附件§1709（b）①段以及（b）②段。
㊂ In re Marine Sulphur Queen, 460 F.2d 89 (2d Cir.1972).

International Sales Company 1234 Main Street Pullman, Washington 99163 U.S.A.			INVOICE	
Date: **August 1, 2008**			Invoice No.	030701
To: Compañía Mundial, S.A. 567 Avenida de Mayo Buenos Aires 1103 Argentina			Order No.	080202
			Shipped: via M/V La Plata from Seattle, WA to Buenos Aires, Arg. on August 1, 2008	
			Payment: L/C #099762 dated August 1, 2008 Banco del Sur, Buenos Aires, Arg.	
Identifying Marks & Numbers	Quantity	Description	Unit Price	Amount
Cía Mundial Buenos Aires ARGENTINA Made in USA	432 ea 288 ea 144 ea	Type "A" Widgets Type "B" Widgets Type "C" Widgets TOTAL FOB PORT OF SEATTLE	US $ 1.23 4.56 7.89	US $ 531.36 1313.28 1136.16 2980.80

International Sales Company

Jane Doe
Jane Doe, Pres.

图 11-1　商业发票

International Sales Company 1234 Main Street Pullman, Washington 99163 U.S.A.		**PACKING LIST**		
Date: **August 1, 2008**		Invoice No.		030701
To: Compañía Mundial, S.A. 567 Avenida de Mayo Buenos Aires 1103 Argentina Notify: Agencia Rosas 987 Calle de los Marineros Buenos Aires 1117 Argentina		Order No.		080202
		Shipped: via M/V La Plata from Seattle, WA to Buenos Aires, Arg. on August 1, 2008		
		Payment: L/C #099762 dated August 1, 2008 Banco del Sur, Buenos Aires, Arg.		
Identifying Marks & Numbers	Quantity	Description	Net Weight	Gross Weight	Measurement Cu. Meters
---	---	---	---	---	---
Cía. Mundial Buenos Aires ARGENTINA Made in USA					
No. 1-3	432 ea	Type "A" Widgets	32 kg	42 kg	.006m^3
Ditto No. 4-5	288 ea	Type "B" Widgets	24 kg	28 kg	.004m^3
Ditto No. 6	144 ea	Type "C" Widgets	12 kg	14 kg	.002m^3
6 ctns			72 kg	84 kg	.012m^3

International Sales Company

Jane Doe

Jane Doe, Pres.

图 11-2　装箱单

Seagoing Carrier Company 665 Dockside Drive Seattle, Washington 98203 U.S.A.					**DOCK RECEIPT** NOT NEGOTIABLE
Shipper: **International Sales Co. 1234 Main St, Pullman, WA 99163**					
Vessel **La Plata**	Voyage Number **03 W**		Flag **Panama**	Port of Loading **Seattle**	Pier **18**
PORT OF DISCHARGE (Where goods are to be delivered to consignee or on carrier) **Buenos Aires**					
For TRANSSHIPMENT (If goods are to be transshipped or forwarded at port of discharge)					
PARTICULARS FURNISHED BY SHIPPER OF GOODS					
Identifying Marks & Numbers	Number of Packages		Description	Gross Weight	Measurement Cu. Meters
Cía. Mundial Buenos Aires ARGENTINA Made in USA	**6**		**Widgets - Type "A", "B" and "C"** ATTN: RECEIVING CLERK ONLY CLEAN DOCK RECEIPT ACCEPTED	**84 kg**	**0.12m³**
DIMENSIONS AND WEIGHT OF PACKAGES TO BE SHOWN ON REVERSE SIDE					
RECEIVED THE ABOVE-DESCRIBED MERCHANDISE FOR SHIPMENT AS INDICATED HEREON, SUBJECT TO ALL CONDITIONS OF THE UNDERSIGNED'S USUAL FORM OF DOCK RECEIPT AND BILL OF LADING. COPIES OF THE UNDERSIGNED'S USUAL FORM OF DOCK RECEIPT AND BILL OF LADING MAY BE OBTAINED FROM THE MASTER OF THE VESSEL OR THE VESSEL'S AGENT.					
LIGHTER TRUCK _____ ARRIVED Date _____ Time _____ UNLOADED Date _____ Time _____ CHECKED BY _____ PLACED [ ] IN SHIP [ ] ON DOCK LOCATION _____				Agent for Master BY _____ Receiving Clerk Date _____	

图 11-3　场站收据

Seagoing Carrier Company 665 Dockside Drive Seattle, Washington 98203 U.S.A.	**BILL OF LADING** NOT NEGOTIABLE UNLESS CONSIGNED TO ORDER		
Shipper: International Sales Co. 1234 Main St, Pullman, WA 99163			
Consignee: To Order Banco del Sur, 17 Ave. Evita, Buenos Aires			
Address Arrival Notice to: Agencia Rosas 987 Calle Marineros Buenos Aires 1117 Argentina	Also Notify: Compañia Mundial, S.A. 567 Avenida de Mayo Buenos Avenida 1103 Argentina		

Vessel La Plata	Voyage No. 03 W	Flag Panama	Port of Loading Seattle

PARTICULARS FURNISHED BY SHIPPER OF GOODS

Identifying Marks & Numbers	Number of Packages	Description	Gross Weight	Measurement Cu. Meters
Cía. Mundial Buenos Aires ARGENTINA Made in USA	6	FINAL DESTINATION OF GOODS BUENOS AIRES Widgets - Type "A", "B" and "C" FREIGHT COLLECT LADEN ABOARD THESE COMMODITIES LICENSED BY U.S. FOR ULTIMATE DESTINATION. DIVERSION CONTRARY TO U.S. LAW PROHIBITED.	84 kg	$0.12m^3$

Freight Payable at:	Buenos Aires							
Gross Weight	Measurements Cu. Meters	Rate	Ocean Freight	Receiving Charge	Delivery Charge	Total Charge	Total Prepaid	Total Collect
84 Kg	$0.12m^3$	2.70	226.80	15.87	27.22	$269.89		$269.89

Bill of Lading No. 582 63409   Issued at Seattle   Date Aug. 1, 2008

WHEN VALIDATED, CARGO LADEN ON BOARD ON THE DATE APPEARING HEREON

DATED AT PORT OF LOADING SHOWN ABOVE
Seagoing Carrier Company

Validation:

By _____
Agent - For the Master

图 11-4 提货单

运输法》第 1303 条第 3 款规定，承运人、大副或承运人的代理人在收到货物后，应托运人请求，应当出具提单，以表明如下情况与托运人填写的内容相符：①货物的主要运输标记；②货物的数量、重量、件数；③货物的表面状况。标明货物已经正确地装上船的提单被称为已装船提单（on board bill of lading）或清洁提单（clean bill of lading）。

如果已经装上船舶的货物与托运人提交的单据存在差别，提单将成为在托运人与承运人之间发生的任何纠纷时，证明货物收到时状况的表面证据。美国《海洋货物运输法》第 1303 条第 4 款就做了这样的规定。尽管如此，承运人也能够提供其他证据推翻这一表面证据。一旦提单被背书转让给第三人，问题就完全不同了。被背书人对于货物状况的了解仅限于提单所列情况。为此，《海牙－维斯比规则》规定，如果提单被转让给善意的第三人，提单将作为已装船货物状况的最终证明。承运人不得援引其他与提单相反的证据。

如果货物在装船时，承运人的理货员记录了货物的缺陷，该记录将被加入提单中，这样的提单被标为附条款提单，也被称为不清洁提单。这样的提单通常不能被包括 CIF 合同项下的买方以及同意在收到提单或其他单据之后向卖方付款的银行等第三方所接受。然而，只有在货物装船时，承运人才能在提单上做此类记录。在货物装船之后一段时间，承运人在提单上所做的不符记录，是没有效力的，此类提单将被视为清洁提单。

1978 年英国王座法院审理的案件，揭示了清洁和不清洁提单的重要性。在这个案件中，卖方向买方出售万吨左右的食糖，合同使用了 CFR 术语，合同的支付条款规定，在卖方提交了全套清洁已装船提单以及其他单据之后，买方将支付货款。在货物装运过程中，船上发生火灾，约 200 吨食糖被损毁，必须被卸下船，剩下的货物被运送到目的地。卖方提交了两套提单，第一套是关于 200 吨食糖的提单，第二套是剩余货物的提单。第一套提单标明货物在装上船的时候处于表面良好状态，另外，提单还标明货物因遭受火灾而受损，并已经被卸下船的情况。买方支付了第二套提单下的货物，但以不清洁提单为由拒绝支付第一套提单项下货物的货款。于是，卖方向法院提起了诉讼。法院认为，货物交上船的时候状态是完好的，提单没有注明货物在装运时存在的任何问题，提单应当是清洁的，虽然提单上做了其他状况的标注。

2. 运输合同

提单是证明托运人和承运人之间运输合同的证明。双方都可以通过提供其他证据，证明合同的内容。然而，正如提单作为货物收据时那样，当提单被转让给善意的第三人时，提单应当作为证明合同内容的最终证据。另外，被背书人对于运输合同的了解被限于提单内容。在 1875 年英国法院审理的案件[一]中，承运人签发了三套提单，最后一套仅在船只到达目的港时船上还有足够的有价值的货物时才能使用。托运人未向第三人说明情况，即将提单背书转让给了第三人。法院判决称，被背书人有权利请求承运人交付全部货物。

3. 所有权凭证

我们需要区分两类提单：记名提单（a straight bill）和指示提单（an order bill）。记名提

[一] Emilien Marie Case, Law Journal Reports, Admiralty, vol. 44, p. 9 (1875).

单签发给指定的收货人，不能背书转让。记名提单的转让人给予受让人的权利，不能超过转让人。指示提单是可以背书转让的，受让人拥有超过转让人的权利。指示提单的持有人，只要是通过正常背书获得提单的，即拥有货物所有权请求权，另外，持有人可以通过提交提单，以交付货物。在1883年的一个判决中，波温法官写道，处于承运人控制下的海上货物是无法实体上交付的。在运输期间，商人法普遍认为，提单是货物的象征，提单的背书和交付被视为货物的象征性交付。通过提单的背书和转让，无论当事人是否意图转让所有权，货物的所有权均被转移，就像货物实际交付时所有权转移的情形一样。为了保证货物所有权的转移以及被背书人拥有完整的所有权，在货物到港之后被交给实际收货人之前，提单仍然是一种象征，不仅代表货物的所有权，还代表托运人和承运人所创设的全部权利。它是所有权人手中持有的一把钥匙，可以打开储蓄货物的固定或浮动仓库的大门⊖。

  指示提单不能与汇票相混淆，虽然它们都是可以转让的单据。海商法的实践没有票据法发展得快，虽然两种文据相互联系，但各有区别。与汇票相同的是，指示提单也可以分为不记名提单（a bill of lading to bearer）或特定人指示提单（a bill of lading to the order of a named party）。不记名单据通过交付转让，而指示单据则需要通过背书和交付转让。在实践中，提单很少是不记名的，因为提单是所有权的凭证，代表提单所载明的货物。

  提单转让的同时也转让了提单所代表的货物的所有权。这使得提单具有一定的价值。因为提单是可转让的，如同转让货物一样，这使得提单上指名的当事人可以在货物仍然在运输途中时转让货物。换句话说，占有提单如同占有货物一样。

  与汇票的转让不同，支付了对价的善意的提单受让人不能像汇票合法转让过程中的汇票持有人一样，有权向承运人主张免除个人抗辩的权利⊜。这是一个重要的区别。在实践中，这意味着一旦指示提单被他人以欺诈的形式获得，并转让给善意的购买人，购买人无法获得提单项下货物的所有权。然而，如果未到期或未拒付的汇票发生了同样的问题，受让人（即合法转让过程中的持有人）有权获得票面所载的款项或财产。正因如此，提单被视为准可转让单据⊜。

  提单与汇票产生这样区别的原因可以从波温法官的分析中寻找到依据。即使提单被正确地背书交付，只有当提单的转让人具有转让货物的意图时，货物所有权才会转移。例如，一个卖方向在目的港的代理人背书转让提单，以使代理人可以与买方完成交易。因为卖方在背书时没有转让货物权利的意图，货物的所有权没有转让给代理人。如果代理人欺诈性地将提单出售给第三人，第三人无权获得货物的所有权。在这种情况下，卖方可以指示承运人向指定的买方交付货物，如果货物已经交付给了第三人，卖方可以提起侵占返还之诉。这是因为提单的受让人获得的不仅仅是转让者的权利，还有转让者应承担的义务⊜。

  ⊖ Sanders Bros v. Maclean & Co (1883) 11 QBD 327.
  ⊜ 英国把这种权利称为 free of equities，美国称为 free of personal defenses。这是义务人可以向持有人主张，但不得向合法转让过程中的持有人主张的抗辩权，包括违反合同、没有对价或对价不充分、欺诈、违法性、缔约能力缺陷等。
  ⊜ Leo D'Arcy, Schmitthoff's Export Trade: The Law and Practice of International Trade, p. 276 (10th ed. 2000).
  ⊜ Burdick v. Sewell, 1884, 10 App. Cas. 74.

提单是运输合同的证明,这是提单与汇票的又一项区别。提单的转让产生了一项独特的后果,受让人可以请求履行基础运输合同。例如,在1976年英国法院审理的一个案件[1]中,货物因为承运人的过失而丢失,提单持有人不能提起诉讼,因为《海牙规则》规定的诉讼时效已经届满。租船方是提单持有人的附属企业,试图根据租约提起诉讼,租约的时效规定与提单不同。英国的上议院判决,不允许租船方按租约起诉。通过转让提单,租船方已经将其合同权利转让给了受让人,因为提单是运输合同的证明。

11.4.3 提单项下承运人的义务

《海牙规则》和《海牙-维斯比规则》规定,提单项下运输货物的承运人应当在保持船舶适航,人员、设备和给养配备等方面,尽到"合理的勤勉"义务。规则第3条规定,承运人须在开航前和开航时恪尽职责:①使船舶适于航行;②适当地配备船员、装备船舶和供应船舶;③使货舱、冷藏舱和该船其他载货处所能适宜和安全地收受、运送和保管货物;④承运人应适当和谨慎地装卸、搬运、配载、运送、保管、照料和卸载所运货物。

大多数国家严格地要求承运人履行这一义务。例如,在1961年英国法院审理的一起案件[2]中,由于船舶修理公司雇员的过失,货物被水淹了,法院认为承运人违反了使船舶适航的勤勉义务。

11.4.4 承运人的免责

无论是《海牙规则》还是《海牙-维斯比规则》,均规定了承运人的免责事项。《海牙规则》第4条规定:"不论承运人或船舶,对由于下列原因引起或造成的灭失或损坏,均不负责:

(1)船长、船员、引水员或承运人的雇用人员,在航行或管理船舶中的行为、疏忽或不履行义务。

(2)火灾,但由于承运人的实际过失或私谋所引起的除外。海上或其他能航水域的灾难、危险和意外事故。

(3)战争行为。

(4)公敌行为。

(5)君主、当权者或人民的扣留或管制,或依法扣押。

(6)检疫限制。

(7)托运人或货主、其代理人或代表的行为或不行为。

(8)不论由于任何原因所引起的局部或全面罢工、关厂停止或限制工作。

(9)暴动和骚乱。

(10)救助或企图救助海上人命或财产。

---

[1] The Albazero [1977] AC 774, 807.
[2] Riverstone Meat Co Pty Ltd v Lancashire Shipping Co Ltd (The, Muncaster Castle?) [1961] 1 All ER 495.

（11）由于货物的固有缺点、性质或缺陷引起的体积或重量亏损，或任何其他灭失或损坏。

（12）包装不善。

（13）唛头不清或不当。

（14）虽恪尽职责亦不能发现的潜在缺点。

（15）非由于承运人的实际过失或私谋，或者承运人的代理人，或雇用人员的过失或疏忽所引起的其他任何原因；但是要求引用这条免责主张利益的人负责举证，证明有关的灭失或损坏既非由于承运人的实际过失或私谋，亦非承运人的代理人或雇用人员的过失或疏忽所造成。

这些豁免事项的推定受到了严格的限制。如果货物受到损害，且损害属于上述免责事项，但是，如果损害结果是承运人没有尽到合理的勤勉义务，履行基本义务而造成的，承运人仍然需要承担责任。

11.4.5 责任限制

承运人长期以来一直努力为其在货物丢失或损坏时应承担的责任设置限额。公约满足了承运人的愿望，设定了赔偿限制。1921年《海牙规则》第4条第5款规定："承运人或是船舶，在任何情况下对货物或与货物有关的灭失或损害，每件或每计费单位超过100英镑或与其等值的其他货币的部分，都不负责。"

许多国家在20世纪60年代对于修改海牙规则具有浓厚兴趣的一个原因，是因为规则设置的赔偿限制太低。在《海牙－维斯比规则》中，赔偿限制被大大提高了，如果货物丢失或损毁，每件或每单位赔偿限额提高到1万金法郎或者毛重每公斤30金法郎，以高者为准。

当事人可以约定更高的赔偿限额。如果损害是承运人系故意造成的，或承运人已经知道可能发生损害，仍不计后果采取行动造成的，则责任限额不能被适用。

11.4.6 时效限制

关于货物丢失或损坏的索赔必须在货物已经或应当被交付之后1年内提出。索赔可以采用诉讼或仲裁形式。

11.4.7 第三方责任（喜马拉雅条款）

《海牙规则》和《海牙－维斯比规则》的限额只适用于承运人或按提单托运货物的当事人。在运输过程中提供辅助性服务但不是提单中包含的运输合同当事人的第三方，不得主张公约中规定的责任限额。因此，承运人的管理者、船员、代理人、经纪人以及经常为作为运输航线的一部分提供服务的装卸公司，可能会被按照当地侵权法起诉，从而承担超出公约限额的赔偿责任。

为了将公约规定的责任限制扩展到第三方，如雇员、代理人甚至独立承包人（如装卸人），承运人在提单中加入了喜马拉雅条款，从而使第三方能够主张《海牙规则》或《海牙-维斯比规则》中的责任限额。这一条款在美国是有效的，但在英国一般是无效的。绝大多数英国法院依据合同相对性原则拒绝承认喜马拉雅条款的效力，根据合同相对性原则，只有合同当事人才可以强制执行合同的条款⊖。

然而，美国对于合同相对性原则的适用比较混乱，因此，大多数美国法院允许喜马拉雅条款中指定的当事人作为第三方受益人主张自己的权利㊁。在1982年美国第五巡回法院审理的一个案件㊂中，托运人和承运人订立运输合同，向科威特运输一批软饮料。这批饮料被装箱后，装入了一个集装箱内，装卸公司的员工在吊装集装箱时，过失地造成了集装箱脱钩坠落，货物全部受损。托运人起诉了运输公司和装卸公司。初审法院认为，提单中包含了喜马拉雅条款，装卸公司有权按照《海牙规则》主张责任限制，而集装箱应被视为赔偿单位，因而判决装卸公司对于421 200听的饮料损失仅承担500美元的赔偿。托运人上诉，上诉法院认为，装卸公司有权援引《海牙规则》中的责任限制，但是，集装箱不能视为惯常运输单位，案件发回重审。

11.4.8 租船合同

租船合同是在规定航程或规定期限内租用整船的合同。原油、食糖、矿石等大宗货物运输经常采用这种方式。除非船东签发的提单被转让给第三人，否则《海牙规则》或《海牙-维斯比规则》均不适用。承租人和船东可以自由地订立合同内容，但是，通常会使用不同的公会草拟的标准合同，如巴尔的摩定期租船合同（Baltime）或者波罗的海与国际航运公会统一杂货租船合同或称金康合同（GENCON）。由于不同的国家关于合同的解释和法律义务的规定各有不同，因此，在租船合同中法律选择条款和法院选择条款是最常见也是最重要的条款。

11.4.9 程租合同

为特定航程租用一整条船及其船员的租船合同，被称为程租合同（a voyage charterparty）。根据此类合同最通常的规定，船东同意在指定的港口以及规定的时间交船，将货物运送到指定的目的港。承租人提供整船货物，并在指定时间将货物装上船。如果租用的船舶未被装满货物，船方有权收取空舱费（dead freight）。空舱费将在船东签发的提单上注明，提单持有人必须支付了空舱费之后，才能收到货物。

如果船舶没有在规定的时间到达指定的装运港，承租人有权根据合同中规定的解约条款，解除租船合同。租约中还规定了停泊日数或装卸期（lay days），在此期间货物将被装上

⊖ 1962年英国上诉法院拒绝承认喜马拉雅条款的效力（Scruttons Ltd v Midland Silicones Ltd, [1962] A.C. 446; [1962] 2 W.L.R. 186; [1962] 1 All E.R. 1），但1975年上议院称，在某些情况下，根据这一条款，理货方可以被视为运输合同当事人（AM Satterthwaite & Co Ltd v New Zealand Shipping Co Ltd [1975] A.C. 154; [1974] 2 W.L.R. 865; [1974] 1 All ER. 1015）。在1980年，理财法院又做出判决，宣布这类条款没有效力（Pty Ltd v Salmon & Spraggon [1980] 3 All ER 257）。

㊁ Brown & Root v. M/V Persander, 648 F.2d. 415 (5th Cir. Ct of Appeals, 1981).

㊂ Croft & Scully Co. v. M/V Skulptor Vuchetich, 664 F.2d 1277 (5th Cir. 1982)

租用的船舶，而船舶则处于闲置状态。因为现代货船造价高昂，使用寿命较短，租约通常会规定，船东有权在船舶停泊时间超出了规定装卸期时获得赔偿金，这类赔偿被称为滞期费（demurrages）。滞期费的赔偿义务将以船上的货物作为担保，提单持有人只有付清了滞期费之后，才能取得货物。

11.4.10　期租合同

按规定期限租用一整条船的租船合同，被称为期租合同（a time charterparty）。承租人通常按月支付租金，如果承租人未按时支付租金，船东有权收回船舶。由于在期租合同下，无论船舶的装载时间还是卸载时间，或是在航行期间，船东都可以收到租金，因此，在期租合同中，不存在空舱费和滞期费问题。

承租人有权指示船舶从事其所需的任何运输任务，通常的限制是，承租人应当从事合法贸易，运输合法货物，指示船舶停靠安全港口。如果船舶干涉承租人使用租用的权利，将构成违约。

11.5　租船合同和提单

承租人与船东之间的运输合同为租船合同。船东通常在货物装船后会签发提单，然而，提单只能作为货物收据和所有权证明。一旦承租人转让了提单，作为第三方的被背书人的地位问题就值得讨论了。在提单转让之后，船东与被背书人之间的关系将由提单调整，适用《海牙规则》或《海牙－维斯比规则》。当然，提单中可以援引租船合同的内容。在这种情况下，被背书人将受到这些条款的约束。提单中援引租船合同内容的意思表示应当是清楚的，毫不模糊的，而且，租船合同的条款不得与提单中的明示规定或者《海牙规则》或《海牙－维斯比规则》存在冲突。

11.6　海上留置权

留置权（a lien）是对于履行某些债务或义务而存在的财产所享有的主张或请求。海上留置权（a maritime lien）是对于船舶、船货或货物享有的主张或请求。海上留置权的主要目的是为了确保船舶获得充足的资金，以满足适航需要。

在普通法国家，船舶被视为独立于船东的独立法人。因此，船舶可以独立地承担船东违约责任以及船员的过失责任，即使损害不是由于船东或船员的过失造成的。例如，港口规范要求船舶使用引水员，在引水员造成了损失的情况下，船舶应当承担赔偿责任。总而言之，船东不是确定对于一个船舶是否存在海上留置权的基本要素。而在大陆法国家，海上留置权是一项物权，物权是不能独立于所有权人的，因此，海上留置权是以所有权人为债务人的一项权利。

无论是大陆法国家还是英美法国家，海上留置权的一项重要特征是，这一权利不以占有为前提。这一权利是对物权利，附着于船舶、运费和货物之上。这也是一项不公开的权利○。如果船舶被出售，即使新船东不知道留置权的存在，海上留置权亦随船而走，继续有效。在普通法国家，留置清偿（foreclosure）遵守特定的程序规则，在物或船舶被扣押时，无须通知船东。海事法院对已经扣押的船舶实施监管权，进入对物诉讼程序。如果留置权人胜诉，扣押的船舶将被出售，出售所得在留置权人之间进行分配，财产所有权被完全转移给新的购买者。然而，在大陆法国家，船舶或其他物与所有权人并不能分离，留置清偿诉讼是针对船东提起的，扣押是强迫船东出面清偿的一种手段，在船东提供担保之后，船舶将被放行。

1926年《统一海事抵押权和留置权某些规定的国际公约》（也称为布鲁塞尔公约），规定了留置权请求的先后顺序。虽然公约没有被普遍采用，但是，公约规定的留置权分配顺序代表了大多数国家做法。根据公约的规定，分配顺序应为：司法费用和其他开支，船员工资，救助费用和共同海损，侵权赔偿，修理、补给和必需品费用，船舶抵押权。1987年中国上海海事法院审理的一起案件中，船东雇用了一批中国船员，合同期为1年，在船员工作9个月后，船方仅支付了少量工资，船员起诉到海事法院，船舶被扣押拍卖。最终分配顺序为作为：原告的船员工资、海事法院的诉讼费、港口费用、修理费用以及船舶抵押权人的所得。

11.7 海运保险

当事人在买卖合同中选择的贸易术语明确了有义务购买保险的当事人以及作为保单受益人的当事人。然而，即使货物的风险由卖方转移到买方，买方对于被保险的货物仍然拥有一定的利益，如果货物灭失，同时买方已经破产或不愿意支付价款，卖方可以获得的唯一补偿来源只有保险金。

如果当事人只需要为一单交易购买保险，则当事人只需为这一笔交易购买一份货物保险单。然而，更常见的做法是购买开放货物保险单。这类保险是开放性的，为在特定期间内所有出口货物提供保险。出口商所有的出口货物，无论是采用卡车、铁路或海运，均属于承保范围。单笔交易的出口商通常会将其货物放在货运代理或保税仓库经纪人所持有的开放货物保险单下承保。

11.7.1 承保风险

单个或开放保险单承保的风险通常包括：
（1）海上损失，如因天气、碰撞、搁浅以及沉没造成的损失；
（2）火灾；
（3）抛货，为保护其他财产而抛弃部分货物；
（4）失职，因船长或船员的欺诈、犯罪或不当行为造成的损失；

○ 然而，在大陆法国家，船舶建造留置权应当向政府部门登记，在普通法国家也是如此，因此建造留置权不属于海上留置权。

(5）爆炸；

(6）烟熏损失；

(7）装货、卸货或转运过程中的损失。

11.7.2 保险条款

货物损失包括全损或部分损失。全损包括推定全损。在海洋运输保险单中，通常包括推定全损（a constructive loss）条款，推定全损包括：①损失超过了货物价值的一半以上，或者；②修复费用超过了货物的价值[⊖]。

部分损失在海运保险单中被称为特别海损（a particular average）。平安险（free from particular average，FPA）保险单为特别海损提供了最低限度的赔偿，通常只承保船舶因火灾、搁浅、沉没或碰撞造成的部分损失。水渍险（with average，WA）保险单扩大了承保范围，但是，该保险单通常含有特许条款（a franchise clause），只对于超过最低限额的损失提供赔偿。当然，当事人也可以投保不含有特许条款的水渍险。

共同海损是指在海上风险中，为挽救其他财产或船上人员的生命，主动放弃的财产以及必须发生的特别费用，这些损失的财产和费用应由各方共同承担。例如，当一艘船舶搁浅时，为了使船舶重新浮起来，需要抛弃一部分货物或者租用拖船，如果船舶能够成功地浮起，对船舶拥有利益的各方以及船上的货物都会得到好处，因此，各方均应当分担受到损害一方的损失以及支付的费用。这就是所谓的共同海损分摊。

通常，海运保险单承保托运人应当分摊的共同海损。但是，如果托运人投保的保险单没有承保共同海损分摊或者托运人没有购买保险，那么，在船方交付货物之前，托运人必须支付共同海损分摊费用。相似的，如果买方已经支付了价款，取得了提单，提单将会把损失风险转移给买方，在买方承付共同海损分担费用之前，船方也不会交付货物给买方。在这两种情况下，船方对于货物拥有留置权，如果货方不支付共同海损分摊，船方有权扣押货物并将之出售，所得款项用于支付共同海损分摊。

向其他当事人主张共同海损分摊的当事人必须证明：①损失对于每一方当事人有利；②提出分摊请求的当事人对于造成损失的风险没有责任。例如，如果因为船长迷航使船舶搁浅，船方不能请求其他各方分摊拖船费用。

11.8 货物航空运输

关于航空货物运输的国际公约是 1929 年《华沙公约》（正式名称为《统一国际航空运输某些规则的公约》），公约至今已经通过了多次修订，达成了 1955 年《海牙议定书》、1975 年的四个《蒙特利尔议定书》，这些议定书均已经生效。1999 年《蒙特利尔公约》取代了《华沙公约》及相关公约和议定书，为国际航空运输建立了完整的规则体系，2003 年 11 月

[⊖] Leslie J. Buglass, Marine Inssurance Claims: American Law and Practice, p. 16 (2nd ed, 1972).

4日，该公约生效。航空货运单，或航空运单（Airway Bill）是由航空承运人向托运人签发的，作为货物收据以及运输合同证明的文书，该文书不能作为货物所有权文书。这反映出航空运输与海洋运输的不同之处，空运单与货物同时到达，而提单与货物则是分别到达的。

《蒙特利尔公约》对于空运单的内容做出了规定。公约第5条规定："航空货运单或者货物收据应当包括：①对出发地点和目的地点的标示；②出发地点和目的地点是在一个当事国的领土内，而在另一国的领土内有一个或者几个约定的经停地点的，至少对其中一个此种经停地点的标示；③对货物重量的标示。"第11条对于空运单以及收据的效力做了说明，航空货运单或者货物收据是订立合同、接受货物和所列运输条件的初步证据，航空货运单上或者货物收据上关于货物的重量、尺寸和包装以及包件件数的任何陈述是所述事实的初步证据；除经过承运人在托运人在场时查对并在航空货运单上或者货物收据上注明经过如此查对或者其为关于货物外表状况的陈述外，航空货运单上或者货物收据上关于货物的数量、体积和状况的陈述不能构成不利于承运人的证据。公约第22条规定，在货物运输中造成毁灭、遗失、损坏或者延误的，承运人的责任以每公斤17特别提款权为限，除非托运人在向承运人交运包件时，特别声明在目的地点交付时的利益，并在必要时支付附加费。

使用公约规定的航空货运单的好处在于，托运人无须承担举证责任，证明承运人的行为造成了货物损失或交付迟延。公约第31条规定，货物发生损失的，索赔人至迟应自收到货物之日起14日内提出异议，发生延误的，索赔人必须至迟自货物交付收件人处置之日起21日内提出异议。承运人可以证明，损失是由索赔人或者索赔人从其取得权利的人的过失或者其他不当作为、不作为造成或者促成的，应当根据造成或者促成此种损失的过失或者其他不当作为、不作为的程度，相应全部或者部分免除承运人对索赔人的责任。

◇**参考案例**

哥罗得兹食糖纠纷案

卖方向买方出售两批食糖，交货条件为C&F。合同中规定，付款以证明运费已付的已装船清洁提单为条件。货物装船后，船上发生火灾，200吨食糖被毁，不得不卸下船，剩余货物被运送至目的港，卖方将两份提单交给了买方，第一份提单与被火损毁的200吨货物有关，提单上以印刷的方式注明"货物以表面良好的情形装运"，以打字的方式注明货物因被火损毁而被卸下船，第二份提单是关于剩余货物的。买方支付了第二份提单，但以提单不清洁为由拒付了第一份提单。卖方认为打字部分不影响提单的清洁性，买方应当支付被火损毁的200吨货物的货款。

卖方的律师认为，提单上的打字部分不影响其清洁性，因为货物是在风险已经转移给买方之后发生的，无论卖方是否向买方提交提单，买方均应付款。买方的律师从多个方面做了反驳。第一，提单是非清洁的；第二，提单是不可转让的，因而不能被拒付。关于第一个问题，买方律师指出，在实务中，确定提单清洁性的标准应视银行是否接受这一提单而定，国际商会《跟单信用证统一惯例》规定："提单上并无明显地声明货物及/或包装有缺陷的附加条文或批注者,为清洁提单;银行对有该类附加条文或批注的运输单据,除信用证明确规定接受外,当拒绝接受。"但是,惯例没有规定批注发生具体时间。而且,事实上,该提单曾被两家银行拒绝了。

对于买方律师的主张,法官并不认同。法官指出,判断提单清洁性的实践标准并不是唯一的,合同并没有要求提单应当与《跟单信用证统一惯例》中的清洁提单标准相符,其次,也没有证据证明银行将拒绝接受本案所涉的提单,因此,法官拒绝依据实践性标准判断提单的清洁性。法官认为,船主与托运人交易的关键点是装船,船主的主要义务是在约定的目的地按货物交运时相同的良好状况将货物交付指定人员。提单的清洁性将产生禁止反言的效果,提单条款使船主可免除一定的责任,但是,所有的问题均根植于货物装运时的状况。在CIF 以及 C&F 条件下的卖方与买方之间,所有权以及风险通常在提单的转让时转移,其关键点也在装船之时。因此,装船后船货损失的事实以及共同海损或施救费用不能构成拒收单据,拒付货款的理由。因此,法官做出了有利于卖方的判决。

本章练习

1. 卖方同意装运 1 万吨土豆给日本的买方,FOB Tacoma。买方指定 RUSSET 轮在 Tacoma 的第七号码头接货。卖方在规定的交货日期将货物运送到装运港口的第七号码头,但是买方指定的船舶没有到达指定码头。因为另外一艘船舶占用了码头,卸货速度极慢。RUSSET 轮只能在系泊浮桶外抛锚。卖方只能安排驳船将装运货物的集装箱转运到船上。驳船将集装箱运到船边,由船上的吊车吊装上船,在集装箱即将越过船舷时,吊缆断了,集装箱落在船舷上,摇晃了几下,最终从船边滑落,将驳船砸翻了。所有的土豆都沉入海底。买方起诉,要求卖方承担不能交货的责任。卖方应当承担责任吗?

2. 情况如题 1,如果合同使用的是 FAS Tacoma,卖方是否应当承担责任呢?

3. 澳大利亚悉尼的卖方同意在 12 月 31 日当日或之前装运货物,买方是火奴鲁鲁的,合同规定 CIF Sydney。卖方不能按时将货物集中到悉尼港,只能通过铁路转运到墨尔本,船方将在 1 月 3 日装运了货物。卖方在 12 月 29 日将货物装上火车,当日从铁路公司处获得了铁路运单。卖方随后又从船方获得了提单。卖方将提单、发票以及海运保险单一起提交给买方,买方拒收单据,拒绝付款。卖方起诉要求买方履行合同。卖方能胜诉吗?

4. 旧金山的卖方同意向伦敦的买方装运货物,合同规定 CIF San Francisco。在货物被装上船之后,在船舶离开装运港口之前,卖方根据合同的规定将单据提交买方,要求付款。买方拒绝付款,声称其有权在伦敦验货,只有货物没有问题的情况下,买方才能付款。卖方起诉,要求买方立即付款。卖方能够胜诉吗?

5. 孟买的卖方向利物浦的买方出售 5 000 包棉花,合同规定 C&F Liverpool(Incoterms 1990)。卖方将货物运到港口,交给了船方。由于计数错误,只有 4 987 包棉花被装上了船。然而提单注明的货物数量为 5 000 包。卖方转让了提单,要求买方支付全部货款。在船舶到达利物浦之后,货物数量不足的情况被发现了。买方起诉船方,要求其承担少货的损失。船方有责任吗？如果卖方承认过错不在船方而在自己，船方应承担责任吗？

6. "速达号"运送货物到非洲东部港口，包括莫桑比克的贝拉港。在离港口数百英里①时，"速达号"得知莫桑比克反政府武装正在攻打贝拉港。尽管如此，"速达号"仍驶向贝拉，进入港口。没多会儿，"速达号"被迫击炮弹击中，绝大多数货物被毁。船方应当承担货物损失吗？

7. ESS 女士是"斯肯皮号"的船东，美国公民，为装备"斯肯皮号"，从伦敦 M 银行借款，将船舶抵押给了银行。她将"斯肯皮号"转卖给了 TEE 先生，TEE 先生是加拿大公民，不知道抵押的存在，更不知道 ESS 没有偿还贷款的情况。当船舶进入英国港口时，银行扣留了船舶并将之出售，以偿还贷款。银行能这样做吗？

---

① 1 英里 =1.609 344 千米。

第12章
Chapter 12

金　　融

■ 概述

　　国际金融包括对外贸易中的融资以及国际投资中的资金融通。贸易融资主要涉及货物贸易和服务贸易的跨国支付。长期以来，国际贸易支付机制主要由汇票、提单以及信用证构成。本章将讨论买卖双方在使用这些单据完成支付过程中的权利和义务，还将讨论公司为从事海外经营进行资金融通的主要方式。

12.1　对外贸易融资

　　从事国际贸易的商人必须了解国际贸易中使用的单据的种类、贸易术语以及支付工具。国际货物买卖中使用的单据也存在于国内贸易中，但是，这些单据在国内贸易中很少使用。大多数国内贸易的支付是通过转账方式进行的。也就是说，买方不用签发正式的债务凭证，因为卖方在达成交易之前通常会对买方的资信进行调查，因此形式性的要求并不是必需的。相反，在国际买卖中，因为空间的距离以及各自国家不同的金融习惯，买卖双方相互隔离，这造成了双方相互了解对方资信的困难，卖方无法确定买方的资信，买方也无法确定卖方的信誉。为此，对外贸易经营者使用正式的单据，以确保双方的交易按照约定进行。最主要的单据包括提单、汇票、本票以及信用证。提单是运输单据和货物所有权的证明，汇票是支付价款的命令，本票是支付价款的承诺，信用证为买方的信誉提供了第三方保证。

12.2　提单

　　提单是所有国际货物买卖中使用的主要单据。如前所述，提单是与所有权有关的单据，也就是说，它是货物的代表和象征。在国际贸易中，从一个国家运往另外一个国家的货物，从启运到交付，可能会由承运人或者仓库管理者占有数周之久，因此，提单显得尤为重要，因为提单可以使买方和卖方以及相关的银行在货物仍被承运人或者仓库管理者占有之时，交换对于货物的控制权。正如一个英国法官所描述的，提单是允许持有者打开货物可能存放的仓库大门的钥匙，这个仓库可能是固定的也可能是浮动的㊀。

通过转让提单实现货物所有权的转移，是汇票和信用证机制的核心，它们是国际贸易中两个最基础的融资和支付工具。

12.3 汇票

汇票（a bill of exchange, a draft）是一份有日期、有签字的书面文书，其中包含了出票人指示受票人即时或在规定的未来日期向受款人支付一定金额的无条件命令。汇票是一种用途广泛的支付工具，因为它允许一方当事人（出票人）指示其他当事人（受票人）支付一定的金额给自己本人、自己的代理人或者第三人。当然，只有受票人有义务向出票人履行支付义务的时候，这项命令才会有效。例如，受票人为出票人管理资金账户（受票人是一家银行），出票人向受票人提供借款（受票人从出票人处获得贷款），出票人向受票人出售货物而受票人未付货款（受票人是买方）。

在第一种情况下，受票人是一家银行，这类票据被称为支票（a check）。在第二种情况下，受票人是贷款方，这类票据被称为本票（a note）。在第三种情况下，受票人是一个欠付货款的买方，此类票据被称为商业承兑汇票（trade acceptances）。

由于汇票是可转让的单据，因此，它是为国际贸易提供便利的重要工具。可转让单据的合法持有人可以对抗绝大多数抗辩，例如出票人没有正确地履行基础合同或者票据签发存在问题。这种免除出票人个人抗辩的权利，促进了汇票的可转让性，因此，汇票成为筹集资金的有效金融工具。

12.3.1 汇票法

直到17世纪中期，汇票一直是由单一的国际法律规则——商人法（lex mercatoria）㊁调整的。商人法将汇票定义为一个人在受款人不在场的时候支付金钱的工具。因为汇票特别适用于远距离当事人之间的交易，汇票不受中世纪基督教会贷款不得收取利息这一规则的限制。正因如此，汇票很快就成为中世纪银行的主要工具。

然而，在17世纪，国内法的兴起使各国汇票法律规则之间产生了差别。法国的汇票由1673年《萨维利法》调整，德国则适用《汇票法》（Wechselrecht）。而英国则创制了反映英国银行惯例的判例法。

在19世纪末期，商人法在英国被转化为1882年《汇票法》，《汇票法》至今不仅在英国仍然有效，在英国的前殖民地也有效力。1896年美国统一州法全国委员会以英国《汇票法》为基础，草拟了《统一可转让票据法》。1920年，美国所有的州都已经采纳了《统一可转让票据法》。20世纪40年代，《统一可转让票据法》被整合进了更加全面的《统一商法典》中；

㊀ Sanders Brothers v Maclean & Co (1883) 11 QBD 341.
㊁ 在文艺复兴时期欧洲通行的一般商业规则和程序。

至 1950 年，除路易斯安那州之外，美国所有的州都采纳了《统一商法典》。

整个 19 世纪后期欧洲大陆都在倡导制定国际可转让票据规则。1907 年，欧洲国家在海牙召开了起草相关公约的会议。1912 年通过了一份草案，但第一次世界大战终止了制定公约的进程。1930 年，《统一汇票和本票法公约》（Geneva Convention on the Unification of the Law Relating to Bills of Exchange, ULB）等三份与汇票有关公约签订。两年以后，《统一支票法日内瓦公约》（Geneva Convention on the Unification of the Law Relating to Checks, ULC）等两份与支票有关的公约签订。在 15 年内，汇票法公约和支票法公约被大多数欧洲大陆法国家采纳，现在，它们事实上已经成为除英美法国家之外各国调整汇票以及支票的标准法○。1988 年联合国国际贸易法委员会草拟了《国际汇票公约》以及《国际本票公约》，但是只有少数国家签字，公约至今也没有生效。

虽然世界上没有统一的汇票和本票公约，但是却存在广泛接受的与托收有关的国际规则。国际商会 1956 年制定了《统一托收规则》，1996 年修改了该规则（国际商会第 522 号出版物）。大多数国内法允许银行在其托收指示中引入国际商会的规则，这个规则已经成为国际托收的普遍采用的惯例。

12.3.2 汇票的类型

汇票是无条件的支付命令。签发汇票的当事人（出票人，drawer）命令另一方当事人（受票人，drawee）支付金钱，通常是向第三方当事人（受款人，payee）支付。

汇票的形式必须采用其适用的法律所规定的形式。普通法国家要求汇票应是书面的，既可凭指示支付，也可以凭票支付。《统一汇票和本票法公约》增加了其他方面的请求，如要求票据上载明汇票、本票或支票，写明出票地点和付款地点，标明日期（见表 12-1）。

美国《统一商法典》第 3-104 条规定，汇票是指一项书面的付款指令；支票是指受票人为银行的即期付款汇票；本票是指存折以外的书面付款承诺。

表 12-1 普通法与《统一汇票和本票法公约》对汇票的要求之对比

普通法国家	《统一汇票和本票法公约》
1. 书面的	1. 书面的
2. 凭指示付款或凭票付款	2. 凭指示付款或凭票付款
	3. 标明汇票或本票
	4. 出票地点
	5. 支付地点
	6. 日期

1. 远期汇票和即期汇票

汇票既可以是即期的，也可以是远期的。远期汇票在将来指定的日期付款。即期汇票在持票人提示后或提示后指定日期付款。图 12-1 是一张远期汇票的例子。

2. 商业承兑汇票

商业承兑汇票（a trade acceptance）是货物买卖中最常用的汇票。货物的卖方是出票人和受款人，汇票要求买方—受票人—支付一定的金钱。例如，美国加利福尼亚州的甲公司向德国的乙公司出售葡萄干，合同规定乙公司 90 天后付款。然而，当年甲公司需要现金。为

○ 关于欧洲可转让票据的发展历史以及 ULB 的文本，请参见 Frederick Wallace, Introduction to European Commercial Law, pp. 92-123 (1953).

了获得现金，甲公司向乙公司签发了一张商业承兑汇票，要求乙公司凭甲公司指示 90 天付款，金额为 10 万美元。甲公司然后将汇票交给了乙公司，乙公司在汇票票面上签字后，交还给甲公司。乙公司的承兑构成了在 90 天期限届满之时兑付汇票的可强制执行的允诺。甲公司使用商业承兑汇票的好处在于，它可以在货币市场上出售汇票，这比转让 10 万元应收账款要容易得多。商业承兑汇票的例子可如图 12-2 所示。

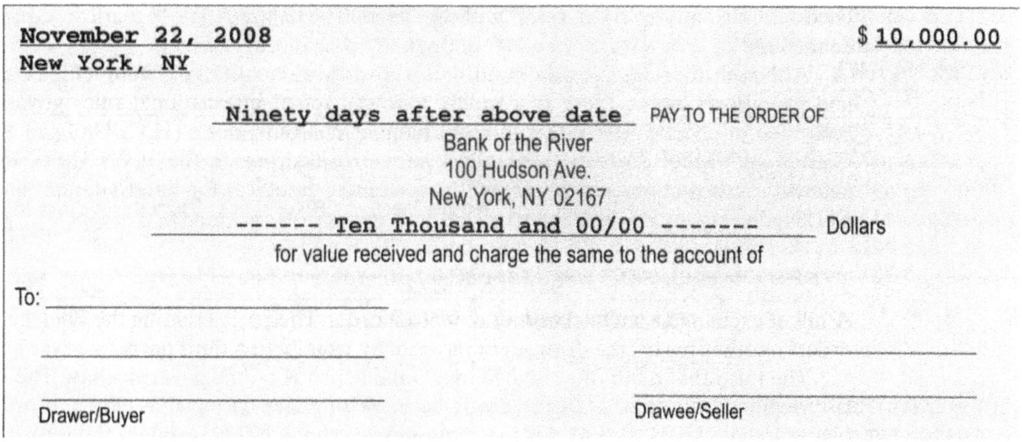

图 12-1　远期汇票示例

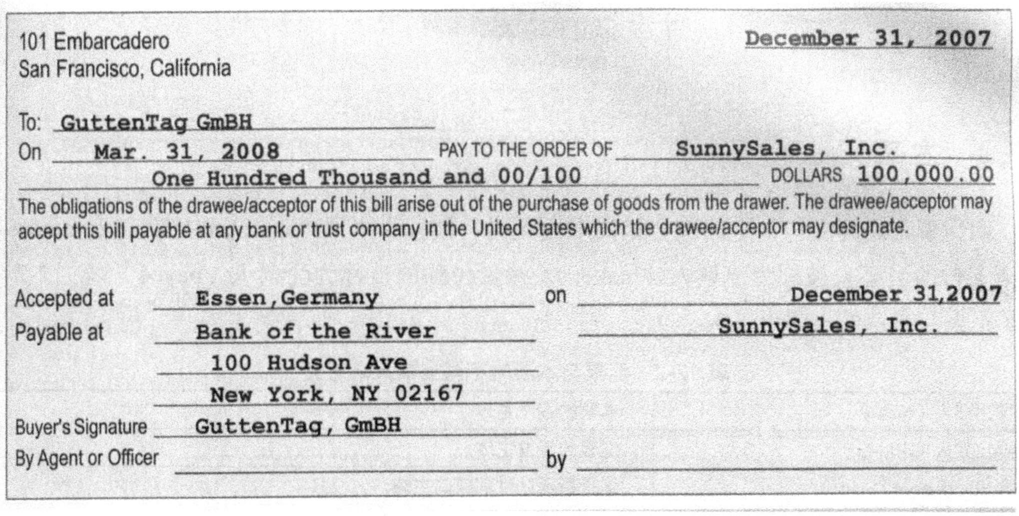

图 12-2　商业承兑汇票示例

3. 支票

当汇票的受票人是银行时，这类票据称为支票。与汇票不同的是，支票总是见票即付的。支票的例子如图 12-3 所示。

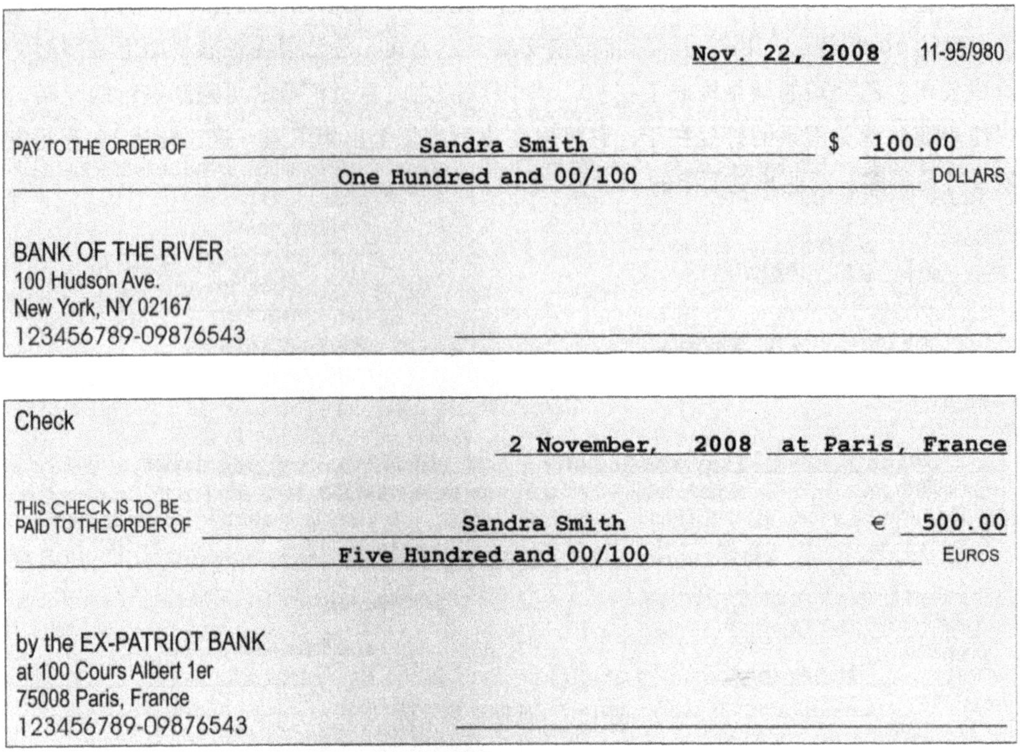

图 12-3　支票示例

12.4　本票

两当事人之间支付一定数额金钱的书面允诺，被称为本票（a promissory note, a note）。允诺支付的当事人被称为出票人（maker），接受付款的被称为受票人（payee）。表 12-2 定义了汇票与本票的不同当事人。

表 12-2　汇票与本票的不同当事人之定义

本票出票人（maker）	本票的签发主体
汇票出票人（drawer）	汇票的签发主体
受票人（drawee）	接受指示兑付汇票的主体
受款人（payee）	根据汇票或本票取得款项的主体
背书人（endorser）	向被背书人背书转让汇票或本票的受票人
被背书人（endorsee）	从背书人处收到背书转让的汇票或本票的主体
持票人（bearer）	实体占有可向任何人付款（凭票即付）或未指定被背书人的汇票或本票（空白背书）的主体
持票人（holder）	因出票、背书、指示而占有汇票或本票的主体，凭票即付的持票人，空白背书的被背书人
合法持票人（holder in due course）	在普通法国家（而非大陆法国家），在善意地支付了对价且并不知晓票据瑕疵、过期或任何人对于票据享有权利主张或抗辩的情况下，取得票据的人

	（续）
承兑人（acceptor）	在汇票票面上签字，同意在票据到期的时候付款受票人
担保人（accommodation party）	在汇票或本票签字向另一方当事人提供信用的人
担保人（accommodation maker or aval）	在汇票或本票上以保证人或共同出票人签字的当事人
担保背书人（accommodation endorser）	作为汇票或本票被背书人的担保人背书的人

本票与汇票的区别在于，本票的出票人承诺向受款人承担个人付款责任，而不像汇票那样，指示第三人承担付款责任。图12-4是一个本票的例子。

```
Nov. 22, 2008                                                      $    10,000.00
New York, New York

    Ninety days after above date       for value received, the undersigned jointly and severally
promise(s) to pay to the order of: BANK OF THE RIVER, at its offices at 100 Hudson Ave., New York, New York 02167,

                ----- Ten Thousand and 00/100 -----                        DOLLARS

with interest thereon from the date above at the rate of -11- percent per annum (computed on the basis of actual days
and a year of 360 days) payable at maturity.

Officer:        Jones
No.             990-11-9999
                                                                   Makers
```

```
22 Nov. 2008                      PROMISSORY NOTE                  €    10,000.00
Paris, France

    Ninety days after above date       for value received, the undersigned jointly and severally
promise(s) to pay in French Francs this Promissory Note to the order of the EX-PATRIOT BANK at its offices at 100 Cours Albert 1er,
75008 Paris, France, at the official exchange rate on the date of maturity, the equivalent of

                ----- Ten Thousand and 00/100 -----                        EUROS

with interest thereon from the date above at the rate of -11- percent per annum (computed on the basis of actual days
and a year of 360 days) payable at maturity.

Officer:        Mitterand
No.             1118-1-7932
                                                                   Makers
```

图12-4　本票示例

有关汇票的规则也适用于本票，两类票据非常相似。因此，尽管普通法没有要求本票必须在票面上标明"本票"字样，但是，《统一汇票和本票法公约》却存在这样的规定。本票适用不同的交易，在本票的票面应写明交易的类型，例如，质押本票要求用动产作为担保，而抵押本票则需要以不动产为担保，分期付款本票则用于分期付款交易。

如果银行作为出票人，承诺偿还收到款项的本息，这类本票被称为存单（a certificate of deposit, CD）。存单也是可以转让的。图12-5为存单的例子。

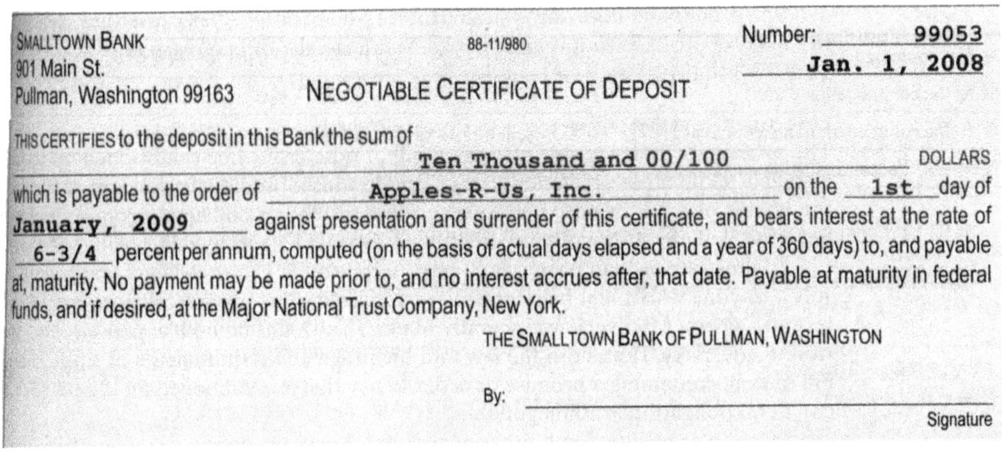

图 12-5 存单示例

12.5 汇票与本票的可转让性

汇票以及本票可以是可转让的票据，也可以是不可转让的。为了促进贸易尤其是国际贸易的顺利进行，这些票据应当也必须是可转让的，正如货币一样具有自由兑换的性质。只要这些票据的形式或内容是正确的，法律确保收取货款的权利具有完全的可转让性。如果票据对这一权利有任何限制，则这一票据是不可转让的。

为了使汇票或本票具有可转让性，票据必须：①具备正确的形式；②包含出票人支付的允诺。只有这样汇票和本票方具有流通性。为了符合允诺性要求，汇票或本票必须：

（1）包含无条件支付的允诺或指示；

（2）标明金额和币种；

（3）见票即付或在规定的时间付款；

（4）由出票人签字。

12.5.1 无条件付款的允诺或命令

汇票和本票必须包含无条件支付的允诺。

1. 允诺或者指示

票据必须包含出票人肯定的允诺（本票）或者向受票人发出的命令以及转让命令。如果这一允诺只是默示的，则允诺是不充分的。

例如，欠条（IOU）只是承认债务的存在，虽然它默示地表明支付义务的存在，但并不包含肯定的履行表示，因此，它不是可转让的单据。在前面的图例中，本票中清楚地表明了出票人向受款人履行支付义务的允诺，而汇票则包含要求受票人向受款人支付的允诺。

2. 无条件

票据中的允诺或者支付命令不得以履行其他义务为条件，因为这是可转让性的基本要求。如果票据的持有人不得不确定附随的允诺是否已经履行完毕，票据的用途将大大降低。

例如，伊万出具本票承诺，只要皮埃尔在4月1日之前交付货物，他将支付货款，任何想购买这张本票的人不得不确定货物是否已经实际交付。这样做的成本是很高的，如果发生了错误，风险也是很大的。因此，无论法律上还是贸易中实用主义的要求均表明，票据中包含的允诺或支付命令必须是无条件的，以履行附随义务为支付条件的票据是不可转让的。

然而，只是援引其他协议并不会使用票据丧失可转让性。事实上，为了记账或者提供信息的需要而在票面上写明汇票或本票出票人签发票据所依据的基础合同的做法，是十分普遍的。因此，根据美国《统一商法典》第3-105条的规定，关于票据是由一个独立的交易产生或根据信用证签发的声明，或者出票人提供了担保或保证的声明，均不影响票据的可转让性。

12.5.2　规定了付款的金额或记账货币单位

汇票或本票必须以货币支付，必须包含确定的金额。

1. 货币

无论普通法还是《统一汇票和本票法公约》均规定，票据支付的应当是货币。普通法国家将货币定义为"本国或外国政府采用或授权使用的交换媒介，以及由国际组织或者两个以上国家订立的公约所创立的记账货币单位"。（美国《统一商法典》第1-201（24））。《统一汇票和本票法公约》规定，应当根据支付地的惯例确定货币的含义和价值。

根据国际贸易的惯例，国际汇票或本票的当事人通常规定使用记账货币单位（例如国际货物基金组织的特别提款权或者欧盟的欧元）或者特别规定的由几种货币组成的货币篮子履行金钱支付义务。无论普通法国家还是《统一汇票和本票法公约》都允许汇票或本票采用一个国家的货币、多个国家的货币组合或者国际组织定义的记账单位作为支付用的货币。

2. 确定的金额

票据支付的金额应当是固定的或可确定的。换句话说，票据应当支付的金额，根据汇票或本票自身，无须援引其他外部规定，即可确定。例如，一张本票规定应付金额为1000英镑，年息10%，这张票据的金额是确定的，因为当事人可以在票据到期时，从本票票面所载信息即可以确定应付金额。

有关可转让单据的法律规则对于这项基本原则规定了例外。当事人可以在票面上规定一种货币（记账单位），而在请求支付时采用另一种货币（支付货币），即使这样做需要当事人确定汇票或本票票面上没有明确的汇率。另外，普通法国家允许分期付款，而《统一汇票和本票法公约》则不允许采用分期的方式。普通法国家的票据法以及公约均不允许采用浮动利率。

12.5.3 在提示时或在规定时间支付

为了使汇票或本票在商业活动中稳定可信地发挥作用，票据表面必须规定明确的付款时间。只要根据票据表面的规定能够确定付款时间，这一要求即已满足。根据美国《统一商法典》第 3-109 条的规定，普通法国家允许规定加速条款，即在分期付款的情况下，如果当事人未按期付款，则提前要求支付全部款项。普通法国家还允许规定延期付款条款，即允许当事人推迟一段时间付款。票面关于时间的规定实际上发挥了以下作用：首先，告知本票出票人、汇票受票人、保兑人以及承兑人付款的时间。其次，告知第二位的当事人，如出票人、背书人以及担保背书人其义务履行的时间。另外，这一规定确定了诉讼时效的起算点。最后，对于计息汇票或本票，这一规定明确了计算票据现值的期限。

12.5.4 由出票人签字

汇票必须由出票人签字，本票也必须由出票人签字。为此，美国《统一商法典》第 1-102 条（39）将签字定义为，当事人为表明确认书面文件意图而签署或采用的任何符号。《统一汇票和本票法公约》没有对签字做出定义。关于签字的时间，法律没有明确的规定。但是，没有签字的汇票或本票，本身是不完整的。在 1987 年南非法院审理的一起案件中，一个保证人在出票人没有签字之前，在支票上签字，在保证人签字之后，出票人才签字。银行拒付了该支票。这张支票是否有效呢？法院认为，这是一张有效的支票，保证人应当受到承担担保义务。

12.6 汇票与本票的转让

为了满足商业需要，汇票或本票应当具有自由转让的属性。

12.6.1 合同转让

合同项下的权利的转移被称为合同转让（assignment）。当合同转让后，受让人得到的权利应当仅限于转让人拥有的权利。另外，任何可向转让人主张的、与受让人义务有关的抗辩，也可以向受让人主张。

例如，安娜承诺向契诃夫提供配件，而契诃夫给安娜写了一张欠条。然后，安娜立即将欠条转让给了凡亚，若干天之后，凡亚将欠条交给契诃夫，要求契诃夫付款。然而，安娜并没有交付配件，契诃夫拒绝向凡亚支付欠条上规定的款项。因为欠条不是可转让的单据，凡亚只是一个合同受让人，他按照欠条所获得的权利不会超过转让人安娜。因此，契诃夫可以安娜未交货为由（抗辩），拒绝向凡亚付款。凡亚只能向安娜（如果安娜仍可以找到的话）请求返还为购买欠条而支付的款项。

银行和商人意识到合同转让存在的这些问题，因而不愿意采用这种形式。商人和银行愿意通过现金和可转让票据进行支付，也就是说，这些单据在很多情况下像现金一样流通。

12.6.2 票据的可转让性

票据转让（negotiation）是使汇票或本票的受让人成为持有人的过程。与合同受让方不同，受让方只取得了不超过转让方的权利，票据持有人从票据转让方获得比转让方更多的权利。票据持有人的权利取决于票据转让的方式以及所适用的法律。

1. 指示票据的转让

指示票据（order paper）是指包含以下内容的汇票或本票：①标明可为背书的受款人的名字，例如"凭马德利的指示付款"；②以具名背书为最后背书，例如，"向马德利付款"。指示票据可以通过交付或背书而转让。也就是说，凭马德利的指示付款的汇票，可以通过马德利在汇票上签字并交付给持票人的形式，转让给持票人。

2. 不记名票据的转让

不记名票据（bearer paper）是包含以下内容的单据：①票面上标明向持票人付款或支付现金的命令，或者②最后背书为空白背书，即在特定背书中只需受款人签字或最后背书人签字。不记名票据通过交付即可转让。

不记名票据与指示票据相比，风险较大。如果不记名票据丢失或被盗，票据仍须兑付。在200多年前，即1758年英国王座法院审理的一起案件中，法院分析了不记名本票与现金、货物相比，与哪个更相似。法院认为，不记名票据是现金的替代物，在本案中，旅店主人支付了对价，在正常的商业过程中取得了本票，就像取得现金一样；银行应当承担支付义务。

3. 指示票据与不记名票据的转换

指示票据可以通过空白背书或向持票人付款背书，转化为不记名票据。不记名票据可以通过具名背书转化为指示票据。

汇票与本票的转让方式取决于在转让时票据的性质。如果在转让时，票据是指示票据，它必须通过交付和背书转让，如果是不记名票据，只需要交付即可转让。例如，以卡马为付款人的本票，而卡马只在票据背面签署自己的名字转让了票据，此时，票据可以通过交付转让，从卡马手中受让票据的人也可以只通过交付转让。当然，任何一个后手可以通过具名背书的方式将不记名票据转化为指示票据。例如，阿里受让了票据，他在票据上记载"支付给克汉"，然后签上自己的名字，将票据交给了克汉。克汉在转让票据的时候必须背书。

4. 背书

在指示票据转让的时候，需要背书（an endorsement）。背书是通常记载于票据背面的签字，可以附条件，也可以不附条件。背书有四种：①具名背书（special endorsement）；②空白背书（blank endorsement）；③无追索背书（qualified endorsement）；④限制背书（restrictive endorsement）。前面已经介绍了具名背书和空白背书，下面讨论无追索背书和限制背书。

一般而言，受票人和本票出票人应当向为票据义务提供担保的背书人履行承兑或支付义务。然而，出票人可以通过无追索背书的形式，撤销这一背书。根据普通法国家的要求，无追索背书一般需要加上"无追索"（without recourse）字样，而《统一汇票和本票法公约》

没有特别的规定。无追索背书通过由代表他人行事的人使用。例如，律师代表客户收到了一张支票，然而将支票背书转让给自己的客户，这个律师的背书只是为了让客户兑付支票，并不愿意为支票承担任何其他责任，可采用无追索背书形式。

限制性背书对后手的权利设定了限制条件。限制性背书包括附条件背书、托收背书、禁止继续背书的背书以及代理人背书。根据美国《统一商法典》第3-206条以及《统一汇票和本票法公约》第15条的规定，这些限制性背书并不影响汇票或本票的可转让性。

附条件背书（a conditional endorsement）包含一项在特定条件成熟时才能付款的声明。根据这一声明，汇票或本票只限制了背书转让票据的权利，其后手有权利请求附条件背书人承担完成背书中规定条件的义务。

托收背书（an endorsement for collection）使得被背书人（通常是一家银行）成为背书人的托收代理人。在普通法国家，这种背书通常包括"仅用于存款"（for deposit only）、"仅用于托收"（for collection only）、"付给任何银行"（pay any bank）字样。在大陆法国家，则使用"托收价款"（value in collection）、"代理"（by procuration）字样。托收背书的法律后果是将单据纳入银行托收程序之中。在普通法国家，只有银行在这类背书情况下可以作为被背书人，除非该单据被银行背书转让给另一个不是银行的当事人。根据《统一汇票和本票法公约》第18条的规定，任何人可以成为票据的持有人，但持有人只能将单据用于托收之目的。

表 12-3　背书类型及范例

背书类型	范　例	被背书人的地位	
		普通法	ULB
空白	【签字】罗纳尔	持有人	持有人
具名	付给西蒙。 【签字】罗纳尔	持有人	持有人
无追索	无追索付给西蒙。 【签字】罗纳尔	没有对抗背书人的权利	没有对抗背书人的权利
附条件	在西蒙交货后付款。 【签字】罗纳尔	在条件成熟前不得对抗背书人	在条件成熟前不得对抗背书人
托收	仅用于托收。 【签字】罗纳尔	背书人的托收代理人	背书人的托收代理人
禁止	仅付西蒙。 【签字】罗纳尔	持有人	无权对抗背书人
代理人	付给西蒙，罗纳尔的代理人。 【签字】罗纳尔	背书人的收款代理人	背书人的收款代理人

禁止继续背书的背书（an endorsement prohibiting further endorsement）规定，票据只能向特定人支付。例如，背书中包含"仅能向哈利·波特付款"。对于这一背书，普通法国家和《统一汇票和本票法公约》有不同的规定。普通法国家视这类背书为具名背书，而公约则规定此类背书为无追索背书，背书人不担保承兑或付款。

代理人背书（an agency endorsement）要求被背书人将从汇票或本票转让所得的款项付给背书人或第三人。在普通法国家，代理人背书包含"付给哈利·波特，奥里弗·克罗尔的代理人"等条款,而大陆法则写明"付给马克西米林,作为抵押价值(被代理人签字)"。在普通法国家法律以及《统一汇票和本票法公约》之中,作为代理人的被背书人只能按背书要求转让。然而,这种限制仅限于直接被背书人,对于任何后手都没有约束力。

12.6.3 伪造的背书

当背书是伪造的时候,谁应当起诉伪造背书者呢?或者,如果伪造者找不到了,谁应当承担损失呢?答案可能是多样的。在商业上最合理,也就是最大可能地促进汇票或本票的可转让性的方案是,让汇票或本票的出票人承担责任。这一方案被《统一汇票和本票法公约》采纳了。《统一汇票和本票法公约》第 7 条规定,伪造背书具有完全的法律效力,因这一背书而持有票据的人以及后手均有权请求支付。

另一种可能是让最有能力防止伪造背书的人承担责任。这可能是最公平的规则,但这一规则也鼓励了花费巨大的诉讼。普通法国家采纳了这一规则。作为一项一般原则,普通法规定伪造的背书无效,将判断背书是否有效的责任交由从伪造者手中取得票据的被背书人承担。

普通法上关于伪造背书无效的一般规则存在两项例外:冒名顶替者规则以及编造受款人规则。冒名顶替者规则规定,假冒他人,使票据得以签发、背书转让的,假冒者又为背书转让的,该背书有效。例如,某甲进入一家商店,假冒是店主的债权人,要求店主付款。店主误信,签发了一张支票,某甲持票到附近一家使用支票超市购物,然后消失。某甲是一个冒名者,其背书是有效的,店主不能拒付,当超市提示付款时,银行应当付款。编造的受款人规则规定,票据是向一个编造的受款人签发的,声称自己是编造的受款人的人所为的背书,是有效的。例如,安是一个公司雇员,她告诉自己的雇主,自己需要向一个供应商付款,需要老板签发一张支票,在支票签发之后,安伪造供应商的背书自己兑付了支票。在现实中,无论编造的受款人(供应商)是否存在,他无权向安的老板主张权利。然而,被伪造的供应商的背书却是有效的,当善意的持票人要求付款时,安的雇主应承担付款责任。

12.6.4 对于出票人免于付款的理由的限制

持有汇票或本票、受让被转让的合同义务的主要不利之处在于,出票人可以种种理由拒付票据。而使用可转让票据时,这些拒付理由受到了限制。

《统一汇票和本票法公约》对于出票人的免责理由做出了最为严格的限制。任何通过票据转让获得票据的人,即为票据持有人,持有人有权从本票出票人和汇票出票人处获得付款。出票人的免责理由只有三个:第一,持票人不是通过连续背书获得的票据,因而不是票据持有人。例如,持票人在票据上以其他人的名义背书。第二,票据持有人是恶意取得的票据。恶意(bad faith)包括票据实际上是由持票人窃取所得,持票人实际知晓票据是盗取、拾得的,持票人实际知晓受款人或前手非以正当手段取得的票据。第三,票据持有人取得票据存在重大过失。在重大过失(gross negligence)情况下,除了持票人"实际知晓"这一要求外,其他情况均与恶意取得相同。根据《统一汇票和本票法公约》第 16 条规定,重大过失是指票据持有人在审查票据或审查出票人或前手的权利时确实存在疏忽。

与《统一汇票和本票法公约》相反，普通法国家的法律对于出票人免除付款义务的理由限制极少。简而言之，票据占有人首先必须是一个持有人，即通过连续背书转让获得票据的人。票据占有人如果不是持票人，则对票据不享有权利，应当放弃请求付款的权利。

如果汇票或本票的占有人是一个一般持票人，出票人拒付的理由是相当多的。但是，如果持有人被证明具备了正当票据持有人的地位，则出票人拒付的理由应当受到限制。正当票据持有人（a holder in due course, HDC）是指支付了对价，善意地取得了票据的人，此人不知晓票据已经过期，已经被拒付或付款人有正当理由拒绝付款的事实。根据美国《统一商法典》第 3-307 条的规定，票据持有人应当就此承担举证责任。支付对价的要求意味着因受赠或继承而取得票据的人只能是一般持票人。善意则要求持票人不知晓或不应当知晓票据存在瑕疵。

12.6.5　汇票出票人、本票出票人、受票人、背书人与担保人的责任

本票出票人、汇票出票人以及票据的背书人承担两类责任，一类是票据责任（liability on the instrument），即因在票据上签字而承担的责任；另一类是担保责任（warranty liability），即在一个当事人转让票据或提示可转让票据时应承担的默示责任。重要的是，这两类责任均和基础合同没有关系。

1. 票据责任

签发了票据的人有合同上的支付义务。对于本票出票人、汇票受票人以及担保人，这一义务是第一位的，即，他们必须在票据提示时支付款项。提示（presentment）是指向有义务付款的人，为承兑或付款而出示票据。如果票据不是即时性的，当事人应当在期限届满之时提示，而即时付款票据应当在签发后合理时间内提示。如果未在合理的期限内提示，可能丧失取得付款的权利。在菲律宾法院审理的一个案件①中，法院发现，受款人在支票签发已过四年后才提示支票，超出了合理的期限，银行没有义务兑付支票。

票据的出票人、背书人以及担保背书人承担的票据责任是第二位的，也就是说，只有在第一位的票据责任人，如本票出票人、汇票受票人以及担保人不能付款时，才承担责任。

持票人或者受让人在不能从本票出票人、汇票受票人以及担保出票人获得付款时，必须采用三个步骤，才能要求承担第二付款责任的当事人付款。首先，票据必须被正确地提示。也就是说，票据必须包含所有必需的背书，且必须被及时地在规定的地点提示。其次，如果是汇票，汇票应当被拒付（protested），也就是说，由拒付人（根据拒付地法律规定有义务拒付的人）出具正式的拒绝付款证书。根据美国《统一商法典》第 509 条规定，拒付证书就当由公证人出具，证书表明以下内容：①拒付票据的人；②拒付地点；③本票出票人或汇票受票人拒付原因，如果无法找到出票人或受票人，应当写明拒付的原因。第三项要求是向承

---

① Far East Realty Investment Inc. v. Court of Appeals et al. Philippines Supreme Court Reports Annotated, Second Series, vol. 166, p. 256 (1988).

担第二位付款责任的人发出通知。首先，持票人应当通知汇票出票人以及最后一位背书人。此时，票据持有人如果知道其他背书人的地址，也应当给予通知。接到通知的任何背书人为了保留对其直接背书人的权利，必须立即通知该背书人。美国《统一商法典》第3-508条规定，通知应在三个工作日内发出，而银行必须在一个工作日内发出通知。根据《统一汇票和本票法公约》第44条的规定，在欧洲，发出通知的期限为两个工作日。通知的形式没有限制，只要通知足以指明票据以及被拒付的事实。

2. 担保责任

欧洲国家（包括英国）与美国关于可转让票据的规则之间最重要的差别是与票据的担保责任有关的规则。在欧洲，票据责任只能源于票据，除非某人在票据上签字，否则不承担任何责任，包括担保责任。在美国，为对价转让票据的任何人，对于其后的受让人以及善意地取得票据的任何后续持有人承担默示的担保义务，包括没有在票据上背书的不记名票据的转让者。担保责任包括五项内容：

（1）转让者对票据拥有完整的权利，或以其他方式对票据拥有完整权利的人授权收款或承兑；

（2）所有签字是真实的或被授权的；

（3）票据没有被实质变更；

（4）不存在对于转让者的任何抗辩；

（5）转让者不知晓本票出票人、承兑人或未承兑票据的出票人进入破产程序的事实。

12.6.6　银行在托收和可转让票据支付中的作用

对于可转让的票据，银行发挥了四项职能：第一，银行自己签发票据，如保付支票或存单；第二，银行可以作为汇票的受款人或汇票或者本票的承兑人，承担第一位的付款责任；第三，为托收而充当持票人或受让人的代理人；第四，作为票据被背书人，付款给背书人之后，自己提示票据，请求付款。

在1959年美国南卡罗来纳州高等法院审理的一起案件[一]中，加拿大的一家公司向美国的一家公司出售土豆种，总价款为19 620美元。货物装船后，加拿大公司开立了一张汇票，日期为1955年2月7日，金额为19 620美元，受票人为美国买方公司，受款人为加拿大的一家名为诺化斯科特的银行。加拿大的卖方公司将汇票贴现给了诺化斯科特银行，其贴现合同规定，在贴现之后，卖方所享有的对于美国受票人的权利也相应地转让给银行。银行委托其美国往来行收取了款项，但是，一家名为阿兰的银行为了执行其对于加拿大卖方的判决，扣留了这笔款项。诺化斯科特银行起诉。本案的争议点是，诺化斯科特银行是票据所有人还是托收代理人。法院认为，在银行通过正常的业务程序将票据贴现之后，取得了汇票权利，成为票据持有人。

[一] Charles R. Allen, Inc. v. Island Cooperative Services Coop. Ass'n., Ltd., 234 S.C. 537, 109 S.E.2d 446 (1959).

12.7 信用证

假定买方购买了国外货物，买方应当何时付款呢？卖方毫无疑问希望买方提前付款，而买方则希望在付款之前，确定：①货物已经实际装运；②装运的货物符合合同的要求；而且，买方实际上更希望：③在支付之前交付货物。

由于于买卖双方的谈判实力不同，可以写入合同之中的交易安排可能有多种形式。如果卖方不能确定买方的信用，卖方可能坚持提前付款。如果买方希望在确认货物已经装船后再付款，可以采用付款交单（documents against payment）的方式，即卖方将运输单据和所有权文书交给银行，在买方向银行提交了卖方已经收取了货款的收据后，银行才将单据交给买方。如果买方坚持在货物交付之后才付款，双方可以采用收货交单（documents against acceptance）的方式，即买方将货款交给银行，在卖方向银行提交了买方已经收取货物的收据后，银行才将货款交给卖方。

以上两种形式很少使用，部分原因是，这些方式表明双方并不相互信任。为了避免这种情况，合同当事人采用了信用证支付方式。信用证（letter of credit）⊖是由银行或他人应开证申请人申请出具的文书，是开证行与开证申请人为第三人利益订立的附条件的协议。协议规定，出具文书的人有义务在一定的期限内，在受益人（beneficiary）提交了开证申请人规定的单据后，支付申请人签发的汇票。国际商会的《跟单信用证统一惯例》（UCP 600）第 2 条规定，信用证意指一项约定，无论其如何命名或描述，该约定不可撤销并因此构成开证行对于相符提示予以兑付的确定承诺。兑付意指：

（1）对于即期付款信用证即期付款；

（2）对于延期付款信用证发出延期付款承诺并到期付款；

（3）对于承兑信用证承兑由受益人出具的汇票并到期付款。

在国际贸易中，信用证的功能是替代国际银行向买方提供的信用。在此类的交易中，买方是开户方，买方银行是开证行，卖方是受益人。图 12-6 是典型的信用证交易流程。

关于信用证的功能，斯科顿法官在1918年的一个判决⊜中写道，一国买方与另一国卖方之间大量的产品交易导致了一个买卖双方之间，为最便利地支付货款而创设的伟大的金融机制的诞生。卖方为了贸易融资，希望在向买方发货之后尽可能早地得到货款，为此，卖方以货款为基础开立了一张汇票，将汇票与货物运输单据以及保险单，有时还包括发票，放在一起，并将这套单据出售给收款银行。在买方依据通常的交易流程付款前，卖方即得到了货款，而收款银行按时将汇票提交承兑，在承兑之前，其他单据以及单据项下的货物将作为质押担保。另一方面，买方在将货物转售之前，也不希望付款。如果汇票是向买方开立的，在买方承兑到期之前，卖方或收款银行也不希望失去货物所有权凭证。但是，如果买方提供一家信用度高的银行承兑汇票，收款银行即得到了付款承诺；如果采用汇票的形式，即得到了

⊖ 信用证是英语国家使用的术语，在法语国家以及以法语为基础的国际商会文件中，信用证被称为跟单信用证。

⊜ Guaranty Trust Company of New York v. Hannray, (1918) 2.K.B.659.

议付的承诺，收款银行可以立即贴现汇票。买方的银行可以将单据作为其履行承兑义务的担保，买方可以安排货物的出售和交付事宜。

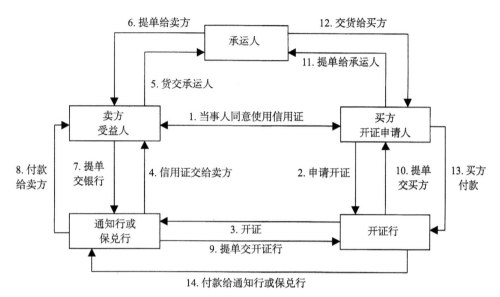

图 12-6 典型的信用证交易流程

信用证可以有多种形式。虽然信用证有不同的形式和名字，但其间并不相互排斥。例如，信用证可以同时是不可撤销的，清洁的。当然，信用证不可以同时是可撤销的，又是不可撤销的。

表 12-4 信用证的类型

汉语名字	英文名称	说明	评论
不可撤销	Irrevocable	未经受益人明示同意，不得修改	受益人最偏爱，因为这对于受益人是最安全的
可撤销	Revocable	可以被开证行撤销	受益人最不喜欢，因为这对于受益人最不安全
保兑的	Confirmed	第二家银行在票据上背书，表示愿意对于特定的单据承担付款责任	为受益人提供了额外的付款担保
可议付	Negotiable	允许指定的汇票可以由任何银行议付	只有开证行承担付款责任
背对背	Back to back	买方开立两份信用证，一份用于向卖方支付货款，一份由卖方向其供应商付款	帮助在本地获得贷款的出口商，帮助出口商得到供应商提供的出口货物
可转让	Transferable	允许受益人将信用证转让给第二受益人	和背对背信用证一样的功能，但只开立了一份信用证
循环	Revolving	买方在卖方获得货款后，可以自动恢复原有额度的信用证	用于信誉好，进口量大，定期从同一出口商进口货物的买方
光票	Clean	不需要提供任何单据的信用证	只用于买卖双方有长期关系的情况
备用	Standby	卖方申请人以买方为受益人的信用证	作为卖方依约交货的担保，如果卖方交付的货物存在问题，买方可以退货并要求开证行退还货款
即期	Sight bill	买方汇票在提示时付款	缺省安排

(续)

汉语名字	英文名称	说明	评论
远期	Time bill	买方汇票在特定时间或特定时期之后付款	给予买方在支付货款之前售出货物的时间
延期	Deferred payment	卖方同意在提交单据之后一段时间再提示即期汇票的信用证	与远期信用证相同,只是汇票是即期汇票
红条款	Red clause	在卖方提交所需单据之前付款	在装运之前为卖方提供资金的一种方式,对于中间商以及需要预付款的交易商有利

12.7.1 适用的法律

几乎所有的信用证都遵守国际商会的跟单信用证统一惯例(UCP),当前适用的是2006年国际商会修订、2007年7月1日生效的UCP 600。统一惯例既不是一个条约,也不是法律,大多数银行将统一惯例引入其开立的信用证中。

一些国家制定了关于信用证的法律。例如,美国《统一商法典》第5条已经被所有的州所采纳。然而,即使存在关于信用证的法律,统一惯例仍可以通过当事人的合同规定而得到适用。《统一商法典》第1-102条允许当事人通过合同改变法律规定的要求,而纽约州、密苏里州等州则通过修订法律,废止了《统一商法典》中有关信用证的规定。

国际商会大约每十年对统一惯例做一次修订。1933年统一惯例首次发布。1951年、1962年、1974年、1983年以及1993年商会发布了统一惯例的修订本,而最新的统一惯例是2007年生效的UCP 600,这一版本取代了1994年生效的UCP 500,UCP 600共有39条。

这次修订的目的是为了减少信用证的单证不符比率,所谓单证不符,是指信用证所规定的单据与当事人提交给银行的单据之间的差别。虽然极少因单证不符而发生拒付,但付款迟延的情况常常发生。规则的修改,缩短了银行审单的期限,这一期限从7天减少到了5天。另外一项修改是,增加了开证行开立可撤销信用证的难度。当基础交易项下货物的价格剧烈波动时,当事人偶尔会使用这类信用证。新规则要求可撤销信用证必须明确标明其为可撤销的。在定义和解释中也增加了新的内容,使规则更加明确。

其他修订内容包括:运输单据上无须标明"清洁"字样;信用证上申请人和受益人的地址无须和发票一致,因为公司可以有多个地址;引入了eUCP的12个条款,这是商会制定的关于电开信用证的规则;将"议付"定义为购买(purchase)单据。

12.7.2 申请开证

在多数情况下,需要开立信用证的当事人必须向其开户银行申请。开证申请书(见图12-7)应当是完整的。开证申请不是为了取得融资,而是告知开证行在信用证中应当包含哪些内容。根据《统一商法典》第5-105条的规定,虽然开证申请人和开证行是合同当事人,但是,申请人无须为信用证的开立、修改支付对价。当然,如果银行没有向申请人提供融资,或者申请人在银行没有存入足以支付信用证金额的资金,银行可能拒绝开证。买方为开证应当告知银行的要求包括：

Applicant The Importer, Ltd. 76 Fleet Street London, England	Issuing Bank IMPORTERS BANK, PLC Lnd Branch, 13 Trenton Mews London, England
Date of Application: 1 June 2008	Date and place of expiration of the credit: 14 July 2008 Buenos Aires, Argentina
[X] Issue by (air) mail [ ] Issue by air mail with brief advice by telegram or other written communication [ ] Issue by telegram or other written communication (which shall be the operative credit instrument) [ ] Transferable credit	Beneficiary Compañía de Exportes, S.A. 203 Avenida de las Americas Buenos Aires, Argentina
Confirmation of the credit to the beneficiary [X] Not requested [ ] Requested	Amount £18,500 (eighteen thousand five hundred pounds sterling)
[ ] Insurance will be covered by the applicant	
Partial Shipment [ ] Allowed [X] Not Allowed Transshipments [ ] Allowed [X] Not Allowed	Credit available with
Shipment/Dispatch/Delivery to Buenos Aires not later than 7 July 2008 for transportation to London	by [ ] sight payment [X] acceptance [ ] negotiation [ ] deferred payment at against the documents detailed here [X] and beneficiary's draft at sight on yourselves
Goods (brief description without excessive detail) 10,000 pairs of woolen mittens @ £ 1.85/pair	[ ] FOB [X] CIF London [ ] C&F [ ] Other terms
Commercial invoice and three (3) copies. Full set of clean on board bills of lading to order and blank endorsed, marked Freight Paid and Notify The Importer, Ltd., 76 Fleet Street, London, England. Insurance and certificate for invoice value plus 10% covering marine and war risks and including all risks. Certificates of Origin issued by a Chamber of Commerce in three (3) copies evidencing that the goods are of Argentine origin. Packing lists in three (3) copies.		
Documents to be presented within 7 days after date of issuance of the transport documents but within the validity of the credit.		
Additional conditions		
We request you to issue your IRREVOCABLE letter of credit for our account in accordance with the above instructions (marked with an X where appropriate). The credit shall be subject to the Uniform Customs and Practices for Documentary Credit (1993 Revision, Publication No. 500 of the International Chamber of Commerce, Paris, France), insofar as they are applicable. We authorize you to debit our account.		
No. 994578-213	for The Importer, Ltd. Treasurer Name stamp and authorized signature of the applicant

图 12-7　开证申请书

（1）信用证金额；

（2）信用证是可撤销的还是不可撤销的；

（3）信用证是否可以转让；

（4）信用证是即期付款信用证、迟延付款信用证、承兑信用证还是可议付信用证；

（5）信用证的通知方式；

（6）如果需要使用汇票，汇票的受票人；

（7）为付款需要提供的单据的内容；

（8）交单时间；

（9）是否允许分批装运；

（10）信用证失效的时间和地点。

当买卖双方订立合同，买方同意采用信用证付款，或卖方同意开立备用信用证时，未能开立信用证的后果取决于信用证的开立是合同成立的条件或是合同履行的条件。在第一种情况下，合同没有成立，不存在违约责任问题。而在第二种情况下，因为合同已经成立，未开立信用证将构成违约，另一方有权因此请求损害赔偿。在1952年丹宁法官审理的一起案件⊖中，讨论了不履行开证条款产生的后果。本案中，当事人达成的合同中包含了买方立即向卖方开立信用证的允诺，然而，买方没有开立信用证，卖方也没有发货。卖方起诉要求买方赔偿利润损失。法院认为，一些开证条款是合同成立的条件，而另外一些则是合同的内容。本案中，卖方显然可以相信开证是已经成立的合同的一项内容，买方违约，应当承担损害赔偿的责任。

12.7.3　信用证的形式要求

虽然信用证并不需要按照特定的格式开立，但是，在形式上，信用证必须是：①书面的；②由开证行签发；③肯定且明确。根据国际商会的统一惯例，信用证应当表明其是否可以撤销。如果存在任何疑问，信用证是不可撤销的。下例（见图12-8）是一张不可撤销的信用证。

另外，信用证应当清楚地表明付款时间和方式，因而，信用证应当明确规定其为即期付款、延期付款还是承兑信用证，信用证应明确是否可以议付，还应当明确规定付款行、按照信用证规定承兑汇票的银行以及议付行。

12.7.4　通知和保兑

一旦银行开立了信用户证，它通常会将信用证交给其在受益人所在国的往来银行，由其将信用证交给受益人。这家往来银行，被称为通知行（an advising bank），即应信用证开证行请求向受益人通知信用证并向其提交信用证的银行。通知行不承担任何付款义务。通知行对于开证行承担的唯一义务是确保向受益人通知且交付了信用证，尽到了检查信用证表面真实性的合理注意义务。为此，通知行应当比较信用证上的签押以及其存档的开证行的授权签押。

⊖ Trans Trust SPRL v Danubian Trading Co Ltd [1952] 2 QB 297, [1952] 1 All ER 970.

IRREVOCABLE LETTER OF CREDIT Number 07889	Issuing Bank IMPORTERS BANK PLC London Branch, 13 Trenton Mews London WC1, England
Place and date of issue London, 15 June 2008	Beneficiary Compañía de Exportes, S.A. 203 Avenida de las Americas Buenos Aires, 1109 Argentina
Date and place of expiration of the credit London, 14 July 2008, at the counters of the advising bank	
Applicant The Importer, Ltd. 76 Fleet Street London, England	Amount £18,500 (eighteen thousand five hundred pounds sterling)
	[ ] Insurance will be covered by applicant
Advising Bank Banco del Sur 47 Calle Corto Buenos Aires 1117 Argentina	Credit available with by [ ] sight payment [x] acceptance [ ] negotiation [ ] deferred payment at
Partial Shipment [ ] Allowed [x] Not Allowed Transshipments [ ] Allowed [x] Not Allowed	against the documents detailed here

Shipment/Dispatch/Taking in charge from/at
Buenos Aires
for transportation to:
London
	[x] and beneficiary's draft at sight
	on Banco del Sur
	    47 Calle Corto, Buenos
	    Aires, 1117 Argentina

SIGNED INVOICE IN THREE (3) COPIES certifying that the goods are in accordance with The Importer, Ltd.'s Order No. 0791 of 22 May 2008.

FULL SET OF CLEAN ON BOARD BILLS OF LADING to order and blank endorsed, marked Freight Paid and Notify The Importer, Ltd., 76 Fleet Street, London, England.

INSURANCE AND CERTIFICATE for invoice value plus 10% covering marine and war risks and including all risks.

CERTIFICATES OF ORIGIN issued by a Chamber of Commerce in three (3) copies evidencing that the goods are of Argentine origin.

Packing lists in TRIPLICATE.
covering woolen mittens, CIF, London.

Documents to be presented within   7   days after date of issuance of the transport documents but within the validity of the credit.

Additional conditions

We hereby issue this IRREVOCABLE letter of credit in your favor. It is subject to the Uniform Customs and Practices for Documentary Credit (1993 Revision, Publication No. 500 of the International Chamber of Commerce, Paris, France), insofar as they are applicable. The number and state of the credit and the name of our bank must be quoted in all drafts requested if the credit is available by negotiation, each presentation must be noted on the reverse of this advice by the bank where the credit is available.

IMPORTERS BANK PLC
London Branch

This document consist of 1 signed page(s)

图 12-8　不可撤销的信用证示例

开证行也可以请求另一家银行对不可撤销的信用证提供保兑。保兑是保兑行（a confirming bank）做出的独立的承诺，保证在提交了信用证指定的单据或其他信用证规定的条件成就后，履行付款、承兑或议付义务。下例（见图 12-9）是一份保兑信用证的样例。

Notification of IRREVOCABLE LETTER OF CREDIT	Advising Bank　　Number　07889 BANCO DEL SUR 47 Calle Corto Buenos Aires, 1117 Argentina
Issuing Bank 　Importers Bank, Plc. 　London Branch 　13 Trenton Mews 　London, England	Reference Number of Advising Bank　1534
	Place and date of notification 　Buenos Aires, 17 June 2008
	Amount　£18,500 (eighteen thousand five hundred pounds sterling)
Reference Number of Issuing Bank 　07889	
Applicant 　The Importer, Ltd. 　76 Fleet Street 　London, England	Beneficiary 　Compañía de Exportes, S.A. 　203 Avenida de las Americas 　Buenos Aires, Argentina

We have been informed by our correspondent (the issuing bank above) that the letter of credit described above has been issued in your favor. Please find enclosed the advice intended for you.

PLEASE CHECK THE CREDIT TERMS CAREFULLY. If you do not agree with the terms and conditions or if you feel that you are unable to comply with any of the terms and conditions, please ARRANGE AN AMENDMENT OF THE CREDIT THROUGH YOUR CONTRACTING PARTY (the applicant for the credit).

[ ] This notification and the enclosed advice are sent to you without engagement on our part.
[X] As requested by our correspondent, we hereby confirm the credit described above.

　　　　　　　　　　　　　　　　　　　　　　　　　　　　BANCO DEL SUR

图 12-9　保兑信用证示例

保兑行在其接受了单据付款后，有权向开证行追偿。如果不能获得追偿，保兑行有权以自己的名义取得货物所有权，并承担清算货物的风险。在开证行或开证申请人不能付款时，保兑行也应承担相应的风险。当然，保兑行可以获得货物所有权，其损害可以通过出售货物得到部分的补偿。

12.7.5 银行的义务

开证行或任何付款、承兑或议付信用证的银行，有义务"以合理的注意检查单据，确定单据与信用证的规定和条件表面相符"。如果付款、承兑或议付银行确信单据没有问题，应当将单据转交开证行，由开证行确定是否付款。开证行只能以单据本身为依据，做出判断。

必须注意的是，开证行的义务只和单据的表面性性质有关，也就是说，只要单据表面上符合信用证的要求，银行必须付款。银行不关心单据之外的情况，例如，货物的情况以及货物是否真的存在。UCP 600 第 34 条规定："银行对任何单据的形式、充分性、准确性、内容真实性，虚假性或法律效力，或对单据中规定或添加的一般或特殊条件，概不负责；银行对任何单据所代表的货物、服务或其他履约行为的描述、数量、重量、品质、状况、包装、交付、价值或其存在与否，或对发货人、承运人、货运代理人、收货人、货物的保险人或其他任何人的诚信与否、作为或不作为、清偿能力、履约或资信状况，也概不负责。"在美国 1925 年的一个判例中，开证行拒绝付款，声明银行对于货物的质量问题存在合理的怀疑，卖方只能转售了货物，并起诉开证行，要求银行承担转售损失，法院判决卖方胜诉。法院指出，除了提交单据之外，信用证从来不涉及信用证所提及的买卖合同。买卖合同是买方和卖方之间的合同，与银行没有任何的关系。银行的义务是，当信用证中规定的单据被正确地提交之后，兑付即期汇票。如果货物的重量、种类或质量与合同不符，买方可以请求卖方赔偿损失……银行只关心汇票及随付单据，这才是银行应当关注的内容。如果汇票被提示时，随附的单据是正确的，银行毫无疑问应当根据信用证付款，无论银行是否知道或者合理地相信货物存在质量问题……据我所见，银行没有任何权利或义务检查单据项下的货物是否与合同相符[⊖]。

1. 严格相符原则

在确定受益人提交的单据是否符合信用证的要求时，银行有权适用严格相符原则（rule of strict compliance）。也就是说，银行要拒收不能与信用证规定确切相符的单据。在 1954 年英国法院审理的一个案件[⊜]中，法官指出，对于涉及装运 5 000 包货物的信用证，卖方提交的单据表明，装运的数量只有 4 997 包，开证行有权拒付。同样的，在 1985 年美国法院审理的一个案件[⊜]中，写错有权发送货物到达通知的人的名字的单据，构成实质性单证不符，保兑行可以免除付款责任。

⊖ Maurice O'Meara Co. v. National Park Bank, 239. N.Y. 386, 146 N.E. 636 (1925).
⊜ Moralice (London) Ltd . v . E.D.& F. Man [1954] 2 Lloyd's Rep.533.
⊜ BEYENE v. IRVING TRUST CO., 762 F.2d 4.

UCP 600 第 14 条对于银行审核单据的标准做了较为详细的规定。

（1）单据中的数据，在与信用证、单据本身以及国际标准银行实务参照解读时，无须与该单据本身中的数据、其他要求的单据或信用证中的数据等同一致但不得矛盾。

（2）除商业发票外，其他单据中的货物、服务或履约行为的描述可使用与信用证中的描述不矛盾的概括性用语。

（3）信用证要求提交运输单据、保险单据或者商业发票之外的单据，却未规定出单人或其数据内容，则只要提交的单据内容看似满足所要求单据的功能，银行将接受该单据。

（4）提交的非信用证所要求的单据将被不予理会，并可被退还给交单人。

（5）信用证含有一项条件，但未规定用以表明该条件得到满足的单据，银行将视为未作规定且不予理会。

（6）单据日期可以早于信用证的开立日期，但不得晚于交单日期。

（7）当受益人和申请人的地址出现在任何规定的单据中时，无须与信用证或其他规定单据中所载相同，但必须与信用证中规定的相应地址同在一国。联络细节（传真、电话、电子邮件及类似细节）作为受益人和申请人地址的一部分时将被不予理会。然而，如果申请人的地址和联络细节为运输单据上的收货人或通知方细节的一部分时，应与信用证规定的相同。

（8）在任何单据中注明的托运人或发货人无须为信用证的受益人。

（9）运输单据可以由任何人出具，无须为承运人、船东、船长或租船人。

2. 改证

在单据中出现的不符点多种多样，包括打字错误以及其他细小的错误。在单据出现轻微不符点的时候，银行通常会从申请人处获得书面的豁免文件。UCP 600 的规则试图防止轻微不符点产生信用证交易中的重大问题。如果存在重大不符点或卖方无法按照原来的约定履行合同，信用证可以修改。然而，修改信用证需要得到开证行、保兑行以及受益人的批准。

3. 弃权

在开证行获知单据不符点时，它有合理的时间检查单据……决定收取或拒绝收取单据。UCP 600 规定，如果银行未及时通知单据不符的情况或未向提交单据的人返还单据，"它被排除主张单据与信用证规定的条款和条件不符的权利"。换句话说，未及时通知构成了默示的弃权。

4. 欺诈

假定银行知道卖方参与了针对买方的欺诈活动，例如，卖方假冒运输标记发货并从承运人处到得了符合信用证规定的提单。单据本身是真实的，当开证行知道欺诈行为的存在时，还需要向卖方付款吗？答案是肯定的。UCP 规定："银行不对任何单据的形式、充分性、准确性、真实性、伪造或法律效果承担责任。"

比较难以回答的一个问题是，如果基础交易是欺诈性的，银行可以拒绝付款吗？如果信用证是可撤销的，答案是肯定的。如果信用证是不可撤销的，答案可能是否定的。根据 UCP 600 的规定，不可撤销的安排，无论其名称或描述如何，该项安排构成开证行对相符交单予以承付的确定承诺，而且 UCP 规定，信用证就本质而言，信用证与可能作为其开立基础的销售合同或其他合同是相互独立的交易，即使信用证中含有对此类合同的任何援引，银行也与该合同无关，且不受其约束。将这两项条款合在一起理解，可以看出，无论基础交易存在何种欺诈，开证行都必须付款。

UCP 的规定得到了判例法的支持。在 1974 年英国法院审理的一起案件中，当事人请求法院发布禁令，禁止银行履行涉及欺诈交易的信用证下的付款义务。马格利法官拒绝了当事人的请求，至少在国际银行业领域中，法院不应当干涉银行开立的不可撤销的信用证，除非当事人提供了充足的理由，因为法院过于频繁的干预将会大大地减损人们对于信用证的信心，这种信任是十分正确的[一]。尽管如此，英国法院的判决以及 UCP 的规定，为法院在特别严重的情况下实施干预提供了可能。

在 1941 年美国纽约州高等法院审理的一起案件中，印度的一家公司出售猪鬃给原告，原告申请被告开立了一张不可撤销的信用证。印度公司将牛毛以及其他大量垃圾混在货物里，交给了船方，取得了提单，将提单和其他单据一起交给银行议付。在作为开证行的被告付款之前，原告起诉了。法院认为，尽管信用证和基础交易之间相分离，但是，这一规则适用的前提是卖方违反了关于货物担保的义务，而本案中，卖方的行为构成了故意的欺诈，如果开证行已经知道合法单据下隐藏的非法交易，银行就不能认为单据与信用证相符。尽管信用证的开立是为了给买方提供信用支持，但是，货物所能给银行提供的保证也是需要考虑的因素。这是信用证要求提单凭银行指示，而非买方指示的原因。虽然银行对于合同履行的细节不关心，但是，银行在确保单据确实代表一定的货物方面，拥有重要的利益[二]。

5. 结算过程中的欺诈

除了买方，结算银行也可能参与欺诈活动。例如，X 公司同意出售大量的零件给 Y 公司，I 银行开立了信用证，要求 X 公司提交提单，作为支付的前提。X 公司不能交付所有的零件，必须修改提单以使提单与信用证相符。X 公司将提单和信用证交给了 C 银行，X 公司是 C 银行的长期客户，欠银行一大笔债务，如果 X 公司拿不到信用证下的款项，将会破产。C 银行虽然知道 X 公司改动了提单，仍然议付了信用证，但前提是，X 公司拿到货款后，必须首先用于偿还银行欠款。X 公司同意了银行的条件。C 银行付款后取得单据，转交开证行，要求偿付。1982 年美国第九巡回上诉法院审理的一起案件，情况与此类似。法院认为，因为议付行参与了欺诈，不能再躲藏在中立的结算银行这一外衣之下，开证行无须偿付，已经付款的银行对已经支付的款项自行承担责任[三]。

12.7.6 付款当事人的权利和义务

开证申请人的权利和义务基于两个合同：与受益人（通常是卖方）签订的基础合同以及

[一] Discount Records, Ltd v. Barclays Bank, Ltd., 1975] 1 All ER 1071.
[二] Sztein v J Henry Schroder Banking Corp, 177 Misc 719, 31 NYS 2d 631 (1941).
[三] Pubali Bank v. City National Bank, 676 F.2d 1326 (9th Cir.1982).

与开证行签订的与信用证有关的合同。申请人的权利根据一般合同法由前一个合同确定，而申请人在后一个合同中的权利则适用于国际惯例。

在开证申请人与开证行的合同关系中，开证申请人权利受到的第一项限制是合同的相对性。也就是说，因为开证申请人只是和开证行之间具有合同关系，这只能请求开证行履行义务。换句话说，开证申请人根据其与开证行的合同，无权请求通知行和保兑行履行义务。在1984年美国法院审理一起案件中，开证申请人起诉保兑行，理由是保兑行在审查提单真实性时有过失，提单含有误导信息，保兑行付款是过错的。舒尔茨法官驳回了原告的起诉，理由是，保兑行只对其客户即开证行负有义务，对于开证行的客户即开证申请人没有义务，即使申请人是基础合同的当事人[⊖]。

12.7.7　受益人的权利和义务

受益人在信用证项下的权利和义务不是基于合同，而是以商业惯例为基础。这是非常重要的，因为这意味着受益人关于信用证交易没有附带性合同义务。UCP 600第4条规定，受益人在任何情况下不得利用银行之间或申请人与开证行之间的合同关系。

在受益人根据信用证请求付款时，必须向开证行或开行的代理人提交信用证规定的单据。这些单据通常包括：

（1）原产地证明，以满足海关的要求；
（2）出口许可证或健康检验证书，证明货物已被准许出口；
（3）检验证书，证明所有货物已经装船；
（4）商业发票，确认装运的货物；
（5）提单，货物所有权凭证；
（6）海上货运保险单。

只要信用证被通知行交付给受益人，受益人需要认真地审查信用证，以确保信用证与基础合同的规定相符，信用证可以修改，但受益人应当立即提出修改申请。

12.7.8　备用信用证

为确保卖方履行义务，买方可以要求卖方开立备用信用证（standby letter of credit）。备用信用证通常用于卖方交付货物后，买方需要时间校验试机的交易，例如成套设备或计算机设备。如果交付的货物运行状况不符合约定，买方可能需要自己承担损失或起诉卖方，因而处于尴尬境地。为了避免这种情况的发生，买方可以坚持要求卖方申请开立不可撤销的信用证，一旦货物不符合合同规定，买方可以要求付款。

12.8　国际融资

跨国公司的自有资金不能满足其投资或经营的需要。为了扩大经营，或为了避免现金

⊖ SERVICIO v. COMPANIA ANONIMA VENEZOLANA. 586 F.Supp. 259 (1984).

流问题或为了其他原因，跨国公司需要依靠资本市场、政府或政府间投资发展项目，提供资金。

12.8.1 私人来源的资本

如第6章所讲的，私人企业可以通过证券融资或信贷融资获得从事跨国经营所需的资金。证券融资（equity funding）是通常可以从证券市场上获得，这不是一种普遍的私人融资方式，尤其对于小公司而言。信贷融资（debt funding）可以从跨国企业母国、东道国获得，而今跨国企业最主要资金来源来自于所谓的资本输出国，这类国家数量众多。

1. 政府提供的资本来源

无论是母国还是东道国政府，都可以为外国投资者提供资金。

2. 东道国发展银行以及政府机构

几乎每一个国家，包括欠发达国家以及发展中国家，都建立了促进本地投资的机构。许多国家设立了发展银行，向外国投资者提供长期低息贷款。例如，摩洛哥国家经济发展银行以及希腊国家工业发展投资银行。关于东道国投资机会的信息可以从这个国家的使领馆网站上获得。

3. 母国进出口融资机构

几乎每一个发达国家都设立了进出口援助机构。例如，美国国际发展局（AID）向购买美国产品的外国政府直接提供长期贷款。美国海外私人投资公司向美国公司在发展中国家的投资提供贷款、担保和保险。美国进出口银行通过向美国进口商和外国出口商提供信贷，促进国际贸易。美国中小企业管理局向美国出口商提供贷款。

12.8.2 区域性和国际性发展机构

区域性发展机构促进了本地投资。这些机构主要包括非洲发展银行、亚洲发展银行、中美洲发展和经济一体化银行、中美洲发展银行、欧洲建设复兴银行以及欧洲投资银行。

世界性发展银行是国际复兴开发银行，即世界银行。世界银行以及其两大附属机构——国际开发协会和国际金融公司，向发展中国家以及欠发达国家提供了上千亿美元的贷款。世界银行和国际开发协会向政府直接提供贷款，而国际金融公司则向私人公司提供贷款。

12.8.3 对销贸易

并不是所有的国际货物和服务贸易需要支付现金对价。作为购买货物和服务的对价常常不是现金而是货物或服务。这种取代或辅助于现金支付的交易，被称为对销贸易（coutertrade）。

当事人同意采用对销贸易的原因主要是：买方缺少资金或可自由兑换外汇；买方希望得到更好的交易条件；政府采购者希望保护或刺激国内工业产量或保持对外贸易平衡。许多交易形式符合对销贸易的定义，包括：

(1)易货:买卖双方互相提供货物或服务。

(2)回购:出口商提供设备或技术,买方使用技术或设备生产产品,用于支付设备或技术。

(3)互购:当事人订立两份独立的合同,第一份规定交付一定的货物或服务,而在第二份合同中则规定在较晚时间提供货物或服务。例如,一方先交付货物,以获得另一方的农产品,该农产品需要在较晚时间收获后,才能交付。

(4)抵消:高价产品(如军用飞机)的卖方与政府采购机构订立协议,卖方同意从买方处"购买"货物,以冲抵买方因购买高价产品而产生的国际收支不平衡。

(5)掉期:当事人(一方为政府)面临大笔债务负担时可使用这种交易形式,这种交易涉及两种不同金钱债务的交换安排,例如股份与交付货物与服务之间的交换。

(6)来料加工:外国供应商雇用加工者加工原材料,而加工者不用支付材料款,供应商出售加工后的产品给第三方,向加工者支付加工费。

◇ **参考案例**

英国卷板信用证纠纷

1950年9月,英国卖方出售1 000吨卷板钢材给比利时买方,贸易术语为FOB,交货期为当年12月。为履行合同,卖方从美国公司购入钢材。根据合同的规定,买方需要开立保兑信用证,信用证的受益人为美国公司。但买方并未开立信用证,卖方发信催促,买方回信拒绝了卖方的开证要求。卖方起诉了买方,声称买方行业构成根本性违约。买方辩称,开证是合同成立的一个条件,如果这一条件不成立,合同亦不成立,买方不用承担任何义务。

法官提出,信用证是银行在收到运输单据后向卖方付款的允诺。信用证交易产生的原因之一是卖方希望在交付货物之时拿到货款,另一个原因是卖方在准备货物时会产生一定的费用,卖方希望利用信用证交易证使这些费用尽早得到偿付。若卖方拿不到信用证,卖方无法从银行获得融资。因此,卖方履行交易依赖于买方的信用证的开立,也正因如此,卖方规定交货前的特定时间买方应当开立信用证。关于信用证的开立与合同的关系有两种情况:其一,信用证的开立是合同成立的条件,如果信用证没有开立,合同不成立;其二,合同已经成立,开证是合同中的一个条款,它不是合同成立的前提,而是卖方履行交付义务的前提,如果买方没有开证,卖方就可以解除自己的后续合同义务,并向买方主张损害赔偿。

在本案中,买方在9月25日发出了一份订单,其中称"信用证将立即开立"。法官认为这是一个确定的要约,买方保证将立即开立信用证,而在双方就一些细节达成协议之后,即在买卖双方之间成立了一个合同,而开证则是买方的一项义务,而不是合同成立的条件。买方没有履行这一义务,卖方给买方额外的一段时间开证,但买方仍未开证。

关于损害赔偿措施,法官认为,这是本案的一个关键问题。买方认为,货物的价格相比合同订立之时的价格显著上升,卖方可以高于合同价格的方式转卖货物,因此,卖方只能获得名义赔偿。法官指出,如果卖方的诉因是买方不收货或拒绝履行收货义务,则卖方获得的赔偿是名义的。但是，卖方起诉的理由是买方没有开立信用证，买方辩称，信用证只是支付价款的方式，卖方获得的赔偿仍应是名义性的。显然，买方的抗辩将开证义务与付款义务相等同。法官认为，这是一种错误的看法，信用证不仅仅是卖方获得提前付款的保证，而且可以给卖方带来直接的利益，这是银行不可撤销的承诺，卖方可以将信用证转让，卖方也可以押汇备货。如果信用证未被开立，卖方将可能无法备货，因此卖方的损失不仅仅是名义上的。即使货物的市场价格上升，卖方也可能无法获得涨价所带来的好处，因为卖方无货可售。卖方应得的赔偿是信用证正常开立时其可获得的利润，只要卖方能证明在订立合同时买方能够预见违约可能导致这一结果。在本案中，买方知道，如果不开证，卖方无法获得货物。因此，法院认为，无论货物价格上涨还是下跌，卖方均可以获得预期利润的赔偿。

本章练习

1. 一张餐巾纸上写着下面的内容："本人谨此承认欠弗拉基米尔·列宁1万卢布，在下个月本人位于彼得堡的别墅被卖出后，从出卖所得款项中还本付息。付款期为签字日期之后6个月。签字地点柏林。奥托·俾斯麦（签字）"。这是一张可以转让的文据吗？

2. 穆罕默德从卡汉手中以10万英镑的价格购买了一个商店，为了履行支付义务，穆罕默德签发了一张本票，上面包括两个条款：第一，在1992年1月1日当日或之前，本人承诺支付10万英镑现金或将我在德班拥有的房产所有权转让给持票人或卡汉，由其选择。第二，兹注明，本票之出票人保留将付款日期延长至6个月的权利，持票人保留将付款期无限延长的权利。这些条款对于本票的可转让性有什么影响呢？

3. 本·阿诺德为杰弗逊工作了多年。在这期间，本为杰弗逊准备工资支票、向供应商付款的支票等。但杰弗逊并不知道本是一个赌棍，欠了黑社会大笔赌债。在死亡的威胁之下，本以一个根本不存在的供应商为收款人，开具了一张支票。杰弗逊在不知情的情况下，签了字。本然后以本人为被背书人，以那个根本不存在的供应商为背书人，在支票上做了背书。随后，本兑付了支票，将钱存在自己的账户上，过了一段时间之后，本逃到了国外。此后，付款行将支票提交杰弗逊的开户行要求付款，杰弗逊的银行兑付了支票。当杰弗逊发觉本离职且诈骗他了一大笔钱之后，他要求本的开户行将款项返还自己的开户行。本的开户行必须返还吗？请根据英国《汇票法》《统一汇票和本票法公约》、美国《统一商法典》的规定分别加以分析。

4. V女士是W国的一位富有的收藏家，有意购买Z国的Y先生手中的一幅画作。双方同意由评估师估定价格。V女士将通过Y先生派自己的代理人X取走画作。V签发了一张支付给Y的支票，但金额未填写。将支票交给了X，指示X将支票交付Y先生。在未经授权的情况下，X将金额填写为100万元，将支票交付给了Y先生。此时，Y收到了评估师的估价，估定的价格是75万元。X告诉Y先生，V女士将金额写为100万元，是为了能够超出评估价格，现在V女士要求自己带走画作以及多支付的款项。Y先生将画以及25万元现金交给了X。X将画交给了V女士，但卷走了25万元，销声匿迹了。当V女士知道真相后，止付了支票，请求按75万元付款。Y先生拒绝了，坚持V女士必须付100万元。Y先生的主张正确吗?

5. D 向 P 签发了一张支票,P 将数字 9 改为 90 之后,在一家本地的便利店将支票花了出去。D 或 D 的银行有义务向商店支付 90 元吗?请根据英国《汇票法》《统一汇票和本票法公约》、美国《统一商法典》的规定分别加以分析。

6. 约翰在一家知名的快递公司工作,向皮特交付了一个大包裹,皮特在其认为是一张收货单的文据上签了字。包裹中是皮特从国外订购的货物。数月后,D 要求皮特支付 5 000 元,此时皮特才发现自己签字的竟然是一张付款期为三个月的可转让本票,而不是收货单。D 最近从约翰手中获得了这张本票。皮特必须付款吗?请根据英国《汇票法》《统一汇票和本票法公约》、美国《统一商法典》的规定分别加以分析。

7. CEE 公司位于加拿大,同意向丹麦的 DEE 公司出售枫糖浆。DEE 公司向一家哥本哈根的银行申请开立信用证,信用证规定提交的单据包括提单以及由知名质量检测公司多伦多 V 公司签发的检验证书。CEE 公司提交了提单和检验证书。开证行拒绝付款,因为检验证书写道:"根据从 5 加仑中产品取样检测,枫糖浆并非合同所规定的品种。"银行指出,表面上看,检验证书不能证明整批货物的情况。银行拒付行为正确吗?

8. R 公司与 S 公司签订合同,购买 1 000 套全新咖啡过滤器,生产者原有包装,提供标准质量保证。S 同意按 CIF 交货,R 同意采用不可撤销的信用证付款。R 公司与 T 银行联系,由 T 银行开具信用证,同意承付以 S 公司为收款人的本票,S 公司应当提交关于"1 000 套全新咖啡过滤器,生产者原有包装,提供标准质量保证"货物的发票以及清洁提单。R 公司从 S 公司的竞争对手那里得知,虽然 S 公司提交的单据表明货物是"1 000 套全新咖啡过滤器,生产者原有包装,提供标准质量保证",但是这些货物实际上是二手的、使用过的机器。R 公司应当采取哪些措施呢?

9. 事实同题 8,如果 R 公司已经获得了有关诈骗的充足证据,处理方法会有不同吗?

10. 事实同题 8,如果 S 的银行已经保兑了信用证,在 R 公司得知货物与合同不符的情况之前已经支付了本票,处理方法会有不同之处吗?

本章练习解答思路提示

第1章

1. 国际法的一般原则是"约定必须遵守"（pacta sunt servanda），与私人企业订立合同的国家也应当履行其合同义务。

2. Y及其他国家的主张有两重意思：其一，公约的禁止性规定构成了国际惯例，X国应当遵守该惯例；其二，该规定是国际社会法律意思的表示，因此X国应当服从该意思表示。关于第一项主张，X国认为不存在连续且一致的行为，显然，这是国际惯例的基本要素之一，因此，X国的主张成立。但是，在本案中，考虑到主张月球领土的技术困难，法院可能会考虑联合国决议或多边公约是否构成国际社会对于某一新规则的有效告知，因为一致且连续的行为的本质是为了告知某一规则的存在。如此，Y国及其他缔约国缔结的公约也应视为告知了。

3. 首先，道尔有表面性授权，其行为系X国的国家行为；其次，道尔实施了杀人与折磨行为，该行为虽然是对本国国民实施的，但因其违反了所有文明国家一致痛恨的侵犯人权的行为，亦属不法行为。法院的管辖权应予肯定，琼斯的遗孀将胜诉。

4. 联合国大会的多个决议以及联合国《海洋法公约》均承认一国不得排放污染，损害邻国环境；国际惯例法也肯定了一国有权禁止他国污染本国环境并获得损害赔偿的权利。

第2章

1. 是的。一国应当对本国发生内乱导致的外国人的损失承担赔偿责任。

2. 通常国家不应对恐怖组织的行为承担责任，但是，如果某一恐怖组织的行为可以归因于某一国家的行为，那么国家也应承担责任。

3. X国应当承担责任，A先生及其他人质的死亡是X国军机轰炸所致，该行为可归为X国的国家行为。

4. 其一，确认特许权的请求应予支持；虽然一国可以征收或国有化外国人的财产，但不得采取歧视性政策，如终止除了日本企业之外协议；其二，B公司注册地在K国，K国为其国籍国，R国与K国的仲裁协议有效，R国应对B公司的损失承担赔偿责任；其三，L公司及其总裁的行为系R国学生所为，除非学生的行为可以归因于R国政府，否则，R国不承担责任。

5. 不能，M国与本案无实质性联系。

6. 其一，对于被扣的飞机，C国有权要求返还，也有权获得赔偿；其二，对于货物损失，由于 C 国公司故意误标品名，属于"不洁之手"，U 国有权拒赔。

7. 能够胜诉。军舰在公海可以扣押从事走私行为的货轮，但是不能因为油轮漏油污染而扣押之。《国际海洋法公约》规定缔约国按其能力防止海洋污染，V 国其防止污染的行为在其他发达国家看来，可能不充分，但考虑到 V 国为欠发达国家，其充分性应予现实性考量。

第3章

1. 国际法院没有明确地否认此类"自我裁判保留"规定的效力，但国际社会多有争论。如果 X 国与 Y 国发生争议，Y 国也可以引用该规则，参见美国与保加利亚军机案。

2. 在实践中并无任何措施供 A 国选择。虽根据联合国的规则，A 国可以向安全理事会提出相关强制执行的请求，但现实中此类请求从未发生。国际法院的判决实际上是由当事人自觉履行的，如果不履行国际法院的判决，国际社会将对拒绝履行判决的国家给予负面的评价。

3. 有管辖权。《华盛顿公约》第 25 条规定，如果当事人已经以正确的形式表示同意建立国际投资争端解决中心仲裁庭解决其争端，那么，中心即可以成立仲裁庭，即使东道国或投资者拒绝参加仲裁。另外，一旦同意，任何一方不得单方撤回。根据公约第 72 条的规定，即使东道国在签订了争端项下的合同后提出了保留甚至退出公约，其表示同意争端解决中心管辖的意思表示也不得撤回。具体可以参阅牙买加阿尔科矿业公司（美国）诉牙买加案。

4. 其一，C 国是《华盛顿公约》缔约国，ICSID 的裁决在任何一个缔约国均应予以执行；其二，C 国法院可以对 D 国享有豁免权之外的财产采取执行措施。

5. 其一，法院有管辖权，P 的行为系毒品走私行为，损害了 U 国利益，依普遍管辖和保护管辖原则，U 国法院有管辖权；其二，N 有外交豁免权。

6. 有属人管辖权，因为运输货物进入 L 国的行为已经符合最低接触原则。另外，由于两公司没有对法律适用做出明确的规定，应当依据最密切联系原则确定应当适用的法律，L 国与本案有最密切的联系。

7. 英国持有限豁免原则，HRR 公司虽然是国有企业，但其从事的商业运输活动不应享有豁免权。

8. 不必驳回，美国法律的规则是，除非国务院明确要求法院不得就依国际法做出的国有化行为是否合法做出裁决，法院即有权审理。

9. A&B 烟草公司可以请求法院依不方便原则驳回诉讼，但是，除非法院认为 L 国能够给予受害人的救济是不充分的、微不足道的，简直与没有任何采取救济措施一样，否则法院将驳回原告的诉讼。

第4章

1.（1）不会。英国制定了阻却性立法。（2）不会。（3）不会，它们不是英国企业。（4）可以英国起诉，要求返还多支付的赔偿。

2. 如果依效果原则，抗辩不成立，如果依合理性原则，抗辩则可能成立，应当区别两种原则，具体分析。

3. 视不同的标准而定。P 公司设立分公司，在美国从事经营，符合最低接触原则，美国法院有属人管辖权，如果依效果原则，美国法院也可以拥有管辖权，但是，如果依据合理性原则，P 公司行为的经济后果对美国的影响甚微，对中美洲影响较大，美国法院不应管辖。

4. 由于不涉及与其他竞争者的协议，第 81 条不适用，I 公司拥有自己的专利和版权；如果没有滥用之行为，则第 82 条亦不适用。

5. 不可以，理由同上。

6. 不会得到支持。无论是依据效果原则还是合理性原则，均可确定法院的管辖权。

7. 是的。这是一种限制竞争的行为。

8. 原告必须满足联邦宪法关于程序正当性原则的要求，要证明被告于法院所在地具有最低限度的联系。本案中，制造商、分销商与法院地州没有任何最低的接触，法院无管辖权。

9. 美国制定了《外国腐败行为法》，德日无此类法律。

10. GBB 是一个共同企业，各方应当承担连带责任。

11. B 与 S 公司及其他 14 家公司可以认定为共同企业，而 B 公司未购买足额保险的行为，将成为法院揭开公司面纱的证据。

第5章

1. 可以。部长签订表示批准和同意的行为，只是行使法律赋予的批准外国投资申请的权力，不是代表政府同意作为协议一方当事人在协议上签字，政府不是合同的当事人。

2. 上诉应予驳回。

3. MEC 公司应胜诉，Q 国违反了诚信原则。

4. 雇员胜诉。

5. 在英国和美国，由于公司未全部披露实质性信息，监管机构可以撤销其交易，在其他国家，监管机构可能无此项权利。

第6章

1. 可以胜诉。德国法规定，当一方当事人迟延履行之时货币严重贬值，另一方可以要求解除合同。

2.（1）在合同中加入保值条款；（2）采用币值稳定的货币；（3）指定一篮子货币为记账货币。

3. 不能。《国际货币基金协定》第 8 条第 2 款（b）规定，涉及任何一个成员国货币汇兑的合同，如果与成员国根据协定实施的外汇管制规范相矛盾，那么在任何一个成员国境内，都是不可强制执行的。

4. 波士顿分行在美国设立的机构，应遵守美国法院的裁定，而伦敦的总行是在英国设立的，无须遵守美国法院的裁定。

5. 可以，分行应遵守东道国的规定，而不是母国的规定。

第7章

1. 可以参阅《海关估价守则》。海关估价的基本方法是计算进口货物交易价格，即以进口货物的实际支付价格或其出口时的应付价格作为计算应收税收的依据。如果不能公平地确定进口商品的交易价格，海关将适用替代价格。首选的方法是以进口国相同时间进口的相同产品的交易价格作为应税价格，如果无此价格，则以进口国相同时间进口的类似产品的交易价格作为应税价格。若无此价格，则适用推定价格、估算价格或类推价格的方法计算应税价格。

2. 在GATT框架中K国无任何救济，这是自由竞争的结果。

3. GATT允许这种禁令存在，V国依GATT无权采取任何措施。

4. 裁定S国胜诉，根据GATT第20条规定，对于监狱犯人生产的产品，成员国有权禁止进口。

5. WTO成员为保护本国国民身体健康有权采取限制进口的措施，但该等限制应当以非歧视原则以及合理的科学证据为基础。

6. WTO禁止的补贴是以出口实绩为条件提供的补贴或依据国内产品对进口产品的替代程度而定的补贴，本题涉及的补贴不是禁止性补贴，而可能是可诉性补贴也可能是非可诉性补贴，可诉性补贴包括损害其他成员的国内产业的补贴、使其他成员在1994年关贸总协定项下直接或间接获得的利益丧失或减损的补贴以及对其他成员的利益造成严重侵害或严重侵害威胁的补贴。

7. 政府不收取他国收取的费用或税收不构成财政转移，不应认定为补贴。

8. 存在倾销，但不存在实质性损害，因为销售者的竞争性增强了。

9. 除了提高质量，达到标准之外，无任何办法。

10. 没有，GATT允许一国因为公共道德之目的限制进出口。

第8章

1. WTO成员在出现严重的国际收支不平衡时可以采取贸易限制措施，但该项措施不得是歧视性的，A国的措施是歧视性的，违反了WTO的规则。

2. C国在GATS下没有做出具体承诺，因而无须承担相应的义务。C国在NAFTA下没有对运输部门做出承诺，即没有做出任何限制，应履行开放义务。E国可以援引NAFTA的规定。

3. 如果A国同意，委员会也可以开展调查，虽然A国不是两个公约的缔约国。

4. 可以做出重新聘用的裁定。

5. 可以。欧盟法规定自我雇用者在欧盟境内有提供服务的自由。

6. 美国政府可以收回发放的护照，公民在境外的旅行自由因国家安全原因可以受到相应的限制。

7. 不成立，政府在发放签证方面拥有完全的裁量权。

8. 成立，美国民权法规则适用于境外工作的美国公民。

第9章

1. 侵犯了作者的著作权。

2. 公司的行为侵犯了 E 的署名权，这是《伯尔尼公约》要求缔约国保护作者的精神权利的重要内容。

3. 一个软件与受保护的作品表面上或感觉上相似，也构成对他人软件著作权的侵犯。

4. 以广为人知的技术为基础的发明不得被授予专利权。B 公司可以申请撤销 W 公司的专利。

5. 不能申请商标，因为商品本身不得申请商标，瓶子也是商品的构成。J 公司可以申请专利，以保护其瓶子设计。

6. 不一定。一些国家要求商标所有人在商标有效期届满之前，提供中期商标使用证明。例如，墨西哥法律规定，商标授权人在商标注册满 3 年时，应向商标主管机构提供实际使用证明。美国法律规定，商标权人在注册之后满 6 年时，应向专利和商标局提供实际使用证明。各国关于证据要求规定不同，许多国家甚至没有规定应该提供哪些证据作为证明。

7. 对于第一个问题，欧米茄不能胜诉，对于已经被授权使用的商标，在没有事先的销售限制的情况下，使用该商标的商品再次转售，不构成商标侵权。对于第二个问题，此类销售限制通常是有效的。

8. 如果商品品质不存在问题，此类限制实质上损害了消费者的利益，仅仅是为了维护许可人的垄断权。

9. 一般的原则是，如果专利池没有扭曲贸易，相关协议是有效的。欧盟法规定，当《卡特尔协议》的目的是为了阻碍、限制或扭曲欧盟成员国之间的竞争的时候，协议将被禁止。例如，在竞争者之间划分市场（例如水平市场分割），水平固定价格以及专利池。欧盟理事会《技术诀窍许可集体豁免规则》规定，只要不妨碍竞争，欧盟无意反对单个许可人向单个被许可人提供的专利权、商标权以及技术诀窍的许可。具体而言，不超过 7 年期的关于交叉许可改进及新技术应用的协议，如果不禁止自己利用改进技术或许可第三方使用技术，则协议是有效的。另外，交叉许可协议如果规定了产品的制造、使用和销售的地域限制，则协议是无效的。在美国，交叉许可和专利池并不违法，除非它们被用来在竞争者之间分割市场，排除他人竞争或以其他手段限制了贸易。此外，瓶颈原则要求行业范围内的专利参与者应给予任何愿意参加竞争的人以合理的准入，从而避免使所有企业处于不利的竞争地位，避免削弱竞争。涉及固定价格以及市场分割的许可，无论是在美国还是在欧盟，都是表面违法的反竞争行为。在日本有关《卡特尔协议》的法律规定中，技术许可的例外比欧盟和美国更加宽泛。制造者之间旨在避免行业经济危机而限制产能、质量和销售量的《卡特尔协议》，是合法的。同样的，旨在促进技术发展和生产力，提高产品质量，保护消费者利益的《卡特尔协议》或类似的企业安排都是合法的。其他类型的《卡特尔协议》由日本公平贸易委员会根据合理性原则进行审查，以确定协议是否产生了不合理限制贸易的后果。

10. 不竞争条款在所有国家都是禁止的。一些国家在例外的特殊情况下，允许使用不竞争条款。德国联邦卡特尔局，在不竞争条款的限制划定范围极小，且目的是在防止泄露技术秘密的情况下，允许当事人享有德国《反竞争禁止行为法》的豁免。美国法院认为，禁止商标权许可交易中的被许可人经销竞争性产品的条款，不是表面违法行为。根据合理性规则，美国法院将考虑保护商标权的需要，避免混淆的需要以及限制行为对于竞争的影响。

第10章

1. 参见 CISG 第一条第一款 (b) 项，如果根据私法冲突规范适用某一缔约国法律，即使买卖双方营业地不属于缔约国，公约仍可能适用。

2. 不是有效的要约，根据公约第 11 条，要约应向特定人发出，R 公司的邮件是要约邀请。J 先生的接受不能成立合同。

3. 要约已经被撤回。

4. 要约因拒绝已经生效。

5. 买方什么也不用做。

6. 参阅公约第 29 条（2），卖方对买方的行为产生了合理的依赖。

7. 不能，买方的电报不构成催告，未规定履行期，也未说明最后履行的时间。

8. 买方。参阅公约第 68 条。

9. 买方可以解除整个合同。

10. 买方可以要求损害赔偿。具体计算参见公约第 75 条和第 76 条。如果买方购买了替代货物，则可以获得合理买价与合同价格的差额。如果买方未购买替代货物，则可以获得 450（=18×25）美元的赔偿。

第11章

1. 是的，因为货物未越过船舷。

2. 不用。FAS 的风险分界在装运港买方船舶的吊钩之下。

3. 不能。卖方未按期装船，CIF 下卖方的交货时间是装上船的时间。

4. 可以。

5. 船方应当承担责任。提单是货物的证明。即使托运人承认是自己的原因导致了少货，提单上载明的货物数量也不可变更，仍应由船方向买方承担责任。

6. 船方没有采取合理的避险措施造成货损，应承担赔偿责任。

7. 可以。海上留置权无须公示。

第12章

1. 不可转让。

2. 第一个条件不影响文书的可转让性；第二个条件使文书丧失了可转让性。

3. 参见本章有关虚构的受款人的规则。

4. 正确。
5. 两种情况，依 BEA 和 UCC 的规定，银行不应付款，但依 ULB，银行应付款。
6. 依 BEA 和 UCC 的规定，皮特不应付款，但依 ULB，皮特应付款。
7. 不可拒付。
8. R 公司要求开证行不能拒付，可以报警，直接追究卖方责任。
9. 有可能，R 公司可以要求法院禁止开证行付款。
10. 开证行应向保兑行付款。

推荐阅读

	中文书名	原作者	中文书号	定价
1	货币金融学(美国商学院版·原书第5版)	弗雷德里克 S. 米什金 哥伦比亚大学	978-7-111-65608-1	119.00
2	货币金融学(英文版·美国商学院版，原书第5版)	弗雷德里克 S. 米什金 哥伦比亚大学	978-7-111-69244-7	119.00
3	《货币金融学》学习指导及习题集	弗雷德里克 S. 米什金 哥伦比亚大学	978-7-111-44311-7	45.00
4	投资学（原书第10版）	滋维·博迪 波士顿大学	978-7-111-56823-0	129.00
5	投资学（英文版·原书第10版）	滋维·博迪 波士顿大学	978-7-111-58160-4	149.00
6	投资学（原书第10版）习题集	滋维·博迪 波士顿大学	978-7-111-60620-8	69.00
7	投资学（原书第9版·精要版）	滋维·博迪 波士顿大学	978-7-111-48772-2	55.00
8	投资学（原书第9版·精要版·英文版）	滋维·博迪 波士顿大学	978-7-111-48760-9	75.00
9	公司金融(原书第12版·基础篇)	理查德 A. 布雷利 伦敦商学院	978-7-111-57059-2	79.00
10	公司金融(原书第12版·基础篇·英文版)	理查德 A. 布雷利 伦敦商学院	978-7-111-58124-6	79.00
11	公司金融(原书第12版·进阶篇)	理查德 A. 布雷利 伦敦商学院	978-7-111-57058-5	79.00
12	公司金融(原书第12版·进阶篇·英文版)	理查德 A. 布雷利 伦敦商学院	978-7-111-58053-9	79.00
13	《公司金融（原书第12版）》学习指导及习题解析	理查德 A. 布雷利 伦敦商学院	978-7-111-62558-2	79.00
14	国际金融（原书第5版）	迈克尔 H.莫菲特 雷鸟国际管理商学院	978-7-111-66424-6	89.00
15	国际金融（英文版·原书第5版）	迈克尔 H.莫菲特 雷鸟国际管理商学院	978-7-111-67041-4	89.00
16	期权、期货及其他衍生产品（原书第11版）	约翰·赫尔 多伦多大学	978-7-111-71644-0	199.00
17	期权、期货及其他衍生产品（英文版·原书第10版）	约翰·赫尔 多伦多大学	978-7-111-70875-9	169.00
18	金融市场与金融机构（原书第9版）	弗雷德里克 S. 米什金 哥伦比亚大学	978-7-111-66713-1	119.00